LES GRANDS MUSICIENS

LES GRANDS MUSICIENS

Texte original de Roberto Bosi
Adaptation française de Marie Di Giorgio

GRÜND

GARANTIE DE L'ÉDITEUR

Pour vous parvenir à son plus juste prix, cet ouvrage a fait l'objet d'un gros tirage. Malgré tous les soins apportés à sa fabrication, il est malheureusement possible qu'il comporte un défaut d'impression ou de façonnage. Dans ce cas, ce livre vous sera échangé sans frais. Veuillez à cet effet le rapporter au libraire qui vous l'a vendu ou nous écrire à l'adresse ci-dessous en nous précisant la nature du défaut constaté. Dans l'un ou l'autre cas, il sera immédiatement fait droit à votre réclamation.
Librairie Gründ : 60, rue Mazarine 75006 Paris

Adaptation française de Marie Di Giorgio
Texte original de Roberto Bosi
Direction éditoriale : Alberto Conforti
Illustrations : Archives Mondadori

Première édition française 1993 par Librairie Gründ, Paris
© 1993 Librairie Gründ pour l'adaptation française
ISBN : 2-7000-2100-2
Dépôt légal : août 1993
Edition originale 1993 par Arnoldo Mondadori Editore S.p.A.,
Milan, Creazione Libri Illustrati
sous le titre original *I Grandi Compositori*
© 1993 Arnoldo Mondadori Editore S.p.A.
Photocomposition : Compo 2000, Saint-Lô
Imprimé par Artes Graficas, Toledo, Espagne
D.L.TO:1293-1993

Sommaire

Palestrina, Giovanni Pier Luigi da	9
Monteverdi, Claudio	12
Corelli, Arcangelo	18
Purcell, Henry	21
Scarlatti, Alessandro et Domenico	24
Couperin, François	28
Vivaldi, Antonio	32
Rameau, Jean-Philippe	37
Bach, Jean-Sébastien	40
Haendel, Georg Friedrich	50
Pergolèse, Giovanni Battista	57
Gluck, Christoph Willibald	60
Haydn, Franz Joseph	64
Mozart, Wolfgang Amadeus	72
Beethoven, Ludwig van	82
Paganini, Niccolo	91
Weber, Carl maria von	95
Rossini, Gioacchino	99
Schubert, Franz	104
Donizetti, Gaetano	111
Bellini, Vincenzo	114
Berlioz, Hector	117
Strauss, Johann père et fils	122
Mendelssohn-Bartholdy, Félix	126
Chopin, Frédéric	130
Schumann, Robert	135
Liszt, Franz	140
Verdi, Giuseppe	144
Wagner, Richard	150
Gounod, Charles	158
Offenbach, Jacques	161
Franck, César Auguste	165
Smetana, Bedřich	168
Bruckner, Anton	172
Brahms, Johannes	175
Bizet, Georges	182
Moussorgski, Modest Petrovitch	185
Tchaïkovski, Piotr Ilitch	190
Dvořák, Antonín	195
Grieg, Edvard	199
Fauré, Gabriel	202
Elgar, Edward	205
Puccini, Giacomo	208
Malher, Gustav	213
Debussy, Claude	217
Strauss, Richard	222
Sibelius, Jean	226
Satie, Erik	229
Schönberg, Arnold	232
Ravel, Maurice	236
Falla, Manuel de	240
Bartók, Béla	243
Stravinski, Igor	246
Webern, Anton Von	253
Berg, Alban	256
Prokofiev, Serge	259
Milhaud, Darius	263
Hindemith, Paul	266
Chostakovitch, Dimitri	269
Gershwin, George	272
Britten, Benjamin	278
Les compositeurs contemporains	281
Index	286

Préface

Il y a quelques années, le grand compositeur Luciano Berio déclarait que l'essence de la musique, son parcours historique, pouvaient être représentés par un cercle — la circularité s'opposant à la linéarité.

La musique a bien entendu un déroulement temporel : au contraire de l'œuvre d'art visuelle, de l'architecture ou de la sculpture, le phénomène musical possède un commencement, un développement et une fin. Le tableau ou la sculpture sont forcément perçus comme un tout simultané, un ensemble. En revanche, l'exécution musicale a un début et peut s'interrompre comme on lit un poème, dont on choisit un vers que l'on reprend ou abandonne. Elle a donc un cours qui semble résolument linéaire. Alors pourquoi parler de cercle ? Les paroles de Berio — et d'autres, avant et après lui — signifient que l'on risque de mal comprendre le phénomène musical et l'histoire même de la musique si on veut les mesurer à l'aune d'un développement linéaire à la marche irrésistible, contenant en soi une idée de progrès continu, de dépassement de ce qui précède. Une approche strictement sociologique de l'histoire de la musique a notamment été pratiquée ces dernières décennies : on voyait par exemple un signe de progrès, donc un côté révolutionnaire, dans le passage de l'esthétique du baroque tardif à celle du style galant. Il s'ensuivait que l'on devait porter sur Johann Christian Bach un jugement paradoxalement plus positif que sur son père Jean-Sébastien. Sauf que dans la réalité musicale, l'apport de Bach père est infiniment plus important que celui de son fils. Ce qui compte ici, c'est que Jean-Sébastien Bach ait obstinément conservé jusqu'à la fin de sa vie la pratique « archaïque » de la basse continue, combattue avec acharnement par les compositeurs du XVIIIe « galant » (dont son fils, Johann Christian).

Cette conception de la musique et de son histoire comme phénomène circulaire est l'un des fils conducteurs de ce livre. De même qu'un collier aligne de nombreuses perles parmi lesquelles il est difficile (et inutile) de vouloir identifier la première ou la principale, cet ouvrage réunit les portraits de plus de soixante des compositeurs les plus significatifs du XVIe siècle à nos jours. Ils sont présentés dans l'ordre chronologique tout en étant conçus comme autant de séquences, sans que l'on cherche à les relier étroitement au fil d'une même évolution. Selon ce critère, chaque compositeur a sa raison d'être, autonome et spécifique. Bien entendu, tous les compositeurs présentés ici ne peuvent revendiquer une contribution de même importance à l'esthétique musicale. Bach par exemple a droit à un développement particulièrement ample tout comme Mozart, Beethoven ou Wagner.

Cette perspective permet toutefois d'attirer l'attention sur des compositeurs plus anciens qui ont joué un rôle fondamental : Monteverdi apparaît ainsi comme un génie achevé et non comme celui qui s'est essayé à des formes musicales devenues primordiales au siècle suivant.

Point de départ, le baroque. Non que les grands compositeurs aient fait défaut auparavant : au XIVe siècle, on trouve Guillaume de Machaut (v. 1300-v. 1377), l'une des plus grandes personnalités de l'histoire musicale et littéraire. Le XVe s'honore de noms tels que Dufay, Ockeghem ou Binchois. Quant à Palestrina (1525-1594) qui ouvre ce livre, il appartient au XVIe siècle et relie le monde grégorien aux splendeurs de la polyphonie. Le véritable début de cet ouvrage doit donc être recherché dans le deuxième nom y figurant, celui de Claudio Monteverdi, fruit de cette époque de grands bouleversements stylistiques que fut le baroque. Monteverdi vu comme début de la modernité, de ce trajet fait de conquêtes stylistiques si fondamentales qu'elles marquent tout le parcours musical jusqu'à nos jours. Pour de multiples raisons, le cheminement créatif de Monteverdi inaugure une nouvelle ère musicale : le développement orchestral, l'intérêt porté à la fusion de la musique et du texte, mais surtout la révolution en matière de théâtre musical qui fait de lui le premier véritable compositeur d'opéra. Si le XVIIe est dans l'ensemble peu représenté, cela tient à ce qu'en musique la notion de baroque a des limites très différentes de celles généralement admises dans l'histoire des arts figuratifs. La grande période du baroque musical s'étend en fait jusqu'au milieu du XVIIIe, jusqu'à cette symbolique année 1750 qui voit la mort de Jean-Sébastien Bach. Au « Grand Siècle » — le XVIIIe — appartiennent nombre de compositeurs illustres, comme Haydn, Mozart et Gluck.

C'est néanmoins le XIXe, siècle musical par excellence, creuset de toutes les expériences dans ce domaine, qui se taille la part du lion au sommaire des noms figurant dans ce volume : plus de trois quarts des compositeurs présentés ici en relèvent. Le livre s'achève sur le XXe siècle, ou plutôt sur ces compositeurs du XXe aujourd'hui entrés dans l'histoire et appartenant au patrimoine musical le plus connu et le plus joué.

Cet ouvrage nous suggère aussi d'autres clefs de lecture : l'une des plus fécondes est celle des origines géographiques et des nationalités. On retrouve une cohérence entre les compositeurs issus d'un même pays à différentes époques, comme un « caractère » qui rendrait homogène l'esthétique de personnages pouvant être séparés par des siècles d'histoire. Il y a par exemple la grande aire d'influence austro-allemande, avec son immense patrimoine de musique fortement structurée, reposant sur une solide armature contrapuntique. Ces caractéristiques se retrouvent chez Bach (1685-1750) comme chez Beethoven (1770-1827) et Brahms (1833-1897), mais aussi Hindemith (1895-1963). De la même manière, on peut percevoir un lien entre les compositeurs français, unis par un extraordinaire équilibre entre qualité de l'expression mélodique et recherche hardie de la nouveauté. Cette affinité inspire à Debussy des jugements enthousiastes sur Rameau, ou à Ravel la composition d'une œuvre commémorative comme Le Tombeau de Couperin. *Pour ce qui est de l'Italie, on relèvera fatalement le triomphe du chant, de la mélodie d'opéra qui, dès Monteverdi, a écrasé tout développement sérieux de la musique instrumentale. Mais on trouve aussi dans ce livre des exceptions à cette règle : Corelli, à qui l'on fait généralement remonter toute école violonistique ; Domenico Scarlatti, l'un des plus grands clavecinistes (mais pratiquement Espagnol d'adoption) ; Vivaldi, compositeur d'opéras, mais aussi grand créateur de musique instrumentale. Citons enfin un itinéraire anglais, jamais ou presque jamais révolutionnaire, attentif en revanche au poli de la sonorité, à la paisible expressivité du sentiment musical : parcours qui unit idéalement Purcell à Elgar et à Britten.*

Dernière lecture possible, l'approche biographique : elle nous révèle que le génie musical s'est exprimé au cours de l'histoire dans une complète absence de règles. Un compositeur comme Pergolèse n'a vécu que vingt-six ans, mais a réussi à laisser une trace tout comme Richard Strauss, parvenu à l'âge de quatre-vingt-cinq ans. Certains compositeurs sont passés à l'histoire avec une seule œuvre, comme Bizet avec Carmen, *Gounod avec* Faust, *Smetana avec* La Vltava ; *pour d'autres au contraire, il est difficile de citer en exemple un unique triomphe tant leur œuvre apparaît massive et unitaire (c'est le cas de Bach, mais aussi en partie de Mozart ou de Schubert). Il y a des compositeurs qui ont connu le succès de leur vivant et d'autres qui n'ont jamais été honorés à la mesure de leur génie. Des compositeurs, enfin, qui sont arrivés à la musique avec une détermination extrême et d'autres en revanche par les chemins imprévisibles du hasard... Mais cela, on le sait, ne relève pas tant de la musique en particulier que de la vie en général.*

Giovanni Pierluigi da Palestrina

Palestrina (près de Rome), 1525
Rome, 1594

Il semble que la famille du plus grand compositeur de musique religieuse du XVIe siècle ait acquis le droit de cité à une époque relativement proche de la naissance du musicien puisqu'elle ne possède pas de patronyme : le nouveau-né est baptisé sous le prénom de Giovanni, suivi de celui de son grand-père, Pierluigi. Les générations suivantes transformeront ce deuxième prénom en patronyme (qui deviendra dans certains cas Pietraloisio).

On sait fort peu de choses sur la jeunesse de Giovanni. Il naît à Palestrina, petite ville du Latium au sud-est de Rome, probablement en 1525 et il commence à pratiquer la musique à l'âge de sept ans, en chantant dans le chœur de Saint-Agapit, la cathédrale du lieu. En 1537, à douze ans, il fait partie du chœur d'enfants de Sainte-Marie-Majeure, à Rome. Le maître de chapelle en est Rubino Mallapert, qui influence l'éducation musicale du jeune garçon, dont les premières œuvres révèlent clairement une influence franco-flamande. En 1544, Pierluigi revient à Palestrina et peut signer un contrat comme organiste et chef de chœur de la cathédrale. En 1550, le cardinal Giovanni del Monte, qui est également évêque du diocèse de Saint-Agapit, devient pape sous le nom de Jules III et fait venir Pierluigi avec lui à Rome, comme chef de chœur de la chapelle Giulia à Saint-Pierre. Pape hédoniste et amateur d'art (il fait construire la fameuse villa Giulia, actuellement le siège du Musée national d'archéologie), Jules III protège et encourage le musicien, qui s'est établi à Rome avec femme et enfants, Rodolfo et Angelo, qui deviendront par la suite de bons musiciens.

C'est la raison pour laquelle le premier recueil de messes publié en 1554 est dédié au pape, qui récompense le musicien en le faisant entrer dans le chœur de la chapelle Sixtine. Mais Giovanni Pierluigi est marié et père de deux enfants, raison pour laquelle le pape suivant, Paul IV, lui retire cette fonction. Le règlement exige en effet des membres qu'ils soient célibataires et aient au moins reçu les ordres mineurs. Circonstance aggravante, Palestrina est en outre auteur de madrigaux, œuvres sans doute jugées peu édifiantes. Il doit à contrecœur abandonner le poste mais devient peu après maître de chapelle à Saint-Jean-de-Latran. Il se consacre dès lors avec d'autant plus d'énergie à la composition, recevant des commandes de Rome mais aussi de Venise. De son abondante production, il nous reste une centaine de messes, dont certaines sont encore exécutées aujourd'hui. Dans les plus anciennes, on sent l'influence flamande (remontant peut-être à son premier maître, Mallapert) et celle du chant grégorien, mais très rapidement Palestrina montre qu'il est capable d'aller bien au-delà des courants et des schémas de son temps, en faisant appel à des éléments à la fois sacrés et profanes. Il s'agit de compositions purement vocales, sans accompagnement d'instruments, *a cappella*. Les instruments sont entrés dans les églises, mais leur emploi a été condamné avec une vigueur particulière par le concile de Trente (1545-1563), qui exhorte les musiciens à adopter un style plus sévère, en renonçant aux fantaisies instrumentales et en confiant aux voix la mission de revaloriser les paroles des textes sacrés.

Toutes les manières de dire la messe en musique sont connues de Palestrina, qui les utilise avec une grande maestria, accordant toujours la plus grande attention au texte, de telle sorte que, par exemple, les nombreuses messes dédiées à la Vierge *(Assumpta est Maria, Ave Regina coelorum)* sont construites sur un matériau sonore transparent et tendre, d'une exceptionnelle délicatesse. La messe *Hodie Christus natus est* est vouée à la splendeur et à l'exaltation, celle intitulée *Aeterna Christi munera* à la méditation ; la *Missa papae Marcelli*, en mémoire du pape Marcel II, atteint

À gauche, détail du frontispice de la Missa papae Marcelli *montrant le compositeur en train d'offrir le premier exemplaire du recueil au pape Jules III. Immédiatement après son élection, Jules III, grand amateur d'art, fait venir Palestrina auprès de lui à Rome, comme chef de chœur de la chapelle Giulia à Saint-Pierre. C'est la raison pour laquelle le musicien lui dédie son premier recueil de messes publié en 1554. La* Missa papae Marcelli *est postérieure et dédiée au successeur de Jules III, Marcel II.*
Page ci-contre, musique sacrée provenant d'un recueil du XIIIe siècle. Plusieurs papes ont cherché à rassembler les mélodies accompagnant les messes et les autres offices religieux, mais c'est au pape Grégoire le Grand (540-604) qu'on fait remonter la codification systématique du chant religieux catholique romain.

clarté et perfection dans sa suprême simplicité d'expression.

Pierluigi da Palestrina connaît également un succès que nous pourrions aujourd'hui qualifier de mondain, d'abord intermittent puis régulier, en organisant les fêtes données par le cardinal Hippolyte d'Este dans sa villa de Tivoli, au milieu de jardins et de jeux d'eau encore admirés aujourd'hui. À partir de 1565, il enseigne la musique au séminaire de Rome et sa réputation franchit largement les limites de la ville, à tel point qu'il décide de s'adresser à des mécènes comme Philippe II roi d'Espagne (à qui il dédie son deuxième et son troisième recueil de messes publiés en 1567 et en 1570) et Guglielmo de Gonzague, à qui il envoie plusieurs messes en 1568. Ces espérances restent à l'état de rêves (il tente également sa chance auprès de l'empereur Maximilien II) à cause de ses excessives prétentions financières. Il reste donc à Rome, où il est toutefois considéré comme le plus grand compositeur vivant. Révéré et admiré, il connaît pourtant de très dures épreuves, comme la mort de ses deux enfants et de sa femme, au point qu'il décide de devenir prêtre. Après avoir reçu les ordres mineurs, il se replonge pourtant dans la vie civile, épousant une veuve richissime et s'occupant également d'un prospère commerce de fourrures apporté en dot par sa nouvelle épouse.

Sa production continue de s'enrichir : on lui attribue au total 104 messes, 307 motets, 79 hymnes, 35 *Magnificat*, 68 *Offertoires* et d'autres morceaux, ainsi que sept recueils de madrigaux. Presque un Mozart « avant la lettre », Palestrina offre au spécialiste et à l'auditeur moderne un catalogue homogène dans ses formes et ses valeurs expressives, malgré l'absence de datation d'un répertoire aussi volumineux. Son parcours de compositeur est marqué par un développement subtil, tout intérieur et non mesurable, surtout en ce qui concerne les motets, tandis que les messes ont été rassemblées en trois groupes. Le premier réunit les œuvres de jeunesse, dont pourraient faire partie l'*Ecce sacerdos magnus*, *L'Homme armé*, *Repleantur os meum laude*, *De beata Virgine* et d'autres compositions écrites avant l'âge de trente-cinq ans. On peut faire remonter le début de la deuxième période à la *Missa papae Marcelli* (élevée au premier rang des œuvres de la Renaissance musicale dans son ensemble), alors que la troisième, nettement plus austère, commence vers 1590 avec *Aeterna Christi munera*. Mais toute division appa-

LE CHANT GRÉGORIEN

On pense généralement que les chants exécutés à l'unisson et sans accompagnement d'instruments dans l'ancien rituel catholique romain trouvent leur origine dans des mélodies hébraïques et grecques. Il n'est pas exclu qu'on ait eu recours à l'improvisation lors de l'office religieux mais, le plus souvent, le rituel des interventions chantées pendant le service est déterminé à l'avance. Plusieurs papes cherchent à rassembler les mélodies accompagnant les messes et les autres offices religieux, mais c'est surtout au pape Grégoire le Grand (540-604) que remonte leur première organisation véritable. C'est ainsi que des chants particuliers sont assignés à chaque dimanche et à chaque saint célébré un jour donné.

Le pape Grégoire le Grand — qui laisse son nom à ce rituel — fonde la *Schola cantorum*, ensemble vocal qui fera par la suite fonction de chœur de la Sixtine pour la formation des chantres. Les enseignements de la Schola cantorum sont adoptés en Italie, en France, en Angleterre et en Irlande, tandis que quelques églises, dans le nord de l'Italie et en Espagne, conservent leurs propres chants. L'œuvre de Grégoire le Grand consiste en un travail de codification et de synthèse, ainsi qu'en un rappel à l'exactitude liturgique, afin de garder au chant sa pureté originelle. Les mélodies existantes sont revues, on en crée de nouvelles et toutes sont réunies dans l'*Antiphonarius Cento*. Celui-ci, attaché par une chaîne d'or à l'autel de Saint-Pierre-de-Rome au Vatican, est perdu lors des invasions barbares mais il en subsiste des copies dans d'autres pays. Ainsi, pendant mille ans, on pourra se référer à une source unique et autorisée en matière de chants religieux.

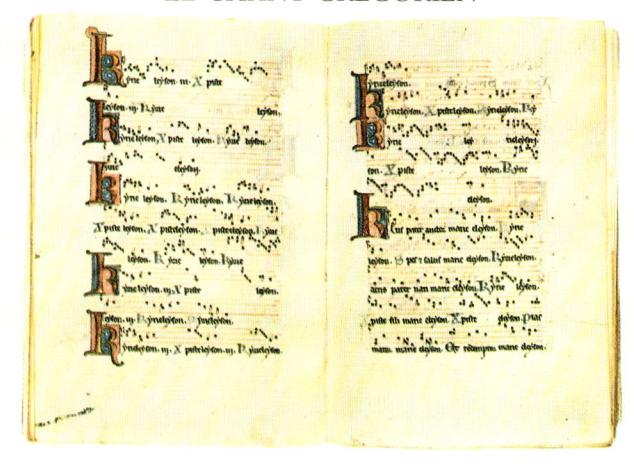

Lorsqu'apparaissent dans les îles Britanniques et aux Pays-Bas les premières ébauches de contrepoint, il arrive que des musiciens utilisent un signe de notation de la liturgie grégorienne (appelé *neume*) comme thème fixe, pour l'enrichir de leurs premières et timides tentatives. De là vient le terme *cantus firmus* parfois employé pour désigner le chant grégorien. Le grégorien prend aussi le nom de « plain-chant » *(cantus pianus)* quand les notes des mélodies de base perdent leur valeur rythmique, s'égalisant dans une durée uniforme. Le chant s'organisait au départ selon deux principes : l'*accentus*, ou chant syllabique (c'est-à-dire une simple cadence donnée au texte, à laquelle peut correspondre dans la prière le répons des fidèles) et l'*antiphona* ou antienne, quand la récitation des psaumes alterne entre deux chœurs.

À côté de ces formes austères, on voit surgir des textes composés à dessein appelés hymnes, dans lesquels la vocalisation est libre : c'est la voix même du peuple, à laquelle de nombreux moines, avant et après Grégoire le Grand, confèrent une valeur littéraire et musicale.

De saint Augustin à Boèce, de Cassiodore à saint Benoît, qui instaure dans sa *Règle* l'étude de la musique, tous les érudits s'en préoccupent, jusqu'à ce que Guido d'Arezzo parachève l'élaboration théorique du chant grégorien et de sa notation : c'est-à-dire du système graphique de transcription des sons. Par la suite, hymnes et séquences permettent au ferment religieux de prière, né des ruines de l'Empire romain, de s'exprimer. La corruption du latin, en donnant naissance aux langues dites vulgaires, contribue à la création d'une poésie rythmique. Avant qu'apparaisse le chant, on assiste donc à l'élaboration du matériau qui engendrera ce chant et lui imposera ses lois : la langue. De la culture médiévale, ecclésiastique et fermée mais universelle, on en arrive aux cultures nationales modernes, dans lesquelles le langage populaire devient une valeur d'avant-garde et de progrès.

Le chant grégorien constitue le plus large ensemble existant de mélodies sans accompagnement. Sa pureté d'expression a inspiré de nombreux compositeurs : aujourd'hui encore, on entend quelquefois dans les offices funèbres le *Dies irae* que Berlioz a repris dans sa *Symphonie fantastique*, tout comme Liszt et Saint-Saëns, auteurs tous deux d'une *Danse macabre*, et Honegger dans *La Danse des morts*.

---

raît théorique à la lumière de la maturité artistique et technique du compositeur. Les innovations que recèle par exemple la *Missa papae Marcelli* sont si nombreuses et si diverses qu'elles vont bien au-delà de son époque. Par ailleurs, Palestrina a pleinement fait sienne l'exhortation de ce pape aux musiciens : les messes ne doivent pas être autre chose que la réalisation concrète — selon les vœux du pape et de l'Église de la Contre-Réforme — de la lutte contre la propagation du schisme luthérien.

Dans l'avertissement du pape, Palestrina trouve une indication, une réponse à un problème artistique, sans soumettre pour autant la musique à la forme verbale mais en tendant à libérer les possibilités émotionnelles et intellectuelles du texte. La totale adhésion au texte identifie musique et prière, expression de foi et drame liturgique, déterminant ce langage extrêmement personnel qui puise ses racines lointaines dans le chant grégorien, non plus *cantus firmus*, mais source inépuisable d'idées musicales.

Citons, en conclusion, le grandiose *Stabat Mater* à huit voix sur le texte de Jacopone da Todi, seule composition de la dernière période pouvant être égalée aux messes : l'atmosphère en est à la fois lyrique et implorante, pleine d'émotion et d'étonnement.

À sa mort, en 1594, Palestrina est enterré dans la basilique Saint-Pierre. Sur sa tombe, une inscription : « Prince de la musique ».

CLAUDIO MONTEVERDI

Crémone, 1567
Venise, 1643

Premier grand compositeur d'opéras, Claudio Monteverdi est aussi le premier à utiliser les instruments de l'orchestre pour obtenir des effets dramatiques. Il est également considéré comme celui qui porte le madrigal vocal à son sommet. Né à Crémone en 1567, l'aîné de cinq frères, il étudie la musique dès l'enfance. Il chante dans le chœur de la cathédrale de sa ville natale et apprend à déchiffrer sous la direction du maître de chapelle, Marc'Antonio Ingegneri, de Vérone : le premier à reconnaître le talent de son élève. Monteverdi lui garde une telle considération qu'il se désigne comme « disciple d'Ingegneri » sur les titres de ses œuvres jusqu'en 1590. Ses premières compositions respectent les styles musicaux traditionnels. C'est après 1600 seulement que Monteverdi explore de nouveaux horizons musicaux.

À quinze ans à peine, il se lance dans la composition avec un recueil d'œuvres à trois voix *(Sacrae Cantiunculae)*, suivi d'un livre de madrigaux religieux *(Madrigali spirituali)* à quatre voix ; il se consacre ensuite à des chansons à trois voix. À vingt ans, il publie le premier recueil de madrigaux à cinq voix, alors que son maître de chapelle lui impose encore une dure discipline pour qui doit maîtriser à la perfection l'orgue et la viole. C'est justement en tant que virtuose de ce dernier instrument que Monteverdi arrive à la cour de Mantoue, où il est également engagé comme chanteur : le duc Vincent Ier de Gonzague l'emmène en Hongrie et dans les Flandres. En terre flamande, le musicien, qui a alors la trentaine, a l'occasion de mesurer l'importance de l'école franco-flamande et de connaître les contrapuntistes.

De retour à Mantoue, il devient le directeur musical de la cour des Gonzague et assiste probablement à Florence à la représentation de l'*Euridice* de Peri donnée pour les noces de Marie de Médicis et d'Henri IV. Entre-temps, Monteverdi publie les deuxième et troisième livres de madrigaux,

enseigne le chant et dirige les manifestations musicales de la cour. En 1603 paraît le quatrième livre de madrigaux et le musicien réalise son rêve amoureux en épousant Claudia Cattaneo, chanteuse à la cour.

Le rythme des madrigaux de Monteverdi se rapproche du style de déclamation musicale qui prendra plus tard le nom de récitatif. Aux détracteurs de telles compositions Monteverdi répond qu'un texte dramatique et passionné exige une adaptation musicale appropriée. Et c'est ce qu'il met en pratique dans le cinquième livre de madrigaux, en ajoutant une partie instrumentale aux voix ; il rompt ainsi, grâce aux rythmes inégaux du récitatif, avec les modèles établis depuis longtemps par la musique de chapelle. Ses madrigaux ultérieurs se développent plutôt comme des cantates et des œuvres de chambre que comme des madrigaux traditionnels. Ce pas en avant dans la recherche de nouvelles formes de composition musicale ne le met pas à l'abri des critiques ; il tente de se défendre en invoquant le concept d'une musique qui, comme les autres arts, « doit toucher les sentiments ».

Quand Vincent de Gonzague commande le livret de *La Favola d'Orfeo*, il revient tout naturellement à Monteverdi de le mettre en musique, ce dont il s'acquitte ponctuellement. Les exemples du brio dont fait preuve le compositeur dans l'utilisation des instruments sont innombrables tout au long de cette œuvre. Dans l'acte III, Orphée descendu aux Enfers chante pour émouvoir Charon, accompagné « en écho » par deux violons, puis deux cornets et enfin deux harpes, ce qui crée une situation sonore et spatiale entièrement neuve. La première représentation a lieu en 1607, mais depuis vingt ans déjà, on assiste à des tentatives pour restituer musicalement une action dramatique, pour unir poésie et musique comme dans les représentations théâtrales de l'ancienne Grèce. Monteverdi a déjà expérimenté l'introduction de nouveaux sons dans son orchestre : les instruments à cordes suivent des rythmes rapides, produisent des trémolos et des pizzicati comme personne jusqu'alors n'avait osé en faire. Le sujet est tiré de la légende d'Orphée, mais la version qu'en donne le librettiste Alessandro Striggio introduit une importante modification par rapport au récit traditionnel : au lieu d'être mis en pièces par les Furies, le demi-dieu s'élève vers les cieux en compagnie de son père, Apollon.

L'opéra de Monteverdi, l'*Orfeo*, exige un grand orchestre ; il faut des solistes, un chœur, une foule de danseurs. La musique doit évoluer parallèlement à l'histoire, c'est-à-dire être tour à tour gaie, dramatique, émouvante, bouleversante, joyeuse. Les cuivres, dans l'esprit du compositeur, doivent résonner comme des fanfares. L'*Orfeo* connaît un formidable succès et très vite le musicien doit se lancer dans une nouvelle entreprise malgré la mort de sa femme : ainsi naît l'*Arianna*, composé pour être représenté à l'occasion du mariage du duc François de Gonzague avec Marguerite de Savoie, fille de Charles-Emmanuel Ier et de Catherine de Habsbourg. De cette œuvre ne subsiste que l'air bouleversant appelé « Lamento d'Ariane », dans lequel Monteverdi traduit de toute évidence sa propre douleur d'avoir perdu sa compagne. Ce morceau est aujourd'hui exécuté en solo ou dans l'arrangement à cinq voix préparé par le compositeur lui-même.

Déçu par le manque de reconnaissance de la cour de Mantoue après les triomphes de l'*Arianna* et du *Ballo delle ingrate*, ballet à la française qui rencontre un grand succès, il se retire à Crémone invoquant des raisons de santé. À peine remis, il se rend à Rome, peut-être dans l'espoir d'obtenir une charge importante dans la chapelle pontificale. Mais, en 1613, la République de Venise le nomme maître de chapelle à la basilique Saint-Marc, fonction que Monteverdi accepte et conserve pendant trente ans, c'est-à-dire jusqu'à sa mort. C'est une période heureuse et active, uniquement assombrie par l'épidémie de peste de 1631 qui emporte son fils bien-aimé Francesco. Dans la paix de la basilique Saint-Marc, il compose de nombreuses œuvres à caractère religieux et trouve également le temps de créer des ballets et de brèves œuvres dramatiques. La mort de son fils le bouleverse au point de vouloir se faire prêtre et, en effet, dans les morceaux de musique postérieurs à 1632 apparaît la men-

Maquette de G. Sensani pour une représentation du Couronnement de Poppée *en 1937. Avec cet opéra, Monteverdi aborde un sujet historique.*

tion « révérend ». En 1637 est inauguré à Venise le premier théâtre d'opéra et Monteverdi ne déçoit pas les attentes de la Sérénissime, composant quelques opéras : *Le Retour d'Ulysse, Le Couronnement de Poppée* sont parmi les mieux accueillis ; d'autres, dont *Le nozze d'Enea con Lavinia*, seront perdus par la suite. Dans ces œuvres, Monteverdi tente de concilier le goût baroque pour les scénarios grandioses et les trouvailles scéniques avec machines à profusion avec un désir d'expression plus intime.

L'un de ses chefs-d'œuvre est *Le Couronnement de Poppée*, dans lequel le compositeur de Crémone réussit encore une fois à « toucher les sentiments » par une utilisation savante de tous les instruments de l'orchestre, naturellement soutenus par la voix humaine et la solide rhétorique du madrigal, domaine dans lequel Monteverdi est sans rival. Mais pour *Le Couronnement de Poppée* il ne dispose pas d'un orchestre important : en effet, le directeur du théâtre ne lui accorde que quelques instruments à cordes et un clavecin. C'est la première fois que le compositeur affronte un sujet historique (les intrigues amoureuses de l'empereur Néron) et non les fables et récits souvent légers s'inspirant des légendes de l'Antiquité. Non seulement pour Monteverdi, mais aussi pour toute l'histoire et l'évolution ultérieure de l'opéra, *Le Couronnement de Poppée* représente l'archétype de ces sujets historiques qui connaîtront une immense popularité au XVIIIe siècle, grâce aux livrets de Métastase. Monteverdi réussit cependant à mélanger avec une rare habileté les éléments de l'histoire, accentuant les motifs purement amoureux, trouvant des tons légers et plaisants.

L'*Orfeo*, *Le Retour d'Ulysse* et *Le Couronnement de Poppée* font franchir à l'opéra des étapes décisives, tout comme les madrigaux rassemblés dans un huitième livre en 1638. Parmi eux se trouve *Le Combat de Tancrède et de Clorinde*, composé sur un texte de Torquato Tasso. Selon quelques critiques, certains procédés typiquement monteverdiens — par exemple le trémolo des cordes — finissent, en raison de leur répétition excessive, par perdre une grande partie de leur effet, donc de leur capacité à susciter des sentiments

LA POLYPHONIE

Il ne faut pas confondre polyphonie et harmonie. Le premier terme désigne en substance un ensemble de deux ou plusieurs lignes mélodiques, mais prend une signification plus précise à partir du IXe siècle, quand le système mélodique jusqu'alors compact du répertoire musical commence à se fissurer. L'harmonie, au sens où on l'entend alors, indique une succession régulière et agréable d'intervalles : avant Rameau, les superpositions de notes ne sont jamais considérées comme des accords.

C'est avec le *De Harmonia institutione* d'Hucbald de Saint-Amand (Xe siècle) que l'on envisage une combinaison calculée et concordante de deux notes. La polyphonie naît comme un parallélisme des voix : le chant se divise ainsi en plusieurs lignes selon les moyens vocaux des chanteurs. Les possibilités offertes par le nouveau procédé sont exploitées au maximum. On s'efforce de ne pas négliger pour autant les préoccupations d'ordre liturgique, notamment parce qu'il est impossible à cette époque de dépasser le répertoire grégorien. La voix supérieure garde ainsi le nom de *vox principalis* tandis que l'autre, pourtant parallèle, devient la *vox organalis* (*organum* est le premier terme employé pour désigner la polyphonie).

Par la suite se développe un second type d'organum, reposant sur le redoublement des parties : la transposition des deux lignes à leur octave respective, supérieure et inférieure, donne naissance à une polyphonie nouvelle, habilement agencée. On franchit un pas de plus — d'une extraordinaire importance — avec l'organum dit libre, dans lequel sont également introduits d'autres intervalles de quarte, quinte et octave. Cela suscite des sentiments nouveaux et agrémente la musique en lui apportant plus de variété et en atténuant son aspect mécanique. Cela permet en outre une grande indépendance entre les voix qui deviennent ensuite le principe moteur de la littérature polyphonique. Malgré tout, les voix restent rigoureusement superposées, *punctum contra punctum* (note contre note), d'où le terme de contrepoint, utilisé pour définir la superposition de plusieurs lignes mélodiques.

La mélodie complémentaire se différencie peu à peu de la mélodie liturgique principale jusqu'à acquérir de surcroît une autonomie rythmique. Vers le XIIIe siècle, cette évolution conduit à la pratique du mouvement contraire des parties : l'ancienne mélodie grégorienne porte le nom de *cantus firmus* et l'organalis celui de *discantus* (déchant). Le cantus firmus reste immuable dans sa fonction de « tenir » et maintenir la mélodie grégorienne comme fondement de toute la construction à plusieurs voix, tout en acceptant l'insertion d'un certain soutien musical pour donner un répit aux chanteurs. C'est alors qu'il prend également le nom de *tenor*, justement en raison de son rôle particulier de soutien de la mélodie. Aux deux voix s'en ajoutent une troisième et une quatrième et le motet s'épanouit (Pérotin le Grand, maître à Notre-Dame, fut le premier à proposer cette innovation). La Renaissance française, s'emparant des innovations de la polyphonie, élargit les structures, réclamant pour la musique une plus grande liberté d'invention, attribuant à chaque voix un dessin différent, favorisant l'affirmation de procédés de construction très importants. En d'autres termes, le chant grégorien est utilisé au tenor comme matériau de base de la construction polyphonique.

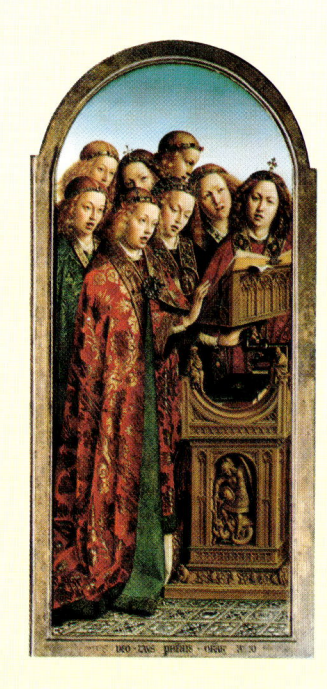

Monteverdi maîtrise déjà ces concepts quand il compose ses premiers madrigaux à quatre voix. Frescobaldi et Jean-Sébastien Bach, quant à eux, perfectionneront la polyphonie instrumentale. C'est d'ailleurs au second que l'on doit la réalisation de la synthèse des procédés proprement polyphoniques.

dramatiques. Dans *Le Combat de Tancrède*, on trouve trois voix solistes jamais unies dans un ensemble : celle du narrateur et celles alternées de Tancrède ou Clorinde, qui ne sont pas les voix des acteurs que l'on voit sur scène mais celles de chanteurs demeurés en coulisse. Les multiples trouvailles du compositeur sont d'un grand intérêt et font une forte impression sur le public ; elles seront développées et utilisées jusque dans les récitatifs des XVIIIe et XIXe siècles. Pensons par exemple à l'admirable appui apporté par les voix à la construction des tonalités, qui conduit l'action musicale à des rencontres équilibrées entre musique et poésie : la musique ne s'abaisse jamais à servir le texte, ni la poésie le sens et les accents des mots, parce que la musique même l'exalte au travers d'un « prodigieux équilibre ». C'est dans cet équilibre — également présent dans les *Madrigali guerrieri ed amorosi* — que réside la grandeur du compositeur.

Dans le théâtre San Cassiano de Venise, Monteverdi donne donc le meilleur de lui-même, contribuant même involontairement à l'affirmation du *divo*, le virtuose, le chanteur, dont les Vénitiens admirent les dons scéniques et la maîtrise technique. Mais un théâtre public suppose la mise en œuvre de moyens plus facilement abordables, plus compréhensibles, plus vigoureux, exploitant sans effort apparent les capacités d'imagination les plus variables. Les spécialistes de Monteverdi attribuent à ces exigences un certain déclin du *recitar cantando* et l'avantage pris par les raisons purement musicales, qui dégagent la monodie de ses liens trop étroits avec le récitatif. Musique et interprétation prennent donc plus d'importance. L'effort accompli dans cette

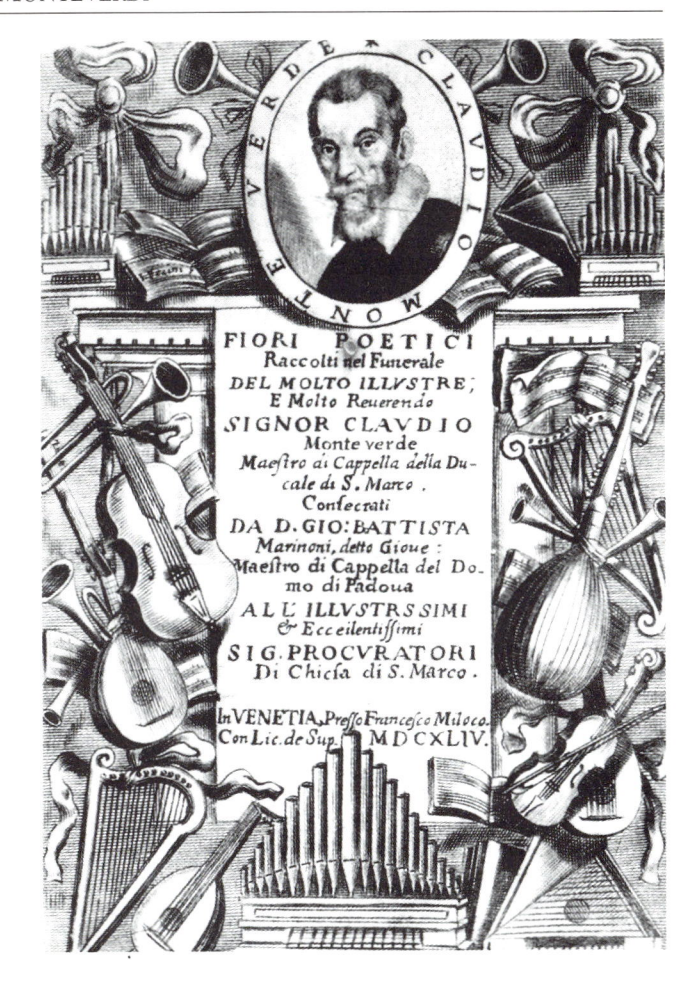

Page ci-contre, détail du panneau du Retable de l'Agneau mystique *d'Hubert et Jan Van Eyck :* Les Anges chanteurs.

Ci-dessus, page de titre d'un florilège de compositions de Monteverdi imprimé à Venise en 1644.

À gauche, des nobles vénitiens du XVIIe siècle jouant du luth, du clavicorde et de la viole de gambe.

Page suivante, détail du palais du Thé de Mantoue.

Claudio Monteverdi

direction ne peut donner du temps de Monteverdi des fruits abondants et instantanés, en raison du poids de la tradition, mais c'est bien dans le théâtre vénitien — dans une ville aussi ouverte aux humeurs et aux modes même exotiques — que se consolidera toute la « grandeur et misère du mélodrame ».

Claudio Monteverdi meurt en 1643, peu après un bref séjour à Crémone, qu'il a tenu à revoir comme pour saluer une dernière fois sa ville natale. Venise tout entière le pleure, imprégnée comme elle l'a été au cours des dernières années par sa musique. Très vite pourtant, ses efforts sont oubliés. Sa capacité à faire de personnages et de catégories définis jusqu'alors comme « fantastiques » de véritables mythes musicaux est ensevelie dans l'oubli. Pourtant, chaque personnage est profondément défini dans sa psychologie, accompagné du début à la fin de son parcours par une progression des sentiments puissamment soutenue par la musique.

Les compositeurs qui viendront doivent beaucoup à l'expérience de Monteverdi, s'aventurant grâce à lui sur de nouveaux chemins musicaux ; mais c'est seulement vers le milieu du XIXe siècle que des musiciens redécouvrent les sonorités expressives et audacieuses du vieux maître. Cela s'explique peut-être aussi par le fait que beaucoup de ses œuvres ont été perdues et que certaines se réduisent à quelques morceaux ; il n'y a pas si longtemps que les plus connues ont été à nouveau publiées. Chanteurs, chefs d'orchestre et éditeurs de musique ont beaucoup fait pour tirer de l'oubli les remarquables innovations de Claudio Monteverdi. Si l'on pense qu'à sa mort le théâtre vénitien forme l'un des grands sujets de conversation des salons de toute la péninsule et qu'au cours des cinquante années suivantes, rien qu'à Venise, on a représenté plus de trois cents opéras dans seize théâtres, alors la grandeur de Monteverdi apparaît dans toute sa véritable signification.

Ci-dessus, intérieur de la basilique Saint-Marc à Venise où Monteverdi fut maître de chapelle pendant trente ans, depuis sa nomination par la République Sérénissime en 1613 jusqu'à sa mort : période très active bien qu'assombrie par la mort de son fils pendant l'épidémie de peste de 1631.

Ci-dessous, Apollon, *allégorie du XVIe siècle.*

ARCANGELO CORELLI

Fusignano (près de Ravenne), 1653
Rome, 1713

Arcangelo Corelli vient au monde à Fusignano, au sud de Ravenne. Très vite, il part vivre à Faenza où il étudie le violon, puis à Bologne où il continue le violon et travaille le contrepoint. Il s'adapte rapidement au rythme de vie et d'étude de l'école bolognaise (où enseignent entre autres Giovanni Benvenuti et Leonardo Brugnoli) jusqu'à signer plus tard ses premières œuvres « Corelli de Fusignano, dit le Bolognais ». Il travaille intensément à Bologne, au point d'être admis malgré sa jeunesse à la très exigeante académie philharmonique locale. On ne sait pas grand-chose de sa vie pendant cinq ans (1670-1675) : il s'installe à Rome en 1671 et effectue peut-être un très bref séjour à Paris.

Toute son existence — à l'exception de courts voyages à Naples, Modène et peut-être Munich — se déroule à Rome (il meurt en 1713) où il appartient à l'Arcadia, académie littéraire fondée après la mort de la reine Christine de Suède (1689) par les personnalités qui fréquentaient son salon et réagissent avec force à la poétique baroque. En 1687, Corelli devient le maître de musique du cardinal Benedetto Pamphili ; par la suite, il entre au service du cardinal Pietro Ottoboni, neveu du pape Alexandre VIII. Au palais de la Chancellerie, Corelli vit dans une atmosphère de dilettantisme et d'élégance mais toujours empreinte d'une grande culture, s'y comportant toutefois presque comme un ascète ou un prêtre.

Son œuvre est entièrement consacrée au violon et aux instruments à cordes (six recueils, dont il assure lui-même la publication), sans jamais aborder les drames lyriques, cantates et airs pourtant tellement en vogue à l'époque. En réalité, il se tient un peu à l'écart, même s'il gagne des sommes importantes. Fervent amateur d'art, il consacre l'essentiel de son argent à l'achat de tableaux, suscitant notamment l'émerveillement de Haendel, venu d'Allemagne à Rome, stupéfait de le voir très simplement vêtu, parcourant à pied les rues boueuses de la Ville éternelle alors qu'il pourrait facilement s'offrir un carrosse. Par ailleurs, l'unique véritable plaisir de Corelli est de jouer du violon, en cherchant sans relâche à perfectionner les formes de la sonate et du concerto à travers un langage mélodique et harmonique bien éloigné de la polyphonie du XVIe siècle mais pénétré d'une mélancolie de madrigal, d'une sérénité et d'un classicisme tout romains, comme s'il voulait par ses sonorités solennelles défier une atmosphère surchargée d'éléments baroques.

Les quatre premiers recueils font appel à la vieille sonate à trois, autrement dit deux violons et une basse (celle-ci étant cependant confiée à deux instruments, violon et clavecin dans les sonates de chambre, violon et orgue dans celles d'église). La sonate corellienne, à trois et *a fortiori* pour violon solo, devient une référence obligée de cette nouvelle phase de l'histoire musicale italienne et européenne, qui lui accorde une importance égale à celle de la forme franco-germanique de la suite. La sonate de Corelli comporte généralement cinq ou six mouvements, sans modulations, et sa nouveauté réside dans la concentration du matériau musical dans le duo de violon et clavecin, ouvrant la voie à la sonate moderne pour violon et piano. La rationalité formelle de la sonate, la clarté de son contenu émotionnel, l'équilibre des diverses ressources stylistiques, l'assemblage parfait des éléments instrumentaux, tout cela est perçu comme artistiquement parfait, un idéal concentrant les aspirations des musiciens et reflétant en outre les nouvelles tendances artistiques. Dans son sixième recueil publié à Amsterdam en 1714, un an après sa mort, Corelli réunit douze *Concerti grossi*, exemple parfait d'une forme conçue pour orchestre et non plus de chambre, fondée sur l'opposition d'un concertino de trois instruments à cordes solistes et des autres cordes.

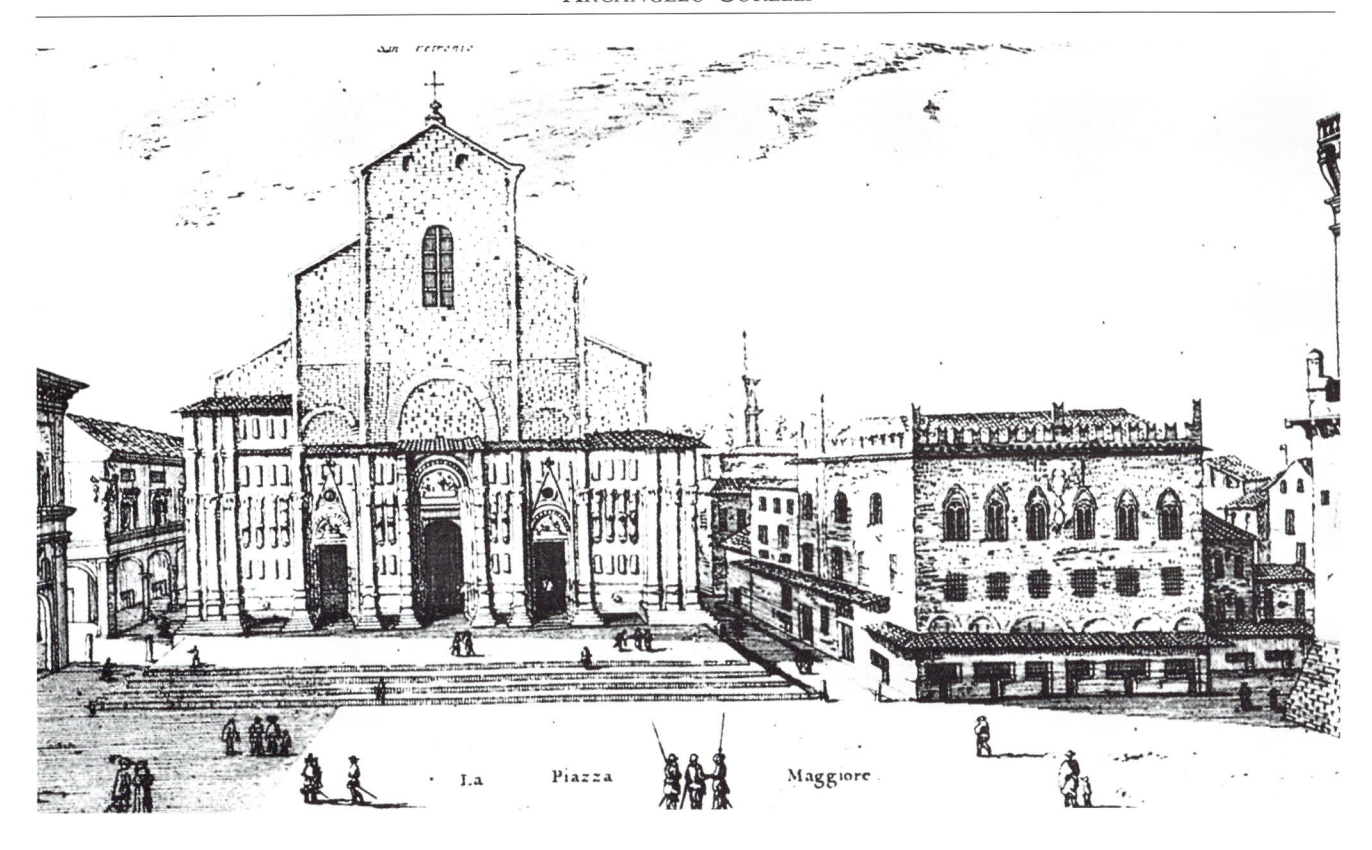

En haut, S. Petronio à Bologne ; le jeune Corelli participe activement à l'école de Bologne.

À gauche, page de titre de l'Opera prima de Corelli (1681) dédié à la reine Christine de Suède.

À droite, portrait de Christine de Suède.

Le Concert, œuvre réalisée par le peintre florentin A.D. Gabbiani (1652-1726).

Corelli est reconnu comme le génie du concerto grosso : encore faut-il préciser de quoi il s'agit. Ce terme désigne une forme comportant deux éléments instrumentaux distincts : d'une part, le concerto grosso proprement dit, qui comprend l'ensemble des instruments de l'orchestre ; de l'autre, le concertino, à savoir un ensemble assez réduit. Les deux structures, majeure et mineure, alternent dans le développement du discours musical qui devient presque un dialogue : il se crée ainsi une succession de masses sonores, fortes et faibles, plus ou moins accentuées. Le résultat n'en est pas pour autant un conflit de sonorités mais bien une sorte d'enchaînement de questions et de réponses entre les deux sections instrumentales.

Outre son rôle de responsable des activités artistiques dans le palais du cardinal Ottoboni, son protecteur, Corelli enseigne également le violon à des élèves du niveau de Francesco Geminiani (qui complète ensuite son éducation musicale auprès d'Alessandro Scarlatti) et Pietro Antonio Locatelli (installé plus tard à Amsterdam). Mais l'esprit serein et noble de Corelli se nourrit surtout de composition. Le catalogue de ses œuvres publiées n'en comporte « que » 72, réparties en six recueils : les opus I, II, III et IV sont des « sonates à trois », d'église ou de chambre, écrites pour deux violons et basse continue — fournie par le clavecin ou l'orgue, renforcés par un violoncelle. L'opus V regroupe douze sonates pour violon et basse continue et l'opus VI, douze concerti grossi pour orchestre à cordes. Beaucoup d'autres œuvres sont restées inédites, Corelli se montrant très prudent avant de confier sa musique aux imprimeurs.

Le style de Corelli compositeur est évidemment influencé par ses innovations en matière de technique violonistique. Ses mouvements lents exigent de l'exécutant un jeu chantant et limpide et la capacité d'improviser des ornementations élaborées sur les notes longues. Ses œuvres se présentent comme une révision en profondeur du « baroquisme » instrumental, en réaction contre les caprices des virtuoses et des modes, en un tournant historique tout imprégné d'une nouvelle conscience artistique et culturelle ; il s'agit de se libérer, en littérature comme en poésie ou dans les arts, des excès maniéristes ampoulés de la période précédente. C'est justement l'un des mérites de l'Arcadia romaine, comme de Corelli dans le domaine de la musique instrumentale et d'Alessandro Scarlatti dans celui du théâtre. En ce sens, Corelli est bien un réformateur : ayant assimilé les expériences bolognaises, il manifeste un inexorable esprit critique, capable d'embrasser toutes les expériences formelles, l'ensemble du langage et de la technique violonistiques des époques précédentes, pour les passer au crible, les repenser et les intégrer selon ses besoins expressifs personnels, avec l'intuition du génie qui capte et interprète les tensions et les progrès de l'histoire.

À la mort de Corelli, Vivaldi et Scarlatti sont déjà célèbres et en pleine période de création. Ses anciens élèves Geminiani et Locatelli sont en train de s'imposer, ayant mis à profit les enseignements du maître. La musique instrumentale, centrée sur le violon pour petits ou grands ensembles, prend place à côté du drame lyrique et conquiert des espaces expressifs fermés à la musique vocale. Sur ce terreau pourra germer et s'épanouir le génie romantique.

HENRY PURCELL

Londres, 1659
Londres, 1695

Henry Purcell, le plus grand compositeur anglais de la période baroque, naît à Londres, dans le district de Westminster, sans doute en 1659. On sait peu de choses de son enfance sinon qu'il grandit dans une famille de musiciens (le père, dont on ne connaît pas le prénom avec certitude, aurait fait partie de la chapelle royale) et entre à l'âge de dix ans dans le chœur de la chapelle. C'est là que le jeune Purcell reçoit son premier enseignement musical, ce qui lui permet d'obtenir avant même son quinzième anniversaire le poste d'assistant-réparateur des instruments royaux au sein de la chapelle. Il devient ensuite compositeur de l'orchestre à cordes royal, organiste de l'abbaye de Westminster en 1679 et enfin, en 1682, l'un des trois organistes de Jacques II, descendant de Marie Stuart. L'année suivante, il est nommé surintendant général des instruments royaux.

Les œuvres composées par Purcell au cours de sa brève existence sont multiples : il se consacre surtout à la musique de théâtre, mais compose également des cantates pour voix d'hommes et plus de quarante-cinq hymnes et chants religieux. Cela se comprend aisément, l'opéra anglais, contrairement à ce qui se pratique en France et en Italie, comportant des parties récitées, chantées et dansées, au point de faire de l'accompagnement musical une sorte d'élément accessoire. Les interprètes principaux ne sont pas toujours des chanteurs.

Dans ses œuvres de musique de chambre — figurant parmi ses compositions les plus raffinées — on trouve aussi bien les styles de l'époque (sonates à trois pour deux violons, basse et clavecin) que ceux du siècle précédent, comme les fantaisies pour cordes à trois, quatre ou cinq parties. L'une de ses œuvres les plus fameuses est la fantaisie *Upon One Note*, dans laquelle la viole joue uniquement un *do (middle)* tandis que les quatre autres instruments tissent des mélodies autour de cette note. Il est pourtant difficile de donner une définition précise du style de Purcell : bien que fortement attaché à la tradition musicale anglaise, il n'en est pas moins sensible aux expériences françaises et italiennes. Tout en puisant à ces diverses sources musicales, il parvient à créer un style personnel, qui est tout compte fait le fruit de l'évolution progressive de la musique anglaise.

Mort à trente-six ans seulement (1695), le compositeur de Westminster a su faire la synthèse des conquêtes musicales anglaises à travers la connaissance des œuvres du continent, atteignant des sommets dans tous les domaines de son art. Au contraire de bien d'autres, Purcell *naît* avec les instruments, sans doute pour avoir été dès sa jeunesse chargé des instruments royaux et organiste de Jacques II. Son œuvre embrasse le sacré comme le profane, allant du théâtre aux pièces de circonstance, des odes aux cantates, abordant musique instrumentale, musique sacrée, airs pour une ou plusieurs voix, musiques de scène composées pour les pièces de John Dryden et John Fletcher, comédies et tragédies.

Ainsi, l'ode — composée en l'honneur du roi ou d'un membre de la famille royale d'Angleterre —, probablement d'origine italienne, devient avec Purcell définitivement anglaise. Les odes sont composées à l'occasion des fêtes de fin d'année, des anniversaires, des mariages ou pour le retour du roi à Londres après un séjour à la campagne. Avec les *Welcome Songs*, elles constituent une part importante de la production de Purcell. Leur structure est souvent très complexe et fait appel à toutes les formes de musique de scène, allant des ouvertures dans le style français aux airs et des grands duos aux chœurs. Outre les voix, le compositeur emploie fréquemment les cordes, les flûtes, les hautbois et les trompettes.

Il compose plus de quarante musiques de scène ; certaines

Un mariage à l'époque élisabéthaine. C'est dans cette atmosphère que compose Purcell. Dans ses œuvres, il aborde tour à tour le sacré et le profane, le théâtre et les pièces de circonstance, l'ode et la cantate, la musique instrumentale et les airs à une ou plusieurs voix. Sans oublier les musiques de scène écrites pour les pièces de J. Dryden et J. Fletcher, comédies ou tragédies. L'ode constitue un genre particulier, sans doute d'origine italienne, mais qui devient définitivement anglais avec Purcell. Les odes sont composées en l'honneur du roi ou d'un membre de la famille royale d'Angleterre, à l'occasion des fêtes de fin d'année, des anniversaires, des mariages et autres célébrations.

sont considérées comme des « opéras avec dialogues » : *Dioclesian* (1690), *King Arthur* (1691) ; *The Fairy Queen* (1692) ; *The Indian Queen* (1695) et *The Tempest* (1695) ; *The Fairy Queen* et *The Tempest* sont composées sur des textes de William Shakespeare. En 1692, Purcell écrit également une ode, à l'occasion de la Sainte-Cécile, patronne de la musique depuis le début du XVIe siècle. L'orchestre prévu pour cette ode est formé de cordes, de trois flûtes (deux aiguës et une basse), de hautbois, trompettes et timbales ; les solistes sont au nombre de cinq, un soprano, deux contraltos, un ténor et une basse, auxquels s'adjoint un chœur. Ce n'est pas l'unique œuvre de Purcell dédiée à sainte Cécile : deux datent de 1683 et une autre est simplement écrite pour soprano, basse, violons, chœur et continuo.

En réalité, seul *Dido and Aeneas* (1689), composé par Purcell à l'âge de trente ans, est un opéra complet, entièrement mis en musique : l'œuvre comporte une symphonie en deux mouvements, avec récitatifs, airs, chœurs et passages instrumentaux dans lesquels on trouve des motifs de tradition non seulement anglaise mais également française et italienne. Le compositeur plonge en profondeur dans la psychologie du personnage de Didon. L'air de l'adieu *(Dido's Lament)* est d'une puissance expressive et d'une intensité dramatique exceptionnelles, construit comme il l'est sur une « basse contrainte ». La filiation qu'on pourrait qualifier d'italienne ou du moins d'européenne de Purcell s'arrête devant le bel canto, et ses mélodies sont beaucoup plus linéaires que celles des musiciens du continent et marquées par une grande fidélité au texte. À noter, l'importance du récitatif par rapport à l'air, mais aussi le développement spontané de quelque chose qui tient plus du second que du premier. Lors de sa création, *Dido and Aeneas* passe inaperçu et ne sera redécouvert qu'à la fin du siècle dernier, quand débute la recherche musicologique voulant remettre en lumière les chefs-d'œuvre du passé et se rattacher à la tradition des XVIIe et XVIIIe siècles que le romantisme semblait avoir interrompue.

Sa vie durant, il est très admiré, mais la popularité de sa musique subit un net déclin après sa mort, quand les Anglais manifestent leur préférence pour les compositeurs italianisants. Si certaines des œuvres de Purcell sont finalement publiées au XIXe siècle, il faut cependant ajouter qu'elles subissent des modifications radicales. Ses progressions harmoniques hardies et ses lignes mélodiques insolites sont atténuées et l'on va jusqu'à réécrire carrément certaines de ses œuvres chorales. La Purcell Society décide alors de publier l'œuvre intégrale du compositeur anglais dans sa forme originale, mais il faudra presque quatre-vingt-dix ans (de 1878 à 1965) pour y parvenir. On recommence ainsi à chanter ses airs, à jouer sa musique de chambre. On grave ses chefs-d'œuvre sur disque.

Henry Purcell est enterré dans l'abbaye de Westminster, où l'Angleterre honore ses plus grands hommes disparus.

Ci-dessus, La Rencontre de Didon et Énée, *par Pietro da Cortona (1596-1669)* ; *détail*.

À droite, l'opéra de Purcell Dido and Aeneas, *dirigé par Benjamin Britten dans une mise en scène réalisée à Covent Garden. Composé par Purcell à l'âge de trente ans, c'est son seul opéra achevé, entièrement mis en musique d'un bout à l'autre. Il consiste en une symphonie en deux mouvements, avec récitatifs, airs, chœurs et morceaux instrumentaux, dans lesquels apparaissent des motifs de tradition anglaise mais également française et italienne. Dans cette œuvre se manifeste toute l'âme du compositeur, qui plonge en profondeur dans la psychologie du personnage de Didon, en faisant l'une des héroïnes les plus célèbres et les plus aimées de toute l'histoire de la musique.*

ALESSANDRO ET DOMENICO SCARLATTI

Palerme, 1660
Naples, 1725
Naples, 1685
Madrid, 1757

Alessandro et Domenico sont les deux membres les plus illustres de cette famille de musiciens : le premier est considéré comme le plus grand compositeur d'opéras de l'école napolitaine, le second est le principal représentant de l'école italienne de clavecin. Alessandro naît à Palerme en 1660 mais se retrouve bien vite à Rome, où il étudie la musique avec le compositeur Giacomo Carissimi. Dès ses débuts, à dix-neuf ans, au Teatro Capranica de Rome avec l'opéra *Gli Equivoci nel sembiante*, il connaît un énorme succès. La reine Christine de Suède, qui s'est retirée dans la Ville éternelle, le nomme son maître de chapelle. Cinq ans plus tard, en 1684, il est appelé à Naples par le vice-roi Gaspar de Haro, marquis de Carpio, pour occuper la charge de maître de la chapelle royale : il y restera dix-huit ans, écrivant durant cette période trente-huit opéras ainsi que d'autres morceaux de musique. Il exerce une sorte de monopole sur les théâtres italiens, surtout sous l'aspect quantitatif, faisant représenter au moins cent quinze opéras. En 1702, il cherche un emploi plus lucratif et quitte Naples avec son fils Domenico (qui travaille déjà à sa première œuvre, *Ottavia restituita al trono*) pour s'installer d'abord à Florence sur l'invitation de Ferdinand III de Médicis et peu après à Rome, sous la protection du cardinal Ottoboni, qui le fait nommer vice-maître de chapelle à la basilique de Sainte-Marie-Majeure.

C'est dans l'opéra et la cantate de chambre qu'Alessandro Scarlatti trouve son mode d'expression privilégié. L'abondance de sa production témoigne non seulement de la célébrité à laquelle il parvient de son vivant, mais aussi des multiples commandes qui pleuvent littéralement sur lui. Sa situation sociale et sa place dans le milieu romain imposent cependant au compositeur de très nombreuses obligations dans le domaine de la musique sacrée (oratorios et pièces liturgiques, en particulier messes et motets). Les musicologues ont divisé les motets de Scarlatti en deux parties, selon le style moderne, celui vif et personnel du musicien, et selon le style ancien, défini par Scarlatti lui-même comme « à la Palestrina ». Il donne à certaines compositions une tournure plus austère, plus traditionnelle, plus adaptée à la musique sacrée. Mais même cet aspect est purement occasionnel et nous ne devons que partiellement accréditer ses déclarations quant à un style « palestrinien ». Le contrepoint est sévère, conforme au style et aux théories de l'époque.

Nombre de ses compositions sont des commandes des grands-ducs de Toscane. C'est ainsi que naissent les *Hymnes* et les *Improperi* pour la *Missa Praesanctificatorum della Parasceve* (1708), les *Lamentations pour la Semaine sainte* de la même année, les 27 *Répons pour la Semaine sainte*. Les motets sont écrits pour les formations vocales les plus diverses, des plus simples (une voix, deux violons et continuo) jusqu'à des ensembles de vastes proportions (comme les huit voix du *Tu es Petrus* avec accompagnement à l'orgue).

Entre titres et livrets, de tous les opéras d'Alessandro Scarlatti, nous connaissons environ 70 œuvres et 35 partitions complètes ; c'est suffisant pour bien définir la personnalité du créateur d'opéras et du compositeur et, surtout, pour préciser les caractéristiques de son style : il perfectionne l'*aria da capo* (selon la formule A-B-A), y recourant dans le mélodrame comme dans la cantate ; pour l'ouverture, il adopte une structure basée sur le schéma allegro-lento-allegro et soigne simultanément l'accompagnement musical, insérant dans l'orchestre hautbois, bassons et cors.

Alessandro Scarlatti est un fin connaisseur en matière de voix : il ne considère pas le chant comme le moyen d'étendre et d'enrichir le contenu du texte mais lui attribue une véritable valeur musicale, insistant sur certains mots par des passages de pure virtuosité. Les vocalises sont riches et

Ci-dessus, Concert de musique, estampe du XVIIIe siècle.
Ci-dessous, une scène du Giunio Bruto, *pastiche d'Alessandro Scarlatti* ; aquarelle de F. Juvara.

définissent le chant comme une entité stylisée, à caractère résolument instrumental.

En 1707, il présente à Venise *Mitridate Eupatore* et *Il Trionfo della libertà*. Puis, après un bref séjour à Urbino, il revient à Naples, reprenant son emploi précédent et dirigeant en outre le conservatoire de Sant'Onofrio. Instable comme beaucoup d'autres compositeurs de ce temps, après un séjour napolitain d'une dizaine d'années, il s'installe à Rome (y travaillant de 1718 à 1722) avant de revenir définitivement à Naples, vivant dans la solitude et l'oubli du public. Il y meurt en 1725.

À la fin de sa vie, Alessandro Scarlatti se tourne souvent vers la musique instrumentale, composant entre autres douze *Sinfonie di concerto grosso* et quatre *Sonate a quattro* : les premières peuvent se définir comme une synthèse entre la symphonie d'opéra et le concerto, grosso ou de groupe. Tenant la forme en cinq mouvements pour fondamentale, Scarlatti donne au premier allegro un style concertant et une écriture voisine de la symphonie de théâtre ; au troisième mouvement (à nouveau allegro), un style de fugue et au dernier celui d'une danse (gigue). Les mouvements lents ont une architecture ample et on y sent l'influence de l'expérience dramatique, mais on y trouve aussi des recherches d'instrumentation. Scarlatti s'éloigne ici de Corelli, en ce sens qu'il manifeste la volonté d'utiliser l'écriture polyphonique, donnant une signification nouvelle à la technique du contrepoint.

Les opéras d'Alessandro Scarlatti sont très nombreux : parmi les œuvres de jeunesse, on retient notamment *Olimpia vendicata* (1685), *Rosmena o vero l'infedeltà fedele* (1686), *La Statira* (1690), *La Rosaura* (1690). Parmi celles de la matu-

Un concert d'instruments à cordes et à vent, estampe du XVIIIe siècle. Alessandro Scarlatti trouve dans l'opéra et la cantate de chambre son mode privilégié d'expression musicale. Vers la fin de sa vie, il se tourne cependant souvent vers la musique instrumentale, composant notamment douze Sinfonie da Concerto Grosso et quatre Sonate a quattro. On peut définir les premières comme une synthèse entre la symphonie d'opéra et le concerto, qu'il soit grosso ou pour un groupe d'instruments. Ayant déterminé comme fondamentale la forme en cinq mouvements, Scarlatti donne au premier allegro un style concertant et une écriture similaire à celle de la symphonie de théâtre, au troisième mouvement (à nouveau allegro) le style de la figure et au dernier celui de la danse (gigue). Les mouvements lents présentent une architecture ample et reflètent l'expérience théâtrale mais s'ouvrent également sur des recherches d'instrumentation.

rité, il faut accorder une attention particulière à *Il Prigioniero fortunato* (1698), *L'Eraclea* (1700), *Mitridate Eupatore* (1707), *L'Amor volubile e tiranno* (1709), *Il Trionfo dell'onore* (un opéra-comique de 1718) et *Griselda* (1721).

Les opéras de Scarlatti ne sont évidemment pas tous de la même qualité, mais il réussit à dépasser l'aspect conventionnel dans lequel est tombé le drame lyrique. Tout à fait remarquable est l'utilisation qu'il fait de l'orchestre, surtout dans les œuvres de sa maturité, quand les instruments s'insèrent dans le « jeu » vocal avec des incises bien caractérisées, abandonnant leur rôle de simple accompagnement. Scarlatti y démontre la richesse de son expérience, acquise dans la composition des concertos et des sonates : environ 600 cantates de chambre pour voix soliste avec accompagnement de clavecin et viole de gambe, et 60 autres avec accompagnement de cordes. Les cantates pour soliste constituent la partie la plus expressive de la musique de Scarlatti, celle qui semble donner vie à ses sentiments intimes. Souverain compositeur de messes, motets, oratorios et madrigaux, c'est pourtant l'un des musiciens les moins joués, peut-être parce qu'à la fin de sa vie sa musique est en quelque sorte balayée par la présence de Corelli, Vivaldi et Haendel.

De son fils Domenico, né à Naples en 1685, on peut dire qu'il porte le clavecin au même incroyable niveau de virtuosité que Franz Liszt le fait pour le piano. Initié à la musique par son père, en 1701 il est déjà organiste et compositeur de la chapelle royale de Naples. En 1702, il accompagne son père à Florence, mais revient très vite à Naples où, en 1703, est représenté son premier opéra, *Ottavia restituita al trono*. À Venise, il rencontre Vivaldi et Haendel et participe avec

Dame au clavecin, *par F. van Mieris le Vieux (1635-1681) ; détail. Domenico Scarlatti, fils d'Alessandro, est le principal représentant de l'école italienne de clavecin. C'est avec cet instrument qu'il exprime son incomparable personnalité, avec beaucoup d'originalité et d'indépendance par rapport aux modes de son temps. À travers la variété des moyens et des inventions, il sait mieux que tout autre exploiter toutes les possibilités de l'instrument, avec des résultats exceptionnels sur le plan du timbre et du dynamisme, obtenant une gamme de couleurs intenses qui naissent également de ses audaces harmoniques et d'une utilisation sobre et raffinée des éléments propres au folklore espagnol (de 1729 à sa mort, Domenico Scarlatti vit à la cour de Madrid).*

ce dernier à Rome à une « tenson », sorte de concours organisé par le cardinal Ottoboni : Scarlatti y est reconnu comme le meilleur claveciniste tandis que Haendel démontre une incontestable supériorité à l'orgue. Les cinq années suivantes sont consacrées à la composition de drames lyriques pour le théâtre de la reine Marie-Casimire de Pologne, résidant à Rome. À partir de 1714, il est maître de chapelle à Saint-Pierre et enfin (mais il en reste peu de traces) s'installe à Londres, où l'on représente son *Narciso*.

Malheureusement, sur les quinze drames lyriques qui lui sont attribués, une grande partie des partitions a été perdue. On connaît bien *La Silvia* (1710), *Tetide in Sciro* (1712), *Ifigenia in Aulide* (1713), *Ifigenia in Tauride* (1713) et *Ambleto* (1715). Parmi les œuvres sacrées, il faut citer un *Stabat Mater* à dix voix et une messe à quatre voix, composée à Madrid. En effet, après un séjour au Portugal (où il fut maître de chapelle du roi Jean V), il entre au service de la cour d'Espagne qui, en 1746, lui accorde le titre de « maestro des Rois catholiques ».

Mais c'est avec le clavecin qu'il manifeste son incomparable personnalité, son originalité et son indépendance par rapport aux modes de son temps. À travers la variété des moyens, des attitudes, des inventions, il sait mieux que tout autre exploiter toutes les possibilités de l'instrument, obtenant des résultats stupéfiants sur le plan du timbre et de la dynamique avec une extraordinaire vivacité de couleurs qui naît également de ses audaces harmoniques et d'un usage sobre et raffiné des éléments propres au folklore espagnol. On connaît de lui quelque 600 pièces pour clavecin. À Madrid, il compose sa dernière œuvre en 1756 (et meurt l'année suivante), un *Salve Regina* pour soprano et cordes.

FRANÇOIS COUPERIN (II, dit le Grand)

Paris, 1668
Paris, 1733

François Couperin appartient à une famille de musiciens français réputés (Charles, organiste ; Louis, organiste et musicien de la chambre du roi Louis XIV ; François Ier, maître de clavecin et organiste ; Nicolas, musicien du comte de Toulouse ; Armand-Louis, organiste à Notre-Dame ; Pierre-Louis, organiste ; Charles II, organiste de la duchesse d'Orléans). François II, dit le Grand, fils de Charles II, est le plus célèbre représentant de la famille. Orphelin dès l'enfance, il succède à son père comme organiste de l'église Saint-Gervais. Né à Paris en 1668, il devient organiste du roi et maître de clavecin et de composition des princes en 1693. Toute son existence et sa carrière musicale se déroulent à Paris ; il est musicien également des cours de Louis XIV puis de Louis XV.

Dans les œuvres de Couperin, ce sont les quelque 230 pièces pour clavecin, réunies en quatre livres, qui sont restées célèbres. Il s'agit de suites stylisées, qui abandonnent toujours plus le schéma typique de la vieille suite française pour évoquer personnes, paysages, scènes quotidiennes ou sentiments. Après avoir entendu à Paris les sonates d'Arcangelo Corelli, Couperin compose quatre sonates en trio (1692-1693) qui sont diffusées sous un pseudonyme italien, pour faire croire qu'elles sont l'œuvre d'un nouveau musicien transalpin. À lui revient donc le mérite d'avoir très vite prêté intérêt à la sonate corellienne, tout en y introduisant le goût français : même le choix des instruments peut être considéré comme francisé, l'absence en France d'une tradition instrumentale d'église, très répandue au contraire en Italie, incitant Couperin à préférer le clavecin à l'orgue pour le continuo et conduisant ainsi à un compromis entre sonate d'église et sonate de chambre. La fusion peut s'accomplir : les mouvements lents sont tantôt graves et de ton religieux, tantôt des « airs tendres » dans le style de Jean-Baptiste Lully (1632-1687), le compositeur de la cour, tantôt modérés et typiques de la *galanterie* qui fait fureur à cette époque.

La sensibilité mélodique de François Couperin s'exprime par des figures rythmiques typiques et une conduite plus homogène des parties : les allegros fugués sont conçus librement, avec une grande vivacité rythmique, parfois sous forme de danse. Afin d'obtenir par ailleurs une certaine unité entre les sonates indépendantes, Couperin utilise généralement le même matériau thématique, dûment diversifié, dans deux tempi différents au moins par mouvement.

Sa production comprend donc des pièces profanes et sacrées, tandis que ses nombreuses œuvres instrumentales lui assurent le premier rang parmi les compositeurs français de l'époque : les concertos, sonates pour deux violes ou deux violons et basse continue, sonates pour instruments solistes, suites pour viole et deux messes pour orgue s'ajoutent aux 230 pièces pour clavecin. Mais François Couperin est également l'auteur d'ouvrages théoriques : en 1698, il fait imprimer les *Règles pour l'accompagnement* et en 1715-1716 *L'Art de toucher le clavecin*, introduisant l'emploi du pouce sur le clavier. Cet artiste est donc également un pédagogue qui étudie et enseigne les méthodes du passé tout en réfléchissant à l'avenir. Couperin utilise tous les modèles, sa musique va de la simplicité à la complexité, du récitatif à la toccata, sans oublier des compositions d'un type plus figuratif, comme les bals masqués *(Les Dominos)* ou les fêtes de Versailles *(Les Folies françaises)*, ni les joutes entre maîtres organistes et clavecinistes et les violonistes. Couperin compose pour trois voix et confie au soprano et à la basse les parties principales, la voix centrale se perdant entre les deux autres.

La qualité de son œuvre se comprend bien si l'on considère les célèbres préludes qu'avant lui les clavecinistes français avaient l'habitude d'improviser. Il écrit des pages subtiles

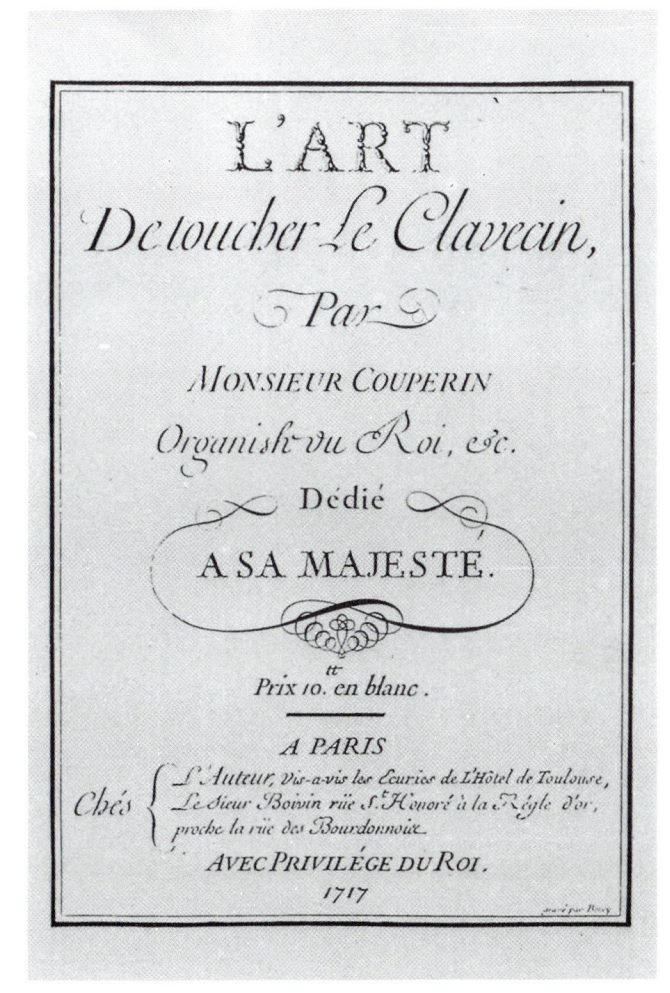

Ci-dessus, Vue du Pont-Neuf à Paris, *en 1680 (tableau de l'école française du XVIIᵉ siècle). Couperin passe toute son existence à Paris, comme musicien de la cour de* Louis XIV puis de Louis XV. *À gauche, page de titre de* L'Art de toucher le clavecin, *1715-1716, traité dans lequel le compositeur introduit l'emploi du pouce sur le clavier.*

et d'une simplicité toute apparente, qui reflètent son style et son goût raffiné. Voilà pourquoi la musique française pour clavecin se caractérise par l'emploi d'une série d'ornements particulièrement touffus : Couperin lui-même se pose en continuateur de l'art français du clavecin, tout en formulant des propositions qui le perfectionnent et innovent.

Mais quels sont au juste les motifs inspirant les compositions de Couperin ? Leur multiplicité rend vaine toute enquête approfondie. On peut cependant relever certains éléments dominants, comme les allusions à des personnalités bien reconnaissables de la noblesse de l'époque (ainsi, *L'Auguste* du *Iᵉʳ Ordre* est sans aucun doute le Roi-Soleil et *La Princesse Marie* est Marie Leczinska), ou à certaines figures féminines pas toujours bien identifiées. Mais on y trouve aussi la référence à des états d'âme, des caractères, des pays et des régions, ainsi qu'au monde de la nature et de la mythologie *(La Diane, La Terpsichore, L'Embarquement pour Cythère)*. Il y a encore des morceaux burlesques, des caricatures en miniature *(Arlequin)*, des espiègleries qui révèlent un style étonnamment facétieux recourant à d'audacieuses images musicales ou des pièces servant de canevas à l'opéra-comique. Ce Couperin innovateur n'est évidemment pas celui des œuvres de jeunesse ou encore liées à la galanterie : le musicien approfondit tous les aspects de la composition,

ORGUES ET LUTHS

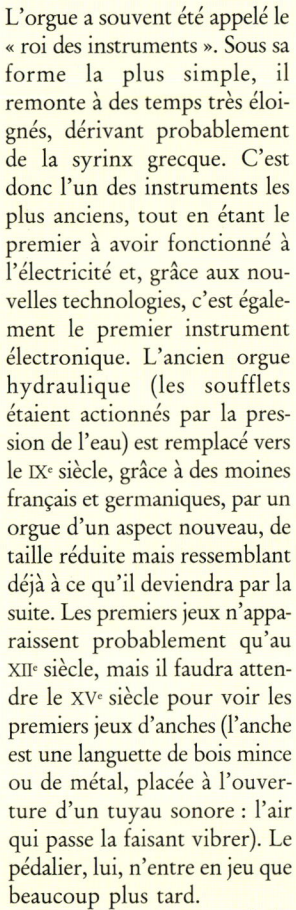

L'orgue a souvent été appelé le « roi des instruments ». Sous sa forme la plus simple, il remonte à des temps très éloignés, dérivant probablement de la syrinx grecque. C'est donc l'un des instruments les plus anciens, tout en étant le premier à avoir fonctionné à l'électricité et, grâce aux nouvelles technologies, c'est également le premier instrument électronique. L'ancien orgue hydraulique (les soufflets étaient actionnés par la pression de l'eau) est remplacé vers le IXe siècle, grâce à des moines français et germaniques, par un orgue d'un aspect nouveau, de taille réduite mais ressemblant déjà à ce qu'il deviendra par la suite. Les premiers jeux n'apparaissent probablement qu'au XIIe siècle, mais il faudra attendre le XVe siècle pour voir les premiers jeux d'anches (l'anche est une languette de bois mince ou de métal, placée à l'ouverture d'un tuyau sonore : l'air qui passe la faisant vibrer). Le pédalier, lui, n'entre en jeu que beaucoup plus tard.

Au début du XVIe siècle, l'orgue comprend un seul *sommier* et un seul clavier. Les tuyaux peuvent être d'étain ou de plomb ; le « principal » (registre fondamental) est en étain. S'y ajoutent les jeux du « ripieno » accordés à la quinte et à l'octave supérieures. Vers 1550 apparaît le jeu dénommé « voix humaine » ou « figaro ». Vers 1650 s'y ajoutent d'autres jeux comme le « cornet », le jeu de tierce et diverses anches. À l'époque romantique, on installe un second clavier avec un jeu de violoncelle et un pédalier indépendant.

L'orgue moderne bénéficie d'une vaste gamme sonore : c'est pratiquement un ensemble d'instruments à vent actionné par un seul exécutant. Il comporte les tuyaux (matériel sonore), les soufflets qui fournissent l'air comprimé nécessaire à la production des sons, les claviers et les jeux qui constituent le « mécanisme ».

Le luth — mot qui vient de l'arabe *al-ud* — est un instrument aux origines anciennes, dont les cordes se pincent avec les doigts. C'est l'instrument le plus en vogue en Europe occidentale durant les XVIe et XVIIe siècles, surtout quand il s'agit de faire de la musique chez soi ou dans certains lieux publics comme les tavernes. Il vient sans doute du Moyen-Orient (peut-être du Caucase) et parvint en Occident grâce aux Arabes et aux croisés vers la fin du XIIIe siècle déjà. À cette époque, il est doté de quatre cordes et se pince avec un plectre, souvent fait d'un os d'oiseau. À la fin du XVIe siècle, le nombre des cordes est de six : cinq doubles cordes et une simple ; à celles tendues sur le manche principal s'en ajoutent d'autres placées sur le côté, au son plus grave et dont le nombre varie. Au début, on transcrit pour le luth des œuvres vocales, puis on crée pour lui des musiques originales. Il est généralement utilisé pour accompagner le chant, mais on en joue également en solo.

À la fin du XVIe siècle, le luth sert de plus en plus à fournir un accompagnement de basse au sein d'ensembles instrumentaux, comme le fait la corde de basse dans le jazz dit « combos ». Cette utilisation entraîne l'ajout des cordes sur le côté, parfois si nombreuses qu'il faut ajouter un nouveau manche, comme dans le cas du théorbe et du *chitarrone*. Les meilleurs luthiers d'Europe sont italiens. Certains de leurs descendants s'installent en France ; ce sont des artisans d'une extrême habileté qui se consacrent également à la fabrication de violons, rivalisant avec les meilleurs créateurs de ces instruments en Italie du Nord.

À l'époque de Shakespeare, au XVIIe siècle, le luth est l'instrument favori des compositeurs anglais, au point que l'un des plus célèbres d'entre eux, John Dowland, en joue en véritable virtuose et lui consacre un traité, *Short Treatise on Luteplaying*.

L'un des derniers musiciens à écrire pour le luth est Jean-Sébastien Bach. Après sa mort en 1750, ce type de composition tombe dans l'oubli.

---

invention mélodique, écriture rythmique, langage tonal, élaboration harmonique, technique instrumentale. L'un des aspects essentiels de la musique de Couperin réside dans les très nombreux morceaux rapides et brillants, où défilent des figures étincelantes de doubles croches, généralement confiées aux deux mains : une sorte de mouvement perpétuel d'où jaillit une matière incandescente née d'une grande imagination, présente dans beaucoup de morceaux, par-dessus tout dans la très originale *Pantomime (Ordre 26)*. Les changements de tonalité sont combinés d'une manière très personnelle, offrant à la postérité le fruit magnifique d'une intuition qui transformera la musique pour clavecin.

Un autre élément est révélateur de l'évolution suivie par Couperin durant sa longue carrière (il meurt à Paris en 1733).

Il s'agit du tissu extrêmement dense d'ornements insérés dans les œuvres de ses premiers recueils : un moyen pour le compositeur de remédier à la brièveté sonore du clavecin. Ces enjolivements sont rendus plus évidents par ses efforts ultérieurs vers plus de clarté et de simplification dans ce domaine, conséquence logique d'une conception mélodique plus nette et d'une modification du goût dans la composition pour clavecin. Tout cela pourrait faire croire que ses contemporains le considèrent comme l'un des principaux représentants de la musique pour clavecin. Bien au contraire, ses dernières œuvres — les plus importantes — ne sont guère appréciées et tombent, pour longtemps, dans le plus total oubli : c'est Brahms, à la fin du XIXe siècle, qui remettra en valeur l'ensemble de son œuvre.

Couperin demeure une figure de tout premier plan, qui éclipse celle de ses contemporains et de ses successeurs français immédiats : sa redécouverte a pleinement révélé son goût exquisément français et sa totale correspondance avec le style du XVIIe siècle, au point de susciter chez des compositeurs modernes hommages et efforts d'émulation. Citons notamment Maurice Ravel, qui compose la suite intitulée *Le Tombeau de Couperin*, et Richard Strauss, qui écrit son *Divertimento* op. 86 pour petit orchestre sur des thèmes de Couperin.

Page ci-contre, page enluminée d'un manuscrit médiéval, De institutione musicae, *de Boèce ; l'œuvre du philosophe latin, qui date de 500-507, devient la principale référence des théoriciens du Moyen Âge.*
Ci-dessous, Le Déjeuner d'huîtres *(détail), par J.-F. de Troy (1679-1752).*

ANTONIO VIVALDI

Venise, 1678
Vienne, 1741

À bien des égards, l'époque baroque est celle qui reflète le mieux l'âme de Venise, ville pleine de contrastes, d'ombres et de lumières, de plaisirs et de misères secrètes, dans laquelle se développe le génie musical d'Antonio Vivaldi. Écouter sa musique, c'est connaître des expériences insolites sur les petites places et dans les ruelles, traverser les ponts, écouter le bruissement du doux parler vénitien dans les marchés et les boutiques. La vie à Venise est alors pleine de contrastes. On trouve de tout, joie et tristesse, fêtes innombrables et misère infinie, réceptions galantes et salons littéraires. C'est l'apogée du baroque, c'est-à-dire d'une époque qui apprécie — en littérature comme en art, en musique ou dans le comportement quotidien — les œuvres « irrégulières, bizarres, inégales ».

En matière de musique, on le trouve dans le contraste entre les masses sonores, vocales et instrumentales, dans l'introduction du concept d'expression, dans l'opposition entre le timbre des voix et celui des instruments. C'est à Venise que certains, utilisant les deux tribunes face à face de Saint-Marc, ont créé les « chœurs battants » qui mettent en œuvre, en alternance ou ensemble, les voix et les instruments à vent soutenus par l'orgue. C'est cette musique que Vivaldi trouve à ses débuts, s'appuyant solidement sur la « basse » et formant le vaste monde sonore du « concertato », le chanter et jouer ensemble. Mais à Venise parvient également l'expérience des autres écoles italiennes et européennes qui, se mêlant au goût musical de la ville, donne naissance au baroque de Bach, de Haendel et de Vivaldi.

Antonio Vivaldi naît à Venise en 1678 et reçoit certainement ses premières leçons de musique de son père, violoniste dans l'orchestre de Saint-Marc. L'enfant n'a guère plus de dix ans quand il commence à remplacer son père. Antonio est admis à la Cappella Marciana comme violoniste surnuméraire, mais son père le destine à la carrière ecclésiastique. Il en suit les étapes avec régularité, est tonsuré en 1693 et ordonné prêtre le 23 mars 1703. Depuis lors, à cause de la couleur flamboyante de ses cheveux, il est surnommé « le Prêtre roux ». Cette même année, il devient professeur de violon au conservatoire de la Pietà, un hospice qui recueille et élève les jeunes orphelines. En 1705 est publié son *Opera prima*, recueil de sonates à trois. À la Pietà, il occupera par la suite les fonctions de maître de chapelle, maître de chœur et maître de concerts, d'abord sous la direction du Lucquois Francesco Gasparini puis, à partir de 1713, en tant que seul responsable.

Vivaldi parfait très vite sa technique de violoniste et de compositeur de sonates, au point de publier rapidement un *Opera seconda* et un *Opera terza* ; cette dernière œuvre est appelée *L'Estro armonico* et constituée de douze concertos dans lesquels explose la force expressive du compositeur vénitien. L'impression produite sur les connaisseurs est énorme comme si, à l'improviste, s'était ouverte une fenêtre et qu'un vent nouveau agitât et bouleversât les feuilles sur lesquelles furent composées les partitions du passé. Le recueil est formé de trois concerti grossi, quatre concerti grossi avec un concertino de quatre violons, quatre concertos pour soliste (dans lesquels le concertino se réduit à un instrument solo, le violon) et un pour deux violons solistes.

L'Estro armonico, incontestablement une œuvre de génie, fascine Jean-Sébastien Bach qui, ayant la possibilité de l'étudier à Weimar, en transcrit six concertos. Pendant ce temps, à Venise, la musique connaît une période faste : Scarlatti, Rueta, Haendel, Benedetto Marcello sont les compositeurs les plus joués. Mais pour la visite du roi du Danemark à Venise, on donne un grand concert d'œuvres de Vivaldi. Celui-ci publie l'*Opera quarta (la Stravaganza)*, douze

Ci-dessus, Le Menuet, *par G.D. Tiepolo : une scène du carnaval vénitien, au XVIII* siècle.*

Ci-dessous, la préparation fiévreuse d'un concert ; fresque vénitienne (détail).

concertos dont, une fois encore, s'inspirera Bach. Il compose également quelques oratorios, le *Moyses Deus Pharaonis*, dont la musique ne nous est pas parvenue ; le *Sacrum militare oratorium*, plus connu comme *Juditha triumphans*, qui exalte la figure de l'héroïne biblique libérant sa ville d'Holopherne (cette année-là, en 1716, on célèbre la victoire du prince Eugène de Savoie à Petrovaradin sur les Turcs et la reconquête de Corfou) : la lagune s'enthousiasme donc également par patriotisme.

En 1716 et 1717 paraissent à Amsterdam les *Opera quinta, sesta* et *settima*, des sonates et concertos. En 1725, c'est le tour de l'*Opera ottava*, douze concertos réunis sous le titre *Il Cimento dell'armonia e dell'invenzione* ; cette œuvre comprend notamment les *Quatre Saisons* qui sont sans doute les quatre concertos les plus célèbres du monde. Vivaldi modifie les formes et les structures qui l'ont précédé avec une telle indépendance qu'il devient l'un des musiciens les plus personnels de son temps, à égalité avec Haendel et Bach. Personne avant lui n'a montré une fougue et un dynamisme aussi irrésistibles ; personne n'a réussi à disposer facilement d'une aussi riche palette de sons et de couleurs. Le thème du *Printemps*, par exemple, sert de motif conducteur, nourri d'évocations splendides et lumineuses qui ne sont pourtant pas une habile imitation de la nature, mais une véritable méditation sur les sentiments et les impressions que nous retirons d'elle. Le compositeur tente de comprendre et d'organiser *l'autre musique*, celle quotidienne de la nature (comme le feront Beethoven et Debussy). Les critiques font remarquer que, parmi les Italiens, le Prêtre roux est le seul à affronter le thème ardu de la musique descriptive et les *Quatre Saisons* en sont l'exemple le plus éclatant. Ces quatre concertos constituent le don divin d'un génie au reste de l'humanité : une offrande de joie et de lyrisme, de subtile mélancolie et de sereine félicité. Tous quatre sont écrits pour violon principal, cordes (premiers et seconds violons, violes et basses) et orgue ou clavecin. L'auteur y manifeste une totale liberté de composition, confiant à deux masses instrumentales (l'orchestre d'une part, le soliste de l'autre) deux rôles bien définis. À l'ensemble des cordes, la tâche de créer le décor, d'évoquer l'atmosphère, l'ambiance, le climat dans lequel se déroule l'action. Au soliste d'évoquer les détails psychologiques ou pittoresques. À la base de l'évolution des formes musicales — une innovation vivaldienne — se trouve la structure tripartite (allegro-adagio-allegro), qui manifeste précisément toute son évidence dans ces quatre concertos.

L'œuvre instrumentale de Vivaldi comporte dans son ensemble quelque 450 concertos, 90 sonates, 23 symphonies. Les concertos pour violon solo (253) dominent largement mais on trouve également des concertos pour violoncelle, viole d'amour, basson, hautbois, flûte traversière, flûte à bec, piccolo, guitare et mandoline, ainsi que d'autres pour deux instruments ou plus. Il n'est pas sans intérêt de relever la tonalité de ces œuvres : le *do* majeur apparaît 80 fois, le *ré* majeur 61, le *fa* majeur 51, le *si* bémol majeur 47, le *sol* mineur 41, le *sol* majeur 40. Mais ce qui ressort avec le plus d'évidence est le magistral élan lyrique qui parcourt chaque œuvre vivaldienne, le compositeur développant admirablement le mouvement central de chaque concerto, recherchant des harmonies précieuses, ouvrant de nouveaux horizons à la voix, devançant les possibilités offertes au chant à l'époque romantique. Cela donne un intérêt exceptionnel à l'oratorio *Juditha triumphans*, au *Gloria*, au *Stabat Mater*, aux

Page ci-contre, en haut la façade de l'église de S. Geminiano où Vivaldi est ordonné prêtre (gravure : L. Carlevaris) ; en bas, à gauche : 1), 2), 3) violes de gambe, 4) viole « bâtarde », 5) lira da braccio ; en bas à droite : page de titre de Il Cimento dell'armonia e dell'invenzione.

Ci-dessus, Cantate des orphelines donnée aux ducs du Nord, par G. Bella. Ces jeunes musiciennes reçoivent leur formation musicale dans les hospices vénitiens pour orphelines, comme l'Ospedale della Pietà où enseigne Vivaldi.

Ci-contre, Orfane filarmoniche tiré des Coutumes vénitiennes de Grevembroch.

Page suivante, conclusion du Contrapunctus de L'Art de la fugue de Bach, de l'édition originale imprimée en 1752.

♦ 35 ♦

CONTREPOINT ET HARMONIE

On peut définir le contrepoint comme l'art d'associer différentes mélodies dans un ensemble harmonique, simultanément ou en succession. Ces mélodies peuvent être confiées aux voix ou à divers instruments, ou encore à un seul exécutant sur un instrument à clavier. Même s'il se fonde sur l'harmonie, science exacte, le contrepoint consiste en réalité en une série de normes pratiques, de conventions établies à travers l'expérience des maîtres classiques. C'est enfin une discipline musicale, indispensable à qui veut étudier la composition, étant par nature le moyen d'équilibrer un morceau de musique. On a ainsi pu écrire que si l'harmonie est la grammaire de la musique, le contrepoint en est la syntaxe.

D'origine exclusivement vocale, le contrepoint doit son nom à la position des notes sur la portée depuis les origines de l'écriture musicale : *punctum contra punctum*. Il indique donc une ou plusieurs voix chantant au-dessus ou au-dessous de celle du *cantus firmus*. On en vient peu à peu à opposer deux notes à chaque note du cantus firmus : la première à exécuter en consonance, la seconde « de passage ». De cette technique apparemment simple, on passe rapidement à la création de dessins rythmiques, d'échos et de répons autour du cantus firmus. Au XVIe siècle, les grands polyphonistes italiens donnent naissance au véritable contrepoint « libre », devinant sa valeur harmonique.

Entre les XVIIe et XVIIIe siècles, le contrepoint atteint avec Jean-Sébastien Bach le sommet de la perfection formelle et artistique, en particulier dans la fugue qui devient le moyen de créer de véritables architectures sonores. Les associations simultanées de sons dans un ensemble musical gouverné par un système sont régies par l'harmonie, mais celle-ci relève plus du domaine de la sensibilité humaine que d'une hypothétique réalité objective. On peut dire qu'elle naît d'une intuition subjective qui se mêle à d'autres et qu'elles sont toutes ensemble codifiées par la théorie. Cette harmonie, que nous appellerons classique, ne résulte pas d'une impulsion individuelle mais s'est développée progressivement au cours des siècles. Cette lente élaboration commence à se stabiliser quand la polyphonie élémentaire des origines abandonne la monophonie. On peut dire que la structure fondamentale de son édifice central, à savoir les gammes et les accords majeurs et mineurs, est établie en 1722, quand Bach achève ses 24 préludes et fugues — un par tonalité majeure et mineure : c'est-à-dire la première partie du *Clavecin bien tempéré*.

Mais l'harmonie classique va au-delà de cette construction centrale. Elle est liée à l'*Ars nova* (qui s'est développé à partir du XVe siècle), surtout parce qu'elle utilise des mesures binaires, respecte toujours davantage le besoin d'une conception tant horizontale que verticale de la musique et élargit la fonction de la tierce parfaite (*do-mi-sol*, *fa-la-do*, etc.), qui en constituera par la suite le fondement. Au XVIIe siècle et au XVIIIe siècle (à l'époque de Vivaldi par exemple), personne n'a l'impression qu'un certain type de dissonance doit être résolu : c'est-à-dire qu'il faut la faire suivre d'une consonance parfaite ayant pour effet de la faire disparaître. Ce besoin puissant d'une logique inhérente aux successions d'accords est la première grande loi opérationnelle du système harmonique de presque toute la musique des XVIIIe et XIXe siècles. Les tierces parfaites deviendront le support fondamental servant de base au système moderne d'harmonie. L'insertion d'accidents soulignera la tendance croissante à penser de manière harmonique.

---

psaumes *Beatus vir* et *Laudate pueri*, mais également à deux sérénades et à divers motets et cantates qui révèlent une profonde connaissance de la technique vocale. Par ailleurs, cette expérience de Vivaldi se fonde sur les activités musicales des jeunes pensionnaires de la Pietà. À leur art, Vivaldi dédie musique sacrée et concertos, mais ce répertoire sera oublié pendant près de deux siècles. C'est au XXe siècle seulement qu'on le redécouvre et qu'on l'étudie, bien que sous une forme encore non définitive : les partitions vivaldiennes étant dispersées un peu partout dans de nombreuses bibliothèques et archives d'Europe.

Antonio Vivaldi ne reste pas confiné à Venise ; au contraire, en raison de son intérêt pour le théâtre, il voyage fréquemment, suscitant cependant d'âpres critiques. Giuseppe Tartini et Carlo Goldoni expriment à son propos des jugements très sévères ; il est même refoulé de Ferrare, où gouverne le cardinal Ruffo. Mais d'autres ne sont pas de cet avis : en 1732 par exemple, Vivaldi inaugure le théâtre philharmonique de Vérone avec *La Fida Ninfa*, sur un livret de l'homme de lettres Scipione Maffei. Dans le même théâtre est ensuite représenté *Catone in Utica* (1737), sur un livret de Métastase. En 1738, Vivaldi participe à Amsterdam aux fêtes du centenaire du théâtre de la ville, dirigeant l'orchestre, jouant en soliste et faisant exécuter neuf symphonies de différents compositeurs. En 1739, il dirige un grand concert à la Pietà de Venise devant le quai des Schiavoni tout illuminé et le peuple en liesse.

Puis, à l'improviste, le compositeur part pour Vienne alors qu'il est en mauvaise santé, on ignore encore pourquoi : un engagement, une déception subie à Venise ? Quelques mois plus tard (1741), il meurt dans la solitude et une absolue pauvreté, destiné à être oublié de tous pendant quelque deux cents ans et sans laisser de traces puisque sa dépouille mortelle reçoit le triste enterrement des pauvres.

Jean-Philippe Rameau

Dijon, 1683
Paris, 1764

Né à Dijon en 1683, septième des onze enfants d'un organiste, Jean-Philippe Rameau commence à étudier clavier et violon sous la direction de son père. Il termine des études classiques au collège de Jésuites de sa ville natale et ce n'est qu'à dix-huit ans qu'il décide de se consacrer entièrement à la musique, après avoir quelque temps joué du violon dans l'orchestre d'une troupe itinérante. En 1702 pourtant, on le retrouve organiste à Avignon. Organiste il restera pendant les trente ans qui suivent, dans diverses villes de France y compris à Paris. En 1706, il publie son premier recueil pour clavecin, une suite de ballets, tout en consacrant une bonne partie de son temps à un grand ouvrage théorique, le célèbre *Traité de l'harmonie réduite à ses principes naturels*, qui paraît en 1722, travail encore fondé sur le monocorde pythagoricien.

Dans sa formation musicale, il bénéficie de diverses expériences : son père l'envoie en Italie, mais Rameau ne manifeste aucun intérêt pour la musique italienne, pourtant très populaire à cette époque ; au contraire, il rentre d'Italie presque aussitôt avec une troupe milanaise de comédiens ambulants. Les expériences d'Avignon, Clermont-Ferrand, Lyon et Dijon ne sont pas plus réussies et il tente à plusieurs reprises de se faire une place de manière durable dans le milieu musical parisien, n'y parvenant qu'en 1723, après la parution de son traité.

Le système harmonique de Rameau établit des principes encore en vigueur aujourd'hui : la série des accords parfaits à partir de chaque note de la gamme, la fonction des accords dans le cadre d'une tonalité principale, la formation des accords par addition de tierces et la théorie du renversement des accords. C'est bien au Rameau du *Traité* qu'il convient de s'intéresser puisque c'est l'aspect dominant de son activité et, tout aussi important, parce qu'avec lui apparaît une nouvelle manière de concevoir la musique comme un fait essentiellement harmonique, le discours musical devenant l'explication des fonctions harmoniques.

Selon lui, la mélodie naît de l'harmonie et les progressions harmoniques sont la base sur laquelle se construit la forme musicale. Rameau n'est pas seulement le premier mais également le plus important théoricien du XVIIIe siècle, parce qu'il s'efforce d'étudier la musique comme une science exacte et dont chaque manifestation peut se démontrer, réglée par des fondements naturels précis. Ses théories sur les fondamentales (selon lesquelles la note fondamentale d'un accord n'est pas nécessairement la note la plus basse) et l'importance des accords construits sur les principales notes de la gamme (tonique, sous-dominante et dominante) permettent d'expliquer le passage de l'ancien contrepoint à la musique nouvelle. Sur ces prémisses, Jean-Philippe Rameau développe ces théories, insistant particulièrement sur le concept de fondement naturel du système sonore, concept qui se rattache étroitement à la pensée des Lumières selon laquelle la nature constitue l'ensemble des phénomènes profondément liés entre eux et gouvernés par des lois supérieures. Le point culminant de sa recherche est la théorie conséquente des « renversements », selon laquelle des accords jusqu'alors considérés comme différents se révèlent au contraire étroitement apparentés, comme on peut le démontrer facilement en faisant remarquer que l'accord à l'état fondamental (l'accord parfait majeur), *do-mi-sol*, peut se renverser une première fois en *mi-sol-do* et une seconde en *sol-do-mi*. Il existe donc entre les accords une étroite unité.

De nombreux musiciens de son époque, Jean-Sébastien Bach par exemple, ne sont pas d'accord avec lui, parce que la mélodie semble devenir moins importante que l'harmonie ; mais ses théories l'emportent et sont enseignées à tous les étudiants en musique.

De même qu'il doit attendre longtemps avant d'être admis dans le milieu musical parisien, il doit patienter avant de faire son entrée de compositeur dans le monde du théâtre. Finalement, en 1731, on lui confie la direction musicale d'un orchestre privé et il fait la connaissance de Voltaire, qui écrit pour lui le livret d'un opéra biblique, *Samson*, rejeté toutefois par l'Opéra de Paris : l'œuvre est même interdite par la censure et la musique s'en est perdue, ou peut-être a-t-elle été réutilisée dans des œuvres ultérieures. En 1740, la collaboration entre Voltaire et Rameau se poursuit avec l'opéra *Pandore*, jamais représenté lui non plus, et en 1745 avec *La Princesse de Navarre*, une comédie-ballet commandée à l'occasion du mariage du dauphin de France, Louis, fils du roi Louis XV (le dauphin ne montera jamais sur le trône puisqu'il meurt en 1765, neuf ans avant son père). Cette œuvre, très bien accueillie, vaut à Rameau le titre de compositeur de la chambre du roi, accompagné d'un traitement conséquent. Pourtant, ses adversaires ne désarment pas, au contraire, et jusqu'à sa mort survenue à Paris en 1764 le compositeur connaît l'amertume et la critique, tout en continuant à défendre ses théories avec acharnement.

Aujourd'hui, la critique est loin d'être unanime dans son jugement porté sur l'œuvre de Jean-Philippe Rameau : si l'on peut affirmer qu'une bonne partie de sa production devrait être écoutée plus souvent pour que passe vraiment son extraordinaire force de communication avec le public, il est vrai que par ailleurs certaines œuvres ne supportent pas une représentation intégrale. Pourtant des pièces comme *Hippolyte et Aricie*, de 1733, inspirée de *Phèdre* de Racine, *Les Indes galantes* de 1735 — qui consacre Rameau comme compositeur de théâtre — ou *Castor et Pollux* (1737), connaissent toujours un succès scénique lors de leurs reprises. Par contre, les ouvrages de 1745 (*Les Fêtes de Polymnie* et *Le Temple de la gloire*), ne sont plus guère représentés.

Pour Rameau, faire de la musique en général, mais peut-être surtout composer pour le clavecin fut un moyen de polémiquer et de mettre en pratique ses théories sur l'harmonie. Mais sa personnalité marquante de créateur, son authentique génie vont bien au-delà de l'illustration par l'exemple ou de la démonstration intelligente pour s'affirmer sur le plan de l'art et du goût, de la perfection formelle et expressive, devenant ainsi le témoignage d'un art qui est science et sait néanmoins susciter également de puissantes émotions.

Avec la cinquantaine, à partir de 1733, Rameau accorde la première place au théâtre et en l'espace d'à peine plus de vingt-cinq ans, jusqu'en 1760 (quand *Les Paladins* mettent un terme à son activité de compositeur), il écrit une trentaine de tragédies lyriques, opéras-ballets, comédies-ballets et autres, faisant ainsi figure d'héritier de la tradition théâtrale telle qu'elle a été conçue au temps de la suprématie de Jean-Baptiste Lully, fondateur du grand opéra français.

Jean-Philippe Rameau demeure un merveilleux coloriste et un authentique « peintre » des sons. Utilisation du pouce dans les passages rapides, fréquents croisements des mains, indépendance technique de la main gauche caractérisent ses innovations qui joueront un rôle déterminant dans l'élaboration de la technique pianistique.

Au centre, le comédien Lekain lit un texte de d'Alembert, présent dans la pièce avec d'autres représentants célèbres du siècle des Lumières : Rousseau, Diderot, Montesquieu et Rameau. Rameau, dans son œuvre théorique, insiste particulièrement sur le concept, étroitement lié à la pensée des Lumières, du fondement naturel du système sonore.

Page ci-contre, en bas, Jean-Philippe Rameau d'après Carmontelle (gravure du XVIIIe siècle).

Ci-dessus, esquisse d'un costume destiné à Mlle Pusigné, interprète d'un ballet de Rameau représenté en 1749.

À gauche, La Leçon de musique, par J.-H. Fragonard.

♦ 39 ♦

Jean-Sébastien Bach

Eisenach, 1685
Leipzig, 1750

Le nom de Bach est déjà connu dans l'histoire de la musique bien avant la naissance de Jean-Sébastien, du moins en Thuringe, région située au nord de la Bavière et ayant Weimar pour capitale. Les musiciens de cette famille sont notamment connus et appréciés à Eisenach (où Jean-Sébastien vient au monde le 21 mars 1685), Erfurt, Arnstadt, Gotha et Mülhausen, où ils participent activement à la vie musicale depuis deux siècles au moins. La branche de la famille dont descend celui qui occupe peut-être la première place parmi les grands noms de la musique tire ses origines d'un certain Johann (1645-1695), fils de meunier, lequel engendre à son tour trois fils qui inaugurent une véritable dynastie de musiciens remarquables. Certains sont organistes à la cour ducale de Thuringe, mais on trouve également des musiciens dignes d'intérêt parmi les enfants de Jean-Sébastien : Wilhelm Friedemann, élève de son père, est organiste à Dresde, auteur de cantates et d'œuvres pour clavecin et orgue ; Carl Philipp Emanuel, claveciniste à la cour de Frédéric le Grand, roi de Prusse, est un remarquable compositeur et théoricien qui exerce une influence sur plusieurs musiciens des XVIIIe et XIXe siècles ; Johann Christian — converti au catholicisme pendant ses études en Italie — est organiste à la cathédrale de Milan, maître de musique de la reine d'Angleterre et laisse de nombreuses symphonies et une dizaine de drames lyriques dans le style italien (il eut une influence certaine sur le jeune Mozart). La mère de Jean-Sébastien meurt alors que Jean-Sébastien a à peine neuf ans, suivie un an plus tard par son mari. Le jeune orphelin va vivre auprès de son frère aîné Johann Christoph, organiste de l'église Saint-Michel à Ohrdruf, et y démontre ses qualités vocales en chantant dans le chœur. Ayant complété son éducation scolaire et musicale sous la direction de son frère, le jeune Bach a l'occasion de devenir « professionnel » quand Herda, son professeur, lui propose une place de choriste à l'église luthérienne de Saint-Michel, à Lüneburg dans le nord de l'Allemagne.

Bach, qui a alors quinze ans et une voix limpide de soprano, attire l'attention de Georg Böhm, qui va jouer un grand rôle dans sa formation d'organiste, lui faisant découvrir les œuvres de Monteverdi, Schütz et Carissimi. Mais Böhm n'est pas le seul à influencer le jeune homme : lors de quelques voyages à Hambourg, Bach entend jouer et rencontre Johann Reinken, grand professeur d'orgue ; il fréquente en outre la cour ducale de Brunswick-Lüneburg, tournée vers la vie française, où il a l'occasion d'écouter les œuvres des principaux compositeurs français de l'époque.

Tout naturellement, la voix de Bach mue mais cela ne l'empêche pas de continuer à faire partie de l'ensemble musical de l'église de Lüneburg comme instrumentiste : en 1703, il est nommé violoniste à la cour de Weimar. Le voilà donc de retour dans sa Thuringe natale, riche à dix-huit ans à peine d'un bagage musical et d'une expérience jusqu'ici rarement réunis en une seule personne, surtout à cet âge. Le jeune Bach est notamment très influencé par les instrumentistes français qui forment l'orchestre (dirigé par un de leurs compatriotes) de la cour de Lüneburg, l'épouse du duc étant française et aimant à s'entourer d'artistes de son pays. C'est pourquoi, sa vie durant, Bach sera d'une certaine manière fasciné par les mélodies françaises et par les rythmes musicaux étudiés à la cour ducale de Lüneburg.

Bach ne reste à Weimar que peu de mois ; il préfère accepter le poste d'organiste à l'église Saint-Boniface d'Arnstadt, dans la région où il a passé les premières années de son enfance. C'est là qu'à l'occasion du départ de son frère Johann Jakob pour la cour de Suède (où il est engagé comme hautboïste), Jean-Sébastien écrit le *Caprice sur le départ du frère bien-aimé*, dans lequel apparaît déjà une très brillante fugue basée sur l'appel du cor du postillon de la diligence. Bach passe quatre ans à Arnstadt, souvent en conflit avec ses employeurs, n'appréciant pas toujours les innovations qu'il apporte dans ses exécutions à l'orgue, mais mécontents surtout qu'il se soit absenté plusieurs mois pour assister aux concerts donnés à Lübeck par le plus grand organiste de l'époque, le Danois Dietrich Buxtehude (1637-1707). C'est à la suite de ces concerts qu'en juin 1707 Bach accepte la charge d'organiste de l'église Saint-Blaise de Mühlhausen. Il y épouse sa cousine, Maria Barbara, fille de Johann Michael Bach, autrefois organiste de la cour à Arnstadt. Mais les dissensions musicales (et religieuses, Bach étant un luthérien orthodoxe et rigide) continuent, au point de lui faire chercher un autre poste et il se retrouve, une fois encore, à la cour de Weimar où il est engagé comme « musicien de chambre ».

À Weimar, où il restera dix ans, il peut dans une relative tranquillité prendre le temps de réfléchir aux rapports existant entre la musique et la foi. Cela lui permet de tirer parti de ce qu'il a appris en écoutant Buxtehude à Lübeck et d'écrire ses plus belles œuvres pour orgue, des cantates et des oratorios. Il étudie avec la plus grande attention les maîtres italiens, explore la technique de l'orgue, se consacre avec ardeur à la composition de musique sacrée. De cette période datent la *Toccata et fugue en ré mineur*, la *Grande Passacaille en ut mineur* et la *Fugue en do mineur*, ainsi que d'autres œuvres qui le rendent célèbre au point de lui valoir la réputation de plus grand organiste allemand de l'époque. Partout où il y a un nouvel orgue à essayer, on fait appel à lui pour l'inspecter et le juger. Son examen consiste à jouer quelques accords sur l'ensemble des registres pour découvrir si l'instrument possède de bons « poumons » ; puis il joue quelque chose qui lui permette d'écouter séparément les différents jeux.

Le prestige qu'il acquiert ne lui apporte cependant pas le titre de *Kapellmeister* mais celui de *Konzertmeister*. À la suite d'un différend avec le duc son maître, il rédige une lettre de démission qui lui vaut quelques semaines de prison et son licenciement. Passant alors à la cour de Köthen — strictement calviniste — Bach ne peut se consacrer, comme il le voudrait sans doute, à la composition de musique sacrée, mais doit se limiter à la musique de chambre. De cette période datent les sonates pour violon seul, les *Suites pour violoncelle*, les célèbres *Concertos brandebourgeois*, les sonates pour flûte, viole de gambe et clavecin, les *Symphonies*,

Eisenach, ville natale de Bach, à la fin du XVIIe siècle. C'est là que se fixe en 1671 le père de Bach, Johann Ambrosius Bach, auparavant musicien de la ville d'Erfurt.

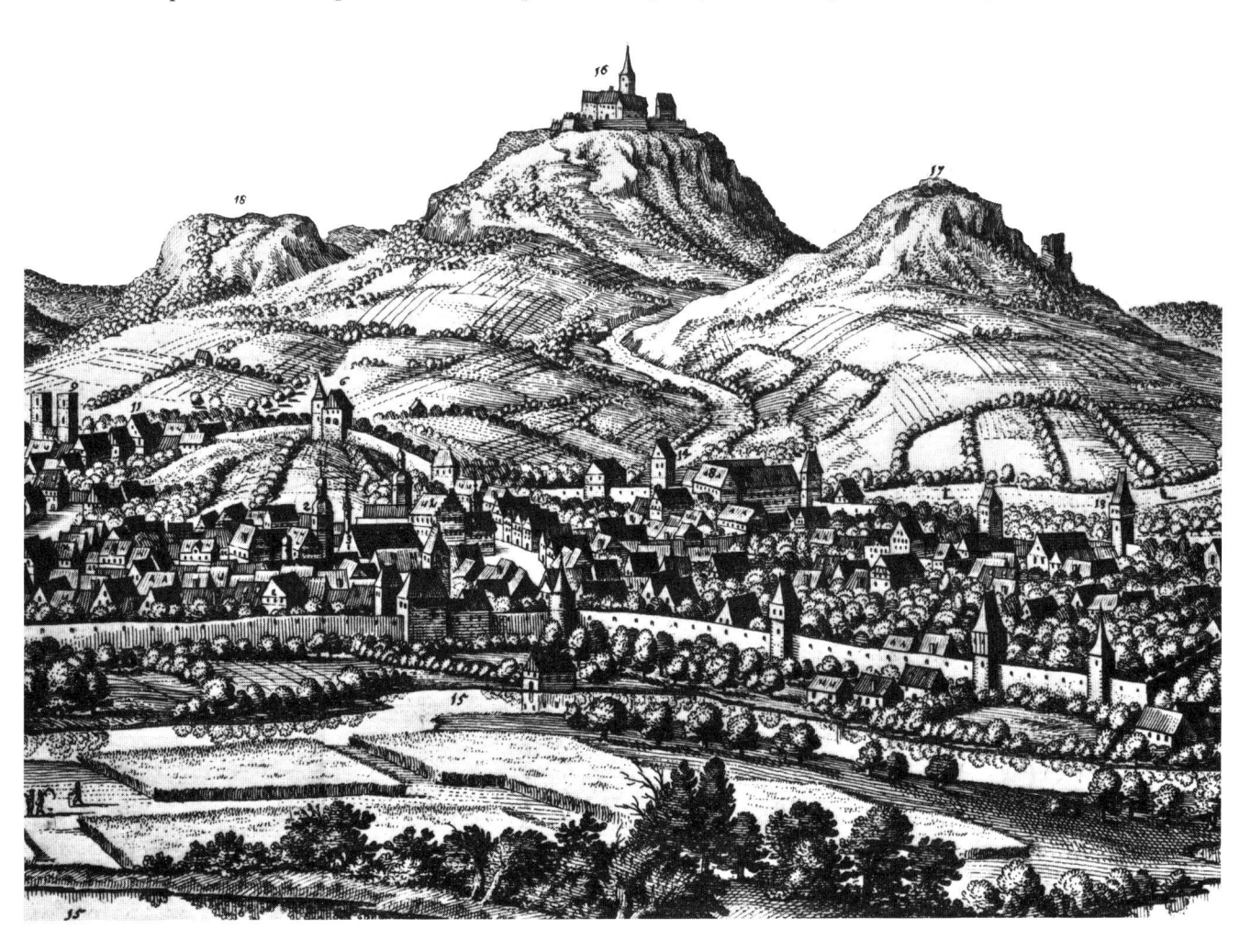

les *Inventions* et le *Klavierbüchlein von Wilhelm Friedemann*. En 1721, un an après la mort de sa femme, Maria Barbara, il se remarie avec une cantatrice et fille d'un trompettiste, Anna Magdalena Wilcken, qui lui donnera treize enfants. En avril 1723, Bach se rend à Leipzig où le conseil de la ville lui confie la charge de *cantor* de la Thomasschule, après l'avoir vu et entendu diriger le chœur dans sa *Cantate n° 22* (« Jesus nahm zu sich die Zwölfe ») ; la seule question débattue est de savoir si Bach doit en outre enseigner le latin aux élèves, ce qui le conduit à promettre de payer de sa poche un autre professeur pour le faire.

Le 30 mai 1723, il dirige son premier office avec un énorme succès. Le compositeur a alors trente-huit ans et se trouve au point culminant de sa carrière ; il va consacrer les vingt-sept années qui lui restent à donner une forme musicale aux offices religieux de la congrégation dont il fait désormais partie. Il fournit la musique des cérémonies de l'université et dirige le *Collegium musicum*.

À Leipzig, il compose encore pour l'orgue, mais plus avec la même ardeur qu'autrefois ; les œuvres pour orgue de cette période comprennent le *Prélude et fugue en sol majeur* et six sonates. Parmi d'autres morceaux, on trouve six partitas, la première probablement écrite pour clavicorde, les autres pour clavecin. Mais l'œuvre majeure est cependant la Passion selon saint Matthieu, exhumée cent ans plus tard par Félix Mendelssohn. L'occasion d'exécuter cette œuvre se présente le 15 avril 1729, six ans après son arrivée à Leipzig : c'est le Vendredi saint, jour où l'Église commémore le sacrifice

Une chambre dans la maison des Bach à Eisenach, avec le berceau de Jean-Sébastien. Le père du compositeur appartenait à une famille de musiciens connus et appréciés depuis longtemps dans toute la Thuringe.

suprême du Christ. L'office liturgique prévoit une cantate avant le sermon du pasteur et une autre juste après, ou une composition en deux parties, séparées par le sermon. Bach écrit une Passion en deux parties, la première d'une heure et demie, la seconde encore plus longue, consacrée à la Crucifixion, la Déposition et la Mise au tombeau. Au sein des passages narratifs (pris dans l'Évangile selon saint Matthieu), Bach introduit ce que l'on a défini comme son « sermon personnel » : des récitatifs lyriques et méditatifs, des airs dans le style des derniers oratorios baroques, avec une grande diversité d'accompagnements choraux et instrumentaux. Les chorals d'inspiration luthérienne, exécutés par le chœur avec l'orchestre au complet, permettent aux membres de la congrégation de suivre l'office en chantant à leur tour. Le succès ne lui apporte pas pour autant des années faciles et il continue à chercher d'autres solutions : à l'avènement d'un nouvel Électeur de Saxe à Dresde en 1733, Bach lui dédie un *Kyrie* et un *Gloria*, qui seront plus tard inclus dans la *Messe en si mineur*. L'Électeur ne se sent naturellement pas tenu de répondre à cet hommage, ni aux suivants, mais Bach finit tout de même par être nommé compositeur de la cour, en 1736, bien que cet honneur n'entraîne aucun changement dans sa situation.

Ci-dessus, l'église et l'école de Saint-Thomas à Leipzig, estampe de 1723. C'est en cette année que Bach s'installe dans cette ville, ayant été nommé cantor (directeur musical) de l'école Saint-Thomas.
Ci-dessous, le contrat d'engagement du compositeur, daté du 5 mai 1723.

En 1740, le fils le plus célèbre de Bach, Carl Philipp Emanuel, est nommé claveciniste à la cour de Frédéric II de Prusse à Potsdam, près de Berlin. Carl Philipp a déjà un fils et Jean-Sébastien est donc grand-père ; en 1747, le vieux compositeur décide de rendre visite à sa famille. Il est à peine sorti de voiture que le souverain le fait chercher et lui demande d'improviser pour lui au clavier, le soir même. À cette occasion, Frédéric le Grand saisit sa flûte et suggère un thème à Bach qui exécute immédiatement quelques variations ; elles constitueront le point de départ de l'*Offrande musicale*. Mais le destin de Bach est désormais scellé : sa santé s'altère à partir de 1749 et le grand et prolifique compositeur devient aveugle, bien qu'il continue à travailler à *L'Art de la fugue*, œuvre restée inachevée à sa mort, le 28 juillet 1750.

Durant cette première moitié du XVIIIe siècle, la musique tourne autour de quelques dates fondamentales qui vont en changer la nature : la même année — en 1723 — Bach est cantor à Saint-Thomas de Leipzig tandis que Haendel devient « maître d'orchestre » et directeur musical à Londres. Rameau vient de publier (1722) le *Traité de l'harmonie* et Bach, toujours lui, définit les lois de la tonalité dans le premier livre du *Clavecin bien tempéré* ; Antonio Vivaldi publie *Il Cimento dell'armonia e dell'invenzione* où figurent les *Quatre Saisons* et Couperin les *Concerts royaux* et les *Apothéoses*.

Tout cela se produit pendant les vingt-cinq premières années du siècle et va transformer l'histoire de la musique. Dans les États allemands, en particulier, ce nouveau climat est fortement ressenti puisque partout où l'on enseigne le latin se trouve un cantor qui insuffle à de jeunes esprits une rigoureuse formation musicale. Les cours, les chapelles, les administrations locales même contribuent à rendre indispensable le travail des compositeurs et des musiciens : les frais entraînés par leur entretien et les activités des diverses institutions sont presque toujours à la charge des autorités.

Certains de ces maîtres de musique sont avant tout des hommes cultivés et Bach, le premier : c'est un humaniste, qui se consacre avec passion à la connaissance philosophique et religieuse. L'un de ses mérites est justement d'avoir considéré toutes les branches du savoir, de les avoir étudiées, passées au crible et assimilées avec un don de synthèse qui tient du prodige : aucune œuvre musicale de son temps n'échappe à son analyse, sans que cela diminue pour autant son émotion poétique devant elle, qu'elle soit de lui ou non, il trouve toujours un point de rencontre entre science et poésie.

Bach débute dans un climat religieux de stricte orthodoxie luthérienne, avec une tendance marquée à privilégier l'intériorité et la rigueur morale plutôt que les rites extérieurs. Sa ferveur personnelle, soutenue par la foi et la pratique chrétiennes, lui permet de vivre dans une dévotion intense, nourrie de rigueur luthérienne. Ce sens profond de la vie intérieure imprègne toute l'œuvre musicale de Bach, homme de religion avant d'être musicien.

Il n'est pas facile d'isoler dans sa vie des épisodes dignes de passer à l'histoire : sa vie se confond avec son travail de compositeur, elle *est* son œuvre musicale. La connaître signifie accomplir l'un des plus extraordinaires voyages artistiques et spirituels que l'on puisse imaginer, comparable seulement à ceux que l'on peut réaliser à travers les œuvres de Dante et de Goethe.

L'une des formes les plus liées au monde intérieur de Bach est incontestablement le choral, élément fondamental de la liturgie luthérienne : Bach utilise les mélodies des chorals en d'innombrables occasions. On compte bien 180 œuvres pour orgue écrites sur d'anciens chorals et les compositions vocales reposant sur ceux-ci sont innombrables : en tout quelque 400 œuvres qui, par leur masse déjà, nous laissent

LE VIOLON

Le violon peut être considéré comme le roi des instruments à cordes. Son aspect est connu de tous universellement ; rappelons néanmoins qu'il est doté de quatre cordes, autrefois en boyau de mouton mais aujourd'hui métalliques. Son incontestable capacité à « chanter » fait de lui véritablement la voix de l'orchestre. Il permet une grande agilité d'exécution et offre d'énormes possibilités techniques. Le violon, comme du reste les autres instruments à cordes, peut être pincé avec les doigts mais donne alors un son moins limpide et moins aigu que ceux obtenus avec les divers instruments à cordes pincées, comme la guitare. La littérature pour le violon est immense et c'est encore peu dire : Corelli, Vivaldi et Bach, notamment, ont composé des pages immortelles pour cet instrument dont ils jouaient à la perfection.

Les plus grandes œuvres de musique de chambre ont été écrites pour quatuors à cordes, c'est-à-dire pour deux violons, un alto et un violoncelle. On peut en outre affirmer que l'unique contexte dans lequel un violon ne trouve pas place est celui d'un orchestre d'instruments à vent. Même les orchestres de musique légère, comme le jazz-band, ont largement exploité ses possibilités.

On considère généralement qu'un bon violon est constitué d'au moins 70 pièces de cinq bois différents, soigneusement sélectionnés : érable, sycomore, sapin, ébène et poirier. Les éléments sont assemblés, collés puis vernis. La qualité du son d'un violon vient en grande partie des bois utilisés et de la formule chimique des colles et des vernis employés. La sonorité dépend également du volume d'air contenu dans sa « caisse », de la forme particulière de ses courbes et de ses échancrures, de la dimension de ses ouïes (f) et, naturellement, de l'habileté et de la dextérité de l'exécutant. La longueur du violon a été établie autrefois en fonction de la longueur moyenne d'un bras humain, mesuré de l'épaule à la paume de la main, soit entre 58,5 et 61 cm, y compris le manche. Il existe des violons de taille réduite destinés aux enfants.

Accordées selon une série de quintes parfaites à partir du *sol*, les quatre cordes sont tendues sur toute la longueur de l'instrument, depuis le bord supérieur du *cordier*, glissant sur le *sillet* jusqu'aux *chevilles* fortement insérées dans la crosse, qui les maintiennent tendues. La partie supérieure du manche est arrondie et porte le nom de *volute* ; le manche est relié à la caisse de résonance ; un chevalet de bois léger maintient la tension des cordes entre les deux ouïes en f.

C'est à la bonne maîtrise de l'archet et à l'agilité des doigts (de la main gauche en principe) que l'on reconnaît un bon violoniste : il doit savoir modifier avec la plus extrême sensibilité la pression des doigts et le contact entre les fils de l'archet et les cordes. L'archet peut en effet caresser les cordes ou les presser avec force, et même deux cordes à la fois.

La grande popularité de cet instrument nous est confirmée par l'existence d'un orchestre de 24 violons à la cour de Louis XIV (1638-1715), roi de France, qui suscite l'envie de Charles II d'Angleterre (1630-1685). Mais c'est en Italie que le violon vit un extraordinaire âge d'or, surtout quand Corelli et Vivaldi en explorent toutes les possibilités techniques. Par ailleurs, Monteverdi avait déjà utilisé les effets du pizzicato dans *Le Combat de Tancrède et de Clorinde*, en 1624. La technique du violon en tant qu'instrument soliste est ensuite portée à son apogée en Allemagne, avec certaines sonates de Bach. Par la suite, des violonistes-compositeurs comme Tartini, Geminiani et Locatelli lui découvrent encore d'autres possibilités, jusqu'à un célèbre traité rédigé par le père de Wolfgang Amadeus Mozart, Leopold. Au XIXe siècle, rappelons les incroyables exécutions de Niccolo Paganini qui, sur son célèbre violon fabriqué par Giuseppe Guarneri, réussit à jouer sur une seule corde tout en en pinçant une autre, donnant ainsi l'illusion de faire entendre deux instruments.

Beethoven, Schubert, Mendelsshon, Schumann, Brahms et Tchaïkovski composent pour le violon, qui est presque toujours accompagné par le piano, comme dans de nombreuses sonates. En France, au XIXe siècle, Viotti, Rode et Baillot réussissent à perfectionner la beauté du son de cet instrument, exploitant ses possibilités expressives plutôt qu'une virtuosité acrobatique de l'interprète.

On considère généralement que le plus grand de tous les luthiers fut Antonio Stradivari (1644-1737), natif de Crémone, qui égala et dépassa la perfection technique des Amati et Guarneri. Ce fut un artisan-artiste prodigieux qui, durant son existence, fabriqua plus de 1 100 violons, violes, violoncelles et guitares. Il en reste environ 600, qui atteignent aujourd'hui des prix fabuleux.

Page ci-contre, un violon ayant appartenu à Beethoven et attribué au luthier Giuseppe Guarneri.

Ci-dessus, Frédéric le Grand jouant de la flûte lors d'un concert à la cour de Prusse. Le roi, musicien lui-même, vint en aide à de nombreux compositeurs dont Jean-Sébastien Bach et son fils Carl Philipp.

abasourdis. Le sentiment intérieur de Bach lui permet de créer un véritable climat spirituel à partir du texte du choral, même quand celui-ci date du XIVe siècle (comme dans le cas de In dulci jubilo).

Les cantates sacrées et profanes sont au cœur de la célébrité de Jean-Sébastien Bach : ce sont des œuvres qui s'achèvent par un choral, comme pour démontrer que le luthéranisme est profondément enraciné dans les chants anciens. Les cantates qu'on peut lui attribuer (sans certitude absolue dans quelques cas) sont peut-être au nombre de 200 ; de toute manière, beaucoup ont été perdues. Pour ces œuvres, le compositeur n'emploie pas le terme de cantates, mais les baptise concerts spirituels, musique d'église ou motets, la cantate — bien que d'origine italienne — s'étant développée en Allemagne comme une partie essentielle de la liturgie luthérienne.

La cantate comporte des airs et des chœurs alternant avec des récitatifs ; elle est exécutée à l'église avant le sermon et tout de suite après, par solistes, chœur et orchestre. Elle constitue donc un véritable complément au prêche, la Bible étant au centre de la composition. Un exemple lumineux et émouvant est la *Cantate n° 147* qui s'achève par l'un des chorals les plus célèbres, le fameux « Jésus, que ma joie demeure » plein de délicatesse et de grâce, mais aussi d'assurance et de force. Les récitatifs sont enrichis par des solos d'orgue ou par l'intervention d'instruments comme le hautbois d'amour, le violon et les hautbois de chasse. On a parfois aujourd'hui quelques difficultés à exécuter ces cantates en raison des instruments particuliers choisis par Bach (flûte à bec, viole de gambe, cornets).

Bach ne s'est toutefois pas limité à la cantate sacrée ; on trouve également dans son œuvre des sujets profanes, parfois même carrément plaisants qui permettent de mieux comprendre la vie de l'époque et les dons dramatiques du compositeur. Ainsi la *Cantate du café* est une œuvre joyeuse qui se moque des femmes ayant — chose presque inouïe à l'époque — la manie de boire du café, mode qui les fait passer pour raffinées et élégantes aux yeux des hommes, mais semble d'un goût douteux, sinon un péché, aux conseils communaux. La mode du café se développe néanmoins et Bach voit la « première » de sa cantate donnée dans un café de Leipzig.

Le compositeur recourt souvent à la technique de la *parodie* utilisant un morceau de musique déjà employé en d'autres occasions, y accolant un autre texte qui peut aborder un sujet sacré, et il arrive donc que la parodie propose un texte bien supérieur au modèle original.

L'oratorio naît d'une innovation dans la structure de la cantate. Trois ans de suite (1734, 1735 et 1736), trois oratorios constituent certainement le résultat d'une réflexion sur la « forme cantate » : l'*Oratorio de Noël*, l'*Oratorio de l'Ascension* et l'*Oratorio de Pâques*. Dans le premier, Bach utilise des fragments d'autres compositions entremêlés de morceaux originaux, récitatifs, airs et chorals qui en font une œuvre extraordinaire ; elle n'a pourtant pas toujours été appréciée. La structure de l'orchestre varie dans chaque partie et fait appel à des instruments très divers (cordes, flûtes, hautbois, hautbois d'amour, hautbois de chasse, basson, cors, trompettes, orgue, timbales).

L'*Oratorio de l'Ascension* présente une structure différente, comparable à une série de méditations sous forme de récitatifs, airs et chorals, au point d'être parfois désigné comme *Cantate n° 11* ; il s'agit en réalité d'un oratorio pour quatre solistes, chœur et orchestre comprenant flûtes, hautbois, trombones, violons, viole, basse continue et timbales.

L'*Oratorio de Pâques* naît d'une cantate profane antérieure dont il conserve la structure orchestrale et comporte une sorte de berceuse mystique avec les violons jouant en sourdine.

Tout aussi célèbres sont les Passions de Bach : ce sont de véritables drames, des représentations sacrées au plein sens du terme. Il en compose trois : la *Passion selon saint Jean* (1724), la *Passion selon saint Marc* (perdue, peut-être écrite en 1731) et la *Passion selon saint Matthieu* (1729). Pourtant, le *Nécrologe* rédigé à la mort de Bach (par son fils Carl Philipp Emanuel) mentionne cinq Passions ; de toute évidence, son auteur ne sait pas qu'il est également arrivé au compositeur de recopier des « passions » traditionnelles déjà connues. Ces œuvres sont généralement données le Vendredi saint, pour exalter ce moment de la vie de Jésus. Alors que dans la première Passion, Bach utilise son propre texte (l'Évangile est évoqué par un ténor, mais il y a aussi des dialogues et des interventions du chœur), la *Passion selon saint Matthieu* est plus complexe : les personnages qui y apparaissent forment une fresque émouvante du monde qui vit et

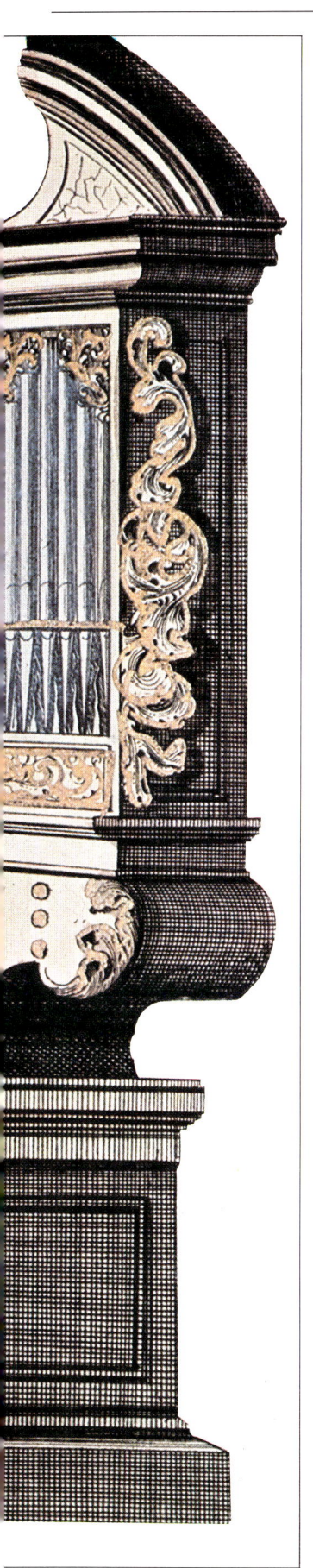

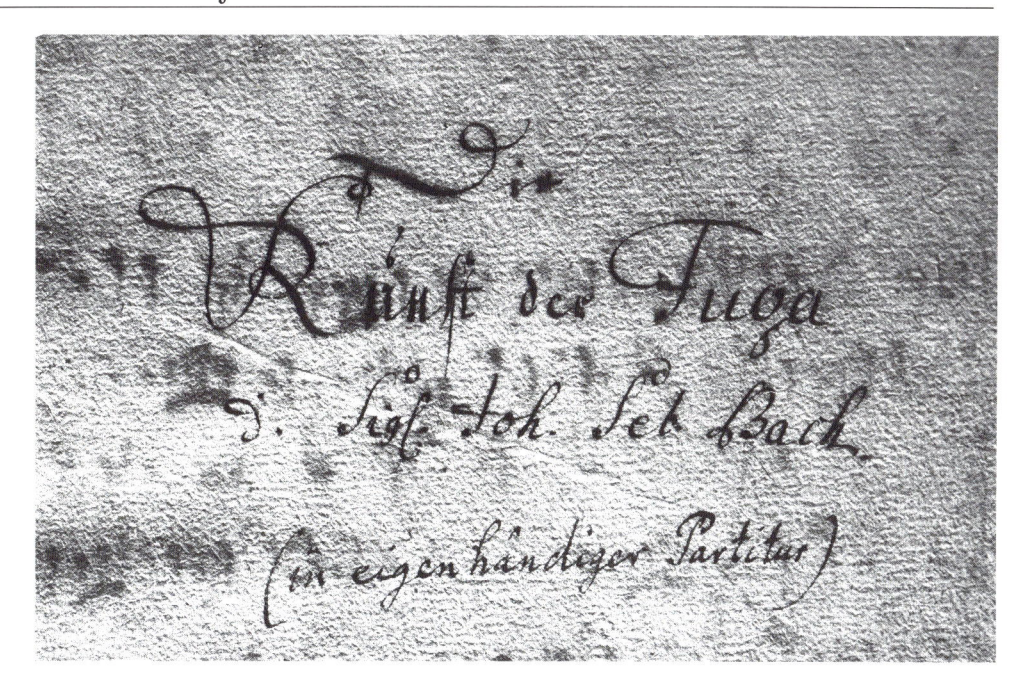

À gauche, L'Organiste, gravure de J.C. Weigel (1720).

À droite, Bach à la console d'un orgue, lithographie de W. Tab. Bach a aimé l'orgue plus que tout autre instrument, sachant en tirer élégance, grâce mais aussi puissance et charge émotive. Ses compositions constituent une véritable somme de l'art de l'organiste. La plus célèbre de ses œuvres pour orgue, la Toccata et fugue en ré mineur, est d'une force exceptionnelle bien qu'il s'agisse d'une œuvre de jeunesse. Cette pièce et bien d'autres rendent Bach célèbre au point de le faire considérer comme le plus grand organiste allemand de l'époque. Partout où il y a un orgue à essayer, on pense à lui pour l'inspecter et donner son jugement.

Ci-dessus, page de titre autographe de L'Art de la fugue, œuvre restée inachevée que Bach a écrite sans indiquer le ou les instruments auxquels elle est destinée et qui peut donc s'adresser à n'importe quelle combinaison instrumentale.

souffre au pied de la croix où agonise le Christ. Grands chœurs et grands chorals donc ; le chœur incarne le peuple, récitant et s'exprimant dans les styles musicaux les plus variés, toujours pertinents cependant et choisis avec génie. La *Passion selon saint Jean* apparaît plus intime, cherchant davantage à susciter l'émotion personnelle de l'auditeur, exaltant le rapport de chacun avec le Christ plutôt que l'aspect dramatique de la représentation. Mais toutes deux, musicalement parlant, représentent des sommets jamais dépassés.

À gauche, La Crucifixion, *panneau central du retable d'Issenheim, de Mattias Grünewald (vers 1510-1515). Bach commence à travailler dans un climat religieux de stricte orthodoxie luthérienne, avec une tendance marquée à privilégier l'intériorité de la foi et la rigueur morale plutôt que les rites extérieurs. Ce sens profond de la vie spirituelle imprègne toute l'œuvre musicale du compositeur, homme de religion avant d'être musicien.*

Page ci-contre, page autographe d'une Sonate pour violon seul *de Bach. Le compositeur écrit trois sonates et trois partitas pour violon solo, ainsi que six sonates pour violon et clavecin, dépassant tous les modèles précédents et déployant une impressionnante technique polyphonique. Les œuvres pour violon de Bach constituent le sommet de sa musique de chambre.*

Bach y parvient à une unité de style absolue tout en employant des combinaisons instrumentales variées, avec même d'éclatantes trouvailles en matière de timbres.

Dans la *Passion selon saint Matthieu*, les violes d'amour ont disparu, mais on y trouve des trompettes et un double chœur. Le rôle du récitatif est fondamental et donne son sens dramatique à l'œuvre ; la participation au texte de Christian Friedrich Henrici, plus connu sous le nom de Picander, est très importante mais tout aussi essentiel est l'apport fourni par les paroles de l'Évangile. Il en résulte une grande diversité d'invention, un monde très riche en images, une étonnante capacité descriptive et une imposante gamme de références symboliques. Dans cette œuvre grandiose, plus que jamais auparavant, le choral revêt un aspect presque envoûtant, devenant véritablement la « voix du peuple ».

Pour compléter la connaissance des œuvres de Bach, on ne peut ignorer le *Magnificat* et les cinq messes (en particulier, la *Messe en si mineur*). Le texte est ici en latin : même si à Leipzig, à l'origine, le *Magnificat* fut donné à plusieurs reprises en allemand (1723) ; par la suite, l'aspect harmonique sera modifié et un nouveau texte apparaîtra, sans récitatif, avec des airs et des chœurs plus courts que d'habitude. Écrit pour quatre solistes, un chœur à cinq voix et orchestre, il se compose de cinq motets, soutenus par un texte concis mais évocateur.

La *Messe en si mineur* comporte quatre parties *(Kyrie, Gloria, Credo* et *Sanctus)* et un groupe de compositions comprenant *Hosanna, Benedictus, Agnus Dei* et *Dona nobis pacem.* Sur 24 morceaux, 17 sont des chorals, ce qui confirme que la structure, bien qu'extrêmement composite, aboutit à des résultats éblouissants, unissant le strict caractère luthérien aux fastes sonores du baroque à son apogée : il suffit de considérer la structure du *Credo*, successivement composé de deux chœurs, un solo, trois chœurs, un solo et enfin deux chœurs.

Pour donner une idée de l'activité multiforme de Bach, il ne suffit pas de signaler que celui-ci a également composé de nombreux chants d'inspiration spirituelle interprétés dans le milieu familial ; il faut également s'arrêter sur l'emploi des instruments, sur l'orchestre, sur les œuvres de chambre. Bach se passionne au départ pour l'orgue, instrument qu'il aime par-dessus tout et dont il sait tirer élégance, grâce, goût, mais aussi puissance et émotion. L'orgue et Bach forment un tout difficilement séparable : quand, dans une église où règne une douce pénombre dans la lumière vacillante des cierges, on entend jouer de l'orgue, on pense immédiatement à lui, parce que Bach *est* l'orgue et que ses œuvres constituent une véritable somme de l'art de l'organiste.

Son œuvre la plus célèbre, la *Toccata et fugue en ré mineur*, est d'une force extraordinaire, bien qu'il s'agisse de l'une de ses premières compositions, écrite quand il se trouve encore dans son milieu de Thuringe, à Arnstadt ou à Mülhausen : une œuvre de jeunesse donc, ce qui est stupéfiant ne serait-ce que pour des raisons de chronologie. Pour Bach, qui l'introduit un peu partout dans ses œuvres pour ensembles instrumentaux, la « fugue » devient une sorte d'engagement, de devoir moral, un désir d'harmonie entre beauté et bonté, vérité et imagination. Cette forme musicale représente le terme de l'évolution du contrepoint, elle se compose des imitations successives, à travers deux « voix » ou plus, d'un premier thème bref et bien défini, entremêlant les diverses parties en les faisant alterner et presque se poursuivre (d'où le nom de fugue). L'exposition et la contre-exposition sont les éléments constituant les différentes parties de la fugue. Cette forme musicale se rencontre déjà dans les œuvres des organistes allemands des XVIIe et XVIIIe siècles, mais elle atteint son sommet de perfection avec Jean-Sébastien Bach, dans les 48 préludes et fugues du *Clavecin bien tempéré* et dans la sublime abstraction du contrepoint de l'*Offrande musicale* (1747) et de *L'Art de la fugue* (1749).

Le grand ensemble religieux formé par les chorals de Bach montre que le compositeur a voulu réaliser à travers l'orgue une synthèse de la doctrine luthérienne ; après un prélude grandiose, il nous laisse une série de chorals disposés selon le déroulement de la messe luthérienne ; la conclusion est confiée à l'un des monuments de la musique pour orgue : une triple fugue dans la même tonalité que le prélude initial. Ce recueil datant de 1739 constitue l'aboutissement de l'œuvre d'un artiste qui, sa vie durant, a exploré l'intégralité du champ musical.

Les œuvres pour clavecin (la frontière entre clavecin et orgue n'est souvent pas très nette) forment un groupe fondamental : à côté des œuvres homogènes — le groupe de six *Partitas*, les six *Suites françaises* et les six *Suites anglaises*, le *Clavecin bien tempéré* — il existe une série de compositions libres comme le *Concerto italien*, l'*Ouverture française*, les *Caprices* et les *Variations Goldberg*, écrites pour l'un de ses élèves, claveciniste de l'ambassadeur de Russie auprès de la cour de Dresde. La *Fantaisie chromatique et fugue* est une autre splendide composition libre, digne de son titre comme le sont également les *Suites*, constituées de danses traditionnelles italiennes et françaises auxquelles Bach ajoute souvent capriccios, « burlesche », scherzi en un ensemble qui tient du génie, où goût et élégance règnent en maîtres.

Orgue et clavecin semblent donc dominer la vie et l'activité musicale de Bach, mais on ne peut pour autant oublier un autre aspect de sa production : la musique de chambre. Ici encore, il laisse de très grandes œuvres, partant d'un instrument, le violon, qu'il aime presque autant que l'orgue et le clavecin. Dans ces occasions, l'orchestre se compose de ses enfants et les voix sont celles de sa femme et de l'une de ses filles. Il écrit trois sonates pour violon et trois partitas pour violon seul, ainsi que six sonates pour violon et clavecin qui dépassent tous les modèles précédents, en y appliquant une étourdissante technique polyphonique ; les « voix » s'élèvent librement l'une par rapport à l'autre tout en restant dans une parfaite harmonie d'ensemble. Les œuvres pour violon constituent le sommet de sa musique de chambre : c'est une exploration audacieuse du langage musical et un approfondissement total de la technique instrumentale, dont on chercherait en vain l'équivalent dans toute l'histoire de la littérature pour violon.

Un monde particulier, presque « italien », est celui de ses concertos, surtout les six *Concertos brandebourgeois* célèbres à juste titre, énième témoignage de la capacité de Bach à obtenir, à travers la diversité des formes, des styles et des moyens instrumentaux, de splendides résultats artistiques. La forme est celle du concerto grosso, dans lequel les instruments à vent font figure de chœur et le violon joue quelquefois le rôle de soliste. Pour la première fois dans l'histoire de la musique, le clavecin a lui aussi un long passage en soliste de toute beauté et d'une grande complexité technique. Nous possédons dix-sept concertos de Bach, dont deux pour violon, un pour deux violons, un pour trois clavecins, ainsi que sept autres — transcrits — pour clavecin.

Bach est mort avant d'avoir terminé le grand ouvrage de sa vie, *L'Art de la fugue*, œuvre de méditation silencieuse au niveau du pur intellect, comme si le compositeur vivait désormais dans un monde de contemplation.

Georg Friedrich Haendel

Halle, 1685
Londres, 1759

Haendel naît à Halle en Saxe, la même année que Bach, soit en 1685, sans compter dans sa famille le moindre parent lié en quoi que ce soit à la musique ; son père est barbier-chirurgien de la cour, mais quand le garçon a huit ans, il l'envoie étudier la musique auprès du meilleur professeur de la ville. Pourtant, étant âgé (il a soixante-dix ans quand son fils commence son apprentissage musical), il souhaiterait le voir plus tard étudier le droit pour assurer l'avenir de la famille. Dans les archives de l'église luthérienne où Haendel est baptisé, son nom apparaît comme Georg Friedrich, mais quand il est naturalisé anglais, il le transforme en George Frideric et c'est ainsi qu'il signera son testament.

Avant même de recevoir l'enseignement du meilleur musicien de Halle, Georg Friedrich joue fort bien de l'orgue dans la chapelle de la cour, tant et si bien que le duc insiste auprès du père pour que l'enfant continue à étudier la musique. Pendant trois ans, le jeune garçon travaille assidûment orgue, clavecin, violon et hautbois — ainsi que le contrepoint et la composition — sous la direction vigilante de Friedrich Zachau. La sollicitude particulière de son professeur lui permet, à onze ans déjà, de composer ses premières sonates et la musique de quatre offices religieux.

L'enseignement consiste dans l'exécution, la transcription et l'étude critique des œuvres des compositeurs précédents ; mais les spécialistes jugent peu probable que Haendel ait pu acquérir sa profonde connaissance de la musique seulement auprès de son maître de Halle. On pense donc, sans en avoir la preuve, qu'il passe quelque temps à Berlin. En 1702, à dix-sept ans, il s'inscrit à l'université de Halle. L'année suivante, il se rend à Hambourg où il a l'occasion de fréquenter un théâtre qui donne des représentations d'œuvres en allemand : le jeune homme obtient une place de violoniste dans l'orchestre. C'est probablement le tournant le plus important de sa vie, qui le détourne des austères traditions du contrepoint allemand — celles suivies par le célèbre organiste Buxtehude et par Bach — pour l'entraîner dans le monde plus fantasque de l'opéra. Mais le jeune Haendel va renoncer à une excellente situation dans sa patrie pour faire des débuts obscurs dans une ville inconnue. Sa connaissance du milieu musical de Hambourg et sa participation aux répétitions et aux représentations de l'orchestre lui donnent l'occasion en 1705, à vingt ans, de composer deux opéras, *Almira* et *Nero*. À en croire son biographe, Johann Mattheson — qui est également son compagnon à Hambourg — Haendel se révèle à cette époque comme très doué pour le contrepoint, mais complètement ignorant en matière de mélodie. Le jeune homme décide d'y remédier, épargnant jusqu'au moindre sou pour se rendre au plus vite en Italie, considérée alors comme la terre d'élection de l'opéra.

Dans cette décision de partir pour le sud, la rencontre à Hambourg de Jean-Gaston de Médicis, fils de Côme III et dernier grand-duc de la dynastie florentine, semble avoir été déterminante. Il restera trois ans en Italie, à Florence, Venise, Rome et Naples, se plongeant profondément dans l'atmosphère méridionale (ou dans celle de la Venise baroque), cherchant à s'imprégner de la puissance expressive des musiciens les plus joués à l'époque, Corelli et Scarlatti. Pendant ces trois années, il compose des opéras et de la musique d'église, ainsi que de nombreuses cantates de chambre. Arcangelo Corelli lui-même assure le succès de deux oratorios du jeune Allemand, *Il Trionfo del tempo e della verità* et *La Resurrezione*. Quant à Scarlatti, il a l'occasion de se mesurer à lui lors d'une séance de musique qui révèle l'extraordinaire virtuosité de Haendel à l'orgue.

En 1707, il compose à Florence l'opéra *Rodrigo*, en 1709 à Venise l'*Agrippina* et, peu avant de quitter l'Italie, *Rinaldo*.

Georg Friedrich Haendel

Ci-dessus, Haendel au clavecin pendant un divertissement musical à la cour d'Angleterre, tableau d'époque. Le compositeur né à Halle, en Saxe, arrive en Angleterre en 1710.

À gauche, détail du titre de l'opéra Jules César de 1724.

Les premiers opéras de Haendel (Almira et Nero) datent de 1705.

Ci-dessous, une page autographe du Messie (1742), oratorio comptant parmi les plus grands chefs-d'œuvre de musique sacrée de tous les temps.

Juste après, on lui propose le poste qui a été celui d'un évêque musicien, Agostino Steffani, comme maître de chapelle à Hanovre. Haendel s'y rend en 1709 mais n'occupe pas plus d'un an ses nouvelles fonctions. En effet en 1710, après un séjour de six mois à Londres, où l'on donne son *Rinaldo* avec un très grand succès, il envisage de s'installer dans la capitale anglaise, où il est bien vu de la reine Anne Stuart, fille de Jacques II d'Écosse. Mais quand, en 1714, George Ier monte sur le trône d'Angleterre, Haendel craint de ne pouvoir continuer à composer dans ce pays : le nouveau roi n'est autre que l'Électeur de Hanovre qu'il a quitté un peu rapidement... Entre-temps, le jeune compositeur s'est affirmé avec *Il Pastor fido* et *Teseo*, deux opéras remarquables mais peu appréciés du public. Sa popularité et son aisance, il les doit au *Te Deum* et au *Jubilate* composés pour célébrer le traité de paix d'Utrecht de 1713, ainsi qu'à l'*Ode for the Birthday of Queen Ann* : mais la reine n'est plus.

Pourtant, son nom et sa réputation sont désormais bien établis à Londres et en 1719 il est chargé, avec Ariosti et Bononcini, de diriger la Royal Academy of Music, qui doit fournir le théâtre du roi en opéras italiens. Son salaire annuel est alors de 1 000 livres sterling. De 1717 à 1720, il vit dans la propriété du duc de Chandos aux portes de Londres, officiellement comme maître de chapelle du duc. C'est là qu'il compose sa première série de suites pour clavecin et la pastorale *Acis et Galatée* pour solistes, chœur et orchestre.

Au cours des dix-sept années suivantes, Haendel participe à la gestion du théâtre, quittant souvent la propriété du duc

Ci-dessus, titre de l'oratorio La Risurrettione di Nostro Signor Gesù Cristo *(sic).*

Ci-contre, portrait de jeunesse de Haendel. Quand le garçon est âgé de huit ans, son père, l'envoie étudier la musique auprès du meilleur professeur de Halle ; mais auparavant déjà, l'enfant jouait de l'orgue dans la chapelle de la cour et c'est le duc lui-même qui insiste pour qu'il poursuive l'étude de la musique.

pour Londres et se rendant également en Italie comme « chercheur de voix ». Il ne néglige pas pour autant de composer des opéras qui semblent jaillir tout naturellement de son heureux tempérament, comme *Jules César*, *Tamerlano*, *Sosarme* et *Alcina*. Ces compositions exaltent le style italien, répondant au désir du public. Les héros sortent régulièrement de l'intrigue pour faire valoir leurs morceaux de bravoure, écrits sur des rythmes appropriés et des motifs mélodieux. Aucun autre musicien n'a peut-être composé des airs convenant si bien à la voix humaine. Puis, aussi soudainement qu'il est venu, le succès diminue. En 1737, le théâtre auquel Haendel a donné le meilleur de lui-même ferme ses portes et le compositeur se rend en Allemagne.

De retour à Londres, il abandonne presque complètement l'opéra (il compose néanmoins *Faramondo* et *Serse* et ne renoncera au théâtre qu'après les répétitions d'*Imeneo* en 1740 et *Deidamia* en 1741) pour se consacrer à la musique sacrée, réaffirmant des intentions déjà exprimées autrefois avec *Esther* (1732), œuvre en forme d'oratorio. Suivent les oratorios *Deborah, Athalia, Saül, Israel in Egypt, Samson, Joseph and his Brethren, Belshazzar, Judas Maccabée, Josué, Susanna, Salomon, Theodora* et d'autres encore (1733-1752). En 1742 a lieu à Dublin la création du *Messie* lors d'un séjour en Irlande où il est venu pour trouver la paix ; cette paix ne viendra pourtant pas après les représentations de l'œuvre, mais huit ans plus tard, grâce aux qualités vocales de l'alto (contralto) italien Gaetano Guadagni. En 1745, après avoir composé l'oratorio profane *Hercules*, Haendel doit interrompre la saison en raison des dettes contractées ; il retrouve ensuite son énergie et prend position pour l'Angleterre contre le prétendant jacobite avec l'*Occasional Oratorio*, accueilli avec enthousiasme par l'aristocratie et par le roi George II lui-même. Mais la grande période créatrice de Haendel touche à sa fin : en 1752, « le plus grand musicien de tous les temps » comme l'appellent les Anglais devient aveugle, bien qu'il parvienne à terminer son dernier oratorio sacré, *Jephta*. Il meurt le 14 avril 1759.

Il est intéressant de noter que le musicien allemand — dont la première formation musicale a eu lieu à Hambourg, ville de tous les esprits indépendants se voulant à l'écart des

À droite, caricature représentant des choristes pendant l'exécution d'un oratorio ; estampe de W. Hogarth (détail).

Ci-dessous, vue de Londres en 1700, tableau du peintre vénitien B. Bellotto.

continuelles luttes politiques et religieuses agitant les États allemands — complète son éducation en se tournant vers l'opéra italien (grâce à la rencontre de Johann Cousser, élève de Lully et d'Agostino Steffani, évêque-musicien). Mais c'est surtout Johann Mattheson qui développe en lui l'esprit d'innovation, également dicté par des sentiments nationalistes et anti-italiens, en relevant les défauts les plus évidents de ce style. Leur amitié est parfois agitée (ils vont jusqu'à se provoquer en duel), mais ils finissent par se réconcilier, travaillant ensemble à la mise en scène du premier opéra de Haendel, *Almira*, qui connaît un énorme succès, comme du reste le second, *Nero*. Malgré l'aversion de son ami pour l'opéra italien, Haendel apprend beaucoup lors de son voyage en Italie et y voit surtout reconnaître ses dons de virtuose comme violoniste et claveciniste, se lançant en outre dans la composition d'un opéra, *Rodrigo*, sur un livret italien. Rome elle-même s'ouvre à lui, lui donnant l'occasion de manifester son génie non seulement de compositeur mais aussi d'organiste, applaudi et encouragé par Domenico Scarlatti en personne. Un autre personnage qui contribue de manière déterminante à le convaincre d'approfondir toujours plus l'étude de la composition est sans aucun doute le cardinal Grimani, d'origine vénitienne (sa famille possède un théâtre à Venise) mais aussi vice-roi de Naples. C'est le cardinal lui-même qui écrit le livret de l'opéra *Agrippina*, œuvre qui connaît lors de sa création un incroyable succès. Toutefois, l'offre de Steffani de le remplacer au poste de maître de chapelle de la cour de Hanovre incite Haendel à quitter l'Italie et l'influence de son théâtre lyrique. Ce nouveau milieu ne le retient pas longtemps, d'autres horizons s'ouvrant déjà à lui en Angleterre où il n'y a plus de théâtre national et où les « Italiens », virtuoses et instrumentistes, ont envahi tout l'espace musical.

Dans son esprit s'est désormais imposée l'idée d'écrire exclusivement pour le théâtre et il comprend qu'il ne peut le faire que dans ce pays où il s'attire rapidement l'estime de tous, se vouant à la composition avec passion. Après la disparition de toute gêne dans ses relations avec l'Électeur de Hanovre devenu roi d'Angleterre (c'est pour lui qu'il compose la célèbre *Water Music*, jouée sur une barque royale lors d'une fête sur la Tamise), Haendel reste fidèle aux expériences vécues en Italie.

À la fin de 1738, son buste en marbre est placé dans les jardins de Vauxhall, où l'on donne des concerts à la belle saison. Cet honneur est surtout un hommage rendu aux exceptionnels dons d'organiste du compositeur de Halle : mémorables sont restées ses *performances* au grand orgue de l'abbaye de Westminster. Ces jours-là, dans la vaste église, se pressent des milliers d'auditeurs en extase.

Parallèlement à certains de ses opéras les plus importants, Haendel compose alors le premier volume des *Concertos pour orgue*, puis le *Messie* : l'une de ses œuvres majeures, grandiose oratorio qui prend place parmi les plus sublimes chefs-d'œuvre de la musique sacrée de tous les temps. Mais plus le succès du *Messie* s'affirme, plus ses détracteurs s'acharnent contre lui, avec une hargne en contraste total avec l'amour du musicien pour l'Angleterre, dont il a même pris la natio-

Ci-dessus, musique sur les eaux de la Tamise. Haendel compose pour le roi George Ier d'Angleterre la célèbre Water Music.

Ci-dessous, une féroce caricature de Haendel à l'orgue. Page ci-contre, frontispice de la partition du Messie.

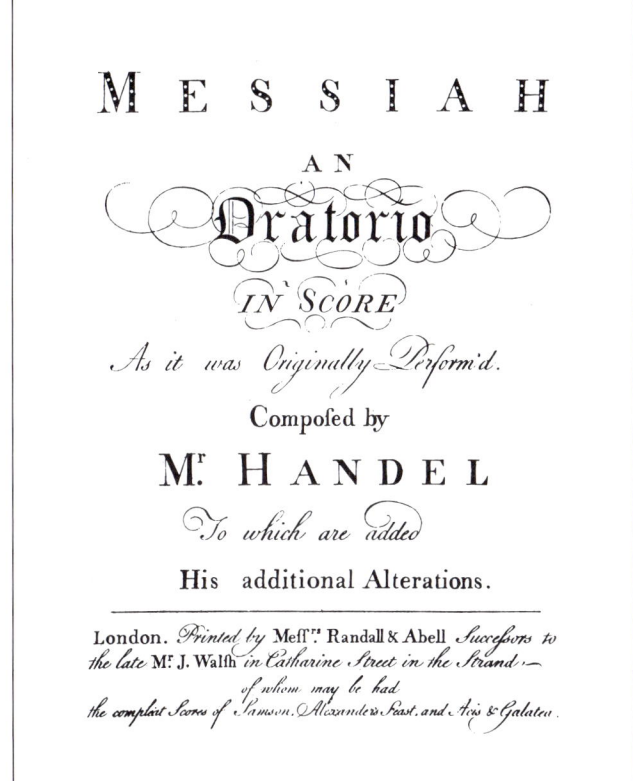

nalité en 1726. Comme nous l'avons dit, la popularité reviendra après la défaite définitive du prétendant écossais au trône d'Angleterre, Charles Édouard Stuart. Haendel compose l'*Hymne pour les volontaires (Song for the Gentlemen Volunteers of the City of London)* et un *Occasional Oratorio* : la réaction nationaliste ne se fait pas attendre et on le proclame « le plus grand musicien anglais ».

Il vit à Londres — ou dans ses environs immédiats — depuis trente-cinq ans au moins, entièrement consacrés à la composition d'œuvres d'inspiration biblique ; il s'écoulera encore quatorze ans avant que se termine cette existence féconde et pas toujours heureuse.

L'un des mérites principaux de Haendel dans le domaine instrumental est la création des « concertos pour orgue » : répartis en trois séries selon leur publication survenue entre 1735 et 1751 sous les numéros d'opus 4 et 7 tandis que la série du milieu n'a pas de numéro, ses vingt concertos pour orgue naissent avec une fonction précise, celle de servir d'intermède lors de l'exécution des oratorios. L'archétype en est probablement comme on l'a écrit *Il Trionfo del tempo e della verità*, oratorio composé à Rome en 1707 déjà, mais c'est lors des années passées à Londres et grâce à son importante production d'oratorios à partir de 1732, que les concertos pour orgue deviennent un élément constant de son inspiration. Conçus comme des interludes indépendants, ils peuvent aussi être incorporés à tel ou tel oratorio. Ils sont joués à l'orgue par Haendel lui-même, ce qui explique une de leurs caractéristiques fondamentales : dans les partitions autographes comme dans les éditions imprimées, l'écriture de la partie soliste est réduite à une sorte de guide laissant une large place à l'improvisation. De nombreux témoignages attestent le talent d'organiste de Haendel et décrivent son style comme empreint de tempérament et de dignité, tout en étant techniquement irréprochable et très inventif.

Dans le domaine instrumental, il faut considérer comme des œuvres évoluées celles qui rappellent la suite, comme la *Water Music* (1715-1717) ou celles composées pour les fêtes célébrant la paix d'Aix-la-Chapelle en 1749 *(Music for the Royal Fireworks)*. Il s'agit d'œuvres pour orchestre mixte comportant vents et cordes dans le style français, souvent des pièces de circonstance, donc à jouer en plein air avec une présence prépondérante des vents et de nombreuses timbales : Haendel lui-même recommande de les exécuter avec plus de 100 musiciens, dont 43 violons, 57 instruments à vent et 3 joueurs de timbales.

Avec les œuvres pour clavecin, imprimées à Londres en 1720, Haendel nous laisse l'un de ses témoignages les plus intéressants : huit suites, dont la *Cinquième en mi majeur* avec le très célèbre « Harmonieux forgeron ». Il s'agit de suites de pièces, c'est-à-dire de « leçons » ne comprenant pas seulement les éléments habituels à l'époque dans ce type de recueils, mais pratiquement toutes les formes alors utilisées au clavecin. Le recueil de concertos pour orgue et orchestre, nés en quelque sorte des oratorios, est également important. Ici, l'orgue, instrument créé pour la musique d'église, se fait mondain, profane, presque un rival du clavecin.

Dans la musique pour orchestre, en particulier en ce qui concerne le concerto grosso, apparaît clairement chez Haen-

L'intérieur de Covent Garden à l'époque de Haendel. Par son importante action en faveur du drame lyrique, Haendel a beaucoup apporté à la vie théâtrale de son temps. Son œuvre lyrique comporte 39 ou 40 opéras de Nerone (1705) à Deidamia (1741). Ce sont tous des opere serie sauf Serse (1738) où apparaissent des éléments comiques.

del l'enseignement tiré du voyage en Italie, au point de rendre inévitable une comparaison avec la musique d'Arcangelo Corelli : dans le concerto grosso, le musicien de Halle surpasse incontestablement le maître italien. La forme s'épanouit et prend du volume, l'expressivité augmente, les manières d'aborder les diverses formes se multiplient : ton solennel dans les ouvertures, lyrisme intense dans les mouvements lents, très grande vivacité dans les danses, mélancolie dans les « siciliennes », ces anciennes danses de caractère champêtre au mouvement modéré. Dans le concerto grosso, on sent chez Haendel l'influence du monde baroque.

Si Bach a connu une longue éclipse, Haendel n'a jamais eu à subir ce destin : Haydn l'appelle « notre maître à tous », Mozart lui voue un profond amour, Beethoven le définit comme « le plus grand compositeur qui ait jamais existé », feuilletant des partitions de Haendel jusque sur son lit de mort. Mendelssohn s'inspire de lui dans ses oratorios *Paulus* et *Elias* et Schumann le tient en grande estime.

Au siècle dernier, la réputation de Haendel auprès du grand public reposait sur sa musique pour clavecin et sur quelques airs devenus célèbres, comme le « largo » de *Serse* transformé en un morceau purement orchestral. L'Angleterre, plus que tout autre pays, a été envoûtée par sa musique, au point qu'après sa mort, l'œuvre de Haendel a été littéralement assaillie par des centaines d'instrumentistes et de choristes. Le *Messie* est devenu un événement mythique (en 1784, on le donne avec un orchestre et un chœur totalisant 525 exécutants !) et un objet de fanatisme. Pourtant, parallèlement à ce fleuve en crue, la Haendel Society a accompli un remarquable travail de recherche, retrouvant et publiant des oratorios inconnus ou oubliés. Les opéras eux aussi, pourtant son héritage le plus difficile, ont été l'objet d'heureuses exhumations.

Aujourd'hui, le mythe de Haendel a pris des proportions plus équilibrées et le musicien de Halle vit dans son univers particulier. Il n'y a pas eu, comme dans le cas de Jean-Sébastien Bach, une « renaissance » éclatante et croissante, mais sa réputation s'est consolidée, on pourrait presque dire cristallisée : quoi qu'il en soit, chaque fois que sa musique est proposée à de nombreux publics, on se rend compte de la grandeur de son génie et l'on peut affirmer qu'avec lui le monde musical a connu un changement radical.

Les deux domaines fondamentaux de l'œuvre de Haendel — opéra et oratorio — subirent au XVIIIe siècle, le premier, les tempêtes de la réforme de Gluck et le second, un inexorable déclin. La musique sacrée allait très vite renoncer à la polyphonie. La symphonie s'apprêtait à faire son entrée, la musique de chambre s'affirmait, essentiellement sous la forme du quatuor.

Giovanni Battista Pergolèse

Jesi (près d'Ancône), 1710
Pozzuoli (près de Naples), 1736

Andrea Draghi, père du musicien, est originaire de Pergola dans les Marches et c'est pour cela que son fils Giovanni Battista, né à Jesi en 1710, est surnommé « Pergolesi » — en France Pergolèse. Giovanni Battista est un garçon maladif et délicat, que mine une forme grave de tuberculose. Il effectue ses premières études musicales avec le maître de chapelle de la cathédrale de Jesi et avec le violoniste F. Mondini, maître de la chapelle communale. Puis, grâce à l'intérêt que lui portent quelques aristocrates du lieu, il se rend à Naples au conservatoire dei Poveri di Gesù Cristo. Il y étudie le violon et la composition et y écrit son premier *opera seria*, *Salustia*, à vingt-deux ans à peine, après environ cinq ans de préparation assidue et de dur travail. Il devient ensuite le maître de chapelle du prince de Stigliano, localité de montagne qui est alors le chef-lieu de la province autonome de Basilicate.

Salustia est donné au théâtre San Bartolomeo de Naples avec un succès très moyen ; on comprend bien qu'il s'agit de l'œuvre d'un débutant, mais on y sent déjà une grande différence entre ces airs séparés par de très longs récitatifs et les « intermèdes » composés par Scarlatti, qui constituent un spectacle dans le spectacle. Dans la musique de Scarlatti, il s'agit de scènes comiques insérées dans l'opera seria, comme pour prolonger la tradition de la farce du XVIIe siècle : vieilles servantes amoureuses de jeunes garçons, vieillards entichés de fraîches soubrettes, double sens, langage expéditif. Chez Pergolèse, en revanche, on trouve des moments de grand bonheur musical, qui conduiront plus tard au futur *opera buffa*.

En 1732, Pergolèse rencontre plus de succès avec une comédie musicale en trois actes, *Lo Frate 'nnamorato*, mais c'est avec *La Serva padrona* de 1733 qu'il enlève brusquement à l'intermède son caractère de bouffonnerie sans prétention pour le porter au niveau d'un « modèle immortel ». Cette œuvre du jeune compositeur, alors gravement malade, sera très bien accueillie quand elle sera représentée à Paris en 1746 (Pergolèse meurt à Pozzuoli en 1736, à vingt-six ans) par la troupe des Bouffons du Théâtre italien, puis à l'Opéra en 1752. Cet opéra ne comporte que deux chanteurs et un mime : Serpina, la jeune servante rusée ; Uberto, son maître atteint de sénilité précoce et Vespone, le mime. L'auteur du livret a condensé dans ce texte tout le caractère sentimental et rusé à la fois des mœurs napolitaines. Avec un nombre limité de personnages et une action scénique réduite à l'essentiel (grâce à son habileté, Serpina parviendra à se faire épouser par Uberto), Pergolèse réussit à créer un chef-d'œuvre absolu, modèle de l'opéra bouffe du XVIIIe siècle. L'œuvre est représentée à Naples en intermède à l'opera seria *Il Prigionier superbo* du même Pergolèse et enflamme le cœur et l'imagination du public présent, qui lui réserve un accueil chaleureux, le succès se répétant plus tard à Paris comme nous l'avons dit. Comme d'habitude dans les intermèdes, l'orchestre est réduit à l'essentiel : un petit nombre de cordes, un clavecin, deux cors et deux trompettes. Les récitatifs alternent avec les airs comme dans un véritable opéra, mais il n'y a pas de symphonie parce que telle est la règle de l'intermède ; l'orchestre se borne à soutenir les voix sur lesquelles tout repose, qu'il s'agisse du texte ou des émotions qu'il communique. Les airs expriment avec une rare saveur le sentiment profond des deux personnages qui s'insultent — avec politesse — tout en étant indissolublement liés par l'habitude de vivre ensemble.

Si en art le terme de génie désigne l'auteur de grands et immortels chefs-d'œuvre, il est permis d'affirmer que les quelques pages de *La Serva padrona* ont du génie et constituent bel et bien un chef-d'œuvre. Ce que du reste l'histoire confirme, cette œuvre ayant donné naissance à un courant d'une extrême importance artistique et théorique. Le texte est peut-être indigent, l'intrigue plate, mais la musique confiée aux deux voix et à quelques instruments est d'une telle fraîcheur, d'une telle simplicité dans l'invention qu'elle fait oublier la médiocrité du livret et a permis à cet opéra de survivre à son époque, parmi les rares œuvres à nous être parvenues.

Olimpiade, qui suit en 1735, est un échec retentissant, même si le livret est du célèbre Métastase et si la première a lieu à Rome. Pergolèse revient à Naples amer et fatigué (la maladie ne lui laisse pas de répit et l'abattra définitivement un an plus tard), bien que les membres de l'aristocratie locale cherchent à égayer son séjour, lui promettant le titre de « maître de la chapelle royale » dès que le poste sera vacant. En cette même année 1735, le compositeur a la joie de voir son nouvel opéra *Flaminio* bien accueilli et ce n'est pas un mince réconfort pour le travail qu'il poursuit alors : la composition du *Salve Regina* et du *Stabat Mater* auxquels il se consacre dans la paix du couvent des Capucins de Pozzuoli. C'est là que la mort le fauche brusquement mais sans surprise en 1736, alors qu'il vient d'achever son *Stabat Mater*.

Qui a étudié récemment et avec soin la production de Pergolèse se refuse à accepter comme authentiques toutes les œuvres qu'on lui attribue : aujourd'hui en effet, on lui a

À gauche, costume de Vespone, personnage de La Serva padrona, *pour une mise en scène de cette œuvre au Lyric Opera House de Hammersmith (Angleterre).*
À droite, un opéra bouffe du XVIIIe siècle, tableau de l'école de Longhi.

Ci-dessus, programme de la représentation à Paris en 1752 de l'opéra La Serva padrona. *Le grand succès de cette œuvre écrite en 1733 ne commence qu'après la mort de Pergolèse, à partir de la représentation parisienne de 1746.*

retiré la paternité de diverses œuvres qui avaient fini par nuire considérablement à l'image du musicien disparu en pleine jeunesse. Il faut toutefois lui reconnaître, dans sa brève existence, le don de l'innovation, une contribution stylistique raffinée.

Ainsi, on a pu parler pour le *Stabat Mater* de chef-d'œuvre absolu : sur le texte lyrique mais sans prétention de Jacopone da Todi, le compositeur effectue un travail en apparence simple et sans prétention, mais porteur d'une énorme richesse émotionnelle. Écrit pour une modeste chapelle et destiné à être exécuté juste par deux voix blanches avec accompagnement d'orgue et d'un quatuor, ce morceau semble refléter toutes les nuances de cette lamentation douloureuse s'élevant en un crescendo dramatique, pour reconduire le motif, après de multiples variations, à son point de départ, sombre et presque romantique.

La notoriété dont jouit le *Stabat Mater* de Pergolèse est prouvée sans conteste par son extraordinaire faveur auprès des musiciens de l'époque comme de leurs successeurs. Bach en utilise certains thèmes pour l'une de ses « parodies », Paisiello en réalise en 1810 une transcription, y ajoutant des instruments à vent. Même Antonio Salieri et Hugo Wolf en transcriront des passages. Pergolèse devient donc célèbre, surtout après sa mort et se voit attribuer des œuvres dont la plupart se révéleront n'être pas de lui, parfois dues à des inconnus (comme les six *Concertini*). Mais le très haut niveau de ses chefs-d'œuvre les plus connus, dans des domaines aussi divers, fait penser toutes proportions gardées au génie universel d'un Mozart. En particulier, le théâtre comique de Pergolèse marque tout l'opéra bouffe italien. Pergolèse parvient à contrôler les rythmes les plus effrénés, les mélodies les plus exubérantes. Le jeune compositeur semble guidé par un instinct infaillible de ce qui est beau et bon, très sensible à tout mouvement ou parole pouvant nuire à la trame exquisément musicale de son discours. Même les écrivains français des Lumières (comme Rousseau, Diderot, d'Alembert par exemple) sont fascinés par la musique de Pergolèse, jugeant que le jeune homme est en quête de la même vérité qu'eux et que ses œuvres naissent de la recherche de l'« absolue vérité ». On trouve des pages merveilleuses non seulement dans *La Serva padrona*, mais aussi dans d'autres œuvres évoquant l'atmosphère et les personnages du théâtre mélodramatique.

Christoph Willibald Gluck

Erasbach (Haut-Palatinat), 1714
Vienne, 1787

Christoph Willibald Gluck, le célèbre compositeur d'*Orphée et Eurydice*, naît en 1714, fils d'un garde-chasse, dans un petit village situé entre la plaine de Nuremberg et le cours paresseux du Danube, dans le Haut-Palatinat (qui fait alors partie de la Bavière). Il commence de bonne heure à étudier le violoncelle et l'orgue. Le jeune Gluck quitte la maison à dix-sept ans et on le retrouve étudiant à Prague où il passe plus de quatre ans, suivant des cours de mathématique et de logique à l'université, tout en se perfectionnant dans l'étude du violoncelle et en chantant dans le chœur de plusieurs églises. Son père et quelques membres de l'aristocratie locale se persuadent de ses dons artistiques et lui donnent l'occasion de partir pour Vienne et l'Italie afin d'approfondir sa culture musicale. Le prince Melzi, de vieille noblesse lombarde, l'accueille à Milan, l'inscrivant en 1737 à l'école de Giovanni Battista Sammartini, organiste et maître de chapelle à Saint-Ambroise et dans d'autres églises. Il peut ainsi écouter de nombreuses œuvres italiennes et prendre sa propre mesure dans son premier opéra *Artaserse*. La première représentation est un grand succès et on ne lui commande pas moins de sept autres opéras. En 1745, à trente et un ans, il se rend en France puis à Londres où il a l'occasion de composer deux opéras, naturellement dans le style italien. La création de *La Caduta dei giganti* au théâtre de Haymarket a lieu l'année suivante. Dans la capitale anglaise, pour satisfaire certains de ses admirateurs, il donne un étonnant concert à l'« harmonica de verre », en faisant tinter 26 verres remplis d'eau à des hauteurs diverses pour obtenir les différentes notes. La même année, il se joint à une troupe italienne qui effectue une tournée en Allemagne (Hambourg, Leipzig, Dresde) mais aussi à Vienne, Prague et Copenhague avant de redescendre vers Rome et Naples. Dans cette dernière ville, on lui commande *La Clemenza di Tito* sur un livret de Métastase, dans le style italien conventionnel de l'époque.

Gluck devient alors « maître de chapelle » du prince de Saxe-Hildburghausen, ce qui lui apporte argent et considération, tout en continuant à composer sur des vers de Métastase : *Le Cinesi* (1754), *La Danza* (1755), *L'Innocenza giustificata* (1755), *Antigono* (1756), *Il Re pastore* (1756). Devenu à Vienne le compositeur attitré du Théâtre impérial de Marie-Thérèse, il voit ses mélodrames à l'italienne rencontrer un grand succès, même s'il n'éprouve guère de sympathie pour Métastase.

Puis il abandonne soudain ce type d'opéra : vers 1760, il décide que, dans le mélodrame, c'est le drame qui doit tenir la première place, la musique devant être à son service, tout en renforçant l'expression. Jusqu'alors et contrairement à ses origines, le mélodrame s'est contenté de magnifier l'intérêt porté à l'aspect musical et d'abord vocal, attribuant une large place à la virtuosité des chanteurs. Métastase lui-même est de cet avis. Ses textes sont essentiellement un prétexte à airs et duos, avec surabondance d'effets vocaux ; à l'époque toutefois, ceux-ci possèdent une grande valeur émotive.

Gluck n'est évidemment pas le seul à ressentir le besoin de donner au drame lyrique plus de liberté dans l'expression, encore faut-il quitter la voie tracée par le mélodrame « métastasien », une tendance encouragée par l'avènement du rationalisme des Lumières, qui prône le retour au naturel.

Gluck abolit les récitatifs qui relient entre elles les « oasis » d'expression constituées par les airs ; il modère la virtuosité vocale et s'efforce de donner à ses opéras un climat de simplicité et de pureté solennelle. *Orfeo ed Euridice* (1762), *Alceste* (1767) et *Paride ed Elena* (1770), donnés à Vienne, constituent les étapes fondamentales de cette réforme. À Paris cependant, en 1774, *Orphée et Eurydice* donné dans sa version française provoque une grande querelle notamment animée par l'ambassadeur en France du royaume de Naples,

Ci-dessus, détail d'une maquette originale pour une scène de L'Orphelin de la Chine, *donné pour la première fois à Vienne en 1774 avec une musique de Gluck et un livret tiré de la tragédie du même nom écrite par Voltaire.*

*À gauche, la salle du trône dans un décor de F.J. Bélanger pour la première représentation d'*Alceste *à Paris en 1776.*
Ci-dessous, maquette de H. Heckroth pour Orphée et Eurydice *dans une production de la Scala de Milan en 1958.*

le marquis Caracciolo, qui a pris la tête des « italianistes ». Derrière lui apparaît un nouveau nom, Niccolo Piccini, un musicien de Bari connu comme l'auteur de drames *seria* mais aussi d'œuvres comico-sentimentales. On tente même de mettre en compétition le savoir-faire de deux compositeurs en leur confiant à tous deux le livret de *Roland*, mais Gluck ayant découvert le stratagème (auquel Piccini est du reste complètement étranger) renonce et fait représenter son *Armide*.

Même s'il se veut plus « naturel » et possède une grande efficacité dramatique, l'opéra réformé par Gluck reste néanmoins par de nombreux aspects imprégné d'une stylisation conventionnelle. Ainsi, les personnages de jeunes hommes sont encore attribués à une voix de contralto ; en outre, le compositeur laisse au mode majeur la possibilité d'exprimer la douleur et pas uniquement la joie ou la sérénité (comme dans l'air célèbre d'*Orphée*, « J'ai perdu mon Eurydice »).

À Paris, la réforme de Gluck suscite un grand intérêt, au point qu'après avoir composé *Iphigénie en Aulide* (1774), il va adapter ses œuvres précédentes pour la scène française. En 1779, c'est le triomphe parisien d'*Iphigénie en Tauride*, suivi de l'échec d'*Écho et Narcisse* qui le plonge dans l'amertume (ainsi que l'accueil favorable encore réservé à Paris aux opéras italiens), au point de le décider à revenir à Vienne où il meurt en 1787.

En quoi consiste donc la grandeur de Gluck, ou plutôt la valeur de sa réforme ? Il entend, comme il l'a du reste déclaré, « dépouiller la musique de tous ses abus introduits par la vanité mal entendue des chanteurs ». L'analyse de connaissances musicales diverses de Gluck avant l'écriture de son « nouveau » type d'opéra semble prouver que le compositeur était pleinement convaincu d'avoir finalement saisi l'essence de l'esprit grec en tant que leçon de sérieux et de pureté, considérant les hommes et leurs passions dans le cadre d'une religiosité pleine de dignité. C'est ce qu'il cherche à démontrer par l'emploi d'un ton parfois sentencieux et sublime et par une musique sévère et dramatique à cent lieues de la « dangereuse » douceur mélodique de l'opéra italien. Cela l'entraîne cependant à enfreindre les lois de la musicalité pour donner la première place à une fonction jugée plus importante, par exemple le climat religieux. En outre, Gluck se propose d'attribuer à la musique une valeur relative, en fonction des états d'âme et des passions qui prévalent sur les notes mêmes. Il dit lui-même que la symphonie doit « prévenir les spectateurs de l'action qui est à représenter et en former l'argument », le concert instrumental doit se régler « selon l'intérêt et la passion, et ne pas permettre qu'une coupure disparate dans le dialogue entre l'air et le récitatif vienne trancher à contresens la période ».

En réalité, les œuvres composées après cette « révolution » sont des opéras du XVIIIe siècle s'efforçant d'éviter une vaine virtuosité et dans lesquels le chant doit exprimer les émotions énoncées par le texte. Gluck tente donc d'entrer le plus possible dans l'âme de ses personnages et de faire comprendre même visuellement les motifs de leur comportement. Des passages entiers de l'*Orfeo* peuvent paraître monotones mais cela tient à ce que les émotions véritables se limi-

*Ci-dessus, une scène d'*Iphigénie en Tauride* dans une production de la Scala de Milan pendant la saison 1956-1957, avec Maria Callas, mise en scène de L. Visconti.*
*Ci-dessous, maquette d'un costume pour la représentation en 1774 d'*Iphigénie en Aulide*.*
*Page ci-contre, Gluck remet la partition d'*Iphigénie en Tauride* à Marie-Antoinette au Petit Trianon de Versailles.*

tent à deux, la terreur et la douleur, sur lesquelles repose la construction même de l'opéra.

Le problème est donc à l'époque de libérer l'*opera seria* du poids de la rhétorique, alors que l'opéra-comique est depuis longtemps revenu dans la voie de la vérité humaine et artistique. La réforme de Gluck ne trouvera pourtant pas immédiatement des émules ou des continuateurs : après lui le plus grand compositeur d'opéras sera Gioacchino Rossini, qui n'a cependant rien à voir avec le drame musical.

L'œuvre représentée en 1767, *Alceste*, illustre de manière encore plus convaincante la réforme de Gluck. Elle connaît à Vienne un succès extraordinaire, également dû à la faveur dont jouit le compositeur auprès de la famille impériale. Mais l'opéra suivant, *Paride ed Elena*, semble marquer un moment de réflexion et de pause. Cet échec et la présence à la cour de France de très hauts personnages qui ont pris à cœur l'évolution du drame lyrique incitent Gluck à accepter d'adapter la musique d'*Iphigénie en Aulide* sur un texte français, en accordant une extrême attention aux suggestions du librettiste, le marquis Leblanc du Roullet, un protégé de Marie-Antoinette et du dauphin de France. L'œuvre est jugée « surprenante » : les « italianistes » parlent d'un « opéra de pénitence », mais la famille royale est enthousiaste. Avec *Armide* ensuite, Gluck se dit convaincu d'avoir écrit un opéra « pervers » au point de le vouer à la damnation. Aujourd'hui, les séductions audacieuses et les ensorcellements des jardins enchantés font peut-être sourire, mais l'œuvre suscite à l'époque enthousiasme et querelles. Le musicien revient ensuite à Vienne où il compose ses deux derniers opéras, *Iphigénie en Tauride* et *Écho et Narcisse*, représentés en 1779 à Paris : le premier est un triomphe, le second un échec retentissant.

Son emploi des instruments préfigure Weber, Berlioz ou Wagner (quand Berlioz écrit son *Traité d'instrumentation et d'orchestration*, en 1844, il utilise de très nombreux exemples pris dans les œuvres de Gluck). Il a recours aux clarinettes, au cor anglais, aux trombones, cymbales, triangles et tambours pour obtenir certains effets dramatiques, mais renonce au clavecin. Et cela est bel et bien une « révolution ».

Franz Joseph Haydn

Rohrau, 1732
Vienne, 1809

Sur les douze enfants Haydn nés à Rohrau, en Basse-Autriche, six seulement survivent, dont trois vont étudier la musique. Le plus jeune, Johann Evangelist « Hansel » (1743-1803) deviendra un assez bon chanteur, Johann Michael (1737-1806) sera un compositeur important, tandis que le plus âgé, Franz Joseph (1732-1809), restera comme l'un des plus grands compositeurs de l'histoire de la musique.

Franz Joseph sera très aimé et respecté dans cette Vienne de la fin du XVIIIe siècle, y recevant même le surnom de « papa » ; sa nature joviale, son caractère joyeux et sans problème en font le type même du compositeur de province passé au service d'un grand seigneur et composant de nombreuses œuvres agréables, descriptives, subtiles et divertissantes. On peut penser que sa foi religieuse est sans angoisse métaphysique, comme il est de règle dans cette Autriche catholique du XVIIIe siècle pour tous les loyaux sujets de Sa Majesté impériale, monarque de droit divin.

Laissant de côté toute considération sur l'homme, il faut examiner les preuves indiscutables de l'activité créatrice de Franz Joseph Haydn. Son œuvre accélère le développement technique et historique, surtout dans le domaine de la musique instrumentale, et représente une contribution décisive à cette transition séparant les périodes préclassique et classique, non seulement par son contenu mais aussi par l'influence qu'elle exerce. Aux yeux de ses contemporains, Haydn est donc bien autre chose qu'un simple « papa ».

Haydn accomplit son œuvre dans des années difficiles, pendant lesquelles l'interminable processus d'évolution artistique semble s'être accéléré tandis que se produisent des événements historiques englobant tous les aspects de la vie quotidienne : c'est la « Révolution ». Tout le monde sait à quel point la Révolution française a influencé la pensée, la littérature et les arts. Haydn constitue un point de référence dans l'histoire de la musique, à l'époque où prend forme le monde moderne.

Pendant fort longtemps, la famille de Haydn a construit à Rohrau des charrettes et peut-être des carrosses, ce qui dans la hiérarchie féodale implique une position supérieure à celle des paysans. C'est en ce lieu que Franz Joseph est baptisé le 1er avril 1732 et vit jusqu'en 1738, quand à l'âge de six ans il est envoyé chez un cousin — Johann Mathias Franck — pour y être élevé. Celui-ci est maître de chœur et organiste de l'église de Hainburg, enseignant non seulement la musique mais aussi la lecture et l'écriture, ainsi que les fondements de la religion catholique. Cela explique peut-être pourquoi la grammaire ne sera jamais le fort de Haydn, qui passe l'essentiel de son temps à étudier la musique, alors dominée par les modes venues d'Italie et de France. Il est rapidement admis dans le chœur de la cathédrale Saint-Étienne de Vienne par le maître de chapelle Georg Reutter, vieux musicien réputé et compositeur d'œuvres pour orgue dans la tradition baroque.

Au bout de cinq ans, la voix du jeune garçon mue et Franz Joseph cède sa place de choriste à son frère Michael sur le vœu exprès de l'impératrice Marie-Thérèse, qui s'occupe en personne de ses « employés ». Écarté de son emploi sur un prétexte futile, le jeune Haydn se retrouve à seize ans à peine sans travail dans les rues de Vienne. Il réussit non sans mal à survivre, parce que la grande capitale vit de musique : sérénades, bals, concerts, opéras — et Haydn sait chanter, composer, jouer, improviser et accompagner la musique des autres. Il développe ainsi sa connaissance de la musique populaire, ajoutant une dimension plus authentique au répertoire généralement « bucolique » qui lui est proposé. À cette époque, il abandonne progressivement la basse con-

Ci-dessus, la maison natale de Haydn à Rohrau, en Basse-Autriche. Franz Joseph vient d'une famille nombreuse d'origine modeste. Deux de ses frères, Johann Evangelist et Johann Michael, deviendront eux aussi musiciens.

Ci-dessous, musiciens ambulants à Vienne en 1700. Pendant sa jeunesse, Haydn lui aussi a dû gagner son pain dans les rues de la ville grâce à son art, ayant ainsi l'occasion de connaître la musique populaire en profondeur.

tinue, dont l'usage se prolonge cependant jusque vers 1750. Haydn a de solides raisons de prendre un tout autre chemin : les sérénades et autres motifs du même genre plus ou moins populaires sont généralement joués par de tout petits ensembles, en plein air de surcroît ; et comme il est évidemment difficile de déplacer un clavecin ou une épinette d'un endroit à l'autre, le continuo est abandonné.

Pendant ces années difficiles, Haydn rencontre Joseph Felix Kurz, acteur très en vogue à Vienne qui, en 1752, lui demande de mettre en musique un livret comique, à condition que la musique soit « descriptive ». Le livret est tiré du *Diable boiteux* d'Alain René Lesage, lui-même inspiré par une comédie espagnole. L'action est transposée en Italie, puis en Amérique, avec des scènes de naufrage s'adaptant parfaitement à la musique descriptive. L'ex-choriste fait ainsi son entrée officielle au théâtre de la Porte-de-Carinthie (Kärnthnerthore Theater) — l'un des meilleurs de Vienne — avec *Der krumme Teufel*, opéra-comique en deux actes et avec l'intermezzo *Arlequin en Amérique*, pantomime avec des enfants. Mais cette œuvre est rapidement retirée de l'affiche en raison de certaines allusions parodiques qui offensent de puissants personnages (peut-être même le comte Durazzo, intendant des Théâtres impériaux).

La mansarde où vit Haydn est située dans un immeuble dont le premier étage est occupé par la princesse Esterházy et le second par le « poète impérial » Pietro Metastasio (Métastase), arrivé d'Italie en 1725, l'un des hommes les plus influents dans la vie artistique de la capitale. Métastase a créé le *drama in musica* et lui a donné sa forme littéraire ; ce nouveau genre exclut toute forme de comédie et les moments d'action (situés dans le récitatif) s'y distinguent clairement

Ci-dessus, l'impératrice Marie-Thérèse d'Autriche qui régnait à l'époque de Haydn.
Page ci-contre, en haut, le château du prince Esterházy à Eisenstadt, où Haydn vécut pendant près de trente ans.
En bas, Concerto, *de A. Zucchi.*

des airs et des duos plus expressifs. Tel est le tissu de l'*opera seria* italien.

Métastase lui-même écrit bon nombre de livrets (27 drames musicaux, 45 divertissements théâtraux, 8 morceaux de musique sacrée et oratorios) mis en musique par les compositeurs les plus variés.

Grâce aux leçons de clavecin qu'il donne à un chanteur par ailleurs élève du compositeur italien Nicolò Porpora, Haydn devient le disciple de Porpora, qui jouit d'une grande célébrité à Vienne et dans toute l'Europe. Il est son élève, son assistant, voire son domestique. Grâce à Porpora, Haydn entre en contact avec des membres de la haute noblesse qui écrivent de la musique et la jouent en compagnie de musiciens professionnels. Franz Joseph rencontre ainsi quelques-uns des personnages les plus en vue du monde musical viennois : Gluck, ami du compte Durazzo ; le brillant organiste et compositeur Georg Christoph Wagenseil, professeur de l'impératrice Marie-Thérèse ; Giuseppe Bonno, compositeur d'origine italienne désormais fixé à Vienne, et son élève, Karl Ditters von Dittersdorf. Haydn a l'occasion d'exécuter de la musique en leur compagnie, se faisant ainsi connaître et devenant un accompagnateur chevronné au clavier. Ces rencontres favorisent l'éclectisme typique des écoles allemande et italienne dans lesquelles se forment aussi bien Haydn que Mozart. Alors qu'une bonne part de la musique européenne est marquée par l'opéra italien, une autre est influencée par les écoles symphoniques allemande et viennoise, qui tirent leurs origines du célèbre orchestre de Mannheim et des développements en cours dans la capitale autrichienne. Les thèmes préclassiques et classiques sont en train d'apparaître, à la suite de la percée accomplie par la génération de Bach et de Haendel et continuée par les fils de Bach, maîtres du style dit « galant » ou « expressif ». À cette époque, tous écrivent de la même manière, développant la mode italianisante du rococo, avec des mélodies élégantes chantées sur des accompagnements assez simples.

En 1755, le baron Fürnberg commande à Haydn de la musique pour jouer dans sa villégiature estivale à Weinzierl, près du Danube : il s'agit de pièces composées pour des réunions en plein air, interprétées par un quatuor formé par un prêtre, l'intendant du baron, Haydn et un quatrième personnage resté inconnu. C'est un quatuor à cordes dans le vieux style de la « sonate à trois » exécutée pour quatre instruments : trois cordes (violons et basse) et un instrument à clavier. Les premiers « quatuors dialogués » ou *quatri* (dans le jargon musical italien) sont écrits en 1755 et portent l'indication « divertissement » avec deux menuets ; sur les 18 pièces de ce genre composées par Haydn entre 1755 et 1760, deux exigent l'intervention de deux cors. Entre-temps, Haydn donne des leçons de musique à quelques dames de l'aristocratie viennoise.

En 1759, grâce au baron Fürnberg, Haydn devient maître de chapelle et « compositeur de chambre » du comte Ferdinand Maximilian Morzin, à Vienne comme dans sa résidence d'été de Lukavec en Bohême. Le comte entretient un petit orchestre de quinze musiciens. Toujours en 1759, Haydn compose en outre sa première *Symphonie en ré majeur*, pour cordes (deux violons, alto et basse), deux hautbois, deux cors et un clavecin pour le continuo.

Il reste au service du comte Morzin pendant environ deux ans, durant lesquels il va faire la connaissance des deux filles d'un perruquier et, presque comme Mozart, finir par épouser celle qui lui plaît le moins, Maria Anna Keller, l'aînée ; elle se révélera très vite dotée d'un caractère exécrable. Haydn la supportera cependant pendant quarante et un ans, c'est-à-dire jusqu'à ce qu'elle meure. Sa tolérance lui vient de ses excellentes dispositions à l'égard d'autrui, qu'il manifeste notamment le jour où il doit mettre deux orchestres face à face dans une grande artère comme le Graben et leur faire jouer les divers passages d'une sérénade très populaire, avec des résultats cocasses et peu brillants.

Quand le comte Morzin, aux prises avec d'inextricables difficultés financières, doit renoncer à son orchestre, Haydn se voit proposer par le prince Paul Anton Esterházy le poste de vice-directeur de son orchestre. Il accepte et prend ses fonctions le 1er mai 1761. Les Esterházy sont l'une des plus puissantes et illustres familles de l'Empire austro-hongrois, la plus riche de toute la noblesse hongroise. Outre le château d'Eisenstadt, ils en possèdent 20 autres, ainsi que 400 villages comptant 60 marchés et 270 bourgades et fabriques. C'est une véritable cour, et pas seulement de nom. Ils ont même une petite armée, le fameux et très admiré régiment de hussards Esterházy.

Parmi les nombreuses clauses du contrat (qui stipule naturellement horaires, services, livrée, étiquette et conduite

Franz Joseph Haydn

morale rigoureuse), il en est une prévoyant qu'aucune future composition de Joseph Haydn écrite pour le prince ne pourra être soumise à quelqu'un d'autre : en d'autres termes, toute la musique reste propriété du prince. Mais, pour d'évidentes raisons de prestige, les aristocrates ayant à leur service des musiciens de talent ne manquent pas de le faire savoir et s'échangent souvent les œuvres de leurs compositeurs respectifs : de cette manière, la musique se diffuse dans toute l'Europe. Le prince Esterházy est lui-même bon violoniste et violoncelliste et a composé de la musique d'église.

Quelques mois plus tard, en 1762, le prince Paul meurt et son frère Nicolas lui succède, rapidement surnommé « le Magnifique ». Il souhaite rivaliser de splendeur avec la cour des Médicis à Florence (où Bartolomeo Cristofori avait inventé le pianoforte pour son prince) et avec celle de Versailles. Dans ce but, il fait construire dans une plaine autrefois marécageuse un véritable palais (doté de son théâtre) qu'il baptise Esterháza. Il augmente par ailleurs le salaire de Haydn et porte de 14 à 25 le nombre des membres de l'orchestre. Qui plus est, il engage des musiciens de grand talent comme Luigi Tommasini, un violoniste de Pesaro qui deviendra à vingt ans le soliste de l'orchestre Esterházy, donnant naissance à une lignée de musiciens italo-hongrois. Un concerto pour violon en *ut* majeur de Haydn porte la dédicace « écrit pour Luigi ».

Haydn a alors le titre de « vice-maître de chapelle », le titulaire, Gregor Werner, étant âgé et réduit à l'inactivité. Les débuts de Haydn en tant que compositeur se font en une période charnière de l'évolution de la musique instrumentale, alors que les structures baroques se modifient et s'orientent vers des formes nouvelles en traversant une phase d'« élégance » et de galanterie. Les nouveaux concepts de polyphonie instrumentale n'ont pas encore été définis : en réalité, ils ne le seront que peu à peu, alors qu'auparavant on a seulement déterminé les « parties » et les « voix », mais non le nombre des exécutants. Si l'on prend l'exemple traditionnel de la « sonate à trois » baroque, on remarquera que celle-ci comporte trois parties polyphoniques, mais qu'elle était exécutée par au moins quatre instrumentistes puisque la basse comprend aussi bien le violoncelle que le clavecin (ou l'orgue). Il était cependant possible de jouer le morceau avec dix premiers violons, dix seconds violons et un nombre indéterminé de violoncelles, tout en continuant de l'appeler « sonate à trois ».

De la même manière, quand un *quattro* (forme typique de cette période de transition, alors que Haydn est en train de s'imposer) porte la formule bien connue « pour deux violons, alto et basse », ces quatre parties nécessitent au moins cinq musiciens puisque la basse comprend le violoncelle et la contrebasse et parfois même un instrument à clavier pour la basse continue. La même formule peut être employée pour un orchestre à cordes complet subdivisé de la même manière.

Cependant, quand Haydn écrit « quatuor pour deux violons, alto et violoncelle », il entend dire que chaque partie, écrite sur une portée distincte, doit être jouée par l'instrument spécifié pour elle. L'équilibre et le timbre musical ne doivent pas être modifiés par un doublement des parties ; on décide donc d'avoir quatre parties pour cordes, avec un nombre encore indéterminé d'exécutants pour chacune d'elles (au début, la basse ou les instruments de la gamme moyenne sont regroupés pour se superposer) ; par la suite, les contrebasses se séparent des violoncelles, acquérant leur propre espace au lieu de se contenter simplement de jouer la « basse » à l'octave inférieure. La « symphonie » prend donc le sens d'une « sonate pour orchestre » et l'exécution fait appel à un seul instrument ou deux dans le cas des instruments à vent, et à des groupes dans celui des cordes. On peut également trouver des timbales qui suivent au début le rythme des trompettes mais deviendront toujours plus indépendantes tout en restant dans la partie des basses.

Dans le même temps, la basse continue devient de plus en plus inutile, étant donné qu'il existe une structure précise en matière d'harmonie et de variations de ton. Le soutien des accords par les embellissements de l'improvisation n'est plus nécessaire et, de plus en plus souvent, les basses n'ont plus de ligne continue. L'abandon progressif du continuo au clavier répond à des exigences pratiques.

Ce qu'on appelle la « forme sonate » se développe de manière irrégulière. Dans le concerto baroque comme dans la suite et l'air d'opéra, on a longtemps utilisé deux thèmes et sections contrastants. Mais elle échappe au développement thématique puisqu'elle doit désormais être élaborée comme une caractéristique structurale essentielle, solide et expressive, pleine de contrastes et de finesses dictés par le tempérament et la trame. Haydn s'en rend compte et comme d'autres, mais mieux qu'eux, en profite. Quelque chose d'analogue se produit aussi par rapport au nombre et aux caractéristiques des mouvements (trois dans la sonate et le concerto, quatre dans le quatuor et la symphonie). Ici, une décision est prise qui devient ensuite une règle pour d'autres musiciens : il semble en effet que l'écriture orchestrale et le choix des timbres de la symphonie soient l'une des inventions de Haydn. Il a cependant un grand avantage : disposant des possibilités instrumentales et des combinaisons de l'orchestre Esterházy, il peut créer quelque chose de précis et de purement personnel dans la symphonie. Grâce à l'estime toujours croissante du prince, Haydn dispose d'un orchestre de 35 musiciens (la fameuse formation de Mannheim en compte une quarantaine).

Dans les quatuors à cordes, Haydn part d'une situation intermédiaire qui devient toujours plus claire avec le temps, tout en ayant ses limites : quatre parties pour quatre instruments distincts les uns des autres, le premier violon dominant l'ensemble et s'attribuant la mélodie la plus aiguë par rapport aux trois autres qui l'accompagnent, le violoncelle

Page ci-contre, Haydn et sa femme Maria Anna Keller à l'époque de leur mariage. Ce ne fut pas une union heureuse.

Ci-dessous, Concert de cour à Liège, tableau de P. J. Delcloche (1755).

fixant la basse avec des notes répétées semblables à la partie des cordes dans la basse continue. Haydn commence à accorder aux quatre parties la même importance dans l'exposition et le développement des thèmes et cela produit des résultats décisifs à partir du 31e quatuor : c'est-à-dire avec les six œuvres de l'*Opus 20* connues sous le nom de « Quatuors du soleil » (1772). Il semble que Mozart se soit particulièrement inspiré des six *Quatuors op. 33*, achevés en 1781, alors que lui-même compose les six *Quatuors K. 387 - K. 465* avec la fameuse dédicace à Haydn dans laquelle il les désigne comme ses « enfants ». Dans ces *Quatuors op. 33* (également connus sous le nom de « Quatuors russes » parce que destinés au grand-duc Paul de Russie), Haydn préfigure Beethoven, modifiant le caractère du traditionnel menuet et utilisant le terme *scherzando*. N'étant pas un réformateur, Haydn reviendra au menuet, mais la graine est semée. Il utilise le quatuor à cordes pour accompagner *Les Sept Paroles du Christ sur la croix*, une méditation s'achevant sur un « tremblement de terre » déjà écrit par lui pour orchestre en 1785.

Haydn compose des quatuors au même rythme que les symphonies (la dernière date de 1795, le dernier quatuor de 1799 ; il existe également un fragment datant de 1803). Les symphonies connaissent une évolution analogue, mais certaines caractéristiques demeurent inchangées, comme la tendance à une composition « descriptive ». Haydn a composé en 1761 trois de ses premières symphonies avec des titres : *Le Matin (Symphonie n° 6 en ré majeur)*, *Le Midi (n° 7 en ut majeur)* et *Le Soir (n° 8 en sol majeur)* également appelée *La Tempesta* en raison du sujet de son dernier mouvement.

Les plus importantes symphonies de Haydn sont celles composées en Angleterre entre 1791 et 1795, au nombre de douze, mais il a déjà apporté auparavant quelques contributions fondamentales à l'histoire de la musique. La *Symphonie n° 45 en fa* dièse mineur, connue comme la *Symphonie des Adieux*, écrite en 1772, révèle le sens de l'humour de Haydn : au finale, les membres de l'orchestre cessent l'un après l'autre de jouer et s'en vont jusqu'à n'être plus que deux (qui finissent eux aussi par s'en aller), une invention peut-être destinée à souligner l'impossibilité pour le prince de les laisser partir en vacances tous en même temps. Il est important de noter le choix de la clé, jusqu'alors soigneusement évitée dans les œuvres pour orchestre (le *fa* dièse majeur est jugé pire encore et ce, jusqu'à la fin du XIXe siècle). Mais Haydn l'a fait exprès et l'habileté dont il fait preuve dans le traitement est encore plus remarquable que l'audace de l'innovation. Moins connue mais non moins importante est la *Symphonie n° 49 en fa mineur (La Passion*, composée en 1768) pour un petit orchestre de deux hautbois, deux cors et deux instruments à cordes : Haydn y présente un seul mouvement lent, l'adagio d'introduction, qui s'étend cependant à toute la symphonie. Esterházy persuade Haydn d'écrire pour de nombreux instruments solistes, mais le premier concerto du compositeur est dédié à l'orgue. Les plus connus sont notamment le *Concerto en ré majeur pour piano*, le *Concerto pour violoncelle en ré majeur*, d'une extrême difficulté pour le soliste et le *Concerto en mi mineur*

Ci-dessus, Haydn fêté par ses concitoyens (d'après une estampe du XIXe siècle).

Page ci-contre, un concert en l'honneur de Haydn, âgé, assis à l'extrême gauche.

pour clarinette. Au contraire, les progrès de Haydn sont lents dans le passage du clavecin au piano : en trente-cinq ans, il compose au total 52 sonates ; dans les cinq dernières, il découvre de nouveaux horizons et des solutions plus ambitieuses, anticipant Beethoven par ses contrastes tonaux.

L'existence de Haydn au service des Esterházy se poursuit jusqu'à la mort du prince Nicolas, le 28 septembre 1790 ; mais depuis quelque temps déjà, l'empereur Joseph II a aboli fiefs et privilèges, déclarant que toute prestation doit avoir sa compensation. Paul Anton, fils du prince Nicolas, licencie l'orchestre et accorde à Haydn une pension, avec le titre de maître de chapelle. Après avoir écarté une proposition du roi de Naples, Ferdinand IV, Haydn accepte l'offre de l'imprésario londonien J. Peter Salomon, qui lui demande de composer et de diriger six nouvelles symphonies, un opéra et vingt autres œuvres. Sa première tournée en Angleterre est un triomphe et apporte un sang nouveau à la culture anglaise : ce n'est qu'après avoir entendu les symphonies de Haydn que le public découvre l'existence de formes de musique autres que les ouvertures baroques et les symphonies d'opéra italiennes et françaises. La presse exprime le vœu de voir Haydn s'établir en Angleterre. Haydn souhaite rendre ce qu'il estime devoir à son ami Mozart dans le domaine symphonique, mais la mort soudaine de celui-ci (décembre 1791) le laisse atterré ; il demande à exécuter ses dernières œuvres pour aider sa veuve.

La composition est son gagne-pain, mais Haydn est également doté d'une sensibilité aiguë qu'il exprime dans certaines œuvres comme la symphonie dite *La Passion*. À Londres, cette sensibilité s'affine et lui fait apprécier la compagnie des dames de l'aristocratie. Il entretient quelque temps une liaison avec Luigia Polzelli, cantatrice liée à un violoniste par un mariage tout aussi malheureux. Les consolations que lui apportent Marianna von Genzinger ou la riche veuve Schroter sont passagères. Les vrais moments magiques de son existence sont sa nomination de docteur *honoris causa* à l'université d'Oxford, l'exécution du *Messie* de Haendel avec mille musiciens, la fièvre des courses à Ascot, les visites au grand astronome sir William Herschel, premier à avoir observé Uranus. Contempler le firmament à travers le télescope est l'instant le plus exaltant de sa vie, qu'il ne peut exprimer que par la musique — c'est peut-être à cet épisode que l'on doit l'ouverture de *La Création*.

De retour à Vienne, il ressent de la frustration bien que le prince Nicolas II Esterházy réclame sa présence, tout comme l'empereur. Il compose les six derniers *Quatuors op. 76* (1799), dont le troisième, dit *Kaiser Quartett*, contient les superbes variations sur l'« hymne impérial » composé deux ans plus tôt. *La Création* date de 1798 et en 1801 vient le tour de son autre grand oratorio, *Les Saisons*.

Quand il sent venir sa fin, il se désole de ne pas avoir le temps de « comprendre les instruments à vent » ; ayant le sentiment d'être étranger au grand monde, un enfant des campagnes presque illettré, il choisit de rester dans l'ombre, même après le succès des *Saisons*. Toujours plus affaibli, il s'endort souvent pendant les cérémonies et les événements musicaux ; quand Napoléon assiège Vienne (en 1805 et en 1809), Haydn joue longuement l'*Hymne impérial*, comme pour défendre la capitale et l'Empereur. Quand il s'arrête, Napoléon occupe la ville. Un officier français, fervent admirateur, lui rend visite et lui chante un air de *La Création*. Le maestro se lève de son lit pour la dernière fois et l'accompagne au piano.

Il meurt le 31 mai 1809 ; Napoléon se fait représenter par quelques grenadiers de la Garde, mais les funérailles sont modestes. On y joue le *Requiem* de Mozart.

Wolfgang Amadeus Mozart

Salzbourg, 1756
Vienne, 1791

On a désormais tout écrit, tout dit sur Mozart et notamment qu'il s'agit du génie musical le plus complet. L'opéra sera sa forme artistique préférée, mais il composera un nombre incroyable d'autres œuvres pour piano, voix, orchestre, musique de chambre. C'est un merveilleux pianiste, violoniste et chef d'orchestre. Il naît à Salzbourg — ville qui aujourd'hui encore s'identifie d'une certaine manière à lui et à sa musique — en 1756 et meurt à Vienne en 1791, à trente-cinq ans seulement. Son père, Leopold, s'est fixé à Salzbourg où il est devenu maître de chapelle en second de l'archevêque, sans négliger ses talents de violoniste, de professeur et de compositeur. Il rédige également une méthode de violon et de délicieuses pièces pour enfants. La sœur de Wolfgang, Maria Anna dite Nannerl (seule autre survivante des sept enfants Mozart, cinq frères et sœurs étant morts au berceau) est elle aussi une excellente claveciniste et participe avec son père et son frère aux concerts donnée à Salzbourg et à Munich devant l'électeur Maximilien III de Bavière (Wolfgang n'a pas encore six ans), puis à la cour de Vienne. Ce dernier concert a lieu au palais impérial de Schoenbrunn le 13 octobre 1762.

Mozart commence à étudier la musique à quatre ans et en deux ans acquiert la maîtrise du clavecin, de l'orgue et du violon. Après le test de Schoenbrunn, son père l'emmène à Paris en 1763, à Londres l'année suivante et en Italie en 1769 : ces voyages le consacrent comme « enfant prodige ». La tournée anglaise, durant laquelle on demande à plusieurs reprises au petit garçon d'improviser, ce qu'il fait avec une totale liberté, accompagné par sa sœur et son père, est financièrement fructueuse. De retour à Salzbourg (avant le voyage en Italie), il se livre à de nouvelles études approfondies et se rend souvent à Vienne pour des concerts. L'atmosphère y est extrêmement favorable : l'impératrice a étudié le clavecin avec Georg Christoph Wagenseil, l'archiduchesse Marie-Antoinette a pour professeur de musique Joseph Anton Stepan ; le concert avec piano et orchestre — ici comme dans les autres capitales — est devenu une occasion de divertissement culturel et familial.

À onze ans, entre avril et juillet 1767, le jeune Mozart écrit quatre concertos *(K. 37, 39, 40 et 41)* en utilisant des mouvements de sonates pour clavecin de compositeurs allemands et, en 1773, le premier concerto entièrement de son invention, *K. 175* en *ré* majeur. Le nom de Mozart est encore plus connu après le voyage en Italie, où il a joué devant le pape Clément XIV à la chapelle Sixtine et où il a transcrit l'intégralité du *Miserere* d'Allegri après l'avoir entendu deux fois. Il se rend aussi à plusieurs reprises à Bologne et à Milan (où il fait représenter trois opéras, *Mithridate, roi du Pont*, *Ascanio in Alba* et *Lucio Silla* avec un succès variable). Mais il ne parvient pas à obtenir — comme il l'espère — une situation définitive dans la ville lombarde, en raison notamment de l'opposition de l'impératrice Marie-Thérèse alors que le gouverneur, le comte Firmian, lui est favorable. Tandis que Mozart dirige à Milan, le 17 décembre 1770 naît à Bonn, dans la maison d'un ténor de cour alcoolique, Ludwig van Beethoven.

Après Milan et avant de revenir à Salzbourg, les Mozart passent par Turin, Padoue (où arrive la commande d'un oratoria, *La Betulia liberata* sur un texte de Métastase), Venise et Vérone. À Vienne, la cour lui commande un opéra, une sérénade théâtrale pour les noces de l'archiduc Ferdinand avec la princesse Marie-Béatrice d'Este, tandis qu'à la maison il travaille à diverses musiques sacrées, dont trois sonates d'église à trois avec orgue et trois symphonies dans l'habituel style italianisant. Dans le même temps, le nouvel archevêque de Salzbourg, Colloredo, lui commande une sérénade théâtrale pour son intronisation, *Il Sogno di Scipione*, sur un livret de Métastase. Il compose en outre huit symphonies, trois quatuors à cordes *(K. 136, 137 et 138)* et un divertimento pour cordes et instruments à vent, puis de la musique sacrée ainsi qu'une sonate pour clavecin ou piano à quatre mains *(K. 381)*, peut-être destinée à être jouée en concert par lui-même et sa sœur. Lors d'un voyage à Milan, il écrit un quatuor et le motet *Exsultate Jubilate K. 165* et fait exécuter les *Divertimentos pour instruments à vent K. 166* et *186*.

Wolfgang Amadeus a désormais dix-huit ans ; ce n'est plus un enfant prodige mais un homme fasciné par le pouvoir expressif de la musique, même chez d'autres compositeurs comme Antonio Salieri (1750-1825), un Italien qui a pris place dans le nouveau courant du classicisme viennois. Sa vision personnelle s'élargit : dans la *Sérénade K. 185* chatoient les passages en soliste du premier violon et les *Variations sur un thème de Salieri* révèlent une sympathie nouvelle pour le piano, en voie de supplanter le clavecin. C'est aussi le moment où des échos de la culture musicale viennoise parviennent jusqu'à Salzbourg. Parmi les cinq symphonies composées entre 1773 et 1774, la dernière en *la majeur (K. 201)* témoigne d'une force et d'une émotion nouvelles : on y trouve un premier mouvement au thème plus rythmique que mélodique, traité selon des critères polyphoniques ; un trio de menuet pathétique ; un finale effervescent et parcouru ici et là d'effets dramatiques ; des interventions audacieuses des cors, au grand souci du père, Leopold, conscient que son fils lui échappe. Mais Wolfgang va de l'avant : avec le *Concerto en ré majeur K. 175* de 1773, il fait l'expérience d'un concerto pour clavier et orchestre, comportant un ensemble instrumental important (quatre instruments à vent, deux hautbois, deux cors, trompettes et timbales) et doté de brillants effets de sonneries, presque militaires. Le soliste est un clavecin « à marteaux », autrement dit un piano. C'est justement Mozart qui, dans ses 23 concertos pour piano, va porter à une ampleur et à une perfection absolues cet instrument capable de virtuosité en soliste, possédant variété de timbres et richesse symphonique.

En 1774 arrive de Munich la commande d'un opéra : *La Finta giardiniera*, très applaudi mais vite oublié. Cet opéra « moderne » alors peu compris s'écoute aujourd'hui avec un immense plaisir et arrive presque au niveau des futurs grands opéras. Même s'il s'agit en apparence d'un sujet « bouffe », les personnages vivent également des moments graves et parfois tragiques. Se révélant toujours meilleur pianiste, Mozart

Augsbourg, ville natale des parents de Mozart qui s'installeront par la suite à Salzbourg.

compose à Munich les six *Sonates pour piano K. 279-284* et de retour à Salzbourg peu après, il se consacre à l'écriture de *Il Re pastore*, sur un livret de Métastase, un opera seria dense et d'esprit typiquement mozartien. Dans l'intervalle, il « s'amuse » à composer de délicieuses sérénades, certaines débutant par un *maestoso* : de cette période date la grande *Sérénade « Haffner » K. 250* qui porte le nom du bourgmestre de Salzbourg, son commanditaire. Elle comporte huit mouvements pour premier violon, deux violons, alto et basse, deux hautbois, deux bassons, deux cors et deux trompettes. Le jeune compositeur (il a environ vingt ans) éprouve alors une passion pour le violon concertant, au point d'écrire cinq de ses sept concertos de 1775 pour violon et orchestre, bien plus difficiles à jouer que leur relative simplicité technique ne le laisse supposer.

Dans les mois qui suivent, il termine trois concertos pour piano. Il se réserve le *Concerto pour piano en si bémol majeur K. 238*, dédie le *Concerto en ut majeur K. 246* à une élève de son père et un troisième, le *Concerto en mi bémol majeur K. 271* à Mlle Jeunehomme. Ce dernier morceau est très important, très précoce, avec un orchestre qui semble « symphonique », un andante du second mouvement très dramatique et un brillant rondo dans le finale interrompu par un menuet à quatre variations.

Lors du voyage qu'il effectue à Paris, Mozart emporte tous les concertos qu'il a composés et bien que n'ayant pas obtenu le prestige escompté (ni les avantages financiers), il décide alors de se consacrer complètement au piano, certain de sa suprématie dans le concerto pour piano et orchestre. Pourtant, à cette époque (1778), d'autres artistes jouissent d'une plus grande réputation auprès du public. Un peu démoralisé (également à cause d'un amour malheureux et de la mort de sa mère), de retour à Salzbourg il écrit le *Concerto K. 365 pour deux claviers*, peut-être conçu pour lui et sa sœur. Le 16 mars 1781 à Vienne, lors de la mort de l'impératrice Marie-Thérèse, il joue un concerto (peut-être le *K. 238* ou le *K. 271*) et se consacre ensuite à l'enseignement. Le 23 novembre, il exécute avec son élève Joséphine von Aurnhammer le *Concerto K. 365*. Enfin arrive la commande d'un opéra (dans le style italien) pour le carnaval de Munich. Cette œuvre — *Idoménée* — est sa première grande entreprise : c'est une lourde tâche parce que Mozart essaie déjà de sortir des sentiers battus et veut surtout imposer son génie de créateur en triomphant des caprices des chanteurs. Cédant d'un côté et se raidissant de l'autre, il finit par arriver au bout de ses peines : la représentation plonge dans l'extase les amateurs de musique et laisse perplexes les amateurs d'opéra. *Idoménée* ne sera plus représenté du vivant de Mozart et l'est encore assez rarement aujourd'hui.

Mais c'est ici, à Vienne, que commence la vraie vie musicale de Mozart, une vie libre, difficile, qui effraie son père. Le jeune compositeur de vingt-cinq ans écrit *L'Enlèvement au sérail* qui obtient un grand succès sur scène, restant longtemps au répertoire et répandant le nom de Mozart dans toute l'Europe. De Salzbourg lui parvient en 1793 la commande d'un opéra bouffe, *L'Oca del Cairo* qui connaîtra le même sort que l'opéra suivant, *Lo Sposo deluso* : ils ne seront jamais représentés ni même terminés. Mais en cette période mûrit dans son esprit la partition des *Noces de Figaro*, un sujet « révolutionnaire » qui défie l'opinion publique et l'aristocratie. L'auteur, Lorenzo da Ponte, en propose une version pour la musique de Mozart, purgée de tous les éléments jugés trop subversifs. Le 1er mai 1786, l'œuvre est créée au Burgtheater de Vienne : c'est un triomphe ; la soirée dure presque deux fois plus que prévu parce qu'une grande partie des morceaux doit être bissée. Elle n'aura pourtant que neuf autres représentations. C'est justement la richesse orchestrale, considérée alors comme un défaut par certains, qui constitue l'un des atouts de l'opéra et de toute l'œuvre théâtrale mozartienne. Le compositeur renforce la valeur du chant par un véritable épanouissement symphonique de l'orchestre. La grande habileté de Mozart est d'avoir réussi à composer un opéra dans lequel les éléments sentimentaux et burlesques, sensuels et comiques, se succèdent dans des scènes d'une grande fraîcheur. Airs et récitatifs, formes anciennes qui alternaient sur la scène, sont ici insérés dans un ensemble vif, brillant, comique et vertigineux. Mais le jeu est sous-tendu par une pénétrante analyse de l'être humain qui va réapparaître peu de temps plus tard dans ce que l'on peut appeler le « second chef-d'œuvre », *Il Dissoluto punito ossia Il Don Giovanni*.

Ses concertos connaissent une baisse de faveur auprès du public tandis qu'augmentent les charges financières, en raison de la gestion peu avisée de sa femme, Constance Weber

Page ci-contre, Mozart enfant, portrait présumé par J. Duplessis. Il commence l'étude de la musique à quatre ans et en deux années seulement acquiert la maîtrise du clavecin, de l'orgue et du violon. À cette époque, il participe à des concerts donnés pour l'électeur Maximilien III de Bavière et l'impératrice Marie-Thérèse d'Autriche.

À droite, les deux enfants Mozart, Maria Anna et Wolfgang, avec leur père Leopold. Au mur, le portrait de la mère, déjà décédée. Leopold est maître de chapelle en second à Salzbourg, violoniste, professeur et compositeur. Maria Anna est une excellente pianiste.

(épousée à Vienne en 1782), mais Mozart a la satisfaction d'être invité à Prague où tout le monde fredonne les airs et les motifs des *Noces de Figaro*. Entre deux représentations de son opéra, il donne un concert triomphal, exécutant également sa nouvelle symphonie *K. 504 en ré majeur*, en trois mouvements sans menuet, baptisée précisément *Prague*, extraordinaire avatar de l'ancienne ouverture d'opéra à l'italienne en trois mouvements. Mais le voyage en Bohême ouvre surtout la voie au *Don Giovanni*, toujours sur une idée de Da Ponte, le théâtre pragois lui demandant de continuer sur la lancée du succès précédent. Don Giovanni n'est pas un sujet original de Da Ponte : ce personnage littéraire est né en Espagne deux siècles plus tôt, sous la plume de Tirso de Molina. Le gentilhomme débauché reparaît ensuite dans le *Don Juan* de Molière.

Le récit musical des aventures de Don Giovanni se fonde sur la transformation réalisée par Mozart d'un opéra bouffe en un grand *dramma giocosa* qui parfois, comme dans la splendide ouverture, contient des moments de véritable opera seria. La conventionnelle répartition en récitatifs « secs » (avec clavecin) ou « accompagnés » (avec orchestre) et en airs — en duos, trios, etc. — permet au chef-d'œuvre de Mozart de se maintenir dans une sorte d'irréalité où le finale moralisateur et joyeux peut coexister avec la disparition de Don Giovanni en enfer. D'autres innovations apparaissent dans *Don Giovanni* : le ton léger de la mandoline qui accompagne la célèbre sérénade, la présence solennelle des trombones lors de l'annonce du châtiment ; ou encore des solutions techniques très hardies, comme l'idée de faire jouer simultanément une partie de l'orchestre sur une mesure de 3/4, une autre en 2/4, une troisième en 3/8, sans donner lieu à aucune altération. Les scènes fortement dramatiques (comme le duel entre Don Giovanni et le Commandeur) alternent avec d'autres irrésistiblement comiques (comme l'« air du catalogue » des femmes séduites) et d'autres encore qui mêlent virtuosité et pathétique. Il faudrait ici parler de Mozart metteur en scène pendant les répétitions quand, au comble de l'exaltation, il se met à crier et exige des musiciens de l'orchestre des rythmes frénétiques.

La première a lieu le 28 octobre 1787 avec un grand succès ; le jeune musicien est porté aux nues, notamment parce que les gens lui attribuent les prouesses de ses personnages. L'été suivant (1788) voit naître les trois dernières symphonies, en *mi bémol majeur K. 543*, en *sol mineur K. 550* et enfin en *ut majeur* dite *Jupiter* en raison de sa majesté grandiose. Peu après, c'est la composition de *Ein musikalischer Spass K. 522*, une « plaisanterie musicale » pour cordes et deux cors.

En dépit de cette abondante production et des succès rencontrés, les nécessités de la famille se font plus pressantes ; sa femme est malade, quatre enfants sont nés (mais un seul vivra plus de quelques mois). Le compositeur est couvert de dettes, mais s'obstine au jeu, souvent pour perdre. Il cherche à gagner autant d'argent qu'il le peut, car les proposi-

LES INSTRUMENTS À VENT

Ce sont les instruments dans lesquels le son est produit par le souffle de l'interprète, qui fait vibrer une colonne d'air. Les instruments à vent peuvent se subdiviser en deux groupes, les « bois » et les « cuivres ».

Les bois comprennent la flûte, le piccolo, le hautbois, le cor anglais, la clarinette, la clarinette basse, le saxophone, le basson et le contrebasson. La flûte, autrefois en bois, aujourd'hui de plus en plus souvent en métal, est un instrument extrêmement ancien ; la flûte dite droite ou à bec était en bois et devait être tenue droite. Ce fut l'instrument de prédilection des compositeurs allemands et J.-S. Bach s'en sert dans le « Concertino » de son quatrième *Concerto brandebourgeois*. Son utilisation est aujourd'hui limitée. Au contraire, la flûte dite traversière est encore présente dans l'orchestre, où elle joue un rôle très important. L'exécutant souffle dans un trou situé près de l'extrémité fermée ; tout au long de l'instrument se trouvent d'autres trous qui sont bouchés en partie par les doigts de l'instrumentiste et en partie par des mécanismes appelés clefs, toujours mis en œuvre par les doigts. La flûte a eu des utilisations particulières, comme dans le second mouvement de la *Symphonie pastorale* de Beethoven, où elle imite le chant du rossignol.

L'octavin est une petite flûte au son aigu et brillant. Berlioz en fait un usage magistral dans le « Menuet des follets » de sa *Damnation de Faust*.

Le hautbois se caractérise par la manière dont il produit les sons : son embouchure est formée de deux fines lamelles de roseau appelées anches, que l'instrumentiste serre entre les lèvres pendant qu'il souffle. La vibration des lamelles produit le son. Les notes sont obtenues grâce à des clefs semblables à celles de la flûte. Rappelons son rôle dans le scherzo de la *Symphonie pastorale* de Beethoven, mais également à la fin du second mouvement, quand le hautbois imite le chant de la caille. Le hautbois d'amour et le hautbois de chasse furent surtout utilisés par Bach.

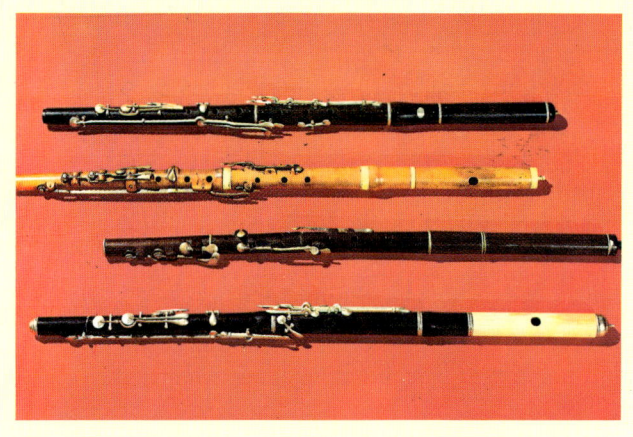

Le cor anglais est au hautbois ce que la viole est au violon : ses dimensions sont plus grandes et sa sonorité plus grave. Son timbre passionné en fait un instrument essentiellement mélodique. Utilisé de manière limitée par Haydn et Mozart, il connaît son plus important développement avec Berlioz et Wagner mais démontre également un grand pouvoir d'évocation dans le deuxième mouvement de la *Neuvième Symphonie* dite « du Nouveau Monde » de Dvořák.

Le basson (privilégié par Vivaldi dans divers concertos) et le contrebasson complètent la famille des bois à anche double. La clarinette et la clarinette basse se distinguent par la présence d'une seule anche et la forme cylindrique du tuyau. Un remarquable emploi de la clarinette est fait dans le premier mouvement de la *Symphonie pathétique* de Tchaïkovski.

Le saxophone, instrument à anche simple du Belge Adolphe Sax (brevet pris en 1846), possède un tuyau conique comme le hautbois. Il existe en sept formats : sopranino, soprano, alto, ténor, baryton, basse, contrebasse.

La famille des cuivres comprend divers instruments, comme le saxophone, le cor, la trompette, le cornet, le trombone et le tuba. Dans ce cas, ce sont les lèvres de l'exécutant qui servent d'anches, en vibrant contre une embouchure métallique, conique dans le trombone, hémisphérique dans les autres instruments. Le cor est un instrument très ancien et trouve certainement son origine dans les cornes d'animaux ou les gros coquillages. Il donne un son lointain et mystérieux, comme celui qu'on entend dans le dernier mouvement du premier *Concerto brandebourgeois* de Bach.

La trompette est de forme cylindrique et donne un son vif et aigu, comme le démontrent l'ouverture *Leonore n° 3* de Beethoven et le second *Concerto brandebourgeois* de Bach.

Le cornet possède un son très clair et est très apprécié dans les exécutions de musique légère. Le trombone est caractérisé par son système singulier d'articulation des notes : elles sont obtenues par le glissement d'une section mobile du tube, permettant de le raccourcir ou de l'allonger. C'est le trombone à coulisse, différent du trombone à pistons, qui est doté d'un mécanisme semblable à celui de la trompette. Mozart et Beethoven ont largement fait appel au premier et Schubert avait pour lui une véritable prédilection, comme en témoigne sa *Symphonie en do majeur*.

Le dernier des cuivres est le tuba, instrument le plus connu de la famille des saxhorns, employés dans les fanfares.

---

tions ne manquent pas : il effectue une tournée en Allemagne, à Dresde, Leipzig, Berlin et se voit commander six quatuors à cordes directement par le roi Frédéric-Guillaume II.

La chance semble tourner en 1789, quand l'empereur Joseph II commande à Mozart un troisième opéra « à l'italienne » : ce sera *Cosi fan tutte*, toujours sur un livret de Da Ponte, une comédie basée sur les aventures de deux chevaliers et de leurs belles inconstantes, animées comme le veut la tradition par une soubrette ; la comédie engendre cependant une musique d'un brio et d'une élégance rares. Mais l'heure n'est plus à la frivolité : la Révolution française frappe à la porte et nombre de ceux qui ont applaudi Mozart ne le font plus, par peur des changements qui semblent menacer les puissants et également parce que le musicien est devenu franc-maçon. Les loges maçonniques sont supprimées (on craint qu'elles ne soient des foyers révolutionnaires) et on montre du doigt le jeune compositeur, auteur de la *Musique funèbre maçonnique K. 477*.

Durant cette période tourmentée — sa santé est également ébranlée — il compose la délicieuse *Petite Musique de nuit* et ses chefs-d'œuvre dans le domaine du quintette à cordes : le *Quintette en sol mineur K. 516* et le *Quintette avec clarinette K. 581*. Dans le sillage de ces succès lui parviennent des commandes de pièces pour orgues automatiques et carillons d'horloges ; d'Angleterre, le célèbre impresario Salomon lui propose un engagement et lui commande deux opéras, pour la fin de la tournée de Haydn.

En 1791, il compose le dernier *Concerto pour piano et orchestre K. 595*, suivi de danses et de menuets pour le carnaval et du *Quintette à cordes K. 614* ; c'est alors qu'il reçoit la commande d'une *Messe de Requiem* de la part d'un inconnu (on a su plus tard qu'il s'agissait de l'intendant du comte Walsegg, désireux de s'attribuer la musique des autres). Enfin arrive de Prague la demande d'un opera seria à exécuter pour le couronnement de Léopold comme roi de Bohême. Sur un texte de Métastase naît *La Clémence de Titus*, opéra dans l'ancien style italianisant qui donne cependant beaucoup de mal à son auteur, lequel rentre rapidement à Vienne pour se remettre au travail sur *La Flûte enchantée*, véritable pivot de l'opéra allemand. Cette œuvre complexe, étudiée pour exploiter les effets scéniques d'une machinerie compliquée, mêle comique populaire et symboles maçonniques ; il s'agit en réalité d'une fable à la Goethe dans laquelle la tendresse, le mystère, la profondeur de la trame musicale réussissent à imprégner chaque détail de solennité et d'une bonté diffuse.

Le finale, dans lequel les rayons de soleil dispersent les ténèbres et les intrigues de la Reine de la Nuit, illumine le bonheur de Pamina et Tamino — les amoureux sur lesquels se déverse la joie du peuple attentif — tandis que tous s'unissent à la prière adressée à Isis et Osiris. Perplexe au départ, le public finit par être conquis au point que les représentations continuent pendant des mois même après la mort du compositeur. Vers la fin de cette année 1791, Mozart doit s'aliter, usé et démoralisé, tout en continuant à travailler au *Requiem*. À la tombée du soir, il demande l'heure et reste silencieux quelques minutes, sachant qu'en cet instant le rideau se lève sur la *Flûte* au théâtre Auf der Wieden. Il fredonne en lui-même ou avec les amis qui lui rendent visite, mais se laisse ensuite aller au découragement et se met à pleurer. Il meurt le 5 décembre avant le lever du jour ; le 6 dans l'après-midi, son corps est porté au cimetière, sans que sa femme soit présente (Constance est en proie à une crise d'hystérie) ni ses amis. Les rares musiciens qui tentent de suivre le cercueil diront par la suite que le temps était trop mauvais et qu'ils n'ont pas pu aller jusqu'au cimetière de Saint-Marx.

Dans le souvenir de ceux qui l'ont aimé, il vit un an de plus : sur le manuscrit de la *Messe de Requiem*, il avait déjà inscrit la date de 1792, sans imaginer qu'on ne connaîtrait même pas le lieu de sa sépulture, sans doute une fosse commune. Quand Haydn apprend la nouvelle à Londres, il met au programme à côté des siennes une symphonie de son ami, qu'il appelait « le plus grand compositeur que je connaisse », faisant justice dès cette époque du cliché selon lequel le jeune Salzbourgeois n'aurait été qu'un phénomène naturel, sorte de médium entre la musique conçue comme entité métaphysique et l'auditeur.

Aujourd'hui, l'œuvre de Mozart, lyrique ou non, est toujours très vivante, par-delà les rimes des livrets sur lesquels il a travaillé. Il a prouvé que la musique l'emporte toujours sur les paroles et sur l'action, contrairement à ce qu'affirmera ensuite Wagner pour qui la musique doit être soumise au drame : avec pour résultat que les plus sublimes pages de Wagner sont justement celles où le drame est largement dominé par la musique. Mozart sait cela à merveille, peut-être d'instinct, et s'y adapte en écrivant des pages splendides pour les chanteurs comme pour les instruments, moyens d'exprimer sa propre personnalité explosive. La manière de composer des musiciens de son temps consiste à écrire un trio si l'on dispose d'un violon, d'une trompette et d'un basson. Au début, Mozart ne travaille pas très différemment, mais sa musique décompose les éléments mêmes dont elle est constituée, les exalte, les unit, les superpose, les portant à des sonorités et à des rythmes insoupçonnés. Le jeune homme de Salzbourg devra œuvrer longtemps pour sortir des sentiers battus : le travail accompli sur *Idoménée*, son premier grand opéra, en est un exemple. Son génie théâtral se renforce en 1786 avec *Les Noces de Figaro*, puis à nouveau avec *Don Giovanni*, œuvre traversée par une brûlante créa-

Page ci-contre, flûtes traversières. Les flûtes, aujourd'hui plus souvent en métal, appartiennent cependant au groupe des bois (parce qu'elles étaient à l'origine en bois).

Ci-dessous, Mozart joue pour ses amis à Salzbourg.

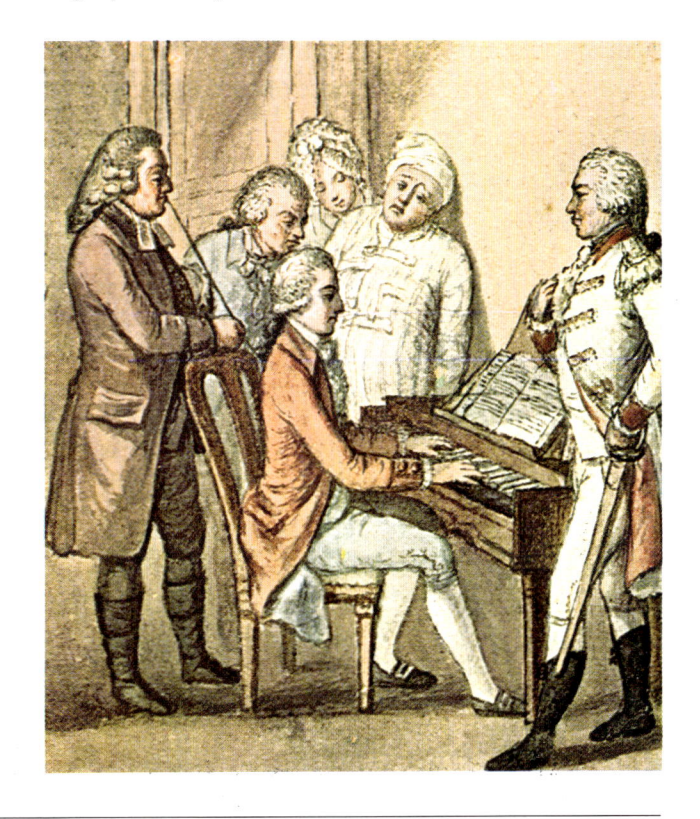

tivité et, aujourd'hui encore, d'une exécution particulièrement difficile, mais qui constitue incontestablement un passage obligé dans l'histoire du théâtre musical : avec *Don Giovanni* commence en fait le romantisme.

Pourtant, *Cosi fan tutte* n'est pas un opéra romantique mais bien plutôt une œuvre dont le classicisme semble atteindre la perfection absolue. Elle relève, c'est vrai, de l'opéra bouffe napolitain (l'empereur avait d'ailleurs demandé que l'action en soit située à Naples) mais demeure l'un des joyaux les plus purs du théâtre mozartien. Après avoir composé *La Clémence de Titus* sur un livret indigent pour le couronnement de Leopold II comme roi de Bohême (une musique inférieure aux possibilités de son génie), Mozart dont la vie se rapproche de son terme entend probablement réaffirmer la suprématie du théâtre allemand sur la musique italianisante avec *La Flûte enchantée*, opéra hautement moral qui voit le bien triompher du mal, l'amour de la haine, la raison de l'instinct. Le public de la première réagit pourtant, à en croire les chroniques de l'époque, par un silence absolu, plongeant l'auteur dans un découragement dont il aura du mal à sortir. Et dire qu'à peine un plus tard l'opéra aura déjà eu plus de cent représentations !

Mais le génie de Mozart ne brille pas seulement, ou surtout, dans la composition et la nouveauté de ses œuvres théâtrales ; son importance tient également au fait d'avoir considéré sa profession comme totalement libre et indépendante, à une époque où les musiciens ne se sont pas encore affranchis de la livrée des domestiques — Haydn la portera toute sa vie. La société a du mal à se situer dans un nouvel espace « libéral », mais déjà Mozart, et non Beethoven comme on le croit généralement, est le premier musicien professionnel véritablement libre. Même son cher Salzbourg, à un certain moment de sa vie, se révèle inadapté à la liberté de sa pensée. Mozart sent naître en lui cette révolte et ce désir d'indépendance qui deviendront — à peine quelques dizaines d'années plus tard — la bannière du romantisme.

Vienne est pour lui La Mecque de la musique, le libérant des contraintes de la cour (et de son père). L'atmosphère de la capitale lui rend sa force de création et il prodigue son talent dans tous les genres musicaux : théâtre, musique instrumentale, concerts. Exploitant ses exceptionnels dons de pianiste, il organise des concerts publics lors desquels il joue ses propres œuvres, justement ces concertos pour piano et orchestre qui doivent faire ressortir ses qualités d'interprète. Il faut donc se poser la question : Mozart fut-il aussi un virtuose ? Au sens courant du terme, on devrait répondre par la négative, parce que ses œuvres visent la beauté intrinsèque de la musique bien au-delà des possibilités d'exécution ; mais cet éloignement de toute virtuosité purement exhibitionniste ne doit pas induire en erreur. Sa musique n'est jamais facile quoiqu'elle tende à la limpidité, bien la jouer (cela vaut également pour Liszt) est déjà un acte de « virtuosité ». Et cela a sans doute contribué à attirer le public viennois ; puis, à l'improviste, l'intérêt à son égard diminue, mais cela n'affaiblit pas pour autant son ardeur. Cette incompréhension du public bouleverse pourtant le musicien.

Si l'on examine attentivement sa formation et son évolution « crescendo » en matière de composition, l'on voit

WOLFGANG AMADEUS MOZART

Page ci-contre, le Théâtre royal et impérial à Vienne.
Ci-dessus, une scène de Cosi fan tutte (acte II, scène 1) dans une production de la Scala de la saison 1975-1976, direction de Karl Böhm. Cosi fan tutte est le troisième et dernier opéra de Mozart faisant appel à la collaboration de l'écrivain italien Lorenzo Da Ponte, après les Noces de Figaro et Don Giovanni.
À droite, une scène de Don Giovanni pendant une représentation au festival dei Due Mondi de Spolète, dans des décors de Henry Moore.

WOLFGANG AMADEUS MOZART

aujourd'hui l'importance des stimulations reçues alors qu'enfant prodige il va de triomphe en triomphe dans les capitales musicales européennes. C'est ensuite la douloureuse recherche d'une situation appropriée, puis les incertitudes et les difficultés de la liberté, enfin la rupture dramatique avec son milieu qui le conduit à se fixer à Vienne en 1781, quittant le service de l'archevêque Colloredo tant haï. Déterminante est également la rencontre de Franz Joseph Haydn, qui représente certainement — au moins pour la musique de chambre — le point de référence fondamental, finissant par devenir l'unique interlocuteur avec lequel le compositeur peut dialoguer, échanger les expériences artistiques, recevoir et donner des suggestions.

Sa musique de chambre révèle une personnalité en plein développement, dépassant ses contemporains même les plus remarquables. Sa pierre de touche est certainement le quatuor dans le goût italien en trois mouvements, le premier selon la forme sonate, d'une conception très simple, avec une capacité à chanter fondamentale, qui révèle sa fascinante imagination. Les finales, en forme de rondo et de menuet, sont dans une tonalité mineure mais intensément pathéti-

À droite, affiche de la première de La Flûte enchantée *au théâtre Auf der Wieden à Vienne, le 30 septembre 1791.*

Ci-dessous, une scène de La Flûte enchantée, *dans laquelle Pamina attirée par le son de la flûte découvre Tamino ; gravure de Peter et Josef Schaffer.*

Page ci-contre, initiation d'un apprenti dans une loge maçonnique à Vienne (1780). Les idéaux maçonniques de fraternité enthousiasment Mozart qui adhère à l'organisation.

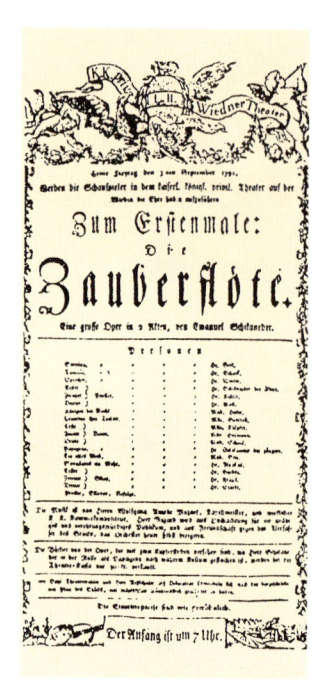

que et nuancés. Les quatuors viennois se distinguent des quatuors italiens en raison de l'effet fulgurant produit sur Mozart par les *Quatuors op. 17* et *op. 20* de Haydn : les ambitions de Mozart s'élèvent et s'affinent, témoignant de son extrême sensibilité et de son attention à l'égard des œuvres d'autrui. La violence de la tension expressive qui imprègne les plus belles pages est évidente dans certaines symphonies et dans l'imitation du modèle donné par Haydn (par exemple dans deux finales en forme de fugue).

Avec ardeur, Mozart se rend maître d'une nouvelle écriture et d'une nouvelle densité structurelle définies par Haydn et sait s'imposer par une complexité et une totale originalité qui, à leur tour, donnent matière à réflexion à son aîné et ami. Au goût de Haydn pour un jeu rationnel d'une captivante clarté se substituent un sérieux passionné, un mouvement mélodique ample et intense, un emploi audacieux de la dissonance. Dans le *Quatuor en ré mineur K. 421*, l'intense et mystérieux dessin chromatique du premier thème est un exemple de la manière dont Mozart traite les tonalités ; ses solutions harmoniques et modulantes sont surprenantes. L'*andante con moto* souligne la présence d'intuitions qui se vérifieront plus tard dans *Tristan et Ysolde* de Wagner. Son chromatisme et son originalité harmonique font de cette intense méditation une page sans précédent. Tel est Mozart — attentif aux innovations des autres, génial dans la découverte de voies inexplorées qui lui sont propres. Il s'abandonne souvent à une sorte d'enchantement, enfantant comme en songe des pages qui sont le fruit d'une forte concentration à partir d'idées initiales à peine esquissées peut-être, mais donnant lieu à une sorte de flux continu, de profonde intériorité lyrique.

Le 6 décembre 1791, seul le cocher conduisant le corbillard l'accompagne dans son dernier voyage. Ses amis les plus fidèles n'ont pas le courage d'affronter jusqu'au cimetière la pluie et le blizzard. Ses restes seront dispersés et son masque mortuaire tombera par terre, irrémédiablement brisé. Mais sa musique demeure, par-delà les bougies des églises de Vienne et de Salzbourg et celle des salons où froufroutait l'élite musicale des capitales, par-delà les robes à panier, les perruques et les œillades coquettes derrière un éventail. Deux ans auparavant, la Bastille est tombée, deux ans plus tard, le roi de France sera guillotiné.

LUDWIG VAN BEETHOVEN

Bonn, 1770
Vienne, 1827

Pour tenter de comprendre pleinement la personnalité, parfois difficile à saisir, de Ludwig van Beethoven, il faut sans doute tenir compte des événements qui se sont succédé pendant sa brève existence, moins de soixante ans entre sa naissance à Bonn en 1770 et sa mort survenue à Vienne en 1827. Cette période est marquée par les révolutions américaine et française, par la tentative napoléonienne de faire renaître l'ancien concept d'empire et par l'affirmation des diverses consciences nationales ; de quoi influencer d'une manière déterminante même un esprit moins sensible que le sien. Comme son nom le révèle, la famille est d'origine flamande ; son père est chanteur et musicien à la cour de l'électeur de Cologne. Quand Johann s'aperçoit des dons musicaux de son fils, il lui fait étudier le piano et le violon à longueur de journée dans l'espoir d'en faire un enfant prodige et d'en tirer gloire et richesse.

À sept ans, Ludwig est capable de jouer du clavecin en public, que ce soit en solo ou en concert. Quatre ans plus tard se produit la rencontre décisive avec C.G. Neefe, organiste de la cour, qui modifie complètement l'enseignement donné au jeune garçon et y inclut les disciplines humanistes. Grâce à sa ténacité dans l'étude de la musique et à la grande confiance que Neefe place en lui, Ludwig devient à quatorze ans organiste en second de la chapelle princière. L'insistance avec laquelle son maître le pousse à composer est particulièrement précieuse, lui faisant découvrir les œuvres de Bach et de la grande école viennoise. Beethoven effectue son premier voyage à Vienne dès 1787. Il perd bientôt sa mère ; son père, toujours davantage sous l'emprise de la boisson, ne s'occupe guère de lui. C'est sur les épaules de Ludwig que retombe la charge de ses deux frères cadets et il ne peut donc terminer les études de philosophie entreprises à l'université de Bonn. Cela l'incite en outre à composer pour vendre sa musique. Ses premiers succès, remportés lors de l'exécution des cantates composées pour la mort de Joseph II et l'accession au trône de Leopold II (1790), décident quelques aristocrates et amis de la famille à lui donner les moyens de partir pour Vienne. C'est l'époque où la capitale impériale dispute à Paris la suprématie européenne : elle accueille des musiciens autrichiens, allemands, hongrois, tchèques, polonais, italiens et croates, dont les œuvres sont riches d'inspirations traditionnelles mais veulent aussi rivaliser avec celles venues de France ou d'Espagne. Partout, l'opéra fait fureur, au Kärntnertheater, à la Hofburg, au théâtre An der Wien, mais la musique envahit aussi les rues, les restaurants, les salons. L'impératrice Marie-Thérèse joue du clavecin, ses filles chantent et jouent du violon, Mozart compose *Cosi fan tutte*, *La Flûte enchantée* et la très populaire *Petite Musique de nuit*. Le jeune Beethoven vit avec angoisse les événements qui marquent la dernière année de Mozart (1791). Dans une lettre du 29 octobre 1792, un noble ami de Ludwig, Ferdinand Waldstein, l'exhorte à s'efforcer « avec persévérance et par un travail incessant de recevoir des mains de Haydn l'esprit de Mozart ». Dans une lettre adressée à la même époque à la fille du poète Schiller, un conseiller d'État déclare que le jeune homme « est sans aucun doute voué à quelque chose de grand et de sublime ». En réalité, Ludwig n'a jusqu'alors jamais composé pour le théâtre : on lui doit un *Rondo en sol majeur pour piano avec violon obbligato*, douze *Variations en fa majeur pour clavecin et piano avec violon obbligato*, un *Trio à cordes en mi bémol*.

À Vienne, Beethoven étudie avec Haydn jusqu'en 1794, mais il n'existe pas vraiment de sympathie entre les deux hommes. Haydn le trouve peut-être trop fantaisiste et extravagant ; quand il repart pour Londres, Beethoven refuse de l'accompagner comme Haydn le lui demande.

En réalité, le jeune Ludwig supporte mal la discipline et

Ci-dessus, vue de Bonn à l'époque de Beethoven. Il passe sa jeunesse dans cette ville et s'installe définitivement à Vienne en 1792.

Ci-dessous, la maison natale du compositeur, dessin de R. Beissel. Le père de Ludwig était chanteur et musicien à la cour de l'électeur de Cologne.

les règles du contrepoint ; il est déjà en faveur de la liberté d'invention. Il dédie pourtant avec attention et respect ses œuvres à des personnalités comme le comte Waldstein, le prince Lichnowsky et l'archiduc Rodolphe, qui l'invitent souvent dans leurs demeures pour jouer du piano et improviser : Beethoven est un merveilleux improvisateur qui stupéfie tous les auditeurs capables d'apprécier ses dons exceptionnels. Antonio Salieri lui apprend à lire et à étudier les textes italiens ; le *Mariage secret*, composé par Domenico Cimarosa à Vienne en 1792, plonge le jeune homme dans l'extase. Il s'enthousiasme également pour *L'Amore contadino o la bella Molinara* de Paisiello, joué au théâtre de la Porte-de-Carinthie.

Le baron Domanowitz, amateur passionné et conseiller de chancellerie, homme très cultivé et appartenant à la plus haute aristocratie, décide de s'occuper du jeune compositeur (il lui consacre pratiquement toute sa vie), bien que ce dernier se montre souvent revêche, ingrat, susceptible et irritable. Tout aussi précieuse est l'aide du prince Karl Lichnowsky (déjà le protecteur de Mozart) qui lui ouvre sa maison, mettant à sa disposition des chambres silencieuses afin que « nul n'ose le déranger ». Mais même ici, les petites contraintes de l'étiquette l'énervent et il s'en va ; en trente-cinq années passées à Vienne, il déménagera plus de trente fois.

En 1795, à vingt-cinq ans, Beethoven est le plus célèbre pianiste de Vienne, peut-être pas assez connu comme

Ci-dessus, portrait de Beethoven.
À côté, Beethoven au piano.
À droite, une précieuse reliure de la Sonate en ré majeur pour piano, op. 28. *Beethoven poursuit la révolution du piano commencée par Mozart et Clementi, en explorant toujours davantage la puissance et la diversité sonores.*
Page ci-contre, intérieur du Silberkaffee à Vienne. Beethoven aime fréquenter cafés et restaurants.

compositeur. Mais quand il donne un concert au Burgtheater au profit des veuves d'artistes, jouant son *Concerto en si bémol pour piano op. 19*, sa réputation se répand dans toute l'Europe. Pendant des années, il se consacre entièrement à la composition, surtout pour le piano : trois *Sonates en fa mineur, la majeur et ut majeur* dédiées à Haydn ; la *Sonate en mi bémol majeur op. 7* ; la *Sonate en ut mineur op. 13* dite *Pathétique*, dédiée au prince Lichnowsky ; les deux *Sonates quasi una fantasia op. 27* (la seconde est connue sous le nom de *Au Clair de lune*) ; la *Sonate en ré majeur* dite *Pastorale*.

Cette première période est aussi marquée par plusieurs chefs-d'œuvre de musique de chambre : les six *Quatuors op. 18* et, surtout, le *Septuor op. 20* pour violon, alto, violoncelle, contrebasse, clarinette, cor et basson. Composé à la fin de 1799, le *Septuor* est créé en 1800 ; le rôle du violon y est très important.

Mais c'est également en cette période que Beethoven découvre avec fascination, presque à l'improviste, les possibilités sonores du grand orchestre ; il y voit le moyen de susciter de grandes émotions collectives, non sans rapport avec les moments historiques que vit l'Europe : la Révolution, l'ascension de Napoléon, les aventures outre-mer.

La *Première Symphonie* et la *Deuxième* annoncent déjà les grands thèmes beethovéniens. Il est tout de suite évident qu'on ne peut attendre de lui une production musicale continue, comme chez Vivaldi, Bach, Haydn et Mozart, ou encore comme dans le cas de son contemporain, Schubert. Lent et laborieux quand il élabore les termes d'une composition, prêt à méditer longuement l'évolution des partitions, il définit de nouvelles formes pour le thème symphonique. Derrière la musique, on sent un perpétuel travail psychologique, la continuité d'une pensée se développant autour d'un noyau central, en extrayant tension et détente, ombre et lumière, qui alternent en une mélodie paraissant ne jamais devoir s'achever. Dans la construction beethovénienne se trouvent simultanément l'aspect monumental et la division en minuscules parties d'un organisme complexe.

Dans les deux premières symphonies, on trouve pourtant encore des traces de la tradition du XVIIIe siècle : on sent l'influence de Haydn et de Mozart, mais on découvre également des rythmes nouveaux, comme dans le premier thème de l'*allegro con brio* de la *Première Symphonie en ut majeur op. 21* ou encore dans l'*andante cantabile con moto*, construit dans la forme sonate. Très nouveau est le menuet, plaisant et tourbillonnant, tandis que le finale *allegro molto vivace* précédé d'un adagio n'est qu'un rondo joyeux et facile.

Dans la *Deuxième Symphonie*, on sent l'heureuse rencontre du compositeur avec le classicisme viennois : la musique est fraîche, cordiale, avec des accents martiaux, des thèmes de sérénade, des moments d'inquiétude (nous sommes en 1802, Napoléon est premier consul, puis consul à vie ; Chateaubriand publie *Le Génie du christianisme*). Chacun des thèmes semble contenir en germe de multiples développements futurs : Schubert, Chopin et Brahms se souviendront des visionnaires anticipations du maître de Bonn et les réaliseront dans leurs propres œuvres. On se trouve donc devant un grand gage sur le romantisme, d'une vitalité irrésistible, fait de mouvements péremptoires, de dialogues détendus entremêlés de brusques virages dynamiques : c'est l'affirmation d'une impétuosité débordante.

Pourtant, dès 1796, Beethoven ressent les premiers symptômes de la terrible maladie (la pire de toutes pour un musicien) qui va le frapper, la surdité. En juin 1801, devenu sourd, il écrit une lettre pathétique à son ami Wegeler dans laquelle (en dépit de la sécurité financière et de continuelles commandes de nouvelles compositions) il dit vivre misérablement parce qu'il n'entend plus désormais la voix de ceux qui lui parlent. Mais il termine en affirmant : « Je veux saisir le Destin à la gorge. » Toujours plus isolé et sauvage, il se renferme en lui-même, ne trouvant de consolation que dans la musique. Il vit seul, négligé, mal rasé, hirsute ; il envisage même le suicide. Pourtant, à cette époque justement, il apprécie la présence de jeunes femmes qui suscitent parfois en lui le désir de fonder une famille. Mais aucune ne réussit à lui donner cette chaleur affective constante dont il a passionnément besoin, comme il l'exprime de la manière la plus émouvante dans *Fidelio*.

Il prend l'habitude d'aller se promener dans la forêt pour être plus près de la nature, se plonge jour et nuit dans la lecture et surtout consacre toute son énergie à la composition. Ses lectures (il connaît bien notamment les œuvres d'Emmanuel Kant) et un sens inné de la justice le poussent à adhérer aux idées venant de l'autre côté du Rhin, de cette France partagée entre la gloire de la Révolution et l'angoisse d'un avenir de guerre. Il admire sincèrement Napoléon jusqu'au moment où celui-ci se fait proclamer empereur ; pour le compositeur, c'est une véritable trahison au point que, dans un élan de rage, il biffe la dédicace de la *Troisième*

*Ci-dessus, le village de Heiligenstadt près de Vienne, où Beethoven écrit en 1802 le fameux « testament », témoignage de l'une des graves crises d'accablement qui frappent le compositeur.
Page ci-contre, La Symphonie, par M. von Schwind (détail).*

Symphonie (1802-1804). En réalité, cette œuvre a été baptisée par son auteur *Sinfonia Grande titolata Bonaparte* avant d'être connue sous le nom de *Sinfonia eroica (Symphonie héroïque)*. Cette œuvre gigantesque commence de manière presque conventionnelle, avec un *allegro con brio* simple et peut-être déjà entendu, mais se développe ensuite avec une extraordinaire puissance. Le rythme en est vigoureux et carrément irrégulier ; aux thèmes du début s'ajoutent les épisodes lyriques du second mouvement, avec des contrastes et des cadences tantôt grandioses tantôt intimes qui débouchent sur le moment d'émotion d'un *adagio assai* à la cadence de « marche funèbre », déjà introduit par le compositeur dans la *Sonate op. 26 pour piano* de 1802 (l'adagio portait la mention « Marche funèbre pour la mort d'un héros »).

Au cours de cette lutte titanesque audacieusement révélée par la symphonie, le Héros tombe (d'où la « Marche funèbre » du second mouvement) et de l'humanité s'élève alors une grande lamentation pour la perte de son champion, s'opposant au scherzo qui suit (le premier chez Beethoven, mais aussi dans toute l'histoire de la musique symphonique), caractérisé par une animation fébrile et tellurique. La symphonie s'achève sur un *allegro molto* dérivant de compositions précédentes, à savoir le finale du ballet *Les Créatures de Prométhée* et les *Variations op. 35* pour piano de 1802. Le romantisme a érigé en modèle cette symphonie de Beethoven parce qu'on y perçoit le drame intime et existentiel de l'Homme et non seulement du Héros.

Ayant à peine terminé la *Symphonie héroïque*, Beethoven se consacre à une nouvelle œuvre qui sera la *Cinquième Symphonie en ut mineur* ; il s'interrompt cependant très vite pour écrire rapidement le *Quatrième Concerto pour piano*, le *Concerto pour violon* et la *Quatrième Symphonie en si bémol majeur*, composée après une période de repos dans la sereine campagne hongroise. Il écrit lui-même alors : « Tout est lumière, pureté, clarté. »

La *Quatrième Symphonie* est achevée en six mois, en 1806 : tout apparaît plus simple et peut-être déjà plus intense dans le plan, qui prévoit un adagio suivi d'un *allegro vivace*, puis un second thème formé d'éléments divers allant d'un mouvement de pastorale vers une ligne mélodique inspirée, et enfin un crescendo presque dramatique. On se trouve ici devant une mystérieuse pulsation qui parcourt toutes les pages, avec des vagues d'arpèges inquiets, mais aussi de rapides contemplations de la nature qui préfigurent la symphonie dite *Pastorale*. Le finale, *allegro ma non troppo*, est un chef-d'œuvre de virtuosité orchestrale, d'une fébrilité frémissante et doté de délicieux accents.

Mais le musicien ne cesse de lutter contre une destinée qui semble véritablement contraire : solitude, total silence, incommunicabilité. C'est l'achèvement de la *Cinquième Symphonie en ut mineur op. 67*, datée de 1808 : encore une année cruciale pour l'Europe. Cent mille soldats français envahissent l'Espagne ; le tsar Alexandre Ier occupe la Finlande ; Goethe publie son *Faust*. Sur les vers *Ich denke dein* du grand poète allemand, Beethoven a mis en musique dix ans plus tôt une première série de variations, en un moment où, selon toute probabilité, le compositeur sentait plus que jamais le désir d'une compagne. Après sa mort, on parlera de Giulietta Guicciardi, à cause de trois lettres jamais envoyées et retrouvées dans son armoire. On prononcera également le nom de Theresa von Brunswick, peut-être l'« immortelle bien-aimée » d'un autre texte. Cette dernière — on le sait par la bouche de ses contemporains — « exécutait les sonates de Beethoven d'une manière propre à stupéfier le maître et ses disciples » ; elle peint, elle est fantaisiste, intelligente et bonne. Mais une déformation de la colonne vertébrale la rend moins attrayante que d'autres qui fréquentent également le compositeur.

Avec la *Cinquième Symphonie*, une fois apaisées les tempêtes du cœur, Beethoven exprime sa détresse avec le sombre martèlement des quatre notes initiales.

Au cours de la première décennie du nouveau siècle, Beethoven se consacre à la composition avec une fougue qui semble reléguer au second plan tout autre intérêt. À cette période, relativement brève, n'appartiennent pas moins de

LA SYMPHONIE

La symphonie est une forme musicale comportant trois ou quatre mouvements distincts, composée pour orchestre. Au XVIe siècle toutefois, ce terme désigne un recueil de motifs musicaux, par exemple des madrigaux. Au XVIIe siècle encore, sa signification est extrêmement variable : en général, il s'agit de compositions à la fois vocales et instrumentales, mais parfois elles sont uniquement instrumentales. Par la suite, le mot prend un sens plus précis et désigne une composition introductive, instrumentale ou encore une œuvre théâtrale.

Dans l'école napolitaine, les symphonies constituent le début d'un opéra alors que dans l'école française on parle d'*ouvertures*, selon un schéma élaboré par Lully et qui comprend un *adagio*, un *allegro* et un nouvel *adagio*. Vingt ans après Lully, Alessandro Scarlatti codifie la symphonie italienne sur le modèle *allegro-adagio-allegro*. Dans le cadre de compositions purement instrumentales, le terme prend diverses significations : J.-S. Bach par exemple appelle « symphonies » les inventions à trois voix pour clavecin, alors que parfois le mot est également synonyme de sonate. La « vraie » symphonie, au sens technique du terme, n'apparaît qu'à la fin de la première moitié du XVIIIe siècle, quand on se met à désigner ainsi un morceau de musique indépendant, composé de plusieurs mouvements, fruit d'une synthèse de divers éléments venant de sources disparates. Les diverses écoles allemandes, en particulier, développent une conception instrumentale de la symphonie, introduisant le principe dynamique du thème double, qui va se révéler fondamental. Mais c'est au Milanais G.B. Sammartini qu'on doit la première symphonie en quatre mouvements (1734), innovation qui engendre une nouvelle sensibilité instrumentale, influençant fortement des musiciens comme Boccherini et Clementi.

Pourtant, le vrai créateur de la symphonie au sens où nous l'entendons aujourd'hui est Franz Joseph Haydn, dont 104 symphonies sont parvenues jusqu'à nous. Après des recherches approfondies, celui-ci finit par déterminer la séquence *allegro-andante-menuet-rondo final*, qui connaît néanmoins de nombreuses modifications. Mozart compose 41 symphonies mais cette structure de composition connaît un véritable bouleversement avec Ludwig van Beethoven qui, non seulement remplace le menuet par le scherzo, mais développe largement les modèles laissés par ses prédécesseurs, surtout dans la phase centrale du premier mouvement et dans le second. Avec Beethoven, la symphonie ouvre une nouvelle voie dans l'organisation du discours musical, prenant même en compte des concepts étrangers à la musique (qu'on pense à la *Troisième*, inspirée initialement par Bonaparte et la *Sixième*, évocatrice de sentiments liés à la nature). À la même époque que Beethoven, Cherubini, Weber et Schubert composent des symphonies : dans le cas de ce dernier, ses premières œuvres se rapprochent de la typologie mozartienne tandis que les suivantes se réfèrent au modèle beethovénien.

La *Neuvième Symphonie* de Beethoven est un monument pour tous les compositeurs romantiques : Berlioz, Liszt et d'autres évoluent vers la musique dite « à programme », ouvrant la voie au poème symphonique. Parmi ceux qui aspirent à un retour au classicisme, citons surtout Mendelssohn et Schumann. Mais c'est principalement à Brahms et à Bruckner que revient le mérite d'avoir renforcé le langage symphonique et de lui avoir apporté une sorte de justification historique. Brahms revendique un engagement moral et s'efforce de l'exprimer à travers l'austérité du langage et la pureté formelle. Bruckner se montre tout aussi austère que Brahms dans ses 11 symphonies, qui sont caractérisées par trois thèmes principaux, mais dont les mouvements s'enrichissent d'autres motifs secondaires. Une contribution importante au développement de la symphonie est également apportée par Dvořák (9 symphonies), Tchaïkovski (6 symphonies), Borodine (3 symphonies), Sibelius (7 symphonies), Rimski-Korsakov (3 symphonies), Rachmaninov, Rubinstein, Elgar. Avec Mahler, la symphonie évolue et prend des formes nouvelles (influencées par le poème symphonique, la cantate, l'oratorio) mais avec Chostakovitch, Prokofiev et Hindemith, elle semble revenir à ses origines préclassiques, avec parfois de nettes références aux derniers romantiques.

En haut, à gauche, Amalie Sebald, aimée par le compositeur.
En haut, à droite, l'écrivain Bettina Brentano, amie et admiratrice de Beethoven.
À gauche, Beethoven, croquis par J. P. Lyser.
Ci-dessus, Theresa von Brunswick.

cinq symphonies, onze sonates pour piano, six sonates pour violon, trois quatuors, un concerto pour violon, trois concertos pour piano, une messe et l'opéra *Fidelio*. C'est donc l'époque où la production beethovénienne atteint son intensité maximale, apparemment dominée — les temps s'y prêtent — par le mythe de l'héroïsme au sens de l'exaltation de l'homme virtuose, tel un Prométhée ou une Léonore : le premier veut libérer l'humanité de l'ignorance, la seconde réussit à se faire passer pour un homme afin d'être plus proche de son mari. En même temps qu'il travaille à sa *Cinquième Symphonie*, c'est-à-dire en 1808, le musicien se livre à sa grande réévaluation de la forme sonate, dans laquelle se renforce l'antagonisme dialectique entre les grands thèmes musicaux et leur subtile parenté. Puis, bien que lentement, apparaissent des motifs de « rassérénement » ; après quelques morceaux d'une grande splendeur extérieure, comme le *Cinquième concerto pour piano* et le *Trio à l'archiduc*, Beethoven découvre les valeurs de la nature avec la *Sixième Symphonie* dite *Pastorale* (1807-1808).

Mais ce retour à la sérénité n'est peut-être pas tant dû aux promenades en forêt et aux longues méditations au bord des cours d'eau qu'à « l'écho dont nous avons tous besoin », comme il l'écrit lui-même. La nature ne réveille donc pas en lui le poète qu'il a sans doute toujours été, avec plus ou moins d'intensité, mais l'incite à se libérer de la subjectivité, de l'égoïsme, des servitudes.

De là viennent l'admiration pour la danse, la joie de vivre de la *Septième Symphonie* et le sens de l'équilibre qui apparaît dans la *Huitième Symphonie* (1812), au moment même où sa propre vie se fait plus tourmentée et difficile. Il s'écoulera au moins dix ans avant la réalisation de l'un de ses plus grands chefs-d'œuvre, la *Neuvième Symphonie* (1822-1823), mais dans l'intervalle, grâce à la douleur, le compositeur découvre le moyen de dépasser son angoisse dans la finalité suprême de la vie humaine, se tournant vers la musique religieuse (dont deux messes). Son attitude artistique apparaît cependant comme une respiration libre et profonde, dans les extases auxquelles il s'abandonne, dans le renoncement apparent aux résultats immédiats.

Ces dix années, à bien des égards dramatiques, de la vie de Beethoven, voient également naître la musique du ballet *Les Créatures de Prométhée* (1800), déjà mentionné, qui exalte l'homme virtuose ; *Les Ruines d'Athènes*, musique de scène pour un texte de Kotzebue et la musique de scène destinée à l'*Egmont* de Goethe. Le 20 novembre 1805, c'est la première au théâtre An der Wien de Vienne de l'opéra *Fidelio*, sans grand succès. L'œuvre est reprise six mois plus tard avec une autre ouverture *(Léonore n° 3)* et reçoit un meilleur accueil, mais sans jamais atteindre le succès que remportera la troisième version en 1814. Au début, le public (et pendant de longues années la critique) ne comprend pas la grandeur de *Fidelio*. L'opéra reprend la tradition typiquement allemande du *Singspiel*, où alternent chant et récitatif parlé. Si *La Flûte enchantée* a été l'un des prototypes du genre, *Fidelio* est le maillon le reliant aux chefs-d'œuvre de Weber.

La *Neuvième Symphonie en ré mineur op. 125* hante peut-être, comme on l'a écrit, l'esprit du compositeur depuis l'enfance ; en témoignerait le fait qu'en 1793 déjà il veut mettre en musique l'*Hymne à la joie* de Schiller et qu'en 1795 son lied *Gegenliebe* contient le thème qui éclatera ensuite dans le finale de la symphonie. Ayant terminé l'ultime version de *Fidelio*, Beethoven est complètement absorbé par l'écriture de la *Missa solemnis* et entame la composition de la *Neuvième* dans un état d'anxiété fébrile, pourtant mitigée par un sentiment de détente provoqué par la conscience de ce dialogue entre l'homme et la nature. Cette grande symphonie semble réellement clore l'un des principaux cycles de toute l'histoire de la musique, même si Beethoven se consacre ensuite aux profonds soliloques des cinq derniers quatuors, sorte de testament et de mot d'adieu, presque un nouveau module de création, un développement structurel qui devra attendre la fin du XIXe siècle pour être reconnu comme un véritable emblème du romantisme. Après la *Neuvième*, Beethoven domine pratiquement le passé par sa disposition complexe des thèmes principaux et secondaires, qui doit selon lui conduire à la recherche totale.

Scène de Fidelio ou l'Amour conjugal. *Léonore, déguisée en homme sous le nom de Fidelio, cherche à sauver son mari.*

À gauche, les obsèques de Beethoven à Vienne, tableau de F. Stöber. Ses amis ont organisé une cérémonie « sans pompe », mais une foule nombreuse y participe, dix mille personnes environ. Schubert est l'un des porteurs de flambeaux. Beethoven est mort dans un petit appartement d'un ancien couvent de Bénédictins catalans le 26 mars 1827. Sa maladie a commencé par une pneumonie quelques mois auparavant.

On a l'impression que le compositeur veut confirmer son refus du monde, mais ce que Wagner définira plus tard comme le « chaos » est pour Beethoven la victoire de la raison sur les forces de la nature. La *Neuvième* — objet de plusieurs relectures critiques à notre époque — est un roman, un grand scénario dramatique et narratif, depuis le brusque déchirement initial du rideau jusqu'au récitatif et à l'hymne à la joie, de la marche turque à la superbe vision du ciel étoilé et à la conclusion, à nouveau déchirante.

La *Neuvième Symphonie* n'est pas un chef-d'œuvre isolé : il faut également citer la *Missa solemnis en ré op. 123* de 1823 ; les 32 sonates pour piano, parmi lesquelles les célèbres *Sonate op. 13 en ut mineur* dite *Pathétique* ; *Sonate quasi una fantasia op. 27 n° 2 en fa dièse mineur (Au clair de lune)* ; *Sonate op. 53 en ut* dédiée à Waldstein ; *Sonate op. 57 en fa mineur* dite *Appassionata* ; *Sonate op. 81 a en mi bémol (Les adieux, l'absence et le retour)* et les quatre dernières *op. 106, 109, 110* et *111* (cette dernière dédiée à l'archiduc Rodolphe, son élève). Pour le piano, Beethoven compose en outre des *Bagatelles* et des *Variations* (les plus célèbres étant celles écrites sur une valse de Diabelli), mais avec les sonates, il est parvenu au seuil de la révolution formelle absolue qui va marquer les derniers quatuors. Il travaille comme un forcené au rêve qu'il cultive depuis un quart de siècle : prolonger la voix des instruments par la voix humaine en un chant célébrant la fraternité. Pourtant, commentant sa *Sonate op. 106*, il écrit : « Elle a été composée sous la pression des circonstances... Il est dur d'écrire pour gagner son pain ; j'en suis pourtant arrivé là. »

La dernière période créative voit naître les grands *quatuors op. 127, 130, 131, 132, 135* et la *Grande Fugue op. 13*, tous composés entre 1825 et 1826. Il continue ses promenades dans la campagne et murmure des mots incompréhensibles ; il suit des yeux le vol des oiseaux mais sans entendre leur chant, sans pouvoir écouter l'hymne à la joie des alouettes.

À cette époque, il rencontre Rossini à Vienne et lui recommande de ne pas composer autre chose que des opéras bouffes. En 1825, sa santé se détériore mais il continue de travailler aux quatuors. Il envisage de mettre en musique le *Faust* de Goethe et esquisse le plan d'une *Dixième Symphonie*, mais entre-temps un neveu dont il s'est beaucoup occupé, Karl, tente de se suicider et Beethoven en est bouleversé, sentant son univers s'écrouler. Il part quelque temps avec Karl se reposer à la campagne, mais tombe malade. Le retour à Vienne dans une charrette de laitier lui vaut une pneumonie, suivie de graves attaques de cirrhose. Il lit *L'Iliade*, des livres sur l'antiquité athénienne et romaine, des romans de Walter Scott, mais la fin s'approche, dans une modeste chambre d'un ancien couvent de Bénédictins catalans. De sa fenêtre, le mourant peut voir les murs et les arbres du Prater ; plus bas, il y a le Danube, puissante force silencieuse courant sans trêve. Des amis qui lui rendent visite se voient prier de jouer (il y a deux pianos dans la chambre) et de chanter (quand viennent le ténor Luigi Cramolini et sa fiancée). Beethoven ne peut évidemment pas entendre leur voix, mais déclare : « Au moins les *voir* chanter » !

Le 23 mars, on le prévient qu'il va mourir. Se tournant alors vers les personnes présentes, il leur dit : « Applaudissez, amis, *finita est comoedia.* » L'agonie est longue et désespérée : il expire le 26 mars alors que le soir commence à recouvrir les maisons de Vienne d'une brume obscure et silencieuse.

NICCOLO PAGANINI

Gênes, 1782
Nice, 1840

La simple apparition de Niccolo Paganini dans une salle suffit à fasciner l'assistance : grand et svelte, avec de longs cheveux noirs retombant sur ses épaules et des yeux sombres au regard fiévreux, il fait naître mille histoires — devenues légendes — à son sujet. La réalité est au contraire très simple, tout comme ses débuts. Il naît à Gênes en 1782, fils d'un ouvrier du port passionné de musique (à ses moments perdus, il joue de la mandoline avec une certaine grâce). Le petit garçon étudie avec le violoniste Giovanni Servetto, puis avec le maître de chapelle Giacomo Costa. Il donne ses premiers concerts en public à onze ans, après avoir abandonné la mandoline que son père lui a mise entre les mains et commence déjà à composer ses premières œuvres, tirant surtout profit de l'expérience qu'il a pu acquérir à Parme, où il a eu pour maître le violoniste Alessandro Rolla. Après une brève tournée en Lombardie, il revient à Gênes tout en sachant qu'il ne pourra plus supporter longtemps la tutelle de son père (il n'a que seize ans), notamment parce qu'il est désormais porté aux nues comme concertiste par de nombreux experts. Il profite d'une rencontre musicale à Lucques pour s'installer définitivement en Toscane. À cette époque, il a déjà composé (mais ils seront publiés dix ans plus tard) quelque chose comme 24 *Caprices*, figurant parmi les morceaux les plus difficiles jamais écrits pour le violon. Catalogués comme *op. 1* et dédiés « Aux artistes », ces 24 *Caprices* constituent aujourd'hui encore une somme de virtuosité violonistique. C'est un condensé de toutes les possibilités de l'instrument, tant pour la technique de la main droite (responsable du doigté) que pour la variété des coups d'archet.

Jusqu'à l'âge de vingt-deux ans, il mène une vie dissipée, acceptant pendant au moins trois ans l'hospitalité d'une dame riche et passionnée de guitare quasiment envoûtée par ce jeune impétueux à l'aspect perpétuellement fiévreux. Mais il finit par comprendre qu'il risque de consumer inutilement son existence et en 1804 abandonne brusquement l'accueillante demeure toscane pour rentrer à Gênes. Entre-temps, on a déjà commencé à colporter des histoires sur son compte : on conteste même son âge, étant donné qu'il se rajeunit de deux ans par coquetterie ; à Gênes, on raconte que sa mère, lorsqu'elle était enceinte de lui, aurait demandé au Ciel d'avoir un fils violoniste. Plus tard, on dira même que Niccolo Paganini a vendu son âme au diable. À en croire Paganini lui-même, Alessandro Rolla, le maestro de Parme, aurait refusé de lui donner des leçons de violon, alléguant que son élève en savait plus que lui. En réalité, il faut admettre aujourd'hui que Paganini était une véritable « machine à jouer », prêt à s'exhiber devant des foules d'auditeurs attentifs, mais seulement après s'être imposé une discipline de fer et une très dure période d'étude et de préparation. On raconte sa rencontre avec Rodolphe Kreutzer, célèbre violoniste virtuose, émerveillé par les dons extraordinaires du jeune homme. On prétend aussi que Paganini gagne un violon Guarnerius à la suite d'un pari (l'exécution à première vue d'un morceau particulièrement difficile).

De retour à Gênes donc, il passe une année entière à étudier le violon et la composition, reprenant ensuite — en 1805 — ses tournées de concerts. Mais quel est le but de cette virtuosité pour Paganini (et pour les autres musiciens doués du même talent, comme Chopin et Liszt, qui viendront presque trente ans plus tard) ? Les virtuoses du romantisme se proposent de dépasser les limites expressives de leur instrument, pour lui faire dire ce qu'il n'a encore jamais dit. Le musicien s'identifie alors tout naturellement à l'instrument, qui devient une partie intégrante de lui-même. C'est aussi pourquoi les virtuoses romantiques sont également des compositeurs ; en fin de compte, leur problème fondamental n'est pas celui de l'habileté dans l'exécution, mais celui de la liberté de créer. Tout au plus Paganini fait-il exception en ayant choisi le violon, l'instrument principal des virtuoses du romantisme étant le piano. Par ailleurs, il est le premier à avoir compris que ce type de problème ne concernait pas le violon ou le piano eux-mêmes, mais bien plutôt une manière de concevoir la musique, pour en élargir les frontières. Paganini dispose de qualités physiques et dynamiques exceptionnelles, lui permettant d'inventer des difficultés techniques à sa mesure et d'en triompher. Tous les critiques relatant ses concerts admirent l'extraordinaire pureté et la distinction qu'il sait conserver aux sons, même pendant les plus périlleuses acrobaties. Il ignore pratiquement les bavures et ne laisse jamais deviner l'effort, mais les gens sont également fascinés par sa réputation de génie dissolu et ses remarquables dons d'histrion. Même ses concerts ont quelque chose de préparé et de théâtral : il élève son instrument vers le ciel quand l'archet cherche les notes hautes de la chanterelle, ou l'abaisse presque jusqu'à terre, pliant ses longues jambes maigres, quand il joue sur la quatrième corde. Quand il s'incline pour remercier, il fixe les spectateurs, presque railleusement.

De surcroît, il manifeste ouvertement ses sympathies pour la Révolution : en Italie, on le prétend *carbonaro*. Elisa Bonaparte, sœur de Napoléon, mariée au comte corse Pascal Bacciochi, qui a reçu de son frère pour elle et son mari la principauté de Lucques et de Piombino, fait de Paganini son directeur de musique, le mettant à la tête de l'orchestre de l'opéra, avec obligation de donner en outre des concerts deux fois par semaine. Au cours des années suivantes, ses tâches musicales sont multiples et s'accompagnent d'une célébrité croissante. Tout aussi grande est sa réputation de séducteur (il connaît en fait diverses mésaventures amoureuses : en 1816, il est même arrêté et mis à l'amende pour séduction et enlèvement de mineure) et sa vie privée est extrêmement désordonnée, au point de miner sa santé. Peut-être est-ce la raison pour laquelle il renonce en 1817 à accepter une invitation à la cour de Vienne. Il se vante de surprendre les dames par « des galanteries musicales qui font allusion à... des relations amicales et amoureuses ». Un jour, il étonne tout le monde en affirmant avoir composé une *Scène amoureuse* : il se présente avec un violon sur lequel il n'y a que deux cordes, celle de *sol* et la chanterelle. Il écrit lui-même : « L'une devait exprimer les sentiments d'une jeune fille, l'autre prêter sa voix à un amant passionné. J'établis ainsi une sorte de dialogue tendre et sentimental dans lequel les plus douces paroles suivaient les transports de la jalousie. » Elisa Bonaparte lui ayant demandé s'il pourrait jouer sur une seule corde, Paganini compose pour la quatrième corde une sonate qu'il intitule *Napoléon* : le succès est énorme et les légendes se multiplient ; sa prédilection pour la corde de *sol* date de ce jour.

À part ces séances d'exhibition, Paganini poursuit pendant ces années une triple recherche, trois voies s'ouvrant à lui : employer une seule corde pour exprimer une image musicale exaltée par ce timbre ; utiliser plusieurs cordes et leur timbre respectif, en les faisant concerter de manière que chacun prenne sa valeur expressive propre dans le cadre d'un dialogue ; ou encore unir les quatre cordes dans un discours homogène, en exploitant dans ce dernier cas leurs particularités rythmiques. Pour que chacune de ces solutions apparaisse nettement dans toute sa valeur expressive, l'exécutant doit naturellement être un virtuose émérite. Mais la virtuosité doit alors être comprise comme essentiellement tournée vers des fins expressives.

En 1818, la maison Ricordi publie les fameux *Caprices* pour violon seul de Paganini. On peut considérer cette date comme historique parce que ces compositions marquent une limite peut-être jamais dépassée dans la technique violonistique. Elles constituent également une indication précise qui ne concerne pas seulement l'avenir de cet instrument ; au-delà des qualités proprement violonistiques, elles renferment en effet des notions qui valent pour toute la musique romantique : libération du formalisme sur le plan de l'expression et amour de l'aventure (vécue ou imaginée, peu importe puisqu'en art c'est la même chose, quand vie et imagination se traduisent par une œuvre d'art). Les *Caprices* ayant été composés bien avant leur publication, on peut penser que Paganini les a écrits pour fixer sur le papier les inventions techniques qu'il expérimentait dans l'étude et qu'il appliquera ensuite dans bien d'autres morceaux, pouvant cependant être jugés d'un goût pour le moins discutable. Les *Caprices* constituent donc la plus haute expression de la virtuosité violonistique.

Ce n'est qu'à la fin de 1828 que Paganini accepte de se rendre à l'étranger pour des concerts. C'est le début d'une mémorable tournée qui va durer pratiquement cinq ans sans interruption et l'entraîner dans tous les pays du vaste empire des Habsbourg, ainsi qu'en Allemagne, en France, en Angleterre. Partout, c'est le succès ; sa personnalité fascine le public, les auditoires délirent d'enthousiasme. À Paris, il a l'occasion d'apprécier la musique de Berlioz et de lui venir en aide alors que ce dernier connaît de graves difficultés financières. Berlioz projette de son côté d'écrire un concerto pour le violoniste, qu'il finira par intégrer à sa symphonie *Harold en Italie*. Le morceau se révélera trop « symphonique » pour satisfaire l'individualisme exacerbé du musicien génois, qui ne le jouera jamais.

Page ci-contre, l'une des triomphales exhibitions de Paganini, encore très jeune, tableau de G. Gatti.

Ci-dessous, Paganini, portrait par J.A. Ingres. Comme les autres virtuoses du romantisme, le célèbre violoniste se propose de dépasser les limites expressives de son instrument, pour lui faire dire ce qu'il n'a encore jamais dit ; le musicien finit donc par s'identifier avec son instrument.

En haut, titre du Moto perpetuo in sol maggiore *; le paradis perdu, interdit par le tourbillon de la vie, qui est une tragique et vaine répétition sans fin (un mouvement perpétuel, justement), constitue le thème central, typiquement romantique, de la fantaisie de Paganini.*

Ci-dessous, à droite, lettre du musicien à un ami. La correspondance de Paganini est très riche.

De retour en Italie, très fatigué, Paganini s'installe près de Parme dans une villa dont il est propriétaire. Quelques années plus tard, il se trouve à Nice pour soigner sa santé chancelante. Il souffre de graves crachements de sang et — après des mois de douleurs et d'insomnies — s'éteint le 27 mai 1840. Depuis que sa santé s'était détériorée, sa vie était devenue un enfer ; on le sait par la correspondance entretenue avec un ami — une correspondance extrêmement riche — dans laquelle sont mentionnés tous les événements de son existence. Durant ses dernières années, une seule chose a compté pour lui : légitimer le fils issu d'une liaison avec une cantatrice-ballerine, Antonia Bianchi, qui s'est terminée de manière orageuse. Ce fils, Achille, vit alors auprès de son père et celui-ci lui est affectueusement attaché ; il souhaite lui assurer un avenir sans soucis financiers.

Après une existence traversée de légendes et de scandales (souvent faux, mais pas toujours), la mort même de cet extraordinaire musicien suscite d'incroyables racontars. Pendant quelque temps, on lui refusera une sépulture en terre consacrée et c'est seulement plus de vingt ans après sa mort que sa dépouille pourra reposer dans le cimetière de Parme.

Paganini jouant en concert. À la fin de 1828 seulement, le musicien accepte de se rendre à l'étranger. Jusqu'alors, ses concerts publics n'ont eu lieu qu'en Italie.

CARL MARIA VON WEBER

Eutin (près de Lübeck), 1786
Londres, 1826

Carl Maria von Weber semble destiné à être un enfant prodige comme Mozart (la femme du compositeur de Salzbourg est une cousine de Weber), c'est du moins l'intention de son père, Franz Anton, médiocre contrebassiste et violoniste. Carl Maria est le fils de sa seconde épouse. Franz Anton von Weber dirige alors le théâtre de Lübeck, où naît l'enfant, très exactement à Eutin, en 1786. Ses deux frères aînés font rapidement preuve de certains dons musicaux et étudient à Vienne avec Haydn tandis que Carl découvre le théâtre et la musique en suivant son père ; celui-ci a organisé un théâtre itinérant et parcourt les États allemands et l'Autriche. À dix ans — la famille s'étant fixée à Hildburghausen — Carl prend des leçons de piano et de composition avec un excellent musicien du lieu, J.P. Heuschkel. En 1798, les Weber sont à Salzbourg et le jeune Carl a l'occasion de chanter dans le chœur de la cathédrale sous la direction de Michael Haydn, frère de Franz Joseph et ami intime de Mozart. Le maestro remarque les dons du garçon et le persuade d'approfondir ses études de composition tant et si bien que Weber n'écrit pas moins de six *Petites Fugues* : il a douze ans à peine. Ces premières œuvres coïncident avec la décision paternelle de s'installer à Munich, où Carl Maria continue d'étudier le piano et le chant et compose un opéra *Die Macht der Liebe und des Weins* jamais représenté, ainsi que des sonates et variations jetées au feu par la suite. Il se voit proposer de mettre en musique le livret d'un opéra intitulé *Das Waldmädchen*, œuvre dont il tirera fierté un certain temps — notamment parce qu'il l'a écrite à quatorze ans seulement.

En 1801, les Weber reviennent à Salzbourg où Carl, encouragé par Michael Haydn, compose un opéra, *Peter Schmoll und seine Nachbarn*. Nouveau déménagement, à Hambourg cette fois, où il envisage sérieusement de se consacrer à la compilation d'une histoire de la musique. En 1803, on le retrouve cependant à Vienne, où il fait la connaissance de l'abbé Vogler qu'il considérera toujours comme son véritable professeur. Un an plus tard, il devient le chef d'orchestre du théâtre de Breslau. Mais il n'est pas facile pour un maestro de dix-huit ans de diriger des musiciens et des chanteurs plus âgés que lui. Cette période est pourtant riche d'enseignements, lui permettant de prendre conscience des problèmes et des responsabilités d'un chef d'orchestre. Au bout de quelque temps, il doit renoncer et démissionne en 1806. Passant quelques années entre Karlsruhe et Stuttgart, il parvient à composer plusieurs œuvres pour piano, ainsi que quelques pièces pour divers instruments solo. Mais il continue ses incessantes pérégrinations, pratiquement sans domicile fixe. Après avoir écrit deux concertos en 1810 et 1812, il commence à travailler à un troisième en 1815, parvenant progressivement à une œuvre révolutionnaire. À cette époque, on s'enthousiasme volontiers pour la victoire définitive remportée sur Napoléon à Waterloo ; lui-même, bon patriote, compose de nombreux *Lieder* et la cantate *Kampf und Sieg*. Mais son esprit est entièrement absorbé par son nouveau *Concerto pour piano en fa mineur* ; afin de plaire au public, il introduit une sorte d'histoire. Il s'agit donc d'un concerto présenté comme *Biedermeier*, selon le terme alors en vogue, autrement dit « bourgeois », d'un romantisme tiède, libéral et philistin à la fois, en un mot conformiste. Revenant en 1821 sur le schéma narratif qui prévoyait un « adieu sans retour », Weber renonce à la forme traditionnelle en trois mouvements et écrit un *Konzertstück*, en plusieurs parties reliées entre elles. Dans ce cas, comme dans celui de la très célèbre *Invitation à la valse* composée la même année, la tendance est au développement d'un schéma narratif en forme de poème musical formant un tout, dans

Ci-dessus, Weber dirige le Freischütz, *portrait-charge de l'époque.*

Page suivante, peinture du XIXe siècle pour le Freischütz.

lequel les subdivisions architecturales ne comportent aucune solution de continuité.

Entre-temps — en 1816 — Weber a épousé la cantatrice Caroline Brandt et commencé l'opéra qui sera ensuite considéré comme son chef-d'œuvre, *Der Freischütz*. Il le termine en mai 1820 et en assure lui-même la mise en scène pour la création dans un théâtre de Berlin ; l'œuvre récolte un extraordinaire succès public mais est froidement accueillie par la critique. La notoriété du musicien est immense, mais les tournées éreintantes minent sa santé. L'opéra est joué à travers toute l'Allemagne et en Autriche et contribue partout à réveiller un puissant sentiment nationaliste. Weber reçoit alors commande d'un nouvel opéra, *Euryanthe*, pour le Kärntnertheater de Vienne ; la création a lieu en 1823, sous la direction du compositeur. La musique est fort belle mais le succès reste modéré. Les attentes du public viennois paraissent avoir été déçues, Weber semblant abandonner à chaque nouvelle œuvre le langage qui lui a valu le succès, toujours en quête d'autres thèmes et d'autres formes. Diriger devient pour lui une fatigue physique à mesure que progresse la tuberculose. Bien que les médecins lui aient prescrit au moins un an de repos absolu, une commande de Londres le pousse à se remettre immédiatement au travail sur un nouvel opéra : *Oberon*. L'œuvre est terminée dans la capitale anglaise en avril 1826 et remporte à sa création un succès triomphal au théâtre de Covent Garden, qui se répète à diverses reprises notamment parce que les douze premières représentations sont dirigées par le musicien lui-même. Les besoins financiers croissants de sa famille l'incitent à accepter de donner en outre quelques concerts de piano, mais cet excès de travail l'épuise et déclenche une crise violente qui le mène à sa fin, en juin de la même année. Tout Londres assiste aux funérailles : son corps sera transporté à Dresde en 1844 et Richard Wagner prononcera alors son oraison funèbre.

La réputation de Carl Maria von Weber est avant tout liée au *Freischütz*, dans lequel le compositeur prend pour point de départ un sujet tenant de la légende et de la fable, avec recours aux enchantements et aux malédictions, tout en lui donnant des accents délicieusement romantiques. Nombre de scènes répondent à un simple besoin de spectaculaire, se résolvant par l'intervention d'un *deus ex machina*, mais Weber recherche une unité dramatique plus dense que celle de l'opéra italien, utilisant également des récitatifs « parlés » pour souligner des considérations pratiques (certains y ont vu une marque de nationalisme). Weber élargit les notions d'aria, de duo, de chœur ou de concerto pour relier différents épisodes. Il est en cela l'un des premiers à préfigurer un peu la technique orchestrale d'Hector Berlioz, combinant effets instrumentaux et harmoniques de manière dramatique, pour susciter chez les auditeurs une émotion donnée. Cela conduit presque inévitablement à la présence de structures multiples dans le même morceau, à des pauses, des évasions, voire des conclusions différentes, qui offrent cependant une grande richesse musicale à l'exécutant.

Par leur exubérance architecturale, les ouvertures de Weber peuvent donc être considérées comme des préludes au poème symphonique, alors que le compositeur est plus souvent en proie à des entêtements presque académiques.

Outre le *Freischütz*, trois œuvres ont résisté mieux que d'autres à l'usure du temps : le *Konzertstück* (1821) pour piano et orchestre, *Euryanthe* (1823) et *Oberon* (1826). Le *Konzertstück* évoque un chevalier parti pour la Terre sainte et une noble dame du Moyen Âge en larmes, le premier réussissant lors de son retour au château à sauver au dernier moment la seconde d'une mort certaine. Tout l'aspect littéraire apparaît faux et ressassé, mais la musique de Weber exalte le public par son splendide romantisme allemand. Il a un don particulier pour les mélodies de longue haleine, peut-être nostalgiques et déclamatoires, mais soutenues par des constructions harmoniques d'une grande fantaisie, aux couleurs brillantes et à la substance moelleuse. L'intrigue d'*Euryanthe* est difficile à comprendre et plus encore à mettre en scène de manière convaincante (le sujet en est la fidélité d'une jeune fille fiancée à un courtisan de Louis XVI), mais le tempérament de Weber — mélodieux et harmonique — donne naissance à un discours musical non seulement valable, mais en outre extrêmement agréable. Quant aux personnages d'*Oberon*, ce sont carrément des sirènes, le roi et la reine des fées, le calife de Bagdad Haroun al-Rachid et un pirate, de quoi faire un véritable feuilleton. Mais Weber remonte l'obstacle du texte avec un naturel extrême, réalisant un opéra vigoureux, plaisant, à l'excellente musique.

Son propre romantisme repose par ailleurs sur le patriotisme, le goût du grotesque et du surnaturel, et il sait adapter avec intelligence des livrets modestes, voire lourds et redondants (peut-être plus difficilement acceptables pour les générations suivantes) ; il devient ainsi pour ses contemporains la voix même de l'Allemagne.

LE SINGSPIEL

Genre musical typique de l'univers allemand, le *Singspiel* joue un rôle fondamental dans le développement de l'opéra en Autriche et en Allemagne.

Grâce aux chefs-d'œuvre de quelques grands musiciens, au premier rang desquels Mozart, Beethoven et Weber, ce genre particulier a permis au théâtre lyrique de ces deux pays de produire des œuvres de qualité et de se démarquer ainsi de la tradition italianisante qui a dominé le panorama musical européen aux XVIIe et XVIIIe siècles.

Le mot Singspiel désigne d'abord une comédie dotée de passages chantés, mais le terme va peu à peu prendre la signification inverse, celle d'œuvre musicale comportant des intermèdes parlés sans aucun accompagnement instrumental.

Le genre est présent dès la seconde moitié du XVIIIe siècle en Autriche comme en Allemagne, où il a une connotation populaire, souvent humoristique voire satirique. Cette forme de Singspiel est largement répandue dans les faubourgs de Vienne jusqu'à ce qu'un édit de Joseph II l'élève au rang de genre musical national *(Nationalsingspiel)* en 1778. Les premiers compositeurs signant cette évolution sont Ignaz Umlauff, Florian Gassmann et, plus connu de nos jours, Karl Ditters von Dittersdorf.

Mais c'est avec Mozart que le Singspiel acquiert ses lettres de noblesse : l'œuvre de jeunesse *Bastien et Bastienne*, de 1768 ; *L'Enlèvement au sérail*, de 1782 ; et surtout *La Flûte enchantée*, créée en 1791 sur un livret d'Emmanuel Schikaneder. L'unique opéra de Beethoven, *Fidelio*, est lui aussi un Singspiel par sa forme, bien que son contenu éthique et politique diffère beaucoup du genre en vogue à Vienne.

L'opéra romantique allemand naît sous le signe du Singspiel. Ernst Theodor Amadeus Hoffmann, auteur de nouvelles très apprécié, figure parmi ses premiers représentants au XIXe siècle et compose en 1816 sa meilleure œuvre, *Ondine*. C'est à Carl Maria von Weber, véritable précurseur et modèle du reste de ce siècle, que revient le mérite d'avoir porté le Singspiel à son sommet : en 1821, *Der Freischütz* exalte les éléments fantastiques qui seront chers aux compositeurs allemands des générations suivantes. Dans cette œuvre, les dialogues parlés sont plus importants que dans *La Flûte enchantée*. Le chef-d'œuvre de Mozart inspire *Oberon*, le dernier grand Singspiel de Weber créé à Londres en 1826 — année de la mort du compositeur.

*En haut à gauche, frontispice de l'*Invitation à la valse *dans la version pour piano.*

Ci-dessus, une scène du Freischütz.

Ci-contre, maquette de K.F. Schinkel pour Ondine *de E.T.A. Hoffmann. En raison de la fusion des éléments romantiques effectuée par l'écrivain et musicien, cet opéra peut être considéré comme l'un des précédents les plus directs du chef-d'œuvre de Weber* Der Freischütz, *dans lequel le compositeur se sert d'une source légendaire et féerique aux accents typiquement romantiques.*

Gioacchino Rossini

Pesaro, 1792
Passy (près de Paris), 1868

Né à Pesaro en 1792 d'un père romagnol et surnommé « Vivazza » pour sa gaieté bruyante, Rossini est entouré de musique depuis son plus jeune âge : son père est bon corniste et de surcroît « trompette », autrement dit crieur public, de la mairie. En outre, sa mère adore chanter et participe à diverses saisons théâtrales lors de manifestations organisées par son mari. Il manifeste très tôt une évidente vocation pour la musique et le chant, s'exerçant avec passion et se produisant même en public. Il étudie à Lugo et à Bologne, puis devient l'élève de l'abbé Mattei quand il peut s'inscrire au Liceo musicale de Bologne en 1806. À dix ans déjà, il a commencé le clavecin. À Bologne, il suit des cours de contrepoint, de violoncelle et de piano et, toujours en 1806, est admis à l'Accademia filarmonica.

Le chant restera toute sa vie une de ses principales passions et c'est peut-être pourquoi il saura si bien donner une voix aux personnages de ses opéras. Mais la grandeur de Rossini réside dans l'alchimie qu'il met en œuvre entre l'opéra napolitain du XVIIIe siècle et l'opéra romantique, entre deux conceptions théâtrales différentes, deux manières de comprendre le rôle même de la musique.

Pendant les trente-cinq ans de silence qui suivent le succès de *Guillaume Tell* — son dernier opéra — Rossini lui-même se présente, sur le ton un peu ronflant qui lui est habituel, comme le dernier des grands maîtres du style napolitain, de l'opéra des splendides conventions, du culte fanatique des chanteurs, du pur plaisir du spectacle, de l'artifice, de la décoration. Mais cette déclaration n'est peut-être qu'un paradoxe et le contraire est tout aussi vrai : Rossini utilise le chœur comme une image du peuple-nation, mettant à profit la richesse et l'efficacité dramatique de l'orchestre, avec un sens du comique explosif et sanguin. Reste son silence musical, presque inexplicable, à trente-sept ans seulement (et il lui en reste trente-neuf à vivre) : une véritable contradiction sur laquelle toute la lumière n'a pas encore été faite.

Très vite, à dix-huit ans, le jeune homme se fait remarquer par un opéra en un acte, *Le Contrat de mariage*, qui connaît un succès fulgurant, suivi à brève échéance d'autres compositions à mi-chemin entre bouffe et seria — en cinq ans, il n'écrit pas moins de seize opéras qui lui valent immédiatement l'attention des amateurs de musique. À vingt ans, il devient le compositeur italien le plus connu en s'aventurant dans un genre qui a connu avec Paisiello et Cimarosa une nette évolution : on leur doit en fait un considérable rapprochement entre opera seria et opéra bouffe. Qu'il s'agisse du *Barbier de Séville* de Paisiello (1782) ou du *Mariage secret* de Cimarosa (1792), ce ne sont des opéras bouffes que par leur sujet, très voisins en fait des spectacles seria ; la qualité dramatique des scènes laisse une large place au sentiment et à une diversité dans les comportements qui n'a plus grand-chose à voir avec la *commedia dell'arte*.

C'est à cette époque que certains compositeurs d'opéra comme Johann Simon Mayr (1763-1845) introduisent une nouvelle science symphonique et donnent une plus grande complexité au spectacle. C'est peut-être justement chez Mayr que Rossini aurait trouvé l'idée de son caractéristique *crescendo*, basé sur la répétition obsessionnelle d'un fragment mélodique et rythmique et sur l'apport progressif d'autres instruments avec une intensité toujours croissante, jusqu'à la retentissante explosion finale.

La production du jeune Rossini tient du prodige : en 1812, il fait représenter six opéras ; en 1813, naissent deux authentiques chefs-d'œuvre, *L'Italienne à Alger* et *Tancrède*. En 1816 — à vingt-quatre ans — il compose *Le Barbier de Séville* et *Othello* : le vrai miracle réside dans la réelle originalité de chacune de ces œuvres, surtout quand on connaît les incroya-

Ci-dessus, titre du livret de La Cambiale di matrimonio.

À droite, la basse L. Lablache dans le rôle de Figaro.

bles conditions dans lesquelles le jeune musicien doit travailler. L'avidité des impresarios est telle qu'ils parviennent à l'enfermer dans une pièce pour le forcer à fournir les feuilles, à l'encre encore fraîche, qu'exige la poursuite des répétitions.

Le *Barbier* est ainsi composé en quinze jours seulement pour le théâtre Argentino de Rome : le succès est triomphal après une première assez houleuse. Rossini conclut ensuite un contrat avantageux avec le théâtre San Carlo de Naples et travaille pratiquement jusqu'à la fin de 1822 pour l'imprésario Domenico Barbaja, tout en conservant la faculté de collaborer avec d'autres imprésarios à Rome et à Milan. En cette période, il se rend également à Vienne où il a l'occasion de rencontrer Beethoven, qui lui accorde son estime. Barbaja est également du voyage, ainsi que certains excellents chanteurs dont le soprano Isabella Colbran et un orchestre de premier ordre. La documentation est très fournie quant au style de chant pratiqué alors, basé sur un grand nombre de vocalises (de multiples notes sur une seule syllabe, groupées sur un rythme rapide : c'est le *bel canto*, avec ses ornementations). On en trouve la démonstration chez Rossini dans les œuvres qui vont de *Elisabeth, reine d'Angleterre* à son dernier opéra « italien », *Sémiramis* de

Ci-dessus, maquette de N. Benois pour Mosè in Egitto, *dans une production de la Scala de Milan.*

1823. Le côté spectaculaire de l'opera seria s'est donc développé, comme le prouve amplement l'oratorio *Mosè in Egitto*, dans lequel Rossini tire parti de tout ce que le théâtre de Naples peut lui offrir comme décors, accessoires, chœurs et orchestre.

En 1822, à trente ans, il épouse Isabella Colbran et se rend avec elle à Londres pour une tournée à laquelle assistent des membres de la famille royale. Les demandes de leçons de chant pleuvent et se révèlent fort rémunératrices. Appelé ensuite à Paris à la direction du Théâtre-Italien, Rossini se fixe dans la capitale française, adaptant ses propres œuvres à la « tragédie lyrique » : au cours de ces années parisiennes en effet, *Maometto II* devient *Le Siège de Corinthe*, *Mosè in Egitto* se transforme en *Moïse et Pharaon*, le musicien composant également une comédie *Le Comte Ory* et enfin *Guillaume Tell*, créé à l'Opéra en 1829 devant un public enthousiaste. La première de ce *dramma serio* a lieu après bien des désaccords causés par les prétentions financières du maestro et il faudra une intervention personnelle du roi Charles X pour y mettre fin.

Dans les trois opéras « français », la recherche de la vérité dramatique — qui s'oppose à l'univers cristallin du bel canto — peut être considérée comme menée à bien. Dans *Moïse*, le rôle du bel canto est très réduit par rapport au texte de chaque personnage ou à celui du chœur et plus encore par rapport au grand rôle d'évocation confié à l'orchestre. Même chose dans *Le Siège de Corinthe* pour ce qui concerne l'incendie détruisant la ville ; quant au finale de *Guillaume Tell*, il figure parmi les sommets symphoniques et choraux de tous les temps, le mot liberté déferlant sur les vastes horizons d'un ciel à nouveau serein, alors que la lumière illumine les montagnes et le cœur d'un peuple qui renaît à l'espoir. Dans *Guillaume Tell*, le bel canto cher aux virtuoses italiens a disparu, remplacé par un style de chant plus essentiel, plus vigoureux.

La nouvelle du triomphe parisien de *Guillaume Tell* se répand largement, les grands compositeurs du temps sont enthousiastes, de Bellini à Verdi, Donizetti, Mendelssohn et même Wagner. Après ce succès, Rossini part quelque temps pour Bologne s'occuper de la mise en scène de certains de ses opéras au Teatro comunale. Puis il revient à Paris pour veiller à ses propres intérêts financiers, mis en péril par la révolution de 1830. Louis-Philippe n'a aucune intention de respecter les accords signés par son prédécesseur Charles X et la pension accordée à Rossini est supprimée. Pendant cinq ans, le compositeur mène une âpre bataille devant les tribunaux, avec l'appui du banquier sévillan naturalisé français Alexandre Aguado. Ce dernier l'invite en 1832 à Madrid, où Rossini est reçu à la cour et se voit commander par don Manuel Varela, richissime prélat, un *Stabat*

Titre de Guillaume Tell *(version pour piano). C'est le dernier opéra de Rossini, créé à Paris en 1829 avec un très grand succès auprès du public et de la critique, même parmi les anti-rossiniens les plus virulents.*

s'identifie avec un orchestre en ébullition, envahissant, miroitant, obsédant. Cette frénésie de l'action orchestrale connaît parfois une pause pour faire place à de brèves oasis lyriques. Le reste du temps, l'énergie rythmique de l'orchestre emporte le chant. C'est le cas de morceaux fameux, comme la cavatine de Figaro ou l'air de la calomnie de Don Basile, dans lesquels l'orchestre progresse par de véritables tourbillons sonores tandis que la voix se limite à une « déclamation symphonique ». C'est dans le cadre de ce rapport très singulier entre chant et orchestre que se situe le *crescendo* rossinien. Le livret, de *L'Italienne à Alger* à *Cendrillon* et à *La Pie voleuse* (1817), suggère déjà l'évolution graduelle d'une action qui explose bruyamment une fois arrivée à son point culminant.

L'enseignement de Rossini sera péniblement assimilé pendant les décennies suivantes : le *Falstaff* de Giuseppe Verdi approfondira plus encore le sens du comique dans l'opéra. « *Tutto nel mondo è burla* » (tout n'est que farce en ce monde) concluent les personnages à la fin du troisième acte et nous découvrons alors ce que Rossini avait déjà implicitement montré : le comique naît de la reconstitution et de la manipulation de la réalité, afin d'en révéler les mécanismes cachés, les imbrications ; en d'autres termes, il naît de la distance que l'artiste parvient à prendre par rapport à la réalité qu'il veut observer. Chez Rossini, cette leçon d'ironie est sans aucun doute également présente dans l'opera seria et marque somme toute l'extériorité du compositeur, contrairement aux théories d'un siècle où le théâtre implique une participation solidaire de l'auteur et du public à ce qui se passe sur scène.

Malgré ses crises de dépression (étonnamment fréquentes chez un être aussi sanguin), Rossini accepte en 1840 la direction du Liceo musicale de Bologne. Quelques années plus tard, il quitte cette ville et s'installe à Florence où il va rester près de sept ans, rendu amer par les accusations de sympathie pour l'Autriche dont il est l'objet en ces années où se développe le mouvement irrédentiste. En 1855, pour des motifs de santé semble-t-il, il revient à Paris où il tient à nouveau salon, recevant artistes et musiciens de passage ; les bons chanteurs peuvent toujours s'y produire devant un petit cercle d'amateurs. Parmi ces visiteurs, citons Saint-Saëns et Richard Wagner, ce dernier très impressionné, au point d'écrire plus tard que Rossini est le premier véritable grand artiste qu'il ait pu rencontrer.

C'est à cette époque qu'il compose la *Petite Messe solennelle*, baptisée « première messe de salon », aux sonorités particulièrement originales (soli, chœur, harmonium et deux pianos) ; elle unit l'écriture sacrée traditionnelle à des pages plus espiègles venant du théâtre, en un nouvel équilibre entre la pratique de la dévotion et une modernité inattendue.

La santé de Rossini se détériore en 1868 et il meurt le 13 novembre de cette année, dans sa villa de Passy, non loin de la maison choisie par Balzac au 47 de la rue Raynouard.

En un certain sens, Gioacchino Rossini peut être considéré comme l'ultime rejeton du XVIIIe siècle musical ; le jugement est d'autant plus justifié si l'on examine ses opéras bouffes, ceux qui l'ont rendu populaire. *Le Barbier de Séville*

Mater. Lors d'une cure à Aix-les-Bains en 1832, il fait la connaissance de la belle Olympe Pélissier, en tombe amoureux et en fait sa compagne après s'être séparé d'Isabella Colbran. Il l'épousera en 1845, après la mort de cette dernière. Il vit quelque temps à Milan avec sa nouvelle maîtresse et tient un salon fréquenté par les artistes de passage, les musiciens en particulier, parmi lesquels Franz Liszt. Mais il est sujet à de fréquentes crises de dépression. Quand on pense à lui de nos jours, à ses opéras, à ses fulgurantes ouvertures, on a peine à croire qu'il soit demeuré quasi silencieux pendant trente-neuf ans, lui qui incarne si bien la vigueur et la bonne humeur. Pourtant, le maestro s'est désormais replié sur lui-même et se tait.

À tort ou à raison, sa célébrité reste pourtant solidement attachée aujourd'hui encore à ses œuvres comiques. Rossini auteur bouffe, le préjugé a la vie dure. À vrai dire, l'évolution morale et politique de la société (donc celle du public et de ses idéaux) après les années des succès rossiniens ne laisse plus de place à l'opéra bouffe. Rossini s'y est sans aucun doute montré le plus grand. Dans l'opéra-comique, son génie est immédiat, irrésistible, avec une grande économie de moyens. Il déclare lui-même que le rythme est l'essence de ce monde conventionnel, le facteur qui bouleverse — et rend donc comique — la représentation des problèmes humains racontés sur scène.

Dans ce mécanisme rossinien, les éléments moteurs sont des personnages particuliers, dérivant de la commedia dell'arte. Dans le cas du *Barbier* par exemple, il n'est pas difficile de trouver des analogies entre don Bartolo et Pantalon, entre Rosine et Colombine, entre Figaro et l'un de ces innombrables Arlequins astucieux et railleurs. Chacun obéit à une logique préétablie, soumis aux impulsions d'une grande main qui guide seule le cours des événements et

et *Cendrillon* (datant des deux années 1816-1817) constituent en fait les deux derniers succès de la tradition comique de cette époque. Il est cependant tout aussi justifié de souligner les aspects de son œuvre qui habituent peu à peu le public à plus de pathétisme amoureux (comme dans *Tancrède*, opéra très précoce de 1813) et à l'apparition d'héroïnes émouvantes et anxieuses, à la psychologie typiquement romantique, comme la Desdémone d'*Othello* en 1816. La grandeur de Rossini réside dans sa sensibilité aux contradictions de son époque, qui connaît une profonde révolution du goût et de la technique théâtrale. Il manifeste pourtant presque toujours une extrême sûreté d'orientation et de choix, se mesurant sans complexe à de grands modèles : on pense évidemment au chef-d'œuvre mozartien des *Noces de Figaro* face au *Barbier de Séville*. Cela vaut aussi pour *L'Italienne à Alger* ou *Le Turc en Italie* devant cette merveille de Mozart qu'est *L'Enlèvement au sérail*.

L'œuvre rossinienne laisse en général peu de place au pathétique, sinon pour ironiser : il suffit de penser à la feinte ingénuité de Rosine dans le *Barbier*, qui se révèle très vite un simple masque dissimulant mal un personnage astucieux et volontaire. Remarquons aussi que les élans perturbateurs proviennent dans une égale mesure de la richesse vocale et de l'énergie de l'accompagnement orchestral. Ces magistrales leçons rossiniennes ne seront pas comprises au cours des décennies suivantes : cette manière de faire jaillir le comique à partir des mécanismes de l'imbrication des passions et des situations humaines reste pratiquement sans suite. Il ne faut donc pas non plus s'étonner que son évolution musicale ait abouti à l'architecture sonore d'un opéra comme *Guillaume Tell*, dans lequel il révèle une formidable capacité à recréer une atmosphère, une inquiétude de l'âme, par un dosage des éléments rythmiques, mélodiques et harmoniques qui ont fait parler à ce propos de beauté parfaite.

Couverture du numéro de juillet 1867 de la revue satirique française Le Hanneton, *qui fête le 75ᵉ anniversaire de Rossini en reproduisant une caricature du compositeur due à Hippolyte Mailly (en bas, une annotation de Rossini lui-même). Le musicien mourra l'année suivante dans sa villa de Passy. Il s'est définitivement installé à Paris en 1855, faisant de sa maison un point de rendez-vous pour les artistes (parmi tant d'autres, Saint-Saëns). C'est à cette époque qu'il écrit la* Petite Messe solennelle, *sa dernière œuvre importante dont l'exécution privée en 1864 lui vaut un émouvant témoignage d'admiration de la part des principaux musiciens français du temps, comme Meyerbeer et Gounod.*

Franz Schubert

Lichtental (près de Vienne), 1797
Vienne, 1828

Né à Vienne en 1797, douzième enfant d'un modeste instituteur, ce grand compositeur autrichien a été appelé « le dernier des classiques et le premier des romantiques ». Ses premières leçons de musique lui sont données par son père et par l'organiste du faubourg. À onze ans, il obtient une bourse d'études qui lui permet non seulement d'entrer comme choriste à la chapelle impériale et royale de la cour mais aussi au Stadtkonvikt, collège fréquenté par les rejetons de la bourgeoisie viennoise. Pendant ces années, Schubert suit également l'enseignement d'Antonio Salieri, figure d'importance dans la Vienne de l'époque, déjà en contact avec Mozart et Beethoven. C'est sans doute lui qui suggère à Schubert de composer des ouvertures et des symphonies pour les fêtes de l'école, même s'il est officiellement devenu second violon. À partir de 1811 donc et pendant cinq années, il étudie avec Salieri la théorie et la composition. Il écrit alors son premier *Lied, La Plainte d'Agar* (1811), suivi de musique de chambre, de fragments d'un opéra, de pièces *a solo*, d'œuvres pour piano à quatre mains et de musique sacrée.

Quand sa voix se met à muer, en 1813, Schubert doit quitter le chœur et penser à son avenir : il entre alors dans un collège destiné à la formation des instituteurs ; au collège pour enseignants de l'Anagasse, Schubert continue de composer et complète son premier opéra *Des Teufels Lustschloss*, écrit entre octobre 1813 et mai 1814. Cette œuvre soumise par Schubert au jugement de Salieri, ne sera représentée qu'en 1879 à Vienne, bien des années après la mort du compositeur. Schubert compose sa première *Messe en fa majeur*. En octobre 1814, il écrit à partir du *Faust* de Goethe le premier véritable lied allemand, *Gretchen am Spinnrad (Marguerite au rouet)*, à l'accompagnement « tournoyant » sur lequel voltige une mélodie affligée. Ce sera le premier d'une longue série. La nouveauté réside dans le fait que la mélodie vocale n'est pas simplement accompagnée par la musique mais que toutes deux apparaissent comme des entités distinctes.

Dès lors, Franz Schubert se consacre essentiellement à la composition de lieder et de musique de chambre. L'exécution devant un petit nombre de personnes lui apporte également ces contacts humains, cette proximité que ne lui donne pas la musique d'église ou de théâtre et dont il semble avoir besoin comme d'un encouragement. Certains de ses plus beaux lieder datent de 1815 : c'est le cas de *Rastlose Liebe* ou du célèbre *Erlkönig (Le Roi des aulnes)* tous deux sur des poèmes de Goethe. Rien qu'en 1815, Schubert compose presque 150 lieder. Les années suivantes, Schubert vit une période de grande activité et réunit autour de lui trois amis particulièrement proches, qui vont le soutenir toute sa vie : Joseph von Spaun, Franz von Schober (alors étudiants en droit et passionnés de musique) et Johann Michael Vogl, chanteur, le premier à faire découvrir au public les lieder de son ami. Schubert compose rapidement quatre *Singspiele*, deux symphonies — la deuxième et la troisième. Spaun envoie à Goethe une sélection d'arrangements musicaux composés par Schubert sur des textes du poète, mais celui-ci n'en accuse pas réception. Pourtant, Schubert a « officiellement » fait son entrée dans les salons viennois et l'on peut dire que sa carrière a véritablement commencé. Il lui reste encore à acquérir la maîtrise technique du piano, ce qu'il fait en prenant sur son sommeil avec une persévérance admirable, étudiant particulièrement à cette époque la forme sonate.

En 1816, il termine la *Symphonie n° 4 en ut mineur* (dite « Tragique » par la suite), dictée par une vision lugubre de l'existence. Auparavant, ayant abordé les poèmes des frères Schlegel et mis en musique Schiller, Klopstock, Jacobi, il a composé des *Ländler* et des menuets, ainsi que deux *Salve Regina* et un *Stabat Mater*.

Durant cette même année 1816, il abandonne le toit paternel et s'installe auprès de Franz von Schober. Le dernier morceau écrit à la maison est le *Quatuor en mi majeur op. 125 n° 2*.

L'idée que Schubert se fait de lui-même se précise également à cette époque : à la différence de Mozart et de Beethoven, il se veut uniquement compositeur, doutant de ses qualités de pianiste (bien qu'il étudie jour et nuit). Au début de son installation chez Schober, il compose six *Sonates pour piano*. 1817 est une année cruciale dans la vie de Schubert : grâce à son ami Schober, il fait la connaissance d'un chanteur de la cour, Johann Michael Vogl. En sa compagnie, le compositeur commence à interpréter ses lieder dans les salons viennois. C'est aussi le début des « schubertiades », ces soirées dont on parlera beaucoup à Vienne, souvent données chez Leopold Sonnleithner, un avocat dont le fils est un ami du jeune musicien. Lors de ces réunions, Schubert a du mal au début à jouer ses propres œuvres (il les juge « trop difficiles »). Il écrit à cette époque de splendides lieder, dont *La Jeune Fille et la Mort* et *An den Tod (À la mort)*.

En 1817 pourtant, à court d'argent, Schubert doit reprendre son travail de maître auxiliaire dans l'école de son père. En juillet 1818, engagé comme maître de musique des deux filles du comte Johann Karl Esterházy, Marie et Caroline, il les accompagne dans leur résidence d'été de Zseliz en Hongrie. Il y retrouve les bois, l'eau des rivières, tout ce qui parle à son âme, l'incitant à se vouer à la musique et à composer. Durant ce séjour, il tombe amoureux de Caroline et compose quelques lieder restés célèbres, dont *Solitude, Der Blumenbrief, Abendlied, Das Marienbild*, ainsi que quelques œuvres pour piano à quatre mains (domaine où il restera inégalé). De retour à Vienne, à l'été de 1819, il compose la *Sonate en la majeur pour piano* et le *Quintette pour cordes et piano*.

Toutefois, à en juger par les mouvements du compositeur et par ses œuvres, il traverse une période d'inquiétude : il ne réussit pas à terminer l'oratorio-cantate *Lazarus* (il en écrit un premier acte dramatique) ni le *Quatuor en ut mineur (Quartettsatz)*, autre morceau véritablement tragique. Peut-être cela tient-il à la situation politique du moment : le chancelier autrichien Metternich recourt à une politique de répression et à toutes les formes de censure contre l'intelligentsia libérale.

Le 14 juin 1820, au théâtre de la Porte-de-Carinthie, à

Une vue de Gmunden, sur la route de Linz en Autriche. Schubert adore la nature et accomplit de nombreux voyages dans toute l'Autriche.

Vienne, le rideau se lève sur l'opéra *Die Zwillingsbrüder (Les Frères jumeaux)*, qui bénéficie de la voix prestigieuse de l'ami Vogl, mais le succès est très moyen. Le même été est représentée au théâtre An der Wien *Die Zauberhafte (La Harpe enchantée)*, encore plus froidement accueillie. Cela permet toutefois au compositeur de vivre seul pour la première fois.

À mesure que ses œuvres commencent à être jouées, sous l'effet d'une étrange timidité, Schubert compose de moins en moins. Dans la première moitié de 1821, il écrit une douzaine de lieder, deux chœurs, quelques danses. Au printemps, le compositeur s'en va vivre seul au centre de Vienne, près du Tiefer Graben, où il continue d'écrire des lieder sur des poèmes de Goethe. Vers la fin de cette année, il travaille à *Alfonso und Estrella*, opéra romantique, et à nombre d'œuvres qui ne connaîtront pas un succès immédiat, comme la *Wanderer-Fantasie* et la très célèbre *Huitième Symphonie dite inachevée*, en *si* mineur, qui porte la date du 30 octobre 1822. On ignore toujours aujourd'hui la raison pour laquelle il ne l'a pas terminée. Vers cette même époque, il contracte une grave infection vénérienne, ce qui ralentit sensiblement sa production. Il devient hargneux et querelleur, même avec ses amis les plus intimes, cessant toute relation avec Vogl.

Entre 1821 et 1822, on assiste à un vif réveil d'intérêt pour Schubert. Les éditeurs Cappi et Diabelli publient les lieder par cahiers séparés ; puis c'est le tour du *Roi des aulnes op. 1*, suivi de *Marguerite au rouet op. 2* ; 36 valses sont rassemblées dans l'*op. 9*, et l'*op. 10* contient 8 *Variations pour piano à quatre mains*.

Sauer et Leidesdorf publient en 1823 les lieder *op. 21*, *op. 22* et *op. 23*, puis d'autres œuvres encore, lui permettant ainsi de vivre correctement sinon dans l'aisance. Mais Schubert aime les cafés et les restaurants où il retrouve ses amis en joyeuse bande et dépense avec insouciance tout ce que sa musique lui rapporte. Pendant sa courte existence, il compose environ un millier d'œuvres, mais n'en voit publier

Page ci-contre, la Michaelerplatz à Vienne, gravure d'époque. Schubert naît dans un faubourg de Vienne, le douzième enfant d'un modeste instituteur. Ses premiers professeurs de musique sont son propre père et l'organiste du faubourg ; à onze ans, il obtient une bourse d'études grâce à laquelle il peut entrer comme choriste à la chapelle impériale et royale de la cour et au Stadtkonvikt, collège fréquenté par les chanteurs de la cour et les futurs étudiants de l'université appartenant à la bourgeoisie viennoise.

À droite, Schubert joue dans une demeure de Vienne (tableau de J. Schmid). Schubert se consacre particulièrement à la composition de lieder et de musique de chambre ; cela lui procure également ces contacts humains que la musique d'église ou de théâtre ne lui permet pas.

Franz Schubert

Ci-dessus, Schubert au piano, dessin du XIXᵉ siècle.

À droite, Schubert au piano, détail d'un tableau de G. Klimt. Lors des soirées passées chez des amis, on interprète très souvent des lieder, genre auquel la gloire du compositeur viennois est indissolublement liée (il en existe plus de six cents). Remontant sans doute à l'époque des Minnesänger, ces troubadours du Moyen Âge, le lied se caractérise par un lien étroit entre paroles et musique. Il redevient à la mode dans la seconde moitié du XVIIIᵉ siècle. Avec Schubert, l'horizon du lied s'élargit, en raison d'un regain d'intérêt pour les anciennes traditions médiévales et d'un besoin aigu d'opposer quelque chose de typiquement allemand aux formes d'art italiennes. Mais par-delà ces considérations, le lied de Schubert est surtout une émotion lyrique individuelle, un cri d'amour, une poignante confession.

Schubert accompagne au piano le chanteur M. Vogl qui interprète des lieder pour ses amis chez Joseph von Spaun. Vogl et Spaun figurent parmi les plus grands amis du compositeur. L'amitié avec Spaun, de huit ans plus âgé que Schubert, remonte au temps du Stadtkonvikt et nous vaut des souvenirs très vivants et révélateurs sur le tout jeune Franz. La rencontre de Vogl, plus âgé que Schubert d'une trentaine d'années, se produit en 1817. Invité à examiner les lieder du jeune homme, le célèbre baryton garde au début une certaine réserve, mais la lecture de Augenlied, Memnon, Ganymed *modifie rapidement son attitude.*

qu'une centaine ; un grand nombre ont été retrouvées après sa mort. Les lieder sont presque tous édités, mais la *Messe en la bémol majeur*, par exemple, sa *Missa solemnis* — l'une de ses œuvres les plus mystérieuses et les plus bouleversantes — ne sera imprimée qu'en 1875.

En 1823, Schubert est déjà gravement malade. Il compose encore, désespérément, d'émouvants lieder comme le cycle *Die schöne Müllerin (La Belle meunière)*, des œuvres grandioses comme la *Sonate pour piano en la mineur*, des pièces dramatiques comme la ballade *Le Nain* — « fruits, comme il l'écrit, de ma connaissance de la douleur ».

Suit une période très sombre : Schubert en proie aux infirmités et au découragement doute de pouvoir composer encore. Puis, à l'improviste, il se remet à travailler avec frénésie, suscitant l'inquiétude de l'ami Vogl avec lequel il s'est réconcilié. En compagnie du chanteur, Schubert entreprend un voyage de convalescence à Styr, ville natale de Vogl. Le compositeur y travaille à une nouvelle œuvre, *Fierabras*, sur un livret de Joseph Kupelwieser, frère de Leopold, le peintre, un de ses amis les plus proches. Pendant l'été de 1824, il reprend son rôle de professeur chez le comte Esterházy, dans cette propriété de Zseliz où il s'était épris de Caroline. C'est sans doute alors qu'il compose la *Fantaisie en fa mineur pour piano à quatre mains*, mais il n'en écrira la dédicace qu'en 1828. Il connaît encore des moments de gaieté quand, à la belle saison, il se rend avec ses amis en Styrie ou à Graz, petite ville fraîche et riante, ou à Salzbourg, où il va « vénérer » le fantôme de Mozart dont la ville est encore imprégnée aujourd'hui. Il se rend également à Eisenstadt sur la tombe de Haydn.

À l'occasion du premier anniversaire de la mort de Beethoven, le 26 mars 1828, un concert de haut niveau est organisé avec des œuvres de Schubert : bien qu'à en croire ses amis, le succès ait été énorme, les journaux de l'époque nous apprennent au contraire qu'on n'en parla guère.

Cela paraît incroyable quand on pense qu'au cours des quatre années précédentes seulement, le compositeur viennois a écrit deux *Quatuors à cordes en la mineur et ré mineur*, fort bien accueillis, sept lieder inspirés par la lecture de *La Dame du lac* de Walter Scott, des *Trios pour piano, violon et violoncelle*, la *Symphonie de Gmunden-Gastein* — perdue et un peu mystérieuse —, la *Symphonie en ut majeur (La Grande)*, le *Quintette à cordes en ut majeur* et un autre remarquable cycle de lieder dont il se dit lui-même très satisfait. Dans son récent *Quintette à cordes en ut majeur*, le compositeur donne l'impression — maintenant que le rude musicien de Bonn n'est plus — de vouloir rivaliser avec Beethoven.

À la fin d'octobre 1828, Schubert ne parvient plus à passer ses journées à sa table de travail, où il voudrait approfondir les applications de la fugue et du contrepoint. Il meurt, après de longues périodes de délire entrecoupées de moments de lucidité, le 18 novembre. La veille, il avait dit : « Beethoven ne se trouve pas ici. »

Que reste-t-il aujourd'hui des « années Schubert » ? Ses danses viennent directement de la tradition viennoise, de Haydn, Mozart et même Beethoven ; les valses en particulier font fureur à Vienne comme partout ailleurs. Mais les constructions élaborées par Schubert ne sont jamais simples : elles atteignent parfois des sommets inégalés.

Cette esquisse de M. von Schwind datant de 1868 montre une autre de ces soirées se déroulant chez Spaun.

Ces rencontres autour de Schubert dans des maisons amies prennent le nom de « schubertiades ».

En 1814, Schubert crée le lied romantique, mais sa vocation musicale est encore hétérogène, avec un penchant pour le théâtre et une grande admiration pour Gluck, Mozart et Rossini. En 1816, il critique même Beethoven pour son excentricité qui finit par confondre « le tragique et le comique ». Très sensible aux influences extérieures et fondamentalement fidèle au classicisme viennois, Schubert emploie sans s'en cacher dans ses six premières symphonies des motifs et des thèmes, des figures et des procédés empruntés à Haydn et à Mozart, n'accordant au mieux une attention particulière qu'aux deux premières symphonies de Beethoven.

Il semble presque invraisemblable que seule une partie dérisoire de l'énorme production de Schubert ait été éditée de son vivant. Le plus grand Schubert, le plus authentique, au moins dans le domaine symphonique, sera découvert en plein romantisme, un courant culturel auquel il apppartient de droit. En 1839, Robert Schumann retrouvera une énorme pile de manuscrits conservés par le frère de Schubert : c'est la *Symphonie en ut majeur*, achevée par le compositeur peu de mois avant sa mort. Mendelssohn la fera jouer à Leipzig avec un grand succès.

En décembre 1865, six mois après la première de *Tristan et Ysolde* de Wagner, Johann Herbeck dirige à Vienne une symphonie de Schubert dénichée chez un vieil ami du compositeur : c'est la célèbre *Inachevée* — écrite en 1822 — dont la conclusion a peut-être été remise à plus tard devant le déferlement beethovénien. Mais on y sent déjà clairement la nouveauté de Schubert : ce thème d'introduction, plein d'une sombre et inquiète attente, réapparaît dans le développement sur un rythme fatal inconnu de Beethoven. L'élaboration thématique devient une construction d'idées, avec des moments de concentration et des parenthèses dans le discours, intensifiés par un tourment existentiel complètement nouveau, dont s'inspireront les musiciens du romantisme tardif. La fin extatique de l'andante (et de la symphonie elle-même) indique un itinéraire d'adieu, viatique d'un voyageur conscient d'entreprendre le parcours définitif, même s'il est, peut-être, remis d'un an ou deux. Le célèbre, et sincère gémissement de Schubert — « Après Beethoven, qui pourra faire plus ? » — trouve précisément sa réponse dans cette symphonie : sinon quelque chose de plus, il a en tout cas composé quelque chose d'autre, de nouveau mais toujours de grand.

Gaetano Donizetti

Bergame, 1797
Bergame, 1848

Gaetano est l'avant-dernier des six enfants du concierge du mont-de-piété de Bergame, où il naît — dans une très modeste maison marquée la misère — en 1797. Il connaît donc une enfance pauvre et précaire. Pourtant, quand s'ouvre à Bergame un conservatoire de musique professionnel (dirigé par le célèbre Simon Mayr, auparavant maître de chapelle de Sainte-Marie-Majeure dans la même ville), le concierge réussit à y faire entrer deux de ses enfants, Giuseppe et Gaetano. Giuseppe deviendra par la suite maître de musique à la cour du sultan de Constantinople.

Ayant remarqué les dons du jeune Donizetti, Mayr l'oriente vers la composition et l'étude du chant, lui faisant découvrir un monde spirituel qui va fasciner le garçon (il a alors une douzaine d'années) pour toujours. Après avoir suivi l'enseignement de Mayr pendant neuf ans, le jeune homme va se perfectionner au Liceo musicale de Bologne sous la direction de l'abbé Stanislao Mattei, déjà le professeur de Gioacchino Rossini. Passionné par la composition, Donizetti ne se borne pas aux études obligatoires de fugue et de contrepoint, mais consacre une bonne partie de son temps libre à composer des œuvres brèves, *concertino pour cor anglais* et six symphonies.

Mais les dispositions du compositeur pour la musique sacrée et instrumentale se devinent sans équivoque dans ses mélodrames romantiques, malgré le caractère hâtif de l'écriture : l'orchestre participe au discours mélodique, entremêlant à la voix humaine celle d'instruments solistes, clarinette, flûte ou cor, en une sorte de dédoublement lyrique des personnages.

De retour à Bergame en 1817, à vingt ans donc, Donizetti compose huit quatuors en un peu plus de un an et commence un opéra, *Enrico di Borgogna*, créé à Venise en 1818. C'est le premier d'une série ne comportant pas moins de 70 opéras qui lui vaudront gloire et richesse, mais le succès n'est pas immédiat ; celui-ci ne vient que trois ans après cet *Enrico*, avec le triomphe à Rome de *Zoraide di Granata*.

Entre les caprices des premiers rôles et les exigences des impresarios, Donizetti doit travailler dur pour ne pas être supplanté par d'autres musiciens. Sa célébrité lui permet d'épouser la fille d'un riche bourgeois romain, Virginia Vasselli. Le nouveau milieu qu'il fréquente va lui valoir l'incroyable, mais justifié succès d'*Anna Bolena* en 1830, de *L'Elisir d'amore* en 1832. Nés d'une collaboration féconde avec le librettiste Felice Romani, ces deux opéras assurent définitivement la réputation de Donizetti. *Anna Bolena*, présenté à Milan au Teatro Carcano, est un triomphe. *L'Elisir d'amore* est créé en mai 1832, toujours à Milan. Ces premiers succès sont très rapidement suivis par deux autres chefs-d'œuvre : *Lucrezia Borgia* en 1833 et *Lucia di Lammermoor* en 1835. Il est par ailleurs nommé professeur de composition au conservatoire de Naples en 1834 et invité par Rossini à présenter à Paris un nouvel opéra.

Dans ses œuvres, on trouve toujours de grands moments de chant, mis en évidence avec un lyrisme immédiat, mais ils semblent toujours plus intégrés aux passages de déclamation et d'action, soit parce que le passage lyrique est de moins en moins souvent interrompu par des éléments « extérieurs » (que l'on pense à la scène de la folie dans *Lucia di Lammermoor*), soit parce que le lyrisme lui-même cherche une justification dramatique. Le chant à pleins poumons est toujours plus réservé aux moments d'effusion amoureuse, à l'explosion des différentes passions, à la révélation directe des sentiments et cela se produit toujours moins au détriment de la continuité dramatique.

Malgré ces heureux débuts, en 1835 et 1836, le malheur le frappe. Donizetti doit enterrer tous ses proches et ces deuils terribles lui enlèvent la volonté de vivre et de composer qui l'a jusqu'ici animé. Il brigue pourtant le poste de directeur du conservatoire de Naples, mais se voit préférer Mercadante. Il revient découragé à Paris, comptant peut-être sur l'amitié de Rossini et sur l'accueil, un temps si chaleureux, réservé aux musiciens italiens. Mais cette époque tire à sa fin : à Paris règnent Liszt, Berlioz et Chopin, tandis que se lève, toujours plus éclatant, l'astre de Wagner.

En deux années pourtant, en 1840 et 1841, Donizetti compose *La Fille du régiment* et *La Favorite* ; l'année suivante voit le triomphe à Vienne de *Linda di Chamounix*, écrit pendant les moments de rémission d'un « mal obscur » qui le laisse inerte et fiévreux pendant des heures, mais ne l'empêche pas de composer *Don Pasquale* en 1843, œuvre accueillie avec un succès flatteur. La maladie le harcèle pourtant et il finit par être interné dans un asile, de manière absurde, dans l'isolement et l'attente de la mort. Celle-ci survient en 1848, à Bergame, sa ville natale.

Donizetti ressent fortement la « différence » de Paris, comme Rossini et Bellini du reste. Il entre en contact avec le *grand opéra* par sa collaboration avec le plus grand librettiste du genre, Eugène Scribe, auquel il confie le remaniement de son *Poliuto*, un opéra écrit à Naples en 1837. Plus fastueux encore est l'autre grand opéra sur un livret de Scribe, *Dom Sébastien de Portugal*, composé en 1843. Dans

Ci-dessous, Fanny Persiani et Antonio Tamburini dans une scène de L'Elisir d'amore *(lithographie du XIXe siècle).*

À droite, titre de Don Pasquale *dans l'édition française, réduction pour piano et chant.*

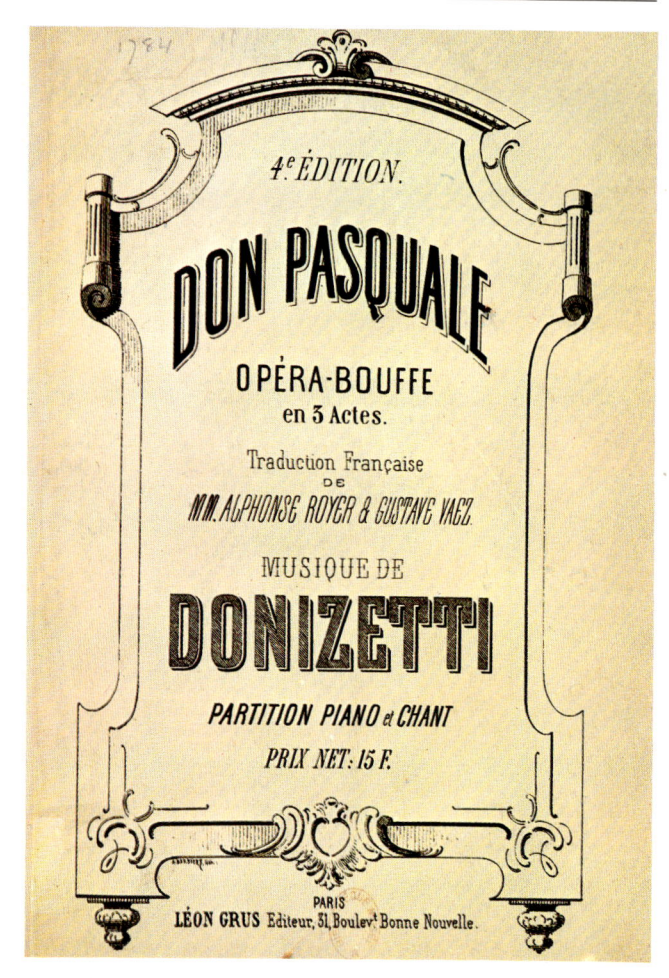

cette collaboration, l'œuvre française recueillant le plus grand succès est *La Favorite*, drame de la jalousie et de passions désespérées, situé dans l'atmosphère haute en couleur de la cour d'Espagne, entremêlé de ballets et de chansons, avec des éléments spectaculaires et légers : c'est donc une atmosphère et une complexité dramatique assez éloignées de la tradition italienne de l'époque.

À Paris, Donizetti ne s'intéresse pas seulement au grand spectacle mais aussi beaucoup au genre léger, comme le prouvent, on l'a dit, *La Fille du régiment*, proche de l'opéra-comique, et *Linda di Chamounix*, comédie sentimentale agrémentée de scènes de la vie villageoise.

L'expérience de *Don Pasquale* est encore différente : cet extraordinaire opéra, un chef-d'œuvre du genre bouffe italien, emprunte surtout à Rossini le rôle moteur de l'orchestre, qui donne sa vie rythmique et son souffle à l'intrigue. L'orchestre exprime toute la saveur du tour joué au vieux Don Pasquale, amoureux de la jeune Nerina. Le faux mariage, les caprices hystériques de la jeune fille, le faux adultère qui décide Don Pasquale à divorcer, l'heureuse conclusion de l'amour entre Nerina et Ernesto, neveu de Don Pasquale, sont autant d'ingrédients qui appartiennent au répertoire traditionnel de la comédie du XVIIIe siècle. Un élément cependant est tout à fait nouveau : par-dessus cet orchestre riche et brillant qui mène l'action, l'unique personnage véritablement caricatural et comique est Don Pasquale. Les autres relèvent pleinement d'une tradition de chant *semi-seria* de style XIXe. D'où la solitude évidente de Don Pasquale et son côté ridicule qui, finalement, éveillent la compassion et dévoilent un fond de tristesse derrière le rire.

Cette maturation XIXe du « comique » musical trouve donc avec Donizetti (dans la phase la plus évoluée de sa production) un type de solution que Verdi reprendra, bien des années plus tard, dans *Falstaff*.

On a beaucoup parlé de l'incohérence de Donizetti et de son activité créatrice presque maladive, en les attribuant aux délais impitoyables qui lui auraient été imposés par éditeurs et imprésarios. Mais tel n'était peut-être pas le cas, si l'on pense à sa boulimie de travail quand il étudiait à Bologne (et à cette époque, sans aucun souci de délai) ou quand, ayant atteint l'aisance, il n'était certainement pas obligé à ces tours de force qui le laissaient abattu et prostré. Donizetti était un inquiet, un romantique et cette activité frénétique faisait sans aucun doute partie de son caractère. Pourtant, même s'il travaillait trop, son écriture reste toujours digne et élégante, riche et séduisante. Par ailleurs, Donizetti a toujours déclaré que ses meilleurs passages lui venaient d'un seul jet, jaillissant directement de son cœur. Ce fut certainement un homme loyal, victime de jugements peu flatteurs.

Ci-dessus, décor créé en 1836 par A. Sanquirico pour Maria Stuarda, *datant de 1834.*
Ci-dessous, caricature montrant Donizetti en train d'écrire d'une main un opéra bouffe et de l'autre un opera seria.

Vincenzo Bellini

Catane, 1801
Puteaux (Hauts-de-Seine), 1835

Vincenzo Bellini naît à Catane en 1801, fils et petit-fils de musiciens, ce qui lui vaut de découvrir très tôt la musique : à cinq ans à peine, il commence à étudier théorie et clavecin ; deux ans plus tard, il peut déjà faire ses premiers pas dans la composition, se tournant d'abord vers la musique sacrée. Mais la situation familiale ne lui permet pas de se consacrer entièrement à ces études et ce n'est qu'à dix-huit ans passés que, grâce à l'aide des ducs de Santomartino et d'autres aristocrates de Catane, il peut poursuivre sa formation musicale à Naples, au Collegio San Sebastiano.

Il passe six années dans ce conservatoire et y écrit ses premières œuvres, dont l'air *Dolente immagine di Filli mia*, inspiré par une passion précoce pour une de ses condisciples, Maddalena Fumaroli. On y trouve déjà cette empreinte traditionnelle et « locale ». Bellini est un très grand artiste, lyrique comme bien peu, qui ressent profondément les choses, cherchant à mettre à nu les passions et sentiments éprouvés par les personnages des textes qui lui sont confiés.

En 1823, il assiste à une représentation de *Sémiramis* de Rossini et en est profondément impressionné, tout en restant fidèle, dès ses premières œuvres, aux thèmes de la poésie amoureuse de Musset et Lamartine, aux romantiques anglais de ce début du siècle. Vincenzo Bellini perçoit clairement le caractère désuet des intrigues historico-mythologiques ; les seuls sujets convenant selon lui au théâtre lyrique sont les occasions de « faire pleurer, frémir d'horreur, mourir en chantant ». Les amours malheureuses deviennent le véritable et unique ressort dramatique de ses mélodrames, les thèmes eux-mêmes n'abordant que quelques comportements essentiels : le bonheur ou le malheur amoureux, l'intrépidité guerrière, la fureur et la haine. Il compose huit opéras principaux : par ordre chronologique, *Il Pirata* (1827), *La Straniera* et *Zaira* (1829), *I Capuletti e i Montec-*

chi (1830), *La Somnambule* et *Norma* (1831), *Beatrice di Tenda* (1833), *Les Puritains* (1835).

En 1824, Bellini est nommé *maestrino* et participe à l'organisation du carnaval de Naples. Il obtient un succès plus important en mettant en musique, sur un livret plus que modeste, *Adelson e Salvini*, ce qui entraîne la commande d'un opéra pour l'anniversaire du prince héritier Ferdinand de Bourbon.

En 1827, il s'installe à Milan, où il a un contrat avec la Scala, faisant la connaissance du librettiste génois Felice Romani, grand admirateur de Byron, Hugo et Walter Scott. Premier fruit de leur longue et profitable collaboration, *Il Pirata* remporte à la Scala un énorme succès, notamment grâce au ténor Rubini, répandant le nom de Bellini dans toute l'Italie. À Gênes, il rencontre en 1828 la première de ses trois Judith, Giuditta Turina, dont il tombe éperdument amoureux. Il travaille ensuite avec ardeur à son nouvel opéra *La Straniera*, créé à Milan en 1829 et à *Zaira*, qui tombe sous les sifflets au nouveau théâtre de Parme. En mars 1830, les efforts du compositeur sicilien sont triomphalement récompensés à Venise, lors de la création de *I Capuletti e i Montecchi*. Pendant les vacances d'été, au bord du lac de Côme, il se consacre à l'écriture de *La Somnambule*, son premier chef-d'œuvre. L'opéra est créé à Milan au théâtre Carcano en mars 1831 et doit en partie son succès à la cantatrice Giuditta Pasta, nouvelle flamme du mélancolique musicien. Une suave tristesse imprègne tout l'opéra, qui déborde de belles mélodies pathétiques.

On a peine à croire qu'au cours de cette même année 1831 Bellini compose en outre *Norma*, œuvre dans laquelle le Romain Pollion rejoint Norma sur le bûcher, bouleversé par la preuve d'amour que lui donne cette grande druidesse des Gaulois en se faisant condamner par désespoir : le sujet

VINCENZO BELLINI

En haut, une scène de Norma *dans une production de la Scala de Milan, mise en scène de M. Wallmann, décors et costumes de S. Fiume.*
À gauche, le soprano Giuditta Pasta, *créatrice du rôle de Norma et héroïne d'autres opéras de Bellini.*
Ci-dessus, une scène de La Somnambule, *gravure d'époque.*

♦ 115 ♦

Ci-dessus et ci-dessous, la maison natale de Bellini à Catane. Le compositeur découvre précocement la musique, qu'il commence à étudier à cinq ans déjà. La situation familiale ne lui permet pas de se consacrer à ces études mais, grâce à l'aide de certains aristocrates de Catane, il peut entrer au conservatoire de Naples.

se voudrait la version romantique de l'antique tragédie de Médée. Quel contraste avec *La Somnambule*, adorable petit opéra situé dans un village suisse, entre fêtes champêtres et racontars des commères !

La musique majestueuse et dépouillée de *Norma* comporte des pages d'intense lyrisme et émeut le cœur des Italiens : au côté de Giuditta Pasta chantent Giuditta Grisi (nouvelle passion du musicien), Donzelli et Negrini. Après ce succès arrive une commande de la Fenice de Venise, débouchant sur la composition de *Beatrice di Tenda*, dont la création est un échec en 1833 ; Felice Romani, auteur du livret, attribue le fait aux « distractions » du compositeur, trop souvent entraîné dans le sillage des « trois Judith ». Le scandale fait rage, la Turina est chassée par son mari et Bellini rompt toutes relations avec son librettiste favori, décidant d'accepter une invitation à Londres pour y diriger *Norma* et *La Somnambule*. Après cette tournée réussie, le compositeur se rend à Paris, où il rencontre Chopin et Liszt, ainsi que Musset, Hugo, Dumas et George Sand, toute l'élite qui l'a fasciné autrefois. Sollicité par le Théâtre-Italien, en 1834-1835, il compose *Les Puritains*, son dernier opéra et son troisième chef-d'œuvre. L'intrigue raconte les aventures d'amoureux que déchirent les rivalités opposant puritains et partisans des Stuarts en Angleterre.

Pour Bellini, le choix du sujet est fondamental ; jamais il n'en accepte de contraires à son schéma de prédilection. Par rapport au théâtre lyrique de Rossini, le sien apparaît donc simplifié dans ses situations, ses typologies, ses possibles équivoques, ses cadres. Cette simplification se retrouve dans le langage musical, et d'abord dans le rôle de l'orchestre, qui n'est plus voué à dresser de vastes décors naturels, ni à entretenir des rapports profonds et complexes avec le chant. Bellini revendique le rôle primordial de la voix, dans le dessein d'obtenir une plus grande clarté et davantage d'efficacité expressive.

Mais le chant et la vocalité sont eux aussi largement simplifiés par rapport à l'œuvre de Rossini ; l'ornementation existe, mais fortement réduite et presque exclusivement chez les personnages féminins, fragiles et langoureux, capables de grandes et tragiques résolutions (Norma avant tout).

L'émerveillement devant le talent de Giuditta Pasta (la première Norma) et de la Malibran (pour qui est écrit le rôle d'Elvira des *Puritains*) se confond avec l'admiration et l'émotion suscitées par le sort de l'héroïne : drame scénique et bravoure vocale trouvent un singulier point de rencontre dans ce type de théâtre romantique, ainsi défini justement parce qu'il engendre ces mêmes sentiments chez le spectateur.

Lors de la première en 1835, *Les Puritains* reçoivent un succès mérité et Bellini en est profondément ému ; mais son triomphe personnel sera de courte durée. En novembre de la même année, son état de santé est désespéré et il meurt le 23 de ce mois, dans des circonstances peu claires, au point de faire penser à ses amis (tenus à l'écart de la villa de Puteaux, près de Paris) qu'il est mort empoisonné. L'autopsie prouvera cependant que ces soupçons sont sans fondement.

HECTOR BERLIOZ

La Côte-Saint-André (Isère), 1803
Paris, 1869

Le Dauphiné est une région à mi-chemin entre les Alpes et la Méditerranée, entre le Nord et le Midi : elle vivait encore au siècle dernier dans le souvenir de Bayard, chevalier sans peur et sans reproche, de Mandrin, Stendhal et Hector Berlioz. Ce dernier naît à La Côte-Saint-André, où son père est médecin municipal. Il souhaiterait que son fils suive ses traces, en améliorant peut-être sa situation (Grenoble n'est qu'à 30 kilomètres), mais l'épopée napoléonienne bat son plein et contraint l'enfant, né en 1803, à quitter l'école à six ans à peine. Effectuant ses études classiques sous la direction de son père, Hector prend également des leçons de flûte et de guitare et se passionne pour la musique. L'adhésion au mouvement romantique est toute naturelle à cette époque pour les jeunes Français, déçus par la chute de l'étoile napoléonienne. Les événements produisent le même effet sur Victor Hugo et sur le peintre Eugène Delacroix, pratiquement contemporains de Berlioz.

Son amour précoce de la musique est tel qu'il commence très vite à composer de brefs morceaux et des arrangements, tout en étudiant la médecine à Paris, où son père l'a envoyé. Ses connaissances se bornent encore à la flûte et à la guitare : son unique professeur a jusqu'ici été un violoniste de troisième ordre engagé par le maire de La Côte-Saint-André pour faire un peu de musique. Flûte et guitare demeureront toujours ses instruments de prédilection ; à la différence de presque tous les autres compositeurs, Berlioz n'a aucune notion technique de piano, instrument dont il ne se sert donc jamais pour composer ses œuvres. La guitare représente en revanche pour lui un moyen de subsistance pendant les premières années de son séjour à Paris, lorsqu'il enseigne cet instrument dans un pensionnat. Devenu étudiant à l'université, c'est avec ces modestes instruments qu'il se présente au Conservatoire de Paris, provoquant le dédain de son redoutable directeur, Cherubini, qui le rejette avec arrogance. C'est pourtant avec la flûte et la guitare qu'Hector Berlioz découvre les mélodies et l'essence du romantisme, en tirant des effets extraordinaires et une sorte de virginité dans la manière d'affronter les problèmes, une capacité à parvenir immédiatement au cœur des difficultés sans aucun frein de nature académique. Pour Berlioz, la musique doit parler au peuple, ce qui signifie tout simplement pour lui donner un concert dans un vaste espace devant plusieurs milliers de personnes, pour les charmer et les bouleverser.

Le jeune Berlioz commence à déserter la salle anatomique de l'université, lui préférant celle de l'Opéra et finissant par être admis, deux ans plus tard, au Conservatoire. On pourrait déjà voir en ce pâle jeune homme celui que Robert Schumann appellera plus tard un « bacchant furieux », à cause de la fougue quasi sauvage avec laquelle il s'immerge dans la musique, presque pour l'attaquer, à mi-chemin entre « le génie et l'aventurier musical ». Il accorde une telle importance aux textes littéraires (Virgile, Shakespeare, Walter Scott, Byron) qu'il est aujourd'hui devenu naturel de le comparer à Mendelssohn pour la culture, sauf pour les mines ténébreuses et orageuses qu'il se donne par romantisme et qui le rapprocheraient plutôt — pour qui ne le connaît pas à fond — de lord Byron.

Il oppose au romantisme sentimental et fantastique un certain goût pour l'horrible et le réalisme démoniaque ; il s'identifie volontiers à cet Harold byronien auquel il dédie avec passion une symphonie avec alto principal. Mais auparavant déjà (1822), il a recueilli des avis favorables sur sa cantate *Le Cheval arabe* et, tout imprégné de l'œuvre de Shakespeare et de Goethe, a envoyé au poète de Francfort les *Huit Scènes de Faust* sans en recevoir de réponse. C'est une période particulièrement difficile pour Berlioz, par ailleurs éconduit (pour le moment) par l'actrice irlandaise Har-

LE ROMANTISME

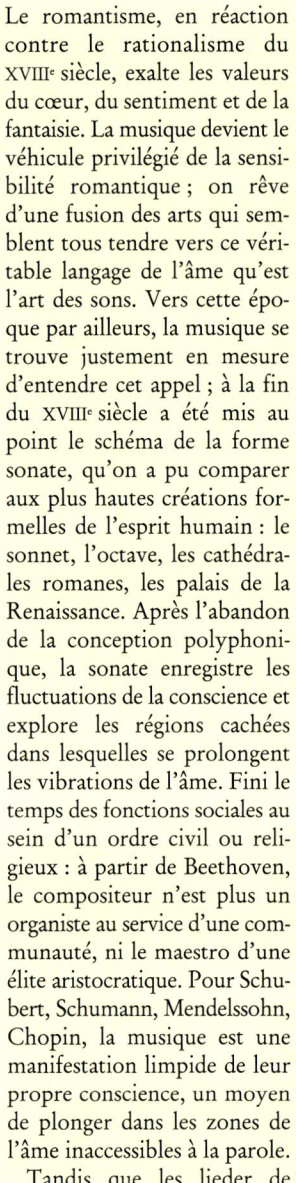

Le romantisme, en réaction contre le rationalisme du XVIIIe siècle, exalte les valeurs du cœur, du sentiment et de la fantaisie. La musique devient le véhicule privilégié de la sensibilité romantique ; on rêve d'une fusion des arts qui semblent tous tendre vers ce véritable langage de l'âme qu'est l'art des sons. Vers cette époque par ailleurs, la musique se trouve justement en mesure d'entendre cet appel ; à la fin du XVIIIe siècle a été mis au point le schéma de la forme sonate, qu'on a pu comparer aux plus hautes créations formelles de l'esprit humain : le sonnet, l'octave, les cathédrales romanes, les palais de la Renaissance. Après l'abandon de la conception polyphonique, la sonate enregistre les fluctuations de la conscience et explore les régions cachées dans lesquelles se prolongent les vibrations de l'âme. Fini le temps des fonctions sociales au sein d'un ordre civil ou religieux : à partir de Beethoven, le compositeur n'est plus un organiste au service d'une communauté, ni le maestro d'une élite aristocratique. Pour Schubert, Schumann, Mendelssohn, Chopin, la musique est une manifestation limpide de leur propre conscience, un moyen de plonger dans les zones de l'âme inaccessibles à la parole.

Tandis que les lieder de Schubert et Schumann chantent l'amour avec une ardeur presque religieuse, le mélodrame italien exalte dans le drame amoureux des sentiments et des passions (Bellini et Donizetti) différents de ceux qui caractérisent les personnages de l'univers rossinien. Mais les épisodes amoureux, les scènes dramatico-sentimentales s'insèrent dans le mythe cher au XIXe siècle de la Nation, du peuple comme unique patrie des individus. Verdi exprime les aspirations nationales italiennes, Wagner offre à l'unité allemande l'épopée musicale germanique ; tandis qu'en d'autres pays d'Europe — en Pologne, Bohême, Russie, Hongrie, Espagne — la musique rend vie aux ressources et à la redécouverte du chant populaire. Mais l'heure est également à une nouvelle perception de la Nature, dans le sillage de la *Symphonie pastorale* de Beethoven et des interrogations panthéistes de Weber, Berlioz et Mendelssohn. Schumann tente de saisir les correspondances secrètes qui unissent l'âme humaine à la voix des forêts et des eaux, tout comme Chopin explore le visage secret de la nuit et de la création. Ces tendances se prolongent aux XIXe et XXe siècles jusqu'à Dvořák, Sibelius, Alban Berg, Béla Bartók, mais le sommet de l'art romantique demeure à jamais l'œuvre de Richard Wagner, dans laquelle un roi, Louis II de Bavière, vit le retour des héros d'autrefois.

Un aspect de la musique romantique vaut la peine d'être souligné : un passage « forte » de Beethoven le sera toujours plus qu'un passage de Mozart, alors que son « pianissimo » est subtil au point d'approcher de l'extinction sonore. Beethoven reste le maître insurpassable d'une musique subordonnée à l'importance du discours. Avec Weber, Berlioz et Liszt, la manière de dire tend à l'emporter sur ce qui est dit : le compositeur agit par la couleur du timbre, l'orchestre s'enrichit, les forces du romantisme exprimées par Schumann, Liszt, Chopin, puis différemment par Wagner et Verdi, interviennent sur l'essence même du langage musical, sur l'harmonie.

Le mouvement musical romantique n'est pas univoque : on retrouve l'habituel dualisme entre musique allemande et musique italienne, la première reposant sur l'essence harmonique de l'expression instrumentale, la seconde privilégiant les valeurs du chant. Sur la question de la forme, le comportement des compositeurs varie, donnant naissance à deux écoles : celle du conservatoire de Leipzig s'inspirant de Mendelssohn et Schumann et celle fondée par Liszt et consolidée autour du temple consacré à sa propre musique par Wagner à Bayreuth. La transition vers la musique moderne ne se fait qu'avec les *Symphonies* visionnaires de Mahler et les premières œuvres importantes de Schoenberg.

---

riet Smithson dont il est amoureux. Déception et désespoir se déversent avec fougue dans la *Symphonie fantastique* de 1830, impressionnant Liszt au point de lui faire prendre vigoureusement la défense du Dauphinois. À partir de cette symphonie et jusqu'à *La Damnation de Faust* de 1845-1846, la musique instrumentale de Berlioz tend à dépasser la forme symphonique classique dans une direction qui, sans en détruire les bases, en recule et en enrichit les limites grâce à un élément extérieur à la musique, le « programme » ; celui-ci est exprimé en termes littéraires et destiné à éclairer les choix formels du musicien. Ce développement de la musique symphonique répond à des exigences assez complexes et partiellement contradictoires avec l'aspiration typiquement romantique à la musique pure. Dans sa revue *Neue Zeitschrift für Musik*, Robert Schumann écrit à propos de la *Symphonie fantastique* : « L'œil une fois fixé sur un point, l'oreille ne juge plus avec indépendance. » En France, cette symphonie fait scandale et provoque des prises de position outrancières de la part de ses détracteurs comme de ses admirateurs. Berlioz devient un héros de la bataille pour le renouveau culturel menée par la jeunesse, mais ne réussit pas à entrer dans le monde officiel de la musique.

En 1830 toujours, il remporte pourtant le prix de Rome avec sa cantate *Sardanapale* et donc une bourse lui permettant de vivre deux ans en Italie. Seule la douceur des paysages l'y impressionne ; la musique italienne le laisse indifférent. De retour en France, il compose l'ouverture du *Roi Lear* (1831), *Rob Roy* (1832), *Le Retour à la vie*, sorte de drame lyrique pour récitant, chœur et orchestre, rebaptisé *Lélio* en 1855, *Harold en Italie* (1834) et *Benvenuto Cellini* (1838).

Harold en Italie, « symphonie en quatre parties », prévoit l'utilisation d'un alto en soliste. C'est dans ce but que l'œuvre a été commandée à Berlioz par Paganini. Mais le musicien de Gênes ne la jouera jamais, jugeant le rôle du soliste trop modeste. De fait, la structure d'*Harold* est clairement symphonique. C'est avec une grande ardeur qu'il écrit *Harold en Italie* : le thème byronien se reconnaît à travers les métamorphoses successives de l'« idée fixe » qui est la mélancolie de Harold. Cette formule se distingue de celle du motif conducteur (le leitmotiv) perfectionnée par Wagner, mais le procédé est voisin et relève d'une même volonté de rénover les principes de la construction musicale.

Wagner est profondément influencé par ses origines nationales, confirmant et approfondissant l'idée de base du romantisme allemand (retour aux traditions et aux origines), alors que Berlioz est un artiste cosmopolite, on peut même dire l'un des premiers grands artistes cosmopolites sur le plan idéologique. Le sentiment national ne joue aucun rôle dans son discours musical, même quand il compose une symphonie dédiée aux victimes de la révolution de Juillet. Sa musique, avec ses soudains déchaînements sonores, ses

Page ci-contre, Der Wanderer, tableau de C. D. Friedrich, très représentatif d'un certain esprit romantique.

Ci-dessus à gauche, titre de la première édition de la Symphonie fantastique (1830).

Ci-dessus et ci-dessous, deux lithographies d'E. Delacroix sur la légende de Faust.

interventions de familles instrumentales hétérogènes, ses découvertes continuelles sur le plan du timbre, son fulgurant « décor » sonore, est avant tout spectaculaire et émotive.

La création en 1837 de la *Grande Messe des morts* est un véritable succès, mais la situation financière de Berlioz n'en est nullement améliorée. Seule la générosité de Paganini le tire d'une mauvaise passe, notamment due au fait d'entretenir deux foyers, puisqu'il s'est séparé de Harriet Smithson et vit avec une autre chanteuse. L'année 1844 est celle du plus important ouvrage théorique de Berlioz, le *Grand Traité d'instrumentation moderne*. Le compositeur y définit méthodiquement des critères d'orchestration qui resteront un modèle inégalé pendant de longues décennies. En 1846, *La Damnation de Faust* (très bien accueillie en Allemagne, mieux encore en Autriche et en Hongrie, mais médiocrement en France) ne résout pas non plus ses problèmes. Une tournée très réussie en Russie lui remonte le moral mais, à son retour en France, il subit l'affront de voir l'Académie lui préférer Charles-Ambroise Thomas, son condisciple à l'époque du Conservatoire, qui succède donc à Spontini. Vers la même période, il perd son père et Harriet, sa première femme, toujours restée présente dans son cœur. En quelques années, il compose *Le Carnaval romain* (1844), un *Te Deum* (1849) ainsi qu'une trilogie sacrée, *L'Enfance du Christ* (1854), œuvre simple et candide, la première à émerveiller et à convaincre les Français.

Sa *Damnation de Faust* est une stupéfiante représentation musicale où le spectacle naît de la musique et d'elle seulement : elle crée les lieux, les espaces, les distances. C'est le fruit du long chemin parcouru par le compositeur français en près de vingt ans, pour aboutir à cet « opéra de concert » dans lequel Berlioz offre avant tout une fresque complète et grandiose de sa visionnaire fantaisie musicale.

Un opéra dans lequel il a placé de grands espoirs, *Les Troyens*, est refusé par l'Opéra de Paris et le compositeur traverse une période de découragement et de solitude. Le bon accueil réservé à sa dernière œuvre, *Béatrice et Bénédict* (1861-1862), le laisse presque indifférent, bien que la France lui accorde désormais honneurs et considération.

Hector Berlioz disparaît en 1869, un an après la fin d'une tournée véritablement triomphale en Russie (12 000 personnes assistent à l'un de ses concerts), qui l'a un peu consolé des amères désillusions et des souffrances des dernières années. Malgré son extraordinaire ferveur créatrice, il a été à bien des égards un artiste irritant, notamment par sa mégalomanie. Ses œuvres n'en ont pas moins une grande signification, non seulement comme témoignage artistiquement valable d'une personnalité humaine foisonnante, mais parce que, en un moment critique pour la culture européenne, elles ouvrent de nouvelles voies à l'évolution du langage musical par leurs extraordinaires prémonitions. L'orchestre et l'orchestration modernes, tels qu'ils se sont définis en passant du XIXe au XXe siècle, doivent beaucoup à la musique de Berlioz, tout comme les nouveaux concepts de matière sonore. Ce n'est pas par hasard que Wagner étudie les partitions de Berlioz avec la même attention consacrée par Schumann à la *Symphonie fantastique*.

Ci-dessus, Berlioz dirigeant un concert au Jardin d'Hiver à Paris, *caricature de G. Doré.*

À droite, Concert à la mitraille, *une autre charge due à Grandville, montrant le compositeur en train de diriger une de ses œuvres. À partir de la* Symphonie fantastique, *la musique instrumentale de Berlioz tend à dépasser la forme symphonique classique dans une direction qui, sans en détruire les bases, en recule et en enrichit les limites. Mais les imprévisibles déchaînements sonores, les interventions de familles instrumentales hétérogènes, les découvertes continuelles sur le plan du timbre et le fulgurant « décor » sonore ne sont pas toujours compris ni appréciés.*

Page ci-contre, ci-dessus, une scène des Troyens *dans une production de Covent Garden en 1970 ; ci-dessous, une caricature de Berlioz, due à Grandville, tenant dans sa main la partition des* Troyens.

Hector Berlioz

JOHANN STRAUSS, père et fils

Vienne, 1804 Vienne, 1825
Vienne, 1849 Vienne, 1899

Ces deux musiciens et compositeurs, le père et le fils, portent le même prénom et sont pareillement connus et appréciés en cette période de l'histoire musicale d'Europe centrale. Leur musique, les valses, les polkas, reflètent l'humeur joyeuse et insouciante de la capitale autrichienne à l'apogée de son prestige. C'est aussi une source de grande confusion, si bien qu'on parle souvent des « valses de Strauss » (c'est le cas du célébrissime et splendide *Beau Danube bleu*) sans savoir auquel des deux elles appartiennent.

Le premier Johann Strauss, le père, naît à Vienne en 1804. Son père tient une brasserie typique, l'un de ces endroits où, le soir surtout, se réunissent ouvriers et artisans, mais aussi employés, fonctionnaires, officiers et aristocrates en quête d'ambiance viennoise. Laquelle n'y fait jamais défaut, comme le prouvent notamment les fréquentes sorties de Brahms dans les cafés et tavernes de la ville. Pour son fils, le brasseur envisage un avenir de relieur, activité sérieuse et honnête, exigeant zèle et précision ; mais le garçon ne rêve que de jouer dans un petit orchestre de café-concert. Presque en cachette, il prend des leçons de musique et de violon et, à quinze ans déjà, se révèle capable de jouer dans un ensemble qui égaie les soirées des Viennois élégants. Il est en particulier engagé dans le quatuor de Joseph Lanner (sous contrat avec une brasserie), lui aussi compositeur de valses, qui va exploiter les talents de son jeune ami comme altiste virtuose. Strauss revient ensuite au violon quand Lanner fonde un nouvel orchestre dont il le nomme vice-directeur, mais cela ne dure guère, car les deux musiciens vont très vite s'affronter dans la composition de valses et de polkas, où ils excellent tous deux.

La demande de ces musiques de danse est très forte entre 1825 et 1830 et Johann Strauss père finit par se séparer de Lanner pour fonder son propre ensemble de quatorze musiciens ; les commandes affluent ainsi que les contrats pour jouer ses œuvres dans les cafés et les jardins de la capitale. Sa réputation se répand très vite dans toute l'Europe et il doit, presque à l'improviste, répondre aux offres qui lui parviennent de partout. Il effectue des tournées dans les diverses capitales avec un orchestre dépassant désormais trente musiciens. À Paris — alors avec Vienne le temple sacré de la musique (et non seulement celle dite « légère ») — les exécutions de Johann Strauss reçoivent l'approbation de Berlioz et de Paganini lui-même, généralement très avare de compliments. L'ensemble de Strauss devient l'orchestre officiel des bals et des réceptions de la cour de Vienne (à partir de 1835, quand le musicien a déjà été nommé directeur musical du 1er régiment de la capitale). Cela ne l'empêche pas d'être invité à l'étranger pour les grandes occasions, comme le couronnement de la reine Victoria en Angleterre, où Strauss senior dirige le bal fastueux donné pour la circonstance.

Le succès atteint son apogée quand il importe de Paris le quadrille, danse à figures comportant deux groupes de danseurs qui prennent position l'un en face de l'autre. Les œuvres de Strauss père, intégralement éditées en sept volumes après sa mort, comprennent quelque 150 valses, sans compter galops, polkas et autres musiques à succès, parfois puisées dans le répertoire traditionnel austro-hongrois. En dépit du succès et de la réussite financière, Strauss ne souhaite pas qu'un de ses enfants devienne musicien, mais il ne peut rien contre la vocation de son fils Johann, qui fait montre de dons évidents et, à partir de 1843, se met à étudier sérieusement avec d'excellents professeurs viennois, comme Kohlmann, Hoffmann et Drechsler.

Un an plus tard déjà, en 1844, le très jeune Johann fils fonde un orchestre de quinze musiciens, rivalisant d'habileté et de fantaisie avec son père, éveillant chez ce dernier une secrète jalousie. Les deux Strauss sont très différents : seuls le nom et la passion de la musique les réunissent. En 1848 éclatent à Vienne les troubles qui conduisent à l'avènement de François-Joseph. Le père se range du côté des conservateurs et de la famille royale, alors que le fils risque de compromettre une carrière déjà bien lancée par la composition et l'exécution de musiques « libérales-radicales ».

Une épidémie de scarlatine emporte Strauss père à quarante-cinq ans seulement, l'année qui suit la révolution, en 1849 ; outre les valses, quadrilles et galops, le compositeur laisse également des marches et d'autres morceaux, mais personne ne connaît sans doute exactement le nombre de ses œuvres, toutes n'ayant pas reçu de lui un numéro.

Son fils, Johann junior, naît à Vienne en 1825. À la mort de son père (il a vingt-quatre ans), il réunit les deux orchestres, créant ainsi un imposant *Strauss Orchestra* qui effectue des tournées dans toute l'Europe, triomphalement accueilli en Allemagne, Pologne, Russie, Hongrie et dans toutes les grandes villes de l'empire. Ses multiples tâches le conduisent au bord d'une crise de surmenage, sa santé n'étant pas très robuste ; il doit alors recourir à l'aide de son frère Joseph, qui accomplissait jusqu'alors de classiques études d'ingénieur. À Joseph se joindra plus tard un autre frère, Édouard, ce qui permet à la famille Strauss de s'attribuer pratiquement le monopole des musiques à succès (valses, polkas, galops), non seulement à Vienne mais dans toute l'Autriche. Cela est également facilité par la division du grand orchestre en petits groupes plus mobiles. Ayant abandonné sa charge de directeur des bals de la cour — qu'il a occupée de 1863 à 1870 et délègue désormais à son frère Édouard — Strauss fils entend se vouer entièrement à la composition, sans renoncer à des tournées qui l'emmènent jusqu'en Amérique.

En 1867, il a composé son œuvre la plus célèbre *Sur le beau Danube bleu*, à la mélodie fluide comme les eaux du fleuve bien-aimé des Viennois : la ligne rythmique y est continuellement recouverte par des élans entraînants pour émerger ensuite à nouveau, soutenue par une vigueur qui ne perd jamais sa grâce mondaine. Dans cet air comme dans d'autres, Johann junior définit la forme de la valse viennoise. Une introduction binaire est généralement suivie de cinq ou six épisodes de valse avec une conclusion qui reprend, en les coordonnant vigoureusement, tous les motifs principaux. *Sur le beau Danube bleu op. 34* et *La Valse de l'Empe-*

Un bal, tableau du XIXᵉ siècle de L. Schmuzler. Le nom de Strauss, père et fils, évoque immédiatement des musiques de danse extrêmement populaires et appréciées.

reur op. 437 sont deux exemples typiques de cette formule. Cette danse d'abord populaire, puis bourgeoise, devient aristocratique, mais sans compromettre en rien le côté accessible de ses origines et tout en s'élevant — plus par son élégance extérieure que par une force intime — au niveau du traditionnel symphonisme viennois.

Les valses de Johann Strauss fils ont un mouvement marqué par une pulsation régulière (piano-forte, détente mélodique, excitation rythmique) ; leur ton parfois solennel reflète toujours la vie viennoise fastueuse et raffinée de l'époque, mais non sans quelques nuances mélancoliques engendrées par l'obscur pressentiment d'un déclin proche. *La Valse de l'Empereur* est composée en 1888, en hommage à François-Joseph qui célèbre le quarantième anniversaire de son règne. En un équilibre audacieux, le sens joyeux de la danse se fond avec celui de la nostalgie du pouvoir et du panache militaire, des sonneries de fanfares guerrières et des cadences de marche apparaissant de manière fugitive.

Pendant ses dernières années, Strauss fils se consacre en outre à la composition d'opérettes, au début sous l'influence d'Offenbach puis de manière plus autonome, donnant un nouvel éclat à une ancienne forme allemande — le *Singspiel* — qui trouve dans l'opérette une légitime héritière.

Mais c'est incontestablement à d'autres morceaux qu'il

Page ci-contre et ci-dessous, l'orchestre de Johann Strauss fils durant un bal à la cour, tableau de T. Zasche. L'ensemble de son père est devenu l'orchestre officiel des bals et réceptions de la cour de Vienne dès 1835. En 1844, le tout jeune Johann fils crée à son tour une formation qu'il réunira à celle de son père à la mort de celui-ci en 1849, fondant ainsi un imposant Strauss orchestra.

doit sa célébrité. La *Pizzicato Polka*, par exemple, composée en 1869 avec son frère Joseph, ou le *Perpetuum mobile op. 257*, baptisé « plaisanterie musicale », mais qui prouve la prédilection du musicien — violoniste à ses débuts — pour les instruments à cordes : les seuls dont il peut exiger ce fluide et homogène volume musical.

En conclusion, il a été l'interprète le plus authentique d'une splendide civilisation. Sa valse *Wein, Weib und Gesang (Aimer, boire et chanter)* plaît même à Wagner et Brahms déclare qu'il aurait voulu écrire ces valses et ces polkas si entraînantes et si populaires. Il avait certainement raison : le destin des musiques à la mode est de tomber rapidement dans l'oubli le plus total alors que l'écho de la *Vie d'artiste, Légendes de la Forêt viennoise, Sang viennois*, ne s'est pas encore éteint et pas seulement en Autriche. Sur seize opérettes en revanche, deux seulement restent au répertoire, *La Chauve-Souris* et *Le Baron tzigane*, la première écrite en 1874, la seconde en 1885, que d'éminents chefs d'orchestre ont tenu à diriger dans les plus importants théâtres du monde.

Johann Strauss fils meurt en 1899, au seuil du nouveau siècle qui verra le crépuscule d'une ville et d'une culture.

Ci-dessus, Johann Strauss fils (à gauche) avec son ami Johannes Brahms, qui aime beaucoup la valse et a écrit lui aussi de nombreuses danses. Strauss fils compose en 1867 son morceau le plus célèbre, Sur le beau Danube bleu ; *dans cette musique et dans d'autres, il définit la forme de la valse viennoise, lui donnant des caractéristiques de style bien particulières. Une introduction binaire est généralement suivie de cinq ou six épisodes de valse et d'une conclusion qui reprend, en les coordonnant vigoureusement, tous les motifs principaux.*

Félix Mendelssohn-Bartholdy

Hambourg, 1809
Leipzig, 1847

Petit-fils de Moses Mendelssohn, philosophe connu, Félix Mendelssohn naît à Hambourg en 1809 dans une famille aisée, le second de quatre garçons tous musiciens. Son père, Abraham, riche banquier juif converti au luthéranisme, lui donne une éducation très soignée et, à douze ans déjà, Félix compose de la musique. Une sœur de son père a épousé Friedrich von Schlegel, philosophe et homme de lettres de Hanovre ; une autre sœur a ouvert à Paris, où elle réside, un salon fréquenté par Spontini, Mme de Staël et Benjamin Constant. Dans ce milieu qui cultive la musique comme source d'inspiration et modèle de vie, le jeune Félix grandit entouré du soutien et des encouragements de toute la famille.

Entre douze et quatorze ans, il compose quelques sonates, deux opéras en un acte, des pièces pour orgue, des quatuors à cordes et une cantate. Son enthousiasme, son intelligence et sa passion pour l'Allemagne lui valent l'affection de Goethe, alors à l'apogée de sa gloire. Son premier professeur est sa mère, qui lui donne des leçons de musique à Berlin, où la famille s'est installée. Il accompagne ensuite son père à Paris et prend à cette occasion des leçons de piano avec une demoiselle Bigot ; de retour à Berlin, il a pour maîtres L. Berger pour le piano, C.W. Henning pour le violon et K.F. Zelter pour l'harmonie. Avant même de composer les morceaux cités ci-dessus, il a donné son premier concert public, entrant ensuite comme chanteur dans la Singakademie dirigée par Zelter. En 1822, il effectue un voyage en Suisse, mais acquiert une plus grande notoriété dans les milieux musicaux berlinois en raison des concerts dominicaux qu'il donne avec sa sœur Fanny. Les plus célèbres artistes de l'époque y participent, notamment Ignaz Moscheles, qui lui donne d'utiles conseils et un certain nombre de leçons.

Lors d'un nouveau séjour à Paris en 1825, il rencontre Rossini, Meyerbeer, Cherubini et Baillot : tous l'encouragent à poursuivre ses études de composition. Rentré à Berlin, il écrit un opéra vite oublié, mais compose l'année suivante une ouverture pour *Le Songe d'une nuit d'été* de Shakespeare, un grand succès. Mendelssohn, jeune homme d'une rare culture, ressent — à vingt ans à peine — le besoin très romantique de redécouvrir le passé, non seulement musical mais aussi littéraire et artistique (il s'intéresse aux préraphaélites anglais et aux nazaréens allemands qui s'inspirent de la peinture des XVe et XVIe siècles). Dans cette résurrection du passé s'exprime la prédilection caractéristique du romantisme pour le style antique. Ce programme intellectuel et culturel est adopté par Mendelssohn, partisan convaincu et influent de la redécouverte de Bach. C'est la raison pour laquelle, ayant abandonné ses études universitaires (il a notamment suivi les cours de Hegel à Berlin), il se consacre à la formation d'un groupe choral dans le but de donner la *Passion selon saint Matthieu* de Bach. Il veut retourner aux sources du génie germanique, enrichies naturellement d'un symbolisme tout romantique.

Il compose à cette époque l'ouverture *Mer calme et voyage heureux*, sur un poème de Goethe et la *Symphonie Réformation n° 5*. Il continue de préparer la *Passion selon saint Matthieu* dont la première représentation a lieu sous sa direction le 10 mars 1829 et remporte un énorme succès. C'est à cette date que commence la redécouverte de la musique de Bach.

En 1829, il entame un long et fructueux voyage dans différents pays d'Europe : ces séjours et l'enthousiasme suscité en lui par certains des endroits visités l'incitent à composer quelques-unes de ses œuvres symphoniques les plus connues, comme l'ouverture *Les Hébrides*, également connue sous le nom de *La Grotte de Fingal*. Née des impressions recueillies lors d'un séjour dans ces îles, cette ouverture illustre parfai-

Ci-dessus, vue de Weimar. En 1821, Mendelssohn fait ici tout jeune la connaissance de Goethe grâce à son professeur de composition, C. F. Zelter.

Ci-dessous, Mendelssohn joue pour Goethe ; celui-ci, frappé par le talent de l'enfant, l'encourage à continuer ses études.

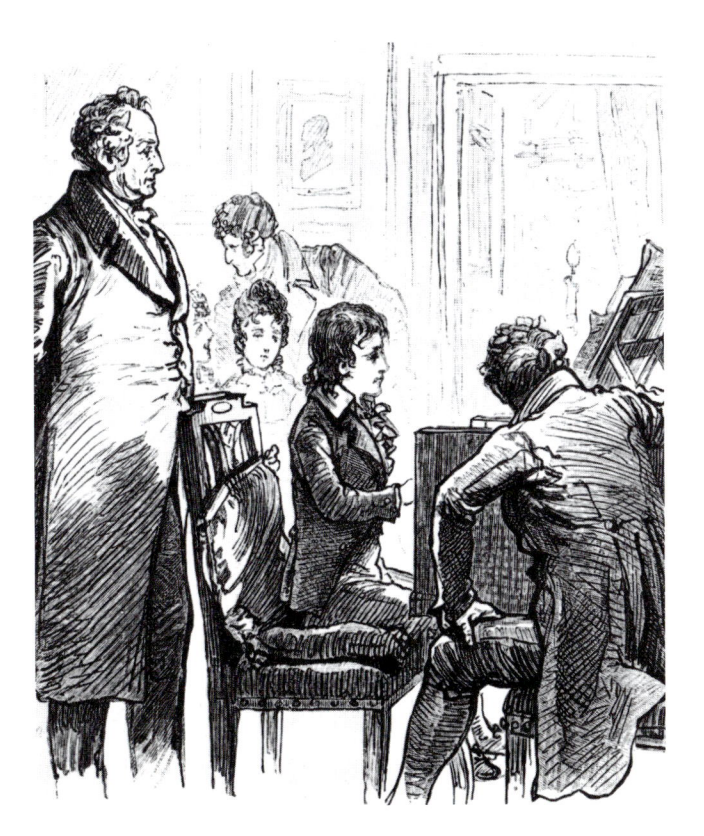

tement la vision romantique de la nature, dans son état primordial et sauvage. Le même esprit anime la *Symphonie n° 3* dite *Écossaise* achevée en 1842. La sympathie de Menselssohn pour l'Angleterre ne fera que grandir par la suite, au point de lui faire élire ce pays comme seconde patrie. Ses voyages lui inspirent aussi la *Symphonie italienne n° 4* (1833). Au même moment, il écrit une ballade pour chœur et orchestre et le *Concerto en sol mineur op. 29*, pour piano et orchestre.

La plupart des critiques et des historiens de la musique font remarquer que Mendelssohn subit l'ascendant du formalisme classique, en excluant presque complètement l'influence de Beethoven, ce qui le conduit à en méconnaître la véritable signification et à vouloir suppléer à la fantaisie créatrice par cet académisme qui énervera par exemple Debussy, exactement comme sa spontanéité mélodique irrite Wagner, qui y voit un exemple de mièvrerie sentimentale.

En 1832, il est à Londres et y publie le premier volume des *Romances sans paroles* pour piano, composées deux ans auparavant en Italie. Ses qualités reconnues de chef d'orchestre et de directeur de festivals musicaux lui valent d'être nommé directeur du nouveau théâtre de Düsseldorf. Quelques années plus tard (1835), il se fixe à Leipzig où il devient directeur du Gewandhaus, rencontrant notamment Chopin, Schumann et Clara Wieck — la femme de ce dernier — et donnant à l'orchestre une réputation internationale. Il est couvert d'honneurs, comme le diplôme *honoris causa* de l'université de la ville, et cumule les tâches de compositeur et de directeur d'orchestre. Sa passion pour les grandes œuvres chorales de Bach et Haendel aboutit aux oratorios *Paulus* (créé à Düsseldorf en 1836) et *Élie* (présenté plus tard

À gauche, *le bureau de Mendelssohn à Leipzig*, ville dans laquelle le compositeur s'installe en 1835 pour y rester jusqu'à sa mort.

Ci-dessous, *vendangeuses dansant le saltarello*, dans Costumi romani *de B. Pinelli. Cette danse est très habilement utilisée par Mendelssohn dans sa* Symphonie n° 4 *dite* Italienne.

Page ci-contre, détail du Songe d'une nuit d'été, *de J. H. Füssli, d'après la comédie de Shakespeare qui inspire à Mendelssohn l'un de ses plus célèbres morceaux : l'ouverture composée en 1826. En 1843, sur l'invitation du roi Frédéric-Guillaume de Prusse, Mendelssohn composera toutes les musiques de scène d'une représentation de la pièce de Shakespeare, en les faisant précéder par son ouverture de 1826.*

en Angleterre, en 1846). De cette époque date également la *Symphonie cantate Lobgesang n° 2*, dans laquelle les trois mouvements symphoniques traditionnels sont suivis d'une sorte de cantate sur des textes bibliques annonçant un peu le *Requiem allemand* de Brahms. Une symphonie chorale donc, mais essentiellement étrangère au modèle beethovénien de la *Neuvième* : la partie vocale, bien plus longue que les trois précédents mouvements symphoniques, témoigne de l'intérêt du compositeur pour l'oratorio ou la cantate dramatique. Cette musique de Mendelssohn — typiquement allemande, parfois écrite sur des textes de Goethe — plaît également en Angleterre par sa somptuosité victorienne.

Ce dualisme dans la musique de Mendelssohn — merveilleusement spontanée, à la communication si facile et si chaleureusement lyrique, au naturel sans problèmes ni tourments — pose précisément la question de la frontière entre l'art et l'artifice. Ce doute est déjà exprimé par Heine, qui se demande si l'on a affaire à un métier prodigieux mais superficiel, ou à la manifestation d'une beauté absolue.

En 1841, le roi de Prusse l'appelle à Berlin pour lui confier le poste de directeur musical de l'Académie des arts, mais peu après Mendelssohn revient à Leipzig pour y créer un conservatoire qui va rapidement devenir la principale institution musicale allemande. Il y enseigne le piano et la composition (parmi les autres professeurs, citons Schumann, Hauptmann, David et Moscheles) et met un point d'honneur à ne jamais négliger ses élèves.

Lors de sa création en 1845, son *Concerto en mi mineur* pour violon et orchestre, au lyrisme passionné, lui vaut un succès immédiat et devient l'un des points forts du répertoire pour violon (le mérite en revient en partie à l'interprétation de Félicien-César David, ancien élève de Cherubini). Il se rend à nouveau en Angleterre où il fait représenter l'oratorio *Élie* et a l'occasion, après une tournée dans différentes villes, de donner un concert devant la reine Victoria en compagnie du violoniste slovaque Joseph Joachim. Mais divers drames familiaux le poussent à démissionner du conservatoire de Leipzig et à s'accorder un peu de repos en Suisse. Cela se produit en 1847, quand sa santé est désormais minée par le surmenage (il projette un opéra, *Loreley*, et achève le *Quatuor en fa mineur op. 80*). Il meurt le 4 novembre 1847 à Leipzig.

Mendelssohn appartient de droit au romantisme par sa capacité à situer le sentiment dans une atmosphère féerique, unissant émotion et fantastique. Il est significatif que le compositeur, gérant intelligemment l'héritage classique, ait suivi non pas les exemples symphoniques les plus personnels et dramatiques de Beethoven, mais bien ceux des symphonies « paires » (*Deuxième*, *Quatrième* et *Sixième*), surtout celui de la *Pastorale*. L'*Italienne* et l'*Écossaise*, les deux symphonies les plus connues de Mendelssohn à juste titre, en témoignent déjà par leur titre vaguement pittoresque, tendant à exprimer un sentiment plutôt qu'un tableau, comme le recommandait Beethoven. Mais le sentiment mystique de Beethoven prend chez Mendelssohn des accents nouveaux de rêverie romantique, donnant à la réalité descriptive les couleurs de l'imaginaire et de l'irréel ; grâce à ce registre très personnel, il parvient à se libérer de tout schématisme.

Des exemples réussis en sont les deux ouvertures de sa jeunesse, *Le Songe d'une nuit d'été* et *La Grotte de Fingal*, qui évoquent des mondes enchantés et des visions fantastiques de la nature. Mendelssohn trouve ici le fondement de sa conception symphonique, formellement homogène et tissée de multiples détails exquis, comme l'épisode visionnaire des cordes et des timbales dans le trio de la *Première Symphonie* ou la douce et mélancolique mélodie du mouvement lent de la *Symphonie italienne*, ou encore l'évocation de danses et de chants populaires dans l'*Écossaise* (notamment l'imitation des cornemuses dans le scherzo). Ce sont justement ces inspirations extérieures qui nourrissent le formalisme du musicien, lui apportant variété et nouveauté.

Malgré ses multiples activités, Mendelssohn a réussi à composer un nombre d'œuvres remarquable : deux concertos pour piano, cinq symphonies, trois sonates et bien d'autres morceaux, dont les *Variations sérieuses op. 54* pour piano, six sonates pour orgue, de nombreux lieder et duos vocaux, ainsi que d'autres pièces de musique de chambre.

FRÉDÉRIC CHOPIN

Zelazowa Wola (près de Varsovie), 1810
Paris, 1849

On a longtemps écrit que le père de Chopin était français : en réalité, il est bien né en France, à Nancy, mais a émigré en Pologne à l'âge de seize ans. À la naissance de son fils — le futur « poète du piano » — en 1810, il réside en Pologne depuis vingt-trois ans. L'enfant naît donc dans un village près de Varsovie, Zelazowa Wola, où son père est précepteur chez le comte Skarbek. Nicolas Chopin a mené une vie aventureuse, prenant part à tous les mouvements révolutionnaires qui ont secoué la Pologne, en révolte contre la Prusse ou la Russie. Pour gagner sa vie, il est devenu professeur de français chez le comte Skarbek et y a rencontré une de leurs parentes éloignées, Justina, réduite au rôle de dame de compagnie, qui devient sa femme.

Le petit Chopin est donc élevé dans un milieu aristocratique, mais est également en contact avec les petites gens de la campagne dans la propriété d'été du comte. L'enfant est fasciné par les récits de son père, auparavant précepteur de la famille Laczynski et maître de français de la jeune Marie, devenue plus tard comtesse Walewska et amante fidèle de Napoléon. Nicolas Chopin joue également de la flûte et du violon, tandis que Justina l'accompagne au piano. Frédéric est encore très jeune quand son père se fixe à Varsovie, ayant obtenu un poste de professeur de français au lycée de la ville. La passion de l'enfant pour la musique est très précoce. Il reçoit ses premières leçons de Wojciech Ziwny, mais on s'aperçoit immédiatement qu'il tente déjà de composer, au point qu'à huit ans, se présentant en concert, il peut émerveiller l'assistance par ses dons d'improvisateur. C'est justement à huit ans qu'il écrit sa première *Polonaise* (morceau à 3/4 sur un mouvement *andante piuttosto mosso*) dédiée à la comtesse Skarbek.

Après avoir étudié au conservatoire de Varsovie, en 1828 Chopin visite Berlin où il a l'occasion d'entendre le *Freischütz* de Weber et des œuvres de Haendel. Il se rend ensuite à Vienne, donnant avec succès une série de concerts. Entretemps, il a publié un *Rondo pour piano* qu'il désigne comme son *Opus 1* et d'autres œuvres vues avec une certaine désapprobation par les musiciens « classiques », qui les jugent en contradiction avec toutes les règles musicales. Émilia, sa chère petite sœur, est morte de phtisie à quatorze ans à peine et le piano est son seul réconfort. Il reprend ses études au conservatoire, visite Paris. Au printemps 1829, il a l'occasion d'entendre Niccolo Paganini à Varsovie et, de retour à la maison avec cette musique dans la tête, il écrit presque d'un seul jet le *Souvenir de Paganini*. Peu après, il se rend de nouveau à Vienne juste au moment où éclate l'insurrection polonaise dont l'issue lui rend impossible tout retour dans sa patrie, qu'il ne reverra jamais. Il arrive à Paris quand les troupes du tsar sont en train de saccager Varsovie. C'est un moment délicat dans la carrière de ce jeune homme si prometteur (bien que médiocrement apprécié à Vienne) : la disparition de Schubert, survenue en 1828, semble sonner le glas de la grande musique (Haydn, Mozart et Beethoven sont morts depuis peu), remplacée par la mode nouvelle du bal public et de la valse, qui fait fureur dans toutes les cours et surtout celle de Vienne. Par ailleurs, Chopin ne se sent pas bien ; sa santé se détériore. Il ne peut réaliser aucun des voyages projetés, en Allemagne, en Italie, dans d'autres villes de France. À Paris, il se lie avec les exilés polonais et le souvenir de sa patrie le ronge. Être polonais dans la capitale française a un sens, à Vienne non. Par ses concerts, il fait la conquête de Paris et aussi celle du pianiste qui est alors le musicien le plus populaire de France : Friedrich Kalkbrenner, musicien et compositeur berlinois de grand talent. Vaniteux et vénal, mais suffisamment intelligent pour reconnaître (sans doute pour la première fois avec humilité) les dons exceptionnels du jeune émigré polonais. Ils font équipe, suscitant la stupéfaction du tout-Paris.

L'une des réactions typiques de Chopin devant ce public qui accourt à ses concerts pour l'applaudir est l'angoisse ; elle le tenaille avant chaque entrée en scène, au point que l'on craint toujours qu'il ne refuse de se présenter. Durant ses dix-huit ans de vie parisienne, il ne donnera que quatorze concerts. À propos du premier, le soir du 26 février 1832, Liszt écrit : « Les applaudissements se répétaient interminablement, mais ne suffisaient pas à calmer notre stupeur devant son génie, son art qui, avec une expression complètement nouvelle, manifestait tant de sentiments poétiques. » Pourtant, même à Paris, les temps sont difficiles : dans la capitale mais aussi à Lyon, des émeutes ouvrières éclatent tandis que le ministre de l'Intérieur, Adolphe Thiers, utilise une main de fer pour les réprimer. Les sociétés secrètes de tendance socialiste se multiplient ; dans le domaine littéraire domine la figure d'Honoré de Balzac, qui publie *Eugénie Grandet* en 1833.

La chute de la Pologne inspire à Chopin les douze *Grandes Études op. 10* dites « de la révolution », appréciées par Cherubini et Rossini. À part Liszt, le musicien polonais fréquente également Mendelssohn, Berlioz, Meyerbeer et Heine. Ces contacts lui procurent de nombreuses leçons bien payées. Mais dans son âme se fait jour l'idée de quitter l'Europe ; il semble alors attiré par l'Amérique. Mais il change d'idée, sans doute après avoir rencontré son compatriote, le prince Radziwill, qui le persuade de jouer chez le baron de Rothschild ; il y remporte un triomphe qui va faire de lui l'idole de la jeunesse parisienne. Ce sont également les années du seul véritable et total amour du compositeur : celui éprouvé pour la comtesse Delphine Potocka, relation plus longue que d'habitude pour cette jeune femme sans préjugés qui ne cache guère ses nombreuses amours. Le musicien triste et souffrant trouve en elle tout ce qu'il cherche : beauté, intelligence, dévouement, compréhension. Peut-être se quittent-ils parce que leur propre passion les épuise. Chopin lui dédie le *Concerto pour piano et orchestre en fa mineur*, écrit en 1836. En revenant d'une très brève visite à Karlsbad où il a vu pour la dernière fois ses parents, il rencontre à Dresde Marie Wodzinska, dont il tombe éperdument amoureux. Il ne reste de cet amour qu'un paquet de lettres retrouvé après sa mort, étroitement ficelé, avec la brève inscription : « mon tourment ».

La vie dans les rues de Varsovie, tableau de B. Bellotto (détail). La famille Chopin s'installe à Varsovie alors que Frédéric est encore très jeune.

Ci-dessus, éventail par Auguste Charpentier et George Sand, montrant, sous forme de charges, la société qui fréquente la demeure de George Sand (au centre) à Nohant. On y voit notamment Liszt (à genoux devant G. Sand), le peintre Delacroix (en berger) ; l'oiseau dans la main de George Sand a le profil de Chopin.

Ci-dessous à gauche, portrait de George Sand par C. Blaize (1830). Chopin rencontre l'écrivain dans le salon de la comtesse d'Agoult, maîtresse de Liszt, et part avec elle pour Majorque en 1838.

Ci-dessous à droite, titre de la Grande Polonaise brillante op. 22.

Page ci-contre, un piano construit par Muzio Clementi vers 1810.

LE PIANO

Cet instrument à la diffusion universelle a été conçu en 1709 par Bartolomeo Cristofori, responsable des instruments de musique de la puissante famille des Médicis à Florence. Il baptise son invention — à cordes frappées par de petits marteaux actionnés par des touches — « *gravicembalo* avec piano et forte », mais très vite seuls les derniers mots sont employés. Un ancêtre direct du piano est le clavicorde, dont les cordes sont parallèles au clavier et non perpendiculaires, comme dans le piano moderne. Quelques décennies plus tard (le clavicorde est né dans la seconde moitié du XVIe siècle) apparaît le clavecin, en vogue jusqu'à la fin du XVIIIe siècle. Cristofori remplace le « sautereau » du clavecin par un petit marteau de bois dur recouvert de feutre pour frapper (et non pincer) la corde, obtenant ainsi des vibrations plus longues et la possibilité de varier l'intensité du son — *piano* et *forte* précisément — selon la force de percussion employée. Viennent enfin s'ajouter les amortisseurs, un par note.

Au départ, le piano éveille une grande curiosité mais peu de sympathie, tant et si bien que Mozart et Bach préféreront toujours le clavecin ; ce n'est qu'un siècle après son invention qu'il commence à s'imposer, essentiellement grâce au pianiste romain Muzio Clementi. En 1823, le Français Sébastien Érard perfectionne l'instrument, remplaçant les pivots de bois par des pivots d'acier, ce qui permet de jouer beaucoup plus vite et contribue largement à la création du « style pianistique ».

La première véritable fabrique de pianos est créée en Angleterre en 1770 ; d'autres suivent en France, en Allemagne, en Amérique. À Philadelphie, aux États-Unis, le constructeur I. Hawkins fait breveter en 1800 un piano vertical, beaucoup plus maniable et transportable.

Même si Mozart et J.-S. Bach préfèrent le clavecin, Mozart devient l'un des premiers virtuoses du nouvel instrument. Ses sonates et ses concertos, comme ceux de Haydn et de Carl Philipp Emanuel Bach (l'un des fils de Jean-Sébastien), inaugurent un immense répertoire. Les premiers pianos étaient plus petits que ceux d'aujourd'hui : le piano de Mozart n'atteignait pas 6 octaves ; celui construit par Broadwood en 1817 pour Beethoven en comportait six. Pour cet instrument, Beethoven compose 32 sonates et 5 concertos, considérés par certains comme le sommet absolu de la littérature pour piano. Quand les techniques nouvelles sont connues des compositeurs, ceux-ci en tirent d'énormes avantages : les « trucs » mis au point par Paganini pour le violon sont transposés au piano par Liszt, Thalberg et Schumann. Grâce à l'extrême sensibilité de ses doigts et à un usage savant du pédalier, Chopin apporte la preuve que le piano peut « chanter », tandis que Liszt, par sa brillante technique, démontre qu'en s'asseyant plus haut face à l'instrument, on exploite mieux ses possibilités, notamment en ce qui concerne la vibration des notes. Les fabricants les plus fameux, qui mettent sur le marché des pianos encore célèbres et recherchés aujourd'hui, sont Knabe, Steinway, Mason and Hamlin, Chickering, Bechstein, Blüthner, Érard, Pleyel, Broadwood et Yamaha. Après Liszt et Chopin, les compositeurs qui contribuent le plus largement au progrès des techniques pianistiques sont Brahms, Tchaïkovski, Scriabine, Debussy et Ravel. Leurs œuvres trouvent même de nouvelles colorations, avec une admirable magie du timbre possédant un grand pouvoir d'évocation.

Entre-temps, dans le salon de la comtesse d'Agoult, maîtresse de Liszt, Chopin fait la connaissance de l'écrivain George Sand (pseudonyme d'Aurore Dupin, baronne Dudevant), l'une des femmes les plus excentriques du romantisme. Après avoir eu deux enfants d'un baron épousé après une jeunesse agitée, elle l'a rapidement quitté (George Sand n'a pas de soucis financiers, étant une riche héritière) pour de nombreux admirateurs qu'elle traite avec désinvolture, tout en fumant de gros cigares de tabac fort. Elle fascine le délicat Chopin, au caractère doux et féminin, et met à son service sa personnalité ardente et volontaire, aux goûts nettement masculins. Vers la fin de 1838, ils décident de se rendre à Majorque pour améliorer la santé de Chopin et celle du fils de George Sand, mais ce séjour ne fait aucun bien au musicien, contraint de vivre dans la cellule d'un couvent abandonné à Valdemosa, tandis que sa compagne se livre à d'innombrables excursions dans les collines ensoleillées de cette île des Baléares. Toujours plus miné par la phtisie, Chopin compose néanmoins ses 24 *Préludes*, sur un piano que l'éditeur Pleyel lui a fait parvenir de Paris.

De retour en France, après être restés quelque temps à Marseille, Chopin et George Sand s'installent dans la propriété de cette dernière à Nohant où le musicien semble, au moins provisoirement, retrouver l'inspiration et la tranquillité. Mais l'amour s'achève, remplacé par une affectueuse amitié. La mort de son père (en 1844) et celle de son ami

Un concert au Conservatoire de Paris. Chopin y affronte pour la première fois le public parisien en 1832 ; il obtient un succès immédiat et durable.

d'enfance Matuszynski lui portent un coup très dur et aggravent encore son état, bien que deux concerts donnés en 1841 et 1842 aient considérablement amélioré sa situation financière. En 1847, la rupture définitive avec George Sand le plonge dans la consternation et l'angoisse, mais au printemps suivant il décide d'entreprendre une tournée en Angleterre et en Écosse ; il y obtient de nombreux succès mais en revient littéralement à bout de forces. Le 16 février 1848, il veut se présenter pour la dernière fois en public à Paris, mais la révolution bouleverse l'organisation du concert prévu ; aucun de ses amis de l'aristocratie ne peut l'aider (ses finances sont au plus bas puisqu'il ne peut plus donner de leçons de piano), tous ayant fui les émeutes parisiennes. Le 16 novembre 1848, il donne un concert au bénéfice des émigrés polonais : ce sera son ultime apparition en public. Il passe un hiver pénible entre la maladie, les préoccupations, la nostalgie et une faiblesse toujours croissante. Le 15 octobre 1849, la comtesse Potocka revient à Paris et Chopin lui demande de chanter. Le lendemain, sentant sa fin prochaine, il communique toutes les dispositions à prendre aux amis qui le veillent sans discontinuer. Le 17, au milieu de la nuit, il rend son dernier soupir.

Chopin est un cas exceptionnel dans l'histoire de la musique parce qu'il a composé exclusivement pour le piano. Son *Introduction et Polonaise brillante op. 3*, la *Sonate op. 65 pour violoncelle et piano*, le *Trio op. 8*, les 19 *Mélodies pour voix et piano* et enfin une *Mazurka pour voix seule* sont des exceptions qui confirment la règle, ses œuvres pour piano étant infiniment plus nombreuses. Force est de convenir que Chopin avait bel et bien du talent, qu'il n'a écrit que de la musique de chambre et que c'était un malade congénital. Cela ne l'empêche pas d'avoir été un immense poète du clavier, auquel il a conféré une dimension nouvelle (l'*op. 35 en si bémol mineur* de 1839, avec la célèbre *Marche funèbre*, l'*op. 58 en si mineur* de 1845, les 58 *Mazurkas* composées tout au long de sa vie, les 16 *Polonaises*, les 17 *Valses*, les *Nocturnes*). Sa mélancolie et sa tristesse passionnée font naître des moments d'intense émotion tandis que persistent en lui d'assez fréquents éclairs d'héroïsme agressif, surtout dans les 4 *Scherzos* (*op. 20 en si mineur, op. 31 en si bémol majeur, op. 39 en ut dièse mineur, op. 54 en mi majeur*). Les 4 *Ballades* figurent parmi les plus amples architectures sonores jamais composées en dehors de la sonate ; les 4 *Impromptus*, la *Barcarolle*, la *Berceuse*, la *Fantaisie*, les *Études* témoignent d'une extrême liberté formelle et procurent à l'auditeur des instants d'inspiration émue.

On a plusieurs fois demandé à Chopin de composer pour le théâtre une œuvre consacrée à l'idéal polonais. Cela aurait pu marquer la naissance de l'opéra polonais, expression de l'un de ces nationalismes engendrés par le romantisme. Vouloir par ailleurs trouver du patriotisme dans sa musique est sans doute exagéré ; certes, la nostalgie de la patrie lointaine se greffe sur sa mélancolie innée, c'est-à-dire sur cet aspect du romantisme présent également chez bien d'autres compositeurs de la même génération, même si ces derniers n'ont jamais atteint la qualité d'expression propre à Chopin. Retiré dans les pièces de ses diverses demeures parisiennes, assis devant son piano, les rideaux à demi tirés même le jour, il a regardé passer les révolutions, attiré par un public restreint et raffiné qui cherchait à oublier à travers sa musique les tourments de l'heure.

ROBERT SCHUMANN

Zwickau (Saxe), 1810
Endenich (près de Bonn), 1856

En 1810 naît à Zwickau, en Saxe, Robert Alexandre Schumann, fils d'un éditeur et libraire, futur compositeur et critique musical de génie. Dès l'enfance — depuis qu'il est en âge de fréquenter le lycée local —, il se passionne pour la poésie et la musique. Celle-ci est pratiquement absente de la vie culturelle dans sa ville natale et son premier professeur est un modeste amateur du cru. C'est Schumann lui-même qui, avec acharnement, vient à bout de ses premières compositions. À l'âge de seize ans, il perd son père ; deux ans plus tard, pour répondre au souhait de sa mère, il s'inscrit à la faculté de droit de l'université de Leipzig tout en prenant des leçons de piano et de composition avec Friedrich Wieck. Bien que toujours inscrit en droit, Schumann part s'installer à Heidelberg où l'atmosphère est certainement plus conforme à son tempérament ; il y alterne composition et étude du piano avec une telle intensité, s'exerçant jusqu'à huit heures par jour, qu'il se retrouve avec un doigt paralysé. Au cours d'un voyage en Italie, il a l'occasion d'entendre Niccolo Paganini, expérience qu'il n'oubliera jamais et qui le conduit à transcrire certains *Caprices* de Paganini pour le piano.

À vingt ans, il se rend compte qu'il est temps de choisir entre la musique et le droit. Après avoir choisi la première, il tente de rendre totalement indépendant son annulaire et pour ce faire, il bloque son médius droit et le paralyse à jamais : sa carrière de futur virtuose est terminée ; la composition devient donc son but numéro un. Pour approfondir ses connaissances, il se tourne vers Heinrich Dorn, par ailleurs un chef d'orchestre réputé, qui possède des idées très personnelles en matière de composition : cela explique en partie l'évidente différence existant entre les œuvres de Schumann et celles de tous les autres musiciens.

Il tente d'écrire une symphonie, mais n'a pas encore poussé ses études assez loin pour cela, si bien qu'il revient au piano, composant à vingt-trois ans à peine la *Sonate en sol mineur*, annonce de l'apparition d'un nouveau grand musicien. En 1834, il fonde avec quelques amis la *Neue Zeitschrift für Musik*, une revue mettant l'accent sur le professionnalisme musical par opposition au dilettantisme. Il la fera longtemps tout seul, écrivant les articles, corrigeant les épreuves et y consacrant le meilleur de ses forces. En 1841, il compose un morceau intitulé *Fantaisie* dont la forme est celle d'un premier mouvement de concerto, auquel il ajoutera en 1845 un intermezzo et un finale liés l'un à l'autre, baptisant le tout *Concerto en la mineur op. 54*. Le musicien néglige ici la continuité formelle, le premier mouvement conservant la conclusion nette d'un morceau né en toute indépendance. L'unité thématique, en revanche, est consciemment maintenue : les deux thèmes principaux du premier mouvement sont quasi identiques et le thème principal du finale dérive de celui du premier mouvement. L'écriture pianistique est intégrée dans l'orchestre mais pas aussi étroitement que chez Mendelssohn : au début de sa carrière symphonique, Schumann maîtrise mieux le piano que l'orchestre. Bien que grand inventeur de sonorités pianistiques et pourvu d'idées précises sur celles de l'orchestre, Schumann ne parvient pas à assembler les deux éléments avec sûreté ; l'équilibre sonore de son concerto est donc tellement subtil et précaire que l'exécution en est très difficile.

Le même problème surgit dans deux autres morceaux de

ROBERT SCHUMANN

À gauche, titre de L. Richter pour Album für die Jugend (Album pour la jeunesse) *de Schumann.*

Ci-dessous, Robert et Clara Schumann. Clara est la fille de Friedrich Wieck, l'ancien professeur de piano de Schumann. Malgré la forte opposition de ce dernier, leur mariage a lieu en 1840. Clara est une excellente pianiste, dotée d'une grande technique et surtout d'une extraordinaire intelligence d'interprétation : par ses très nombreux concerts, elle contribue beaucoup à la diffusion des œuvres pianistiques et de chambre de son mari. Après la mort de Schumann, elle s'occupera de publier l'intégralité de son œuvre, qui paraîtra en 31 volumes à Leipzig (les derniers par le soin de Brahms).

Page ci-contre, Manfred sur la Jungfrau, *tableau de J. Martin inspiré par le* Manfred *de Byron. Schumann compose une musique de scène pour ce drame (1848-1851).*

Schumann pour piano et orchestre, l'*Introduction et Allegro appassionato op. 92* de 1849 et l'*Introduction et Allegro concertant op. 134* de 1853. Le compositeur se libère toutefois ici du souci de donner au soliste des occasions de briller et peut mieux retrouver, dans une partition symphonique, le caractère intimiste de son écriture pianistique. Il ne se préoccupe pas non plus de composer un concerto de vastes proportions et se limite donc, comme dans la *Fantaisie* composée en 1841, à utiliser cette structure de premier mouvement à deux thèmes en y ajoutant une fantaisie introductive.

Entre-temps, en 1840, il a reçu un diplôme *honoris causa* de l'université d'Iéna et a épousé Clara Wieck, fille de son ancien professeur qui a tout fait pour tenter d'empêcher ce mariage.

Peut-être cette période particulièrement heureuse de la vie de Schumann l'incite-t-elle à composer également des lieder, sans négliger pour autant d'autres domaines, comme celui de l'oratorio profane avec *Le Paradis et la Péri* (1843). La même année, Schumann est invité par Félix Mendelssohn à enseigner au conservatoire de Leipzig, mais y renonce au bout de quelque temps. Il accompagne Clara dans une tournée en Russie. Mendelssohn et Schumann sont devenus d'excellents amis : le premier est un peu étonné, mais aussi fasciné, par la musique si peu traditionnelle du second, tandis que Schumann dédie à Mendelssohn ses trois *Quatuors à cordes op. 41*, écrits en 1842.

À la même époque, Schumann publie dans la Neue Zeitschrift des articles de critique musicale qui marquent le début d'une nouvelle ère : sollicitations, cajoleries, sermons, tout lui est bon pour convaincre ses lecteurs d'accepter cette « nouvelle » musique. Il se fait une haute idée du rôle de critique et le juge nécessaire pour éveiller un public apparemment apathique.

Le début de son mariage avec Clara est véritablement idyllique ; celle-ci devient sa meilleure interprète. C'est peut-être surtout par son jeu que s'explique le succès extraordinaire de la *Symphonie n° 1 en si bémol majeur*, dirigée par Schumann devant des auditoires en extase. Peu après, il compose une *Symphonie en ré mineur*, publiée longtemps après et appelée *Symphonie n° 4*. En 1842, il écrit également de la musique de chambre : les trois quatuors à cordes dédiés à Mendelssohn, un quintette, un autre quatuor et un trio pour piano et cordes.

En 1844, toute la famille s'installe à Dresde et Schumann se consacre entièrement à la composition ; quelques années plus tard, il devient directeur de la société philharmonique locale. Il étudie alors avec passion les œuvres de Bach, transcrivant sur la portée ses études de « fugues ». Il compose la *Symphonie n° 2 en ut majeur* et a l'occasion de rencontrer Richard Wagner. Celui-ci dirige *Tannhäuser* à Dresde et lui donne sans doute l'idée d'écrire un opéra en 1847-1848 — le seul — *Genoveva*, créé en 1850. En 1851, il compose l'oratorio profane *Le Pèlerinage de la rose* et achève également la partition de *Manfred* d'après Byron, déjà entamée en 1848, ainsi que les *Scènes de Faust*. En 1850, à l'occasion du centenaire de la mort de Bach, est fondée la Bach Gesellschaft, avec pour objectif de publier l'œuvre du compositeur dans son intégralité. Schumann traverse des moments de grande incertitude : l'année précédente, en 1849, lors des émeutes dans les rues de Dresde, au moment même où Wagner se joignait aux insurgés et participait à la construction des barricades, Schumann a fui avec femme et enfants, s'isolant dans le village de Marxen. L'« onction musicale » reçue des esprits de Bach et Beethoven donne à Schumann l'impression de devoir supporter le poids d'un héritage somme toute contraire à sa propre énergie créatrice.

Peut-être l'excès même de sa passion nuit-il à Schumann, quand de temps en temps la musique se replie sur elle-même, comme par peur de sa propre force. Des passages très réussis surgissent sur l'élan d'une fantaisie encore juvénile, mais retombent ensuite dans l'ombre pâlote des anciens procédés de contrepoint dont Schumann — à la différence de Chopin — n'a au fond jamais su se dégager complètement.

En 1850, il accepte le poste de directeur de la musique à

Düsseldorf, mais est soudain terrassé par une maladie mentale dont les symptômes passagers se manifestaient depuis quelques années, se retrouvant presque dans l'impossibilité de parler. Au cours des trois années suivantes, son état s'aggrave au point qu'il doit donner sa démission ; il continue cependant de composer des œuvres chorales, la *Symphonie n° 3 en mi bémol* (dite *Rhénane*), un concerto pour violon et un pour violoncelle. En 1853, il fait la connaissance du jeune Johannes Brahms (à peine âgé de vingt ans) qui veut jouer ses œuvres et lui montrer quelques-unes des siennes. C'est le dernier moment heureux de son existence, son mal ayant atteint un stade avancé qui rend difficile, sinon impossible, tout espoir de guérison. Schumann est alors victime d'une très grave crise de démence qui le pousse à une tentative de suicide. On réussit à le sauver, mais il faut l'interner dans une maison de santé près de Bonn, où il passera ses deux dernières années jusqu'à sa mort en 1856. Clara continuera à donner des concerts et se consacrera surtout à faire connaître les œuvres de son infortuné mari, auquel elle survivra pendant quarante ans, jusqu'en 1896. De 1878 à 1892, elle enseigne le piano au conservatoire de Francfort et s'occupe de la publication de l'intégralité des œuvres de Schumann qui paraissent en trente et un volumes à Leipzig, les derniers par les soins de Johannes Brahms.

Robert Schumann peut être considéré comme le représentant le plus typique du romantisme musical allemand. En 1841, quand il termine sa *Symphonie n° 1*, l'évolution de la symphonie romantique est désormais engagée sur des voies fécondes, fruit de l'héritage de Beethoven repensé dans un sens intimiste. On ne connaît pas encore la *Symphonie inachevée* de Schubert, qui ne fera sa surprenante entrée dans le répertoire romantique qu'en 1865, soit trente-sept ans après la mort de son auteur ; mais on vient de découvrir une autre des œuvres les plus personnelles de Schubert, la *Neuvième Symphonie* dite *La Grande*, que Robert Schumann propose justement avec enthousiasme à Mendelssohn de donner au Gewandhaus de Leipzig. Berlioz a déjà composé la *Symphonie fantastique*, Mendelssohn a publié quatre symphonies et l'ensemble de ses ouvertures : les œuvres symphoniques les plus représentatives de la première moitié du XIX siècle sont donc toutes écrites. Parmi les musiciens de la première génération romantique, seul Schumann semble rester étranger au développement d'un genre devenu un véritable problème après Beethoven, mais qui continue néanmoins d'absorber une bonne part des énergies récentes de la musique allemande.

L'évolution de Schumann est très progressive : pendant que, dans les années 1830, Mendelssohn et Berlioz écrivent leurs œuvres symphoniques, Schumann est complètement accaparé par le piano, sans oublier toute une gamme d'intérêts divers allant de la poésie à la philosophie et à la rédaction de la *Neue Zeitschrift*. C'est seulement en 1841 qu'il aborde la grande forme symphonique, ayant atteint sa maturité artistique mais plus connu comme critique musical que comme compositeur. La *Symphonie n° 1 en si bémol majeur* concrétise déjà un plan personnel de réélaboration romantique de la forme classique, destiné à avoir une certaine influence sur les œuvres de la seconde moitié du siècle. Si Schubert a renouvelé l'esprit de la symphonie telle qu'il l'a reçue des classiques, en conservant toutefois presque inchangé son aspect formel, Schumann en revanche aborde le genre avec une conscience critique plus aiguë par rapport à la tradition. À la technique beethovénienne déjà expérimentée des développements il oppose un symphonisme reposant sur l'éclairage toujours différent d'une même idée. Son intention principale est de tenter d'établir d'amples constructions qui conservent cependant une intime unité d'atmosphère. Pour Schumann, la symphonie est donc de plein droit un prolongement de l'expérience pianistique et vocale. « Le romantisme consiste à nous représenter un contenu sentimental dans une forme fantastique », a dit en substance Schlegel. Cette définition devient pour Schumann un véritable objectif programmatique.

Sa contribution à la vie musicale de son temps par ses arti-

du sentiment, en tissant la trame symphonique de thèmes toujours renouvelés et en privilégiant les structures qui permettent un lyrisme diffus. Par ailleurs, l'ampleur formelle bien supérieure à celle de la musique pianistique ou vocale crée un constant danger de digression pour une imagination aussi fertile que celle de Schumann, qui se veut — comme l'écrit l'Italien Massimo Mila — poésie pure, à l'exclusion de toute rhétorique. Ses œuvres offrent aux amateurs de musique et à tous les hommes de culture un exemple rare de passion, d'intimité et de délicatesse sentimentales, grâce à une technique qui apparaît avec le temps toujours plus minutieuse et précise, au point qu'on peut à bon droit parler pour le piano de « miniature musicale ».

À gauche, Abbaye dans un bois de chênes *et ci-dessous,* Mélancolie, *deux œuvres de C.D. Friedrich, le plus grand représentant du romantisme allemand. La musique de Schumann témoigne elle aussi de l'esprit romantique de cette époque.*

cles de critique esthétique et technique est tout à fait remarquable, mais son apport le plus important est sans aucun doute sa musique fraîche et juvénile. Bien qu'il travaille sur des formes traditionnelles, il réussit à les transformer par son originalité. La forme sonate et la symphonie prennent une liberté nouvelle. Sa *Symphonie en ré mineur* perfectionne ces intentions bien qu'il s'agisse d'une œuvre sans programme, dans laquelle les thèmes réapparaissent d'un mouvement à l'autre. Par l'emploi des pédales et par une sonorité orchestrale presque amortie, cette symphonie annonce celles de Brahms. Le second mouvement, lent, est une sorte de récit fantastique raconté par un solo de violon aux brillants éclats ; puis le scherzo conduit progressivement au vif mouvement final qui s'ouvre majestueusement sur les cordes chères à Schumann.

Ces mouvements sont dictés de l'intérieur, par le désir de matérialiser de manière sonore les plus subtiles inflexions

Franz Liszt

Raiding, 1811
Bayreuth, 1886

Comme d'autres musiciens de son époque, Franz Liszt passe dans sa jeunesse d'une maladie à l'autre ; il est pourtant né dans le bon air de la campagne hongroise, à Raiding, propriété de cette même famille Esterházy dont Haydn a été jusqu'à environ vingt ans auparavant le maître de chapelle. Liszt naît le 22 octobre 1811. Les temps ont bien changé : Beethoven a composé le dernier de ses cinq concertos pour piano, l'*op. 73* dit aussi *de l'Empereur*. Napoléon vient de se remarier avec l'archiduchesse Marie-Louise d'Autriche, fille de François Ier. Haydn est mort depuis deux ans et les musiciens commencent à ne plus être des serviteurs de luxe (Haydn avait dû endosser la livrée verte des Esterházy). Le père de Liszt, Adam, est un bon pianiste et rêve de diriger son fils vers une carrière de virtuose. Le garçon montre en effet des dispositions certaines et, malgré sa santé médiocre, il est soumis à un très sévère entraînement musical. À neuf ans, il manifeste déjà un talent si précoce que quelques riches aristocrates hongrois lui donnent les moyens de poursuivre ses études musicales à Vienne. Jusqu'alors, son unique professeur a été son père, maître si dur que le jeune Liszt en est tombé malade et a dû s'aliter un certain temps, dévorant des livres religieux ; de là vient ce mysticisme un peu macabre qui va l'accompagner toute sa vie. Les seules notes de gaieté sont probablement celles données par le passage sur la propriété de groupes de tziganes nomades, dont les chants et les violons insouciants réveillent l'instinct musical du garçon.

À Vienne, un ancien élève de Beethoven, Karl Czerny, est choisi comme professeur du petit Franz, qui reçoit également les leçons d'Antonio Salieri, désormais âgé (il mourra en 1825) : les possibilités d'étudier sont donc vastes dans ce qui est encore la capitale de la musique. En décembre 1822, ce sont les débuts : le jeune Liszt exécute superbement un concerto de Humel, mais émerveille plus encore l'assistance par ses improvisations. La presse réagit avec enthousiasme ; l'approbation de Beethoven est également stupéfiante, lui qui déteste les enfants prodiges et s'est renfermé dans sa morosité : le maestro vénéré monte sur l'estrade et embrasse Liszt. L'année suivante, son père l'emmène à Paris au terme d'une tournée véritablement triomphale, mais tente en vain de l'y inscrire au Conservatoire. Il continue à donner des concerts, récoltant argent et célébrité sans pour autant négliger ses études sous l'œil vigilant de son sévère et prudent père. Entre-temps, il compose un opéra en un acte, *Don Sanche ou le Château d'amour*, représenté à Paris en octobre 1824. Cette œuvre d'un jeune garçon encore ignorant des passions de la vie n'ayant recueilli qu'un médiocre succès, Franz se consacre avec un zèle redoublé à l'étude du piano, publiant en 1826 sa première série de douze *Études*, s'inspirant clairement de Jean-Sébastien Bach. Cette dépendance à l'égard d'un grand maître du passé est encore plus évidente si l'on pense qu'il s'écoulera encore dix ans avant la publication de sa prochaine œuvre.

Dans l'intervalle, Liszt prend part avec une exubérance toute juvénile à la vie politique et culturelle du Paris des années 1830, envisageant une *Symphonie révolutionnaire* dédiée à La Fayette, devenant l'ami de Berlioz, Chopin et Ebner. En 1832, il assiste à un concert de Paganini et en est bouleversé au point de se remettre à étudier le piano avec acharnement, tentant d'adapter pour le clavier les innovations techniques apportées au violon par le musicien de Gênes. À cette époque, le jeune homme vit sa première histoire d'amour avec la jeune Caroline de Saint-Cricq, seize ans, fille du comte de Saint-Cricq ; il lui donne des leçons de piano qui se transforment en occasions de lire ensemble de la poésie, régulièrement interrompues par le père qui déclare la leçon terminée. Franz fait aussi la connaissance de Félicien David, excellent musicien « engagé » qui appartient au groupe des saint-simoniens.

De même que la découverte de l'Amérique marque la fin du Moyen Âge, de même Berlioz, Paganini et Liszt ouvrent l'ère moderne de la musique, découvrant et faisant connaître un nouveau monde instrumental, donnant un nouveau visage à l'art des sons.

En 1835, la comtesse Marie d'Agoult quitte pour lui son mari et tous deux vont vivre ensemble jusqu'en 1844. Ils auront trois enfants, deux filles et un garçon qui mourra à vingt ans. La cadette, Cosima, épousera Hans von Bülow qu'elle abandonnera ensuite pour Richard Wagner. Liszt est également l'hôte de George Sand dans sa propriété de Nohant ; il voyage en Italie et s'y consacre à la composition (inspirée par les lieux) plutôt qu'à des tournées de concerts. Il en donne cependant un certain nombre aux quatre coins de l'Europe, y compris l'Espagne et la Russie. En Hongrie, il est accueilli en triomphateur. Entre 1839 et 1841, il fait la connaissance de Mendelssohn, Schubert, Wagner ;
il prend volontiers des poses de romantique convaincu, écrivant par exemple dans le livre d'hôtes d'un hôtel de Chamonix : « Franz Liszt, musicien-philosophe, né dans le Parnasse, en provenance du Doute, en route vers la Vérité. » Marie d'Agoult l'encourage et il compose ; il écrit des pages qui conservent encore aujourd'hui tout leur charme, l'*Album d'un voyageur*, les *Années de pèlerinage*. Après un séjour dans la paix lumineuse de Bellagio et un concert à la Scala, il se rend à Venise (toujours avec Marie), puis donne dix concerts à Vienne en faveur des sinistrés hongrois. De retour en Italie, il a des dissensions avec sa compagne, peut-être aussi parce qu'il est submergé de mondanités et las de cette superficialité qui l'oppresse toujours davantage ; il part alors pour l'Angleterre où se situe l'incroyable épisode du concert auquel n'assistent que dix personnes. C'est le début de la rupture entre Marie et Liszt. Peut-être pour oublier, il part pour Berlin où il donne vingt et un concerts en deux mois. Ses admirateurs en perdent la tête (ils recueillent les mégots de ses cigares, ramassent les mouchoirs qu'il laisse tomber, etc.) et les femmes sont comme ensorcelées. De cette époque date son aventure avec la femme la moins faite pour lui, la ballerine espagnole Lola Montès. En 1842 toutefois, il est nommé maître de chapelle à Weimar, s'engageant notamment à « ne pas accepter de titre de noblesse ».

Lors d'une tournée qui l'a conduit à Pau, dans les Basses-

Une matinée chez Liszt : *en partant de la gauche, l'auteur du tableau, Joseph Kriehuber, Hector Berlioz, Carl Czerny, Heinrich Wilhelm Ernst et Liszt au piano.*

Pyrénées, il revoit, seize ans plus tard, Caroline, la fille du comte de Saint-Cricq ; il en est bouleversé et immortalise la rencontre en composant l'un de ses plus beaux lieder, *Je voudrais disparaître dans le crépuscule*. En Allemagne, on envisage d'ériger un monument à la mémoire de Beethoven, mais l'intervention de Liszt — qui semble à un certain moment décisive — restera sans effet : il pense à quelque chose de « grandiose », alors qu'on va élever ce que l'on peut encore voir aujourd'hui à Bonn. Liszt réussit cependant à imposer un programme commémoratif digne du grand maître disparu. De 1848 date en effet sa *Cantate pour l'inauguration du monument Beethoven à Bonn* ; elle fait comprendre à quelques esprits éclairés assistant à l'exécution que Liszt est bien le plus grand pianiste vivant, mais aussi et surtout un grand musicien, le créateur de ce « poème symphonique » qui va continuer d'exprimer les manifestations du génie musical, en germe précisément chez Beethoven dans sa dernière symphonie. Wagner écrit : « Cet homme merveilleux ne peut rien faire sans se révéler, sans se donner tout entier... Tout en lui tend à la création pure, absolue. » Quand Liszt dirige à Weimar, il le fait sans baguette et de mémoire (il a aussi été le premier à jouer du piano sans partition), suscitant la stupeur. Et il continuera ainsi à Weimar pendant treize ans.

En 1847, une nouvelle femme entre dans sa vie, rencontrée à Kiev lors d'une tournée en Russie, la princesse Caroline de Sayn-Wittgenstein. Polonaise d'origine, épouse séparée d'un officier russe, c'est une femme énergique et habituée à commander. À trente-sept ans, Liszt met en scène à Weimar le *Tannhäuser* du jeune Wagner, suivi de la création de *Lohengrin*. C'est ensuite le tour de *Manfred* de Schumann, sur un texte de Byron. En cette même année 1852 a lieu à Weimar un festival dédié à Berlioz, les œuvres étant dirigées par l'auteur et Liszt se contentant du rôle d'accompagnateur au piano. Pour remercier son ami hongrois, Berlioz — qui occupe alors une position prééminente à Paris — semble faciliter l'exécution de la *Messe de Gran*. De son côté, Wagner prendra pour compagne Cosima, la fille de Liszt, l'enlevant à Hans von Bülow, gendre aimé et protégé par le musicien hongrois, et n'autorisera jamais son « découvreur » à diriger au théâtre de Bayreuth. La situation financière de Liszt est devenue très modeste.

Liszt parvient ainsi à l'année 1857, dirigeant et composant sous l'œil vigilant de la princesse Caroline, très jalouse

Ci-dessus, cinq titres d'œuvres de Liszt : Marche hongroise pour piano, Jeanne d'Arc au bûcher, Messe hongroise du couronnement *en l'honneur de l'empereur François-Joseph et de l'impératrice Élisabeth*, Cantico del Sol di San Francesco *(sic)*, Psaume XVIII.
Page ci-contre, en haut, Liszt au piano, quatre caricatures de J. Janko.
Page ci-contre, en bas, l'abbé Liszt joue à Pest en 1872.

des nombreux flirts du musicien. Intrigues et cancans aliènent à Liszt le public de ses anciens admirateurs, au point qu'il se fait siffler lorsqu'il dirige en décembre 1858 *Le Barbier de Bagdad* de Peter Cornelius. Cette expérience le laisse très amer et le conduit à des crises mystiques et religieuses. Pourtant, il trouve toujours le temps de composer ; il est le premier à écrire des poèmes symphoniques pour orchestre — œuvres qui racontent une histoire de manière dramatique, comme *Mazeppa*, ou évoquent des thèmes philosophiques, comme les *Préludes*. L'Italie exerce sur lui une influence considérable (il passe bon nombre de ses dernières années à Rome) comme on le voit dans ses pièces pour piano au programme explicite, comme les *Sonnets de Pétrarque*, *Après une lecture du Dante*, *Sposalizio* (inspiré par un tableau de Raphaël), *Il Pensieroso* (après une visite des tombeaux des Médicis de Michel-Ange). À cette période appartiennent aussi les *Consolations*, les *Harmonies poétiques et religieuses*, les 19 *Rhapsodies hongroises*, dont toutes ne sont pas assez connues. La production symphonique du musicien est riche de trouvailles instrumentales venant évidemment de sa longue expérience de chef d'orchestre. Parmi ses poèmes symphoniques, tout le monde connaît les *Préludes* ; mais seuls les passionnés de son œuvre apprécient *Prométhée*, *Tasso*, *Lamento e Trionfo*, *Orphée*, *Hamlet* ou les deux symphonies *Faust* et *Dante*. Ses œuvres pour piano et orchestre, les concertos et les variations sur le *Dies Irae* ont toujours retenu l'essentiel de l'attention.

À Rome, Liszt met tout en œuvre pour épouser la princesse Caroline, mais celle-ci ne parvenant pas à obtenir le divorce, il se retire dans le cloître de la Madonna del Rosario sur le Monte Mario. Il reçoit la visite du pape Pie IX et, le 25 avril 1865, les ordres mineurs. Devenu l'abbé Liszt, il rouvre son piano après une période d'amertume et de crise mystique et recommence à voyager. À Budapest (où il est accueilli comme un roi), il fait transporter son piano sur le balcon et y joue ses *Rhapsodies hongroises* : c'est un triomphe. Il a moins de succès en 1866 à Paris, où l'une de ses messes est fort tièdement accueillie ; même Berlioz, cet ingrat, en dit du mal. Il accepte donc de revenir à Weimar, pensant étendre son champ d'activité à Budapest, où il projette de fonder une Académie royale de musique. Durant l'été 1870, après avoir dirigé une partie des œuvres jouées au festival de Weimar, il est bouleversé par la fugue de Cosima et rompt ses relations avec Wagner, qu'il avait toujours préféré à tout autre. Il semble en outre poursuivi par la passion désespérée de Janina, une belle Russe qui le contraint à se réfugier dans la villa d'Este, à Tivoli. En Italie, il devient chanoine d'Albano en 1879 ; pourtant, il semble que de tranquilles voyages dans la région des Castelli Romani soient entremêlés de quelques amours. L'année 1885 est presque entièrement consacrée à des tournées, bien que sa santé décline. Il visite toute l'Europe, faisant délirer ses auditoires, mais son œil est devenu glacé, vitreux ; peut-être pense-t-il au destin tragique des nombreuses femmes qu'il a aimées, désormais disparues. Franz Liszt meurt le 31 juillet 1886, très simplement, comme un Franciscain. Il est enterré à Bayreuth, non loin de Wagner.

GIUSEPPE VERDI

Roncole di Busseto, Parme, 1813
Milan, 1901

Au foyer d'un petit aubergiste-épicier naît en 1813, à Roncole di Busseto, celui qui va devenir le plus grand des compositeurs italiens. C'est l'époque de l'occupation française et l'enfant est baptisé Joseph-Fortunin-François, Giuseppe pour ses parents. Le prêtre qui dit la messe dans l'église San Michele est son premier maître, en musique comme dans d'autres domaines. Dans le campanile de cette petite église, on peut encore lire la plaque rappelant qu'ici s'est réfugiée la mère du musicien portant son bébé de quelques mois dans les bras pour échapper aux troupes austro-russes ayant envahi le pays (1814). Toujours dans cette église est également conservé l'orgue sur lequel Verdi enfant s'exerce sous l'œil attentif de don Pietro Baistrocchi ; à la mort de celui-ci, le jeune Giuseppe le remplace comme organiste. À douze ans, il part vivre à Busseto, protégé par le négociant Antonio Barezzi, amateur de musique et président de la société philharmonique locale. Fiancé par la suite à la fille de Barezzi, Margherita, Verdi peut se rendre à Milan grâce à une bourse d'études du mont-de-piété de Busseto, mais il rate l'examen d'entrée au Conservatoire. La bourse et l'aide de Barezzi lui permettent de prendre des leçons auprès de Vincenzo Lavigna, chef d'orchestre et claveciniste au théâtre de la Scala. En 1836, il épouse Margherita et rentre à Busseto comme directeur de musique municipal. Au bout de trois ans à peine, il repart pour Milan, toujours soutenu par son beau-père et par l'impresario Merelli, et tente de se faire ouvrir les portes de la Scala.

Les débuts lyriques de Verdi sont marqués par une sorte de soumission au modèle donizettien ; son premier opéra, *Oberto, conte di San Bonifacio*, a un certain succès mais le second, *Un giorno di regno* sur un livret bouffe, est un échec retentissant (1840). Verdi doit alors subir un autre deuil : Margherita meurt cette même année et le jeune musicien est pris d'un profond découragement. L'impresario Merelli et le librettiste Temistocle Solera le persuadent néanmoins de se vouer entièrement à la musique pour vaincre sa douleur, lui proposant un texte compliqué mais à grand effet, *Nabucodonosor* qui deviendra plus tard pour tous *Nabucco*.

Le gigantesque succès de *Nabucco* à la Scala en 1842 ouvre le début d'une nouvelle ère pour le théâtre italien. À cette époque, les histoires d'amour sont passées au second plan, cédant la place aux tourments moraux et politiques des personnages, au drame collectif des peuples qui attendent leur affranchissement. Ce climat sérieux et moral, Verdi sait l'exprimer par des moyens presque austères, à travers des mélodies très simples et faciles à retenir, des rythmes répétitifs, une orchestration sommaire qui dégage de l'énergie à chaque mesure.

Le succès permet à Verdi d'entrer dans les salons de l'aristocratie milanaise, mais l'oblige aussi à un travail harassant (qu'il appellera plus tard ses « années de bagne ») pour répondre à ses multiples obligations. Il suffit de penser qu'au cours de la seule année 1847 il doit composer *I Masnadieri* pour le Queen's Theatre de Londres et *Jérusalem* (remaniement de *I Lombardi alla prima Crociatà*) pour l'Opéra de Paris. Sous l'ère de la République romaine de 1849, il donne à Rome *La Battaglia di Legnano*, œuvre typique du Risorgimento. Mais l'opéra choral et patriotique connaît son heure de popularité suprême en 1843 avec *I Lombardi alla prima Crociata* sur un livret de Solera — le même que pour *Nabucco* — avec des inspirations chorales qui pourraient être le décalque de l'œuvre précédente. Malgré ce plan général de type choral, on entrevoit pourtant le début de nouvelles recherches dans la description du climat dramatique, une utilisation plus raffinée de l'orchestre (l'important passage pour violon solo introduit avant le trio final), le soin apporté aux duos et trios, l'expression des sentiments religieux par un chant opportunément étendu dans le registre aigu. Mais c'est surtout dans *Ernani* (1844) que Verdi évolue vers la création de personnages à la psychologie fortement marquée : les trois personnages masculins entourant Elvira et l'héroïne elle-même ne se distinguent pas seulement par leurs différents rôles vocaux, mais aussi par une diversification appropriée dans le style de chant et la couleur orchestrale. En 1849, après avoir donné à la scène romaine *La Battaglia di Legnano*, Verdi reprend à Busseto une vie familiale, entamée à Paris avec la cantatrice Giuseppina Strepponi qu'il épousera secrètement dix ans plus tard.

Verdi continue de composer, fort de sa célébrité et des commandes qui lui parviennent. En 1851, c'est le tour de *Rigoletto*, en 1853 du *Trouvère* et la même année de *La Traviata*, trois opéras qui concluent la première période verdienne et sont parfois désignés sous le nom de « trilogie ». Ici encore, la conception théâtrale est tirée du drame romantique traditionnel ; mais de nombreuses expériences mûries au cours des œuvres précédentes prennent désormais une plus grande vigueur. *Rigoletto* démontre clairement la nouvelle importance prise par les protagonistes. Rigoletto est en fait le pivot du drame musical, héros en proie à de terribles contradictions qui le rendent étranger à toute typologie traditionnelle. Il tourne en dérision le déshonneur d'un père, mais le remords le poursuit comme un lourd présage ; il est courtisan parmi les courtisans mais souffre de cette condition ; il éprouve toute la tendresse d'un père pour sa fille Gilda, mais ce sentiment le pousse au meurtre. Ayant situé le cœur du drame dans ce personnage, Verdi le construit musicalement à l'aide du procédé vocal le plus achevé et le plus complexe, progressivement renforcé au cours des ans : une déclamation mélodique libérée des phases obligatoires de l'air traditionnel, très éloignée également de toute forme de récitatif mélodiquement plat. Les moments culminants de *Rigoletto* sont précisément ceux pendant lesquels la déclamation du personnage occupe littéralement la scène.

Dans *Le Trouvère*, Verdi prend d'autres chemins pour obtenir la même efficacité dramatique. Ici aussi, on trouve un personnage, le mezzo-soprano Azucena, auquel sont attribués les points culminants de la déclamation : toute l'intrigue emprunte à la gitane une couleur sombre, une atmosphère d'horreur macabre déjà exprimée par le chœur au début du premier acte. Ces tonalités sinistres ne sont pas

Une scène de Nabucco *dans une production de la Scala de Milan, mise en scène de F. Enriquez, décors et costumes de N. Benois.*

GIUSEPPE VERDI

Ci-dessous, une photographie du jeune Verdi. Né dans le petit village de Roncole, près de Parme, dans une famille d'origine modeste, le musicien restera longtemps en marge de la vie musicale.
À droite, le soprano Giuseppina Strepponi, l'épouse de Verdi.

le seul élément unificateur de l'opéra : il se distingue par une sorte de rythme spasmodique, de ballade sauvage tendant au romanesque, à ce qui est pétri d'horreur et de malheur nocturne, ingrédients qui font du *Trouvère* la dernière saga romantique.

La Traviata est pour la première fois basée sur une histoire contemporaine, dans laquelle l'intérêt est une fois encore concentré sur l'héroïne ; de manière bien plus décisive qu'Azucena, elle constitue le pivot de toute l'histoire et conditionne l'existence des autres personnages. Comme Rigoletto, Violetta possède une grande richesse de comportements contradictoires qui se traduisent par divers styles de chant : sa déclamation est riche et très mobile, mais sait également récupérer toutes les formes de vocalité, de la mélodie douce et régulière à l'élan de virtuosité. Autour d'elle, tout n'est que reflet. Verdi cherche ici à retenir l'attention du spectateur par le rythme haletant qui traverse les scènes, mais sans rudesse ni effets grossiers ; le chant est chaleureux, tantôt ardent, tantôt las. La mélodie est replacée au premier plan, ultime retour possible au chant romantique.

Après l'immense succès de ces trois opéras, Verdi peut à bon droit dire qu'il a complètement conquis le public italien ; l'idée d'unité italienne progresse en même temps que s'affirme son prestige de compositeur national. En 1855, après un séjour prolongé à Paris, on lui demande d'ouvrir la saison de l'Opéra avec *Les Vêpres siciliennes*, sur un livret d'Eugène Scribe. À cette époque, Verdi devient plus critique à l'égard de la vie musicale italienne et plus ouvert aux exigences du théâtre européen, ce qui implique des voyages non seulement à Paris, mais aussi à Saint-Pétersbourg, Berlin,

Personnages de Rigoletto, gravure du XIXᵉ siècle. Avec Le Trouvère *et* La Traviata, *tous deux de 1853,* Rigoletto *composé en 1851 appartient à ce que l'on appelle parfois la « trilogie ». Dans ces opéras, la conception théâtrale dérive du drame romantique traditionnel mais, au sein de cette vision, de nombreuses expériences mûries au cours des œuvres précédentes prennent plus de vigueur et un sens unitaire.* Rigoletto *montre clairement la nouvelle importance du héros, dont la figure constitue le noyau unificateur du drame. Ci-dessous, titre de la première édition du livret de* La Traviata. *Cet opéra de Verdi est le premier à se fonder sur une histoire contemporaine :* La Dame aux camélias, *d'Alexandre Dumas fils.*

Vienne, Londres. Il se montre également beaucoup plus exigeant dans le choix des livrets, finissant par les ébaucher lui-même. Il veut enrichir l'orchestration par une nouvelle manière d'utiliser les cuivres, en leur donnant plus d'importance. Son langage harmonique acquiert toutes les tensions et les hardiesses du symphonisme allemand. L'organisation des scènes se fait toujours plus ample ; les œuvres de cette période ne sont résolument plus construites à partir des airs mais procèdent par grands blocs scéniques, à l'intérieur desquels les divers éléments musicaux prennent place selon un ordre nouveau et imprévisible, en fonction des exigences du spectacle.

En 1859, Verdi représente la commune de Busseto lorsque le gouvernement piémontais prend acte de l'annexion officielle de l'ancien duché de Parme ; deux ans plus tard, il est député au Parlement. En 1862, la cour de Russie lui offre un pont d'or pour la mise en scène d'un nouvel opéra, *La Force du destin*, créé à Saint-Pétersbourg. C'est probablement l'apogée de la tendance spectaculaire de Verdi, qui adopte une structure dramatique sans continuité de temps, fortement influencée par le style romanesque, associant à l'intrigue amoureuse une foule de situations tantôt comiques, tantôt grotesques, tantôt hautes en couleur. Dans une œuvre antérieure déjà — *Simon Boccanegra* en 1857 — Verdi a mêlé une histoire d'amour (entre la fille de Boccanegra, Amelia, et le rejeton d'une famille rivale, Gabriele) aux tourments politiques du doge Boccanegra. Les grandes scènes politiques prennent un relief déterminant, ainsi que les réflexions morales sur le pouvoir et la solitude qu'il engendre.

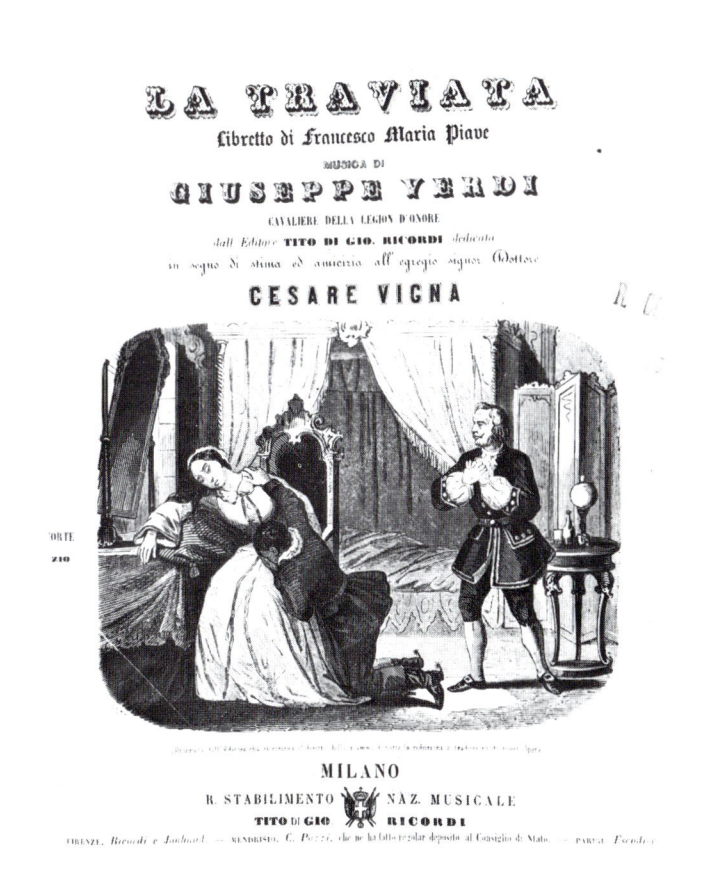

L'OPÉRA

Il s'agit d'un spectacle dans lequel les états d'âme et les émotions sont intensifiés par l'action combinée des paroles chantées avec accompagnement d'orchestre, des effets scéniques et de l'action dramatique. Il existe des opéras de chambre, des opéras-comiques, des opéras dramatiques, très courts, ou exceptionnellement longs, généralement divisés en plusieurs actes. Dans certains opéras, les dialogues sont entièrement chantés, dans d'autres il y a des passages de simple récitatif. Le succès de l'opéra est dû au génie de compositeurs extraordinaires, mais la liste que nous proposons est loin d'être exhaustive : Monteverdi, Lully, Haendel, A. Scarlatti, Gluck, Mozart, Rossini, Bellini, Weber, Berlioz, Meyerbeer, Wagner, Verdi, Moussorgski, R. Strauss, Debussy, Puccini, Berg.

À l'aube du XIXe siècle, l'histoire de l'opéra est déjà riche en crises et en complexité : la tradition *seria* italienne a rencontré avec profit celle du « tragique » français, dans le sillage de la synthèse accomplie par Gluck. La tradition *buffa* italienne s'est nourrie de l'expérience symphonique, essentiellement viennoise, aboutissant à la *commedia in musica* très construite, dans laquelle sont passés maîtres Wolfgang Amadeus Mozart, puis Piccinni, Paisiello et Cimarosa.

Des compositeurs italiens comme Rossini savent exploiter différemment les expériences viennoises et françaises mais, œuvrant en Italie, ils alimentent l'illusion que la tradition du XVIIIe siècle peut se perpétuer. Cherubini et Spontini, qui vivent en France, semblent renier cette tradition, se bornant à recouvrir de mélodies chaleureuses les structures du grand spectacle à la française ou le populaire *opéracomique*. Beethoven écrit le premier acte de *Fidelio* comme une guirlande d'airs, duos, trios et quatuors à l'italienne, mais dans le deuxième acte il privilégie une intensité dramatique fondée en grande partie non sur l'élément vocal mais sur une déclamation émue, soutenue par un inquiétant discours symphonique.

En 1821, *Der Freischütz* de Weber inaugure l'opéra dit allemand, non seulement en raison de la langue ou du genre, mais aussi de l'aspiration à incarner l'esprit du peuple allemand dans sa fantaisie et ses légendes. En 1828, avec *La Muette de Portici*, Auber lance la mode des sujets historico-populaires et patriotiques. L'année suivante, le *Guillaume Tell* de Rossini consacre le triomphe définitif du nouveau genre en France, scellé en 1831 par le retentissant succès de *Robert le Diable* de Meyerbeer.

En Italie, l'opéra postrossinien mérite certainement le qualificatif de romantique. Vers 1830, les œuvres de Bellini puis de Donizetti concentrent toute l'attention sur les drames amoureux vécus par des âmes malheureuses. Le dernier grand tournant est marqué par l'avènement d'une nouvelle école, celle incarnée par Mikhaïl Glinka dans *La Vie pour le tsar*, en 1836. C'est dans ce contexte, à partir de ce foisonnement de possibilités dramatiques, que se forment, d'une manière très différente, les grandes personnalités de Verdi et de Wagner. Mais même l'extraordinaire tempérament de ces deux compositeurs doit tenir compte des multiples expériences précédentes : on trouve beaucoup d'éléments « français » dans les premières œuvres de Wagner (jusqu'à *Lohengrin*) et dans les opéras de Verdi postérieurs à *La Traviata* ; on peut déceler une profonde connaissance de l'art symphonique de Beethoven chez Verdi, tandis que Wagner porte une attention particulière au chant italien, dans l'intention de remédier à la « pauvreté » musicale de la tradition allemande après Weber.

En ces années un autre courant profond se développe à partir des recherches de création d'un « opéra national » en Russie, dans les Balkans et en Scandinavie, né aussi du simple désir d'ouvrir de nouvelles perspectives, de préparer un après-Verdi, un après-Wagner, un après-Meyerbeer. Dans ce contexte prennent place les expériences d'*opéra lyrique* de Gounod, l'opéra « réaliste » de Bizet, la vie de Bohème milanaise avec Boito, le mouvement décadent avec Catalani et l'école dite « passionnelle » avec Ponchielli.

Une remarquable synthèse entre drame unitaire et grand spectacle a été réalisée avec *Un Bal masqué*, représenté finalement à Rome en 1859 après de graves problèmes avec la censure napolitaine. On y trouve le classique triangle amoureux avec toutes les équivoques qui s'ensuivent, inséparables des grandes scènes conduisant vers un épilogue tragique au beau milieu d'un bal masqué et des agréments d'une musique très plaisante.

Pourtant, les jeunes générations ne semblent guère convaincues quant à la place occupée par Verdi dans la culture nationale et européenne : elle risque de passer au second plan en tant que produit du passé, en raison sans doute de la nouvelle et progressive diffusion de la parole wagnérienne. En 1867 cependant, Verdi présente à Paris une nouvelle œuvre imposante, *Don Carlos*, considéré par beaucoup comme l'un de ses plus grands chefs-d'œuvre. Dans les cinq actes de la version parisienne se succèdent scènes de foule et passages d'introspection psychologique, dont le point culminant est le fameux monologue de Philippe II « *Ella giammai m'amo* », où la solitude du pouvoir est représentée avec une étonnante majesté. Mais on trouve encore dans ce type de scène d'autres sommets, tel le duo qui suit entre Philippe et le Grand Inquisiteur, conflit d'une extrême violence entre l'État et l'Église.

Cela passe encore pour des concessions faciles au goût du public, alors déchiré par des idéaux opposés (1870 est aussi l'année de la brutale occupation de Rome et de l'État pontifical, désormais réduit à un mouchoir de poche) mais également par la ferveur passionnée des mélomanes devant la révélation de l'opéra wagnérien.

En 1871, Verdi revient au théâtre avec *Aïda*, une commande française pour les fêtes données au Caire à l'occasion de l'ouverture du canal de Suez, œuvre dans laquelle se font toujours plus évidentes les contradictions entre l'aspect spectaculaire et le drame psychologique. Les scènes de foule atteignent le grandiose, en particulier la célèbre « Marche triomphale » du deuxième acte, tandis que les moments intimistes sont agrémentés d'éléments « orientaux », inventés par Verdi avec un exotisme approximatif. Les scènes semblent naître du drame même, gagnant un mouvement après l'autre sans solution de continuité, s'enrichissant de marches, de danses, de chœurs. *Aïda* est une sorte de grand fleuve dans lequel circule en toute liberté le discours des personnages. Dans les deux derniers actes, Verdi désormais sexagénaire aborde une conception plus intellectuelle et plus raffinée du théâtre lyrique, possédant certains points de contact évidents avec l'expérience wagnérienne qui est en train de se répandre en Italie. *Aïda* marque le début d'un rapport nouveau entre le compositeur et son public : son autorité est incontestée, mais ses succès sont surtout des témoignages d'estime. La dernière période verdienne comporte ainsi toute une série de ferments d'innovation dus à la connaissance des expériences française et allemande et à la présence des jeunes générations, avides de nouveauté.

Jusqu'en 1887, Verdi garde un orgueilleux silence ; il va en sortir avec *Otello*, un opéra « libre de toute convention » dans lequel les actes ne se divisent pas en scènes mais en grands tableaux d'ensemble. L'œuvre est entièrement dominée par une forme de discours continu, qui ne permet pas de distinguer les airs des récitatifs, l'orchestre suivant le cours d'un flux symphonique sans entraves. On y trouve des passages à effet, comme le « Credo » de Iago, incarnation de la cruauté et de la perversion. C'est sur ces bases — la musique se confrontant à des concepts pseudo-philosophiques — qu'est élaboré *Falstaff* (1893), presque un miracle de fraîcheur pour un octogénaire ; un opéra en apparence comique, mais parcouru d'une profonde mélancolie. Les tours joués au vieux *pancione* dépravé sont animés par un comique amer, dans lequel se déchaîne la veine de Boito, un librettiste aimant les rythmes verbaux frénétiques et les images un peu visionnaires. Tout est mouvement et déguisement, jusqu'à la morale finale entonnée par tous les personnages réunis sur la scène, une forme de fugue dans le style ancien mais dotée d'un rythme étourdissant.

En dehors de l'opéra, Verdi a composé en 1874 une messe de *Requiem* pour la mort d'Alessandro Manzoni : elle est aujourd'hui reconnue comme l'un des plus grands chefs-d'œuvre de la musique orchestrale et chorale, aussi populaire que le *Requiem* de Mozart et *Un requiem allemand* de

*Page ci-contre, le Théâtre-Italien à Paris.
Ci-dessus, Francesco Tamagno, l'un des protagonistes à la première représentation d'Otello.*

Brahms. Lors de sa première exécution, on a critiqué ses effets théâtraux, mais personne n'a contesté sa grandiose beauté.

L'existence de Verdi s'écoule désormais sereine dans sa propriété de Sant'Agata près de Busseto et dans ses résidences d'hiver de Gênes et Montecatini. Mais finalement c'est Milan sa vraie patrie, où il a lutté, aimé et souffert. Il est bien loin le temps où le soprano Teresa Stolz (première interprète de *La Force du destin* et magnifique *Aïda*) quittait le chef d'orchestre Angelo Mariani par amour pour lui, le maestro à l'apparence revêche et bourrue, qui ressentait pour elle une affectueuse admiration.

Les dernières activités du compositeur ont trait à la bienfaisance, comme la fondation à Milan d'une maison de repos pour musiciens et des donations à des organismes d'assistance. Il s'éteint en paix dans un hôtel, pendant l'une de ses visites en ville en 1901.

Richard Wagner

Leipzig, 1813
Venise, 1883

Orphelin de père à six mois à peine, Richard Wagner passe ses premières années avec sa mère et le second mari de celle-ci, le peintre et acteur Ludwig Geyer. La famille quitte Leipzig, où le futur compositeur est né en 1813, pour s'installer à Dresde. Pendant son enfance, au contraire de tant d'autres musiciens célèbres, Wagner n'apprend pas la musique et ne se livre pas non plus à l'étude précoce d'un instrument. Il approfondit sa culture littéraire, historique et philosophique, bien que son beau-père tente de lui donner la passion du théâtre. La famille revient alors à Leipzig, où le jeune Richard fréquente la Nicolaischule, se distinguant particulièrement dans l'étude du grec. Il découvre les tragédies classiques mais s'intéresse aussi au théâtre de Shakespeare, qu'il tient à lire dans l'original. Cette période d'apprentissage marque ses premiers écrits, drames et poèmes. À douze ans, il prend des leçons de piano, puis de violon et d'harmonie, mais ses dispositions musicales semblent plutôt consister au départ en une participation assidue aux concerts et aux auditions.

La lecture des auteurs grecs, de Dante, Shakespeare et Goethe le pousse à écrire, à quatorze ans, le drame *Leubald und Adelaide*, mais il se rapproche toujours davantage de la composition, tout en s'exerçant à jouer ses passages favoris du *Freischütz* de Weber. Élève de la Thomasschule de 1830 à 1832, il suit les cours de la faculté de philosophie et approfondit l'étude du contrepoint et de l'harmonie, au point de réussir à composer quatre ouvertures, deux sonates, une polonaise, une fantaisie pour piano, sept morceaux sur le *Faust* de Goethe, un quatuor et une symphonie en *ut* majeur. L'exécution de ces œuvres provoque la curiosité, mais aussi l'ironie à l'égard d'une écriture approximative. Personne ne se rend compte qu'il s'agit des premiers pas d'un compositeur radicalement différent de ceux issus de l'opéra italien et français.

Avant tout, le niveau culturel de Wagner est extrêmement élevé par rapport à celui des auteurs italiens. C'est d'ailleurs devenu une habitude désormais chez les musiciens allemands que de posséder une solide culture humaniste, philosophique et historique, avec une connaissance précise, surtout chez Wagner, de la littérature classique, grecque et latine, ainsi que du théâtre contemporain et des aspects les plus neufs du romantisme littéraire et artistique allemand. Comme cela a été le cas pour tous les romantiques allemands, la stimulation d'une culture littéraire diffuse entraîne l'ouverture à des thèmes nouveaux, à de nouvelles zones de la sensibilité. Dans le monde de l'opéra, Wagner s'apprête à introduire des thèmes appartenant désormais au patrimoine commun : le goût pour la magie, le surnaturel, une sensibilité qui vibre avec la nature, une prédilection pour tout ce qui plonge ses racines dans le primitivisme allemand, c'est-à-dire dans la conscience nationale allemande encore non influencée par la civilisation classique et méditerranéenne.

À dix-huit ans, Wagner ébauche un opéra, *Die Hochzeit (Les Noces)* puis, sur le souhait de sa sœur Rosalie, détruit le manuscrit déjà terminé. En 1833, il part pour Wurtzbourg où il a trouvé un poste de chef de chœur et de chef d'orchestre remplaçant ; il compose *Die Feen (Les Fées)* qui ne verra le jour qu'après sa mort. Wagner est désormais lancé dans une carrière de chef d'orchestre, d'abord à Magdebourg, puis à Königsberg et enfin à Riga, en Lettonie. À Königsberg, il épouse Minna Planer, une actrice au caractère peu facile ; leur mariage sera orageux, constellé d'infidélités réciproques, de querelles et de réconciliations. En dépit de tout cela, cette union ne prendra fin que par la mort de Minna en 1866.

Les défauts du jeune Wagner n'auront pas une influence négligeable sur sa carrière. Il leur doit probablement de rater

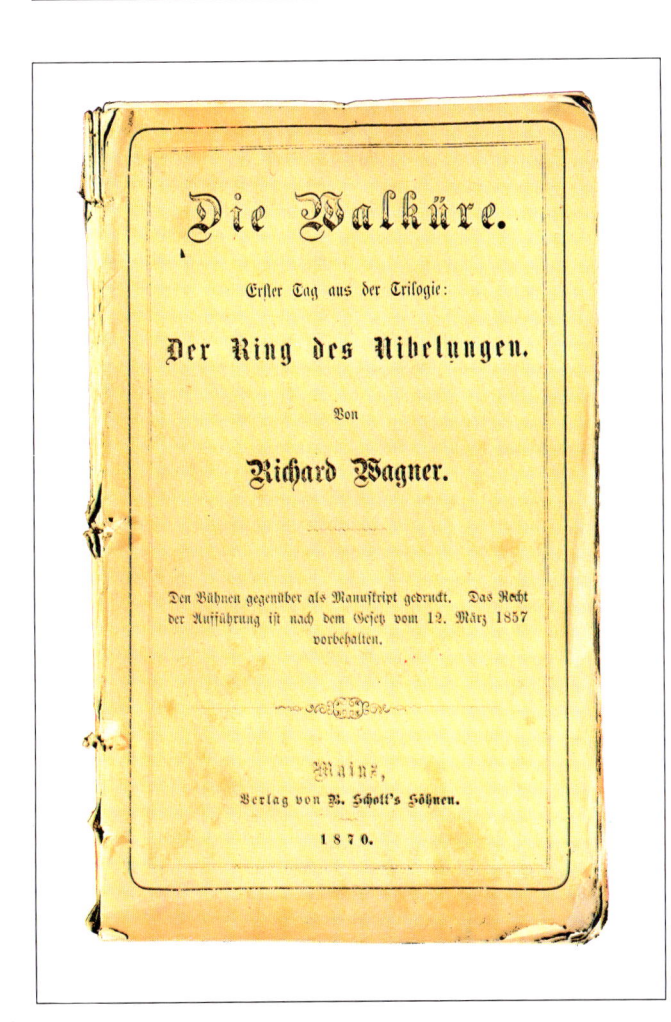

En haut, personnages de Siegfried; en partant de la gauche : Siegfried, Erda, le Voyageur (Wotan), Brunnhilde.
Ci-dessus, une scène du même opéra dans un tableau de Heinrich.
À gauche, frontispice de l'édition de 1870 de La Walkyrie.

son entrée dans le monde musical parisien, malgré tous les appuis dont il bénéficie au départ, lors d'un séjour effectué entre 1839 et 1841. C'est là qu'il termine *Rienzi* dont il a commencé l'écriture à Riga, mais il ne réussit pas à le faire représenter. Il compose l'*Ouverture pour Faust* et l'opéra *Le Vaisseau fantôme*, qu'il réussit à faire jouer à Dresde en même temps que *Rienzi*, pendant l'hiver 1842-1843 qui le voit de retour en Allemagne. C'est un triomphe tout à fait inattendu, qui lui vaut le poste de maître de chapelle. Il augmente ensuite considérablement son prestige en dirigeant des œuvres de Gluck et la *Neuvième Symphonie* de Beethoven. Ses fonctions à la cour de Dresde dureront huit ans et ne prendront fin qu'en raison de sa participation aux émeutes révolutionnaires de 1849 (auxquelles il adhère en raison de ses convictions radicales et anarchistes), le tout se terminant par une fuite mouvementée en Suisse, après une halte à Weimar.

Le séjour à Zurich se terminera lui aussi en catastrophe, par la découverte de sa liaison avec Mathilde Wesendonk, épouse du négociant qui l'a jusqu'alors protégé et lui a offert l'hospitalité. Le scandale sera encore aggravé par la réaction de la femme de Wagner, Minna, lui reprochant les années de misère et de privations qu'elle a dû supporter pendant qu'il se consacrait à la première de *Tannhaüser et la guerre des chantres à la Wartburg*, en octobre 1845, et à l'écriture des livrets de *Lohengrin* et des *Maîtres chanteurs de Nuremberg*. Au début de son séjour à Zurich, Wagner entreprend des travaux de critique musicale ; pendant l'été 1850, Franz Liszt, qui commence à se rendre compte de la valeur de Wagner, fait représenter *Lohengrin* à Weimar, œuvre qui marque l'apogée de la première période wagnérienne.

Le sujet de *Lohengrin* s'inspire librement de récits médiévaux et se rattache à la légende de Parsifal, qui fournira le sujet du dernier opéra de Wagner. Se déroulant au cœur d'une nature vierge, au bord de rivières traversant des forêts primitives, l'œuvre se caractérise déjà par une finesse rêveuse qui s'exprime surtout dans l'arrivée du chevalier inconnu dont la barque est tirée par un cygne blanc. Le chevalier sauve Elsa d'une injuste condamnation à mort et l'épouse, à condition qu'elle ne lui demande pas son nom. Mais de sombres intrigues conduisent à la révélation : le chevalier est au service du Saint-Graal, sa mission est de combattre l'injustice sans jamais révéler sa vraie nature. Quand le cygne revient le chercher, il disparaît. La légende incite le compositeur à rechercher de nouvelles sonorités orchestrales. Pendant tout le déroulement du drame, la couleur de l'orchestre prend souvent une importance plus grande que la mélodie et le rythme ; c'est elle en effet qui caractérise avec la plus grande clarté les personnages et détermine les différentes émotions. Les scènes et les actes sont reliés par le retour perpétuel de certains thèmes conducteurs, l'orchestre n'est plus subordonné au chant. Même si l'œuvre conserve une apparence traditionnelle, *Lohengrin* constitue un effort évident pour en finir avec toute convention dans la justification psychologique et dramatique de chaque scène.

Pendant les années passées en Suisse, le compositeur a conçu le plan du cycle des *Nibelungen*, en ébauchant également les premiers textes. À Zurich, il est en rapport avec Hans von Bülow, Theodor Uhlig et Mathilde Wesendonk ; il met en musique cinq lieder sur des textes de celle-ci et s'inspire d'elle en préparant le livret de *Tristan et Ysolde*. Jusqu'en 1858, il subit également l'influence de la philosophie de Schopenhauer. Très importants pour la pensée wagnérienne sont aussi le *Manifeste du parti communiste* de Marx et Engels et l'anarchisme de Bakounine, sur lesquels se greffent des thèmes puisés dans la culture allemande récente (Heine) et plus ancienne (Goethe). Son admiration va croissant pour la Grèce classique, vue comme un modèle d'humanisme intégral, de fusion entre l'individu et la société, l'art et la vie, entre chaque forme d'art et une œuvre d'art. Dans la civilisation grecque, Wagner retient avant tout la tragédie, exemple d'art-religion dont le mélange entre poésie, danse et musique lui donne sa force de communication.

Sur ces bases, il n'est pas difficile à Wagner de passer d'une révolution politico-culturelle à la réforme du théâtre lyrique, qui doit aboutir à une fusion « audiovisuelle » des différentes formes d'art et au dépassement de toutes les conventions théâtrales. Pour lui, l'équilibre entre paroles et musique se trouve dans un *arioso* continu du chant, auquel répond une égale force expressive de l'orchestre symphonique. Cela implique aussi un soin nouveau dans la mise en scène, les décors, les éclairages ; l'obscurité dans la salle quand il le faut, le naturalisme des scènes, la simplicité austère de la récitation. L'émotion auditive doit être reliée aux images.

Il faut en outre abolir les « formes closes » servant essentiellement à démontrer l'habileté des chanteurs et à déclencher les applaudissements : fini les cavatines, les romances, les duos, remplacés par une continuité dans le discours, une « mélodie infinie », unité organique de l'œuvre d'art. Toutefois, pour retrouver les sommets émotionnels et communicatifs de la tragédie grecque, il faut concevoir et réaliser des spectacles grandioses. Quand le projet de *L'Anneau du Nibelung* sera mené à bien, la trilogie tragique grecque sera égalée et même dépassée.

Pendant l'automne 1848 déjà, Wagner a travaillé à un opéra sur la *Mort de Siegfried* ; le texte de cet opéra en trois actes, rapidement mis au point, est la première version du futur *Crépuscule des dieux*. Parallèlement, le compositeur entame un retour en arrière pour représenter les événements précédents dans des opéras se situant chronologiquement avant la mort de Siegfried. En 1851, il travaille au *Jeune Siegfried* et achève l'année suivante l'écriture des livrets de *L'Or du Rhin* et de *La Walkyrie*.

Si le mythe dérive des traditions anglo-saxonnes et scandinaves, l'idéologie est certainement inspirée à Wagner par la culture de son temps. Jusqu'au personnage de Siegfried, le héros pur, qui semble issu de certains ardents fantasmes littéraires de la gauche hégélienne. Très importantes aussi, sans aucun doute, sont les considérations sur la douleur universelle qui se cache derrière l'apparence de la vie, sur l'abandon de la volonté de vivre qui est uniquement source de souffrance. À travers une malédiction frappant chaque aspect de la vie humaine, Wagner « décide » de représenter aussi le plus héroïque, l'inévitable écroulement des dieux et de la civilisation. Les critiques les plus respectés ont depuis long-

Page ci-contre, une réunion dans la maison de Wagner (au centre). À gauche, la seconde femme de Wagner (et fille de Liszt), Cosima ; à droite, Liszt et le musicologue H. von Wolzogen. Liszt aide considérablement Wagner, dirigeant ses opéras, l'encourageant, lui suggérant de nouvelles idées et des solutions musicales.

Ci-dessous, Wagner avec sa femme Cosima, qu'il a épousée en 1870.

temps établi un rapport entre le mythe des Nibelungen et les théories philosophiques de Friedrich Nietzsche — en ce sens que la musique a profondément influencé la pensée du philosophe et non le contraire — définissant le héros pur comme un « fol » qui ignore le mal parce qu'il ne connaît pas la peur et tire sa force de son abandon à l'instinct : d'où le mythe du surhomme. Cela n'empêche pas que les rencontres ultérieures avec Nietzsche aient joué un rôle dans la composition de la seconde partie de *Siegfried* et du *Crépuscule des dieux*.

Après avoir quitté Zurich en 1858, Wagner voyage dans divers pays d'Europe, notamment à Venise où il termine le second acte de *Tristan et Ysolde* et à Paris, où *Tannhäuser* est un véritable échec. En 1864, le roi Louis II de Bavière l'appelle auprès de lui à Munich, où Wagner peut faire représenter *Tristan et Ysolde* ; ne s'arrêtant pas là, il demande qu'on lui prépare un théâtre entièrement consacré à ses œuvres. En butte à l'hostilité des notables, il quitte Munich pour la plus grande désolation du roi et revient en Suisse, à Tribschen près de Lucerne, où il met un point final aux *Maîtres chanteurs de Nuremberg* et à *Siegfried*. C'est à cette époque qu'il commence à vivre avec la fille de Franz Liszt, Cosima, épouse de Hans von Bülow.

Entre 1853 et 1854, Wagner complète *L'Or du Rhin*, prologue de la tétralogie de *L'Anneau*. L'ouverture se situe dans une sorte de temps originel, les principes wagnériens y sont appliqués avec une grande rigueur : le chant est constamment lié à la récitation tandis que l'orchestre a pour mission principale d'évoquer les grandes images mythiques se déroulant sur la scène. On retrouve donc dans le prologue, presque toujours dans l'orchestre, les grands leitmotive constituant le fondement de toute la tétralogie et ce sont les thèmes les plus heureux, les plus immédiatement identifiables. Dans *L'Or du Rhin* ressort la capacité à suggérer musicalement des images extraordinairement audacieuses, de la pureté originelle du Rhin à la forge souterraine où les Nibelungen frappent sur leurs enclumes ; de la sombre dispute entre les dieux et les géants à la majesté lumineuse et exaltante du Walhalla, le royaume dans lequel les dieux pénètrent sur un arc-en-ciel.

La Walkyrie est achevée entre 1854 et 1856 : elle raconte les événements antérieurs à la naissance de Siegfried et le sommeil magique de Brünnhilde, la walkyrie qu'il épousera. L'opéra est très populaire grâce à sa profonde sensibilité à l'égard d'une nature vue par un œil romantique et à une plus grande ouverture mélodique en faveur du chant. La fantaisie musicale du compositeur s'attache ici à dessiner de vastes tableaux naturels grâce aux interventions appropriées de l'orchestre, le plus connu étant la célèbre « Chevauchée des walkyries ».

Les deux premiers actes de *Siegfried* sont terminés en 1856 et 1857 alors que le troisième ne sera achevé qu'entre 1869 et 1871. Dans ces deux premiers actes, Wagner cherche à élaborer un chant héroïque adapté au personnage et à le confronter à des situations symphoniques dans lesquelles une nature exubérante de vie répand autour du héros la lumière d'une jeunesse insouciante. Inoubliables sont les

Ci-dessus, une ébauche pour orchestre de la marche funèbre de La Mort de Siegfried, *opéra en trois actes dont le texte, de 1848, constitue la première version de ce qui deviendra* Le Crépuscule des dieux *(dernière journée de* L'Anneau du Nibelung*).*

Page ci-contre, ci-dessus, la façade du temple de la musique wagnérienne, le théâtre de Bayreuth.

Page ci-contre, ci-dessous, une coupe verticale et un plan montrant la structure de l'édifice. Construit grâce à la libéralité de Louis II de Bavière, ce théâtre est conçu par Wagner comme un lieu réservé uniquement à son art, dans lequel il puisse réaliser une fusion totale entre le public et l'œuvre. Il est inauguré en 1876 par la représentation en un prologue et trois journées de l'ensemble de la tétralogie.

bruits de la forge où Siegfried façonne l'épée et les murmures de la forêt où le héros va affronter le dragon. Mais l'élan lyrique atteint son apogée dans le troisième acte, au cours duquel de nouveaux thèmes, particulièrement mélodieux, font leur apparition dans le duo d'amour et dans la renonciation de Brünnhilde à sa nature divine. Ces thèmes réapparaissent dans le court morceau symphonique *Siegfried-Idyll* composé à l'occasion de la naissance de Siegfried, fils du compositeur et de Cosima Liszt.

Le Crépuscule des dieux, composé entre 1869 et 1874, est la dernière « journée » de la tétralogie. Le théâtre souhaité par Wagner pour représenter ses œuvres est désormais une réalité (dans la petite ville bavaroise de Bayreuth, toujours grâce au soutien du roi Louis II) et le compositeur vit une époque particulièrement heureuse de son existence. *Le Crépuscule des dieux* bénéficie donc d'une réalisation marquant le sommet de la tension dramatique et des possibilités d'évocation. L'opéra sera représenté avec les autres parties de la tétralogie lors de l'inauguration du théâtre de Bayreuth, en août 1876 seulement. Les représentations se terminent par les scènes stupéfiantes de l'ample épisode symphonique qui accompagne le débordement du Rhin sur la scène, l'incendie du Walhalla, la fin de tout et le retour aux eaux primitives où les Ondines, au comble de la joie, sont à nouveau les gardiennes de l'or.

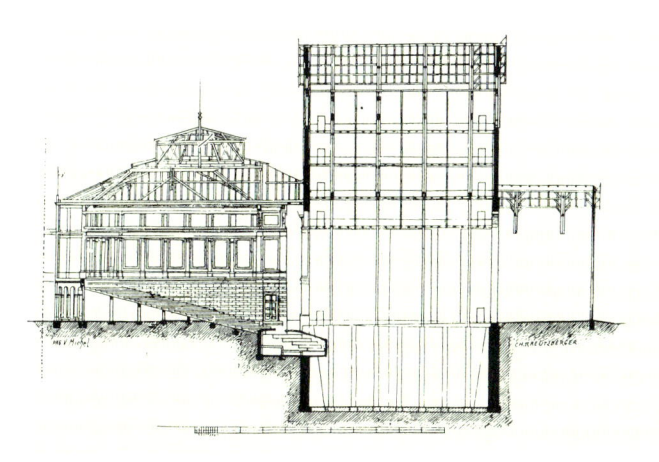

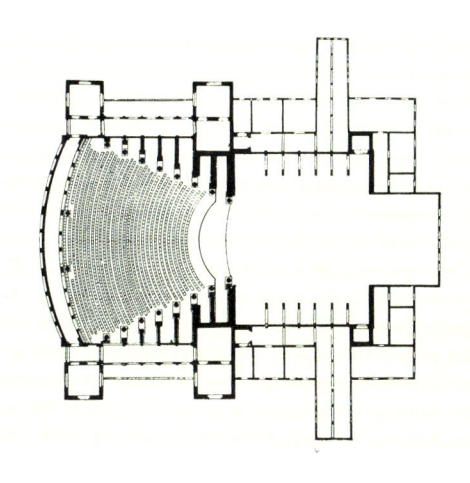

La création de *Tristan et Ysolde* a lieu, comme on l'a dit, à Munich en 1865. Le compositeur espère que cet opéra — de proportions plus modestes que la tétralogie à laquelle il travaille — lui rouvrira les théâtres « normaux ». Mais il n'en ira pas ainsi. L'orchestre paraît moins monumental que dans le cycle de *L'Anneau* et la mythologie se dégage de tout symbolisme, mais des éléments culturels précis interviennent, comme la passion de Wagner pour la philosophie de Schopenhauer et son amour pour Mathilde Wesendonk, qui lui suggère un langage musical très audacieux, mettant en évidence sa capacité à représenter intentions et sentiments. Dans *Tristan*, Wagner utilise les cordes jusqu'à la démesure, jusqu'à l'exaspération ; mais il recherche aussi un véritable langage du silence, d'une immobilité plus mortelle qu'on ne l'a jamais rencontrée jusqu'ici en musique. L'opéra ne représente pas seulement un drame parfait, mais aussi le summum de l'évolution du langage du compositeur : ce chromatisme qui semble être le point fondamental de l'harmonie wagnérienne se brisera à un certain moment et alors interviendra l'atonalisme « schoenbergien », d'où dérive le dodécaphonisme. Il n'est certainement pas facile de continuer sur la lancée de *Tristan*, avec sa tension passionnelle exaspérée et ses égarements.

À Tribschen près de Lucerne, Wagner termine en 1866 et 1867 un opéra, *Les Maîtres chanteurs de Nuremberg*, qui a pour sujet les concours poétiques pendant lesquels certains « marqueurs » ont pour mission de signaler toute violation des règles établies. Le conflit se produit entre un marqueur et un poète exubérant ; entre eux s'interpose un poète-cordonnier, Hans Sachs, personnage historique réel du XVIe siècle. C'est un tableau de la vie citadine dans l'ancienne Allemagne, avec des nuances d'ironie dans le langage musical. En 1868, l'œuvre remporte un très grand succès.

Dans l'intervalle s'est concrétisé le rapport entre Wagner et Louis II. Le roi de Bavière, beau et fou, a ordonné au baron von Pfistermeister de lui amener le compositeur, pour lequel il éprouve une véritable fascination. Le baron trouve le musicien à l'hôtel Marquardt de Stuttgart, cerné par ses créanciers. Mais Louis II lui a fait parvenir en gage une bague en or ornée d'un gros rubis. Ayant fait ses comptes, Wagner écrit au roi une lettre dans laquelle il lui déclare, entre autres : « les ultimes harmonies poétiques et musicales de cette vie et ma vie même Vous appartiennent désormais (...). Disposez de moi comme de Votre bien personnel. Fidèle et sincère dans l'enchantement suprême (...). Votre très humble sujet... ». Pendant près de vingt ans, les deux hommes vont s'écrire avec des accents de fidélité passionnée. Wagner comprend alors qu'il a échappé à la ruine qui allait l'engloutir et qu'il va désormais pouvoir vivre dans la lumière et la gloire. Tous ont reproché au compositeur sa pesante adulation à l'égard de l'extravagant souverain, mais l'accusation est peut-être injuste : Wagner est tout simplement surpris, probablement bouleversé.

Louis II a finalement trouvé son chantre : c'est lui, le musicien, qui sera le nouveau Lohengrin. Le héros mythique créé par un trouvère allemand anonyme, a été choisi pour être le champion d'Elsa de Brabant lors d'un « jugement de Dieu ». Lohengrin arrive sur une barque tirée par un cygne ; dans l'esprit malade du souverain, Lohengrin est désormais de retour et de ses doigts blancs et fuselés jaillissent sur le piano les lamentations et le chant passionné de l'épopée médiévale. Dans le château de Hohenschwangau — construit par le père de Louis II, Maximilien II — les deux hommes tentent de faire resurgir des ténèbres les mythes du passé. Le rusé Wagner suggère des scénarios de théâtre, des fresques, des peintures qui tiennent en éveil l'imagination du roi. Dans le château tout proche de Neuschwanstein, on peut encore voir aujourd'hui des images de cygnes rappelant l'atmosphère sensuelle de Lohengrin ; l'une des salles imite celle où, à en croire la légende du XIIIe siècle, Tannhäuser, symbole du débauché qui finit dans la pénitence, remporta le concours des ménestrels.

La rencontre avec Louis II de Bavière accélère sans aucun doute la décision du compositeur de se lancer finalement dans un opéra consacré à Parsifal, le héros du cycle de légendes germaniques tournant autour du Saint-Graal, figure centrale d'une tradition littéraire plurisériculaire et extrêmement riche. Le Graal — la coupe dans laquelle Joseph d'Arimathie recueillit le sang du Christ mourant sur la croix — apporte pureté, sainteté, pouvoirs surnaturels ; ce thème est aussi rattaché à la légende des chevaliers de la Table ronde. Cette idée est venue à Wagner en 1857 à Zurich, devant le spectacle de la nature au printemps : le compositeur a vu alors très clairement le noyau lyrique du drame, l'enchantement du Vendredi saint. En 1865, il a travaillé à une première version, ensuite précisée et menée à bien en 1877. Au cœur du texte se trouve le concept de « faute-rédemption » et la rédemption est à l'image du héros « Fou pur », autrement dit Parsifal. Dans le château de Montsalvat, érigé pour garder la Lance qui transperça le flanc du Christ et le Graal contenant son sang, la communauté des chevaliers du Saint-Graal est menacée par des forces démoniaques qui, par l'entremise du magicien Klingsor, ont corrompu leur roi. Seul un Fou pur, mû par la pitié, pourra les sauver.

Pendant une bonne partie du premier et du troisième acte, Wagner se plaît à montrer sur scène de grandioses cérémonies sacrées, dont le statisme décadent et solennel trouve son unique contraste dans l'énergie vitale du jeune Parsifal. C'est précisément dans ces actes que le langage musical de Wagner s'éloigne le plus des audacieuses tensions de *Tristan* et aspire à une véritable purification, revenant à des mélodies majestueusement sereines. Dans le deuxième acte pourtant, quand le jeune héros affronte le sombre magicien et résiste aux séductions de Kundry, la femme sensuelle qui est son instrument, la musique revient aussi au plus complexe et au plus tendu des tourments. De grandes zones de contraste expressif apparaissent ; le compositeur n'évoque plus que rarement ici les images mythiques. Dans son ensemble, l'œuvre révèle le désir de Wagner de transformer le théâtre de Bayreuth (auquel elle est destinée en exclusivité) en centre d'un nouveau culte, dans lequel les tendances mystiques du romantisme tardif puissent s'exprimer totalement.

Le théâtre de Bayreuth recueille un immense succès artistique, mais son écho dans le monde entier — qui n'est pas seulement musical — coïncide avec des résultats financiers catastrophiques. Pour cette raison, la tétralogie ne sera plus représentée à Bayreuth jusqu'en 1896 (la première représentation a été donnée du 13 au 17 août 1876, comme on l'a dit, grâce à un très important crédit consenti par Louis II de Bavière et à une souscription donnée par l'empereur Guillaume Ier) : le théâtre ne rouvrira que six ans plus tard pour la création de *Parsifal*, le dernier opéra de Wagner. À partir de 1882 commence en effet une sorte d'identification entre Bayreuth et *Parsifal*, repris en 1883 (année de la mort à Venise du compositeur), 1884, 1886, 1888. Dans son testament, Wagner a légué pour trente ans l'exclusivité de cet opéra au théâtre de Bayreuth. Outre son incontestable effet de propagande, cette disposition engendre une véritable mode culturelle, celle du « pèlerinage à Bayreuth ». Ces pèlerinages sont accomplis par les esprits les plus brillants non seulement d'Allemagne et d'Autriche, mais aussi, de plus en plus, d'Italie, de France et d'Angleterre. Ces trente ans d'exclusivité coïncident en fait avec l'explosion dans toute l'Europe du culte wagnérien et avec la conquête de publics plus traditionnels, en particulier italien et français. Les trente ans de *Parsifal* accentuent en outre à l'extrême le caractère sacral, mystique, d'une religiosité ambiguë à la fois païenne et chrétienne, du théâtre wagnérien. La grande cérémonie a désormais pour officiants Cosima Wagner et ses enfants. Dans les brumes d'une décadence raffinée et mystique se perdent ainsi les dernières traces de ce « théâtre populaire » où Wagner avait puisé l'idée de la tétralogie et de « son » théâtre de Bayreuth. En 1886 y vient également Franz Liszt, désormais âgé, mais il contracte une pneumonie et meurt au bout de quelques jours. Pour lui comme pour toute une longue série de musiciens et de compositeurs, Bayreuth était véritablement un but de pèlerinage.

Richard Wagner meurt en février 1883, frappé d'une crise cardiaque au palais Vendramin à Venise. Dans les larges fenêtres et les arcades se reflète la lumière vacillante de l'eau des canaux ; puis, soudain, tout est silence, dans le cœur et les choses, ce silence absolu qui devait régner dans la salle de Bayreuth lorsque les lumières s'éteignaient. Autrefois, les applaudissements mêmes étaient interdits dans ce théâtre : ils sont admis aujourd'hui à la fin de chaque acte. En revanche, l'interdiction pour les chanteurs de venir saluer sur scène est toujours en vigueur : quand la musique se tait, le drame (ou la comédie) est fini.

Page ci-contre, aquarelle d'une scène des Maîtres chanteurs de Nuremberg, *représenté pour la première fois à Munich en 1868.*

Ci-dessous, détail du décor du jardin enchanté de Klingsor conçu par M. Brückner pour Parsifal, *représenté à Bayreuth en 1882.*

CHARLES GOUNOD

Paris, 1818
Saint-Cloud, 1893

C'est sa mère qui enseigne les premiers rudiments du piano au petit Charles, né à Paris en 1818. L'enfant est précocement doué et ne s'intéresse pas seulement à la musique mais aussi à la littérature. Son tempérament est ferme et noble, profondément religieux ; il prend ses leçons de musique très au sérieux, convaincu que seule l'étude assidue des classiques permettra de tenter un renouvellement de l'opéra et du théâtre en général. À dix-huit ans, il entre au Conservatoire de Paris en classe de composition et trois ans plus tard remporte le prix de Rome, qui comporte un séjour dans cette ville. Ce même prix a été attribué à Berlioz (1830) et le sera plus tard à Bizet (1857) et Debussy (1884). Grâce à cette bourse, il rencontre les musiciens italiens, mais le jeune Français est surtout attiré par la musique sacrée de Pierluigi da Palestrina, dont il écoute les messes dans les églises romaines ; il en compose une lui-même en 1841, exécutée avec succès l'année suivante à Vienne.

Le séjour dans la Ville éternelle a accru son ardeur religieuse et, de retour à Paris, il devient organiste d'église et commence des études de théologie pour devenir prêtre, après avoir fait la connaissance de Mendelssohn à Leipzig, qui lui voue une amitié éblouie. Ce désir d'endosser la soutane ne dure guère, mais la ferveur chrétienne n'abandonnera jamais Gounod. Comme de nombreux compositeurs français, il est très vite attiré par l'opéra. Sa première tentative dans ce genre est *Sapho*, créé en 1851 sans grand succès, ce qui ne l'empêche pas de continuer à écrire pour le théâtre, ainsi que de la musique pour chœurs d'église. La carrière de Gounod comme compositeur de théâtre se poursuit avec l'opéra *La Nonne sanglante*, de 1854 et *Le Médecin malgré lui*, donné au Théâtre-Lyrique (inauguré à Paris depuis peu) en janvier 1858 avec succès. C'est aussi à cette période qu'est célébré le mariage du musicien avec Anna Zimmermann, fille d'un célèbre professeur de piano au Conservatoire. Il devient directeur de l'Orphéon de Paris et le reste de 1852 à 1860, tout en se consacrant à la composition de *Faust* (1859), opéra par ailleurs très éloigné de l'esprit de Goethe. Cette œuvre chantée dans tous les théâtres du monde et traduite en vingt-cinq langues aura rien qu'à Paris plus de 2 000 représentations. Ses airs doux et mélodieux, le duo d'amour passionné et les scènes dramatiques de la prison figurent parmi les morceaux les plus populaires de tout le répertoire lyrique. Son succès tient cependant davantage aux représentations données en Italie et en Allemagne, l'accueil parisien étant plus tiède lors de la première au Théâtre-Lyrique.

En 1860 est représenté *Philémon et Baucis*, basé sur la légende des deux paysans phrygiens qui ont accueilli Zeus et Hermès dans leur cabane et sont changés respectivement en chêne et en tilleul. C'est ensuite le tour de *La Reine de Saba*, un four en 1862, et de *Mireille*, autre insuccès, en 1864.

Faust a au moins révélé les qualités et les défauts du compositeur : la noble structure générale de l'opéra témoigne d'une saine réaction contre le mauvais goût de l'opéra français du milieu du XIXe siècle ; la louable aspiration au classicisme de Gounod semble toutefois aujourd'hui un peu déplacée, avec ses côtés touchants et pathétiques, sa musique sentimentale et ingénue, mais sans profondeur de pensée.

En 1867, Charles Gounod retrouve le chemin du succès avec *Roméo et Juliette*, sur le sujet immortalisé par Shakespeare et déjà mis en musique par Vincenzo Bellini. Le bon accueil réservé à cet opéra permet au compositeur de reprendre une série de tournées, d'abord en Italie puis en Angleterre. Dans ce dernier pays survient un épisode curieux qui menace l'image du musicien : Mrs. Weldon, une admiratrice fervente, s'affiche avec trop d'insistance à son côté, au point de susciter un scandale très éloigné de ses intentions à lui,

CHARLES GOUNOD

En haut, maquette de N. Benois pour une représentation du Faust *de Gounod à la Scala de Milan.*

À gauche, gravure du XIXᵉ siècle pour le Faust *de Goethe.*

Ci-dessus, affiche de T. Laval pour la première représentation du Faust *de Gounod, créé en 1859 au Théâtre-Lyrique. L'accueil alors réservé à l'opéra est plutôt tiède et le grand succès (qui dure toujours) obtenu par l'œuvre est surtout dû aux représentations qui en seront données plus tard en Italie et en Allemagne.*

♦ 159 ♦

LE GRAND OPÉRA À LA FRANÇAISE

Cette forme théâtrale et musicale est surtout due à la présence en France (au moins au début) de deux musiciens italiens, Luigi Cherubini (1760-1842) et Gaspare Spontini (1774-1851). Le premier occupe l'interrègne entre l'apogée du classicisme viennois et le plein essor du romantisme. Le second s'adapte avec adresse aux fastes pseudo-classiques et romantiques du premier Empire. On a pu écrire que Spontini en particulier, compositeur d'opéras *seria* démodés, sut se transformer en inventeur d'opéras grandioses. Son *grand opéra* masque une réalité facile à deviner mais bien difficile à définir. Dans ce type de composition musicale, l'accompagnement orchestral est continu, par conséquent la distinction entre chant et récitatif s'estompe. Le contenu du texte est presque toujours tragique, l'action sur scène affectée, les costumes somptueux, les décors nombreux, souvent anachroniques. Chœur, ballets, processions, scènes de foule brillantes et séduisantes abondent. La gloire napoléonienne sert toujours de muse, les personnages se consument dans une atmosphère d'épopée légendaire.

Le premier exemple caractéristique de grand opéra est *La Vestale*, œuvre créée à Paris en 1807 grâce à la protection de l'impératrice Joséphine. L'auteur, Gaspare Spontini, obtient un succès retentissant qui se renouvelle deux ans plus tard avec *Fernand Cortez*, toujours en présence de l'auguste souveraine. Les partitions romantiques ont leur dignité, tout comme — du moins pour le public bien-pensant de l'époque — la peinture, la sculpture ou l'ameublement de cette ère impériale qui fait suite aux outrances de la Révolution.

Mais l'œuvre de Spontini a des effets qui vont dominer pour longtemps les théâtres lyriques : au genre du grand opéra appartiennent en effet *La Muette de Portici* composée en 1828 par D.F.E. Auber et *Guillaume Tell* de Rossini, ainsi que *Robert le Diable* de G. Meyerbeer. Celui-ci, avec *Les Huguenots* (1836), *Le Prophète* (1849) et *L'Africaine* (posthume, 1865), propose à un public totalement fasciné par les chanteurs des œuvres à l'impact irrésistible.

Ci-dessus, une représentation de Robert le Diable *de G. Meyerbeer à l'Opéra de Paris. Meyerbeer est un compositeur de grand opéra qui connaît un immense succès.*

toujours très strict et austère en matière de comportement et de morale.

Le séjour londonien de Gounod dure de 1870 à 1874 ; il est ramené en France presque de force par ses amis, étant tombé dans un état de profonde dépression à la suite de sa passion pour Georgina Weldon. Pendant ces années passées à Londres, Gounod continue de composer des chants sacrés (près de deux cents au total) et bon nombre de morceaux de musique chorale religieuse, notamment des messes et des oratorios, ainsi que le « motet profane » *Gallia*, représenté à Londres en 1871 et de nombreuses mélodies.

En 1878, il compose et fait jouer *Polyeucte*, puis en 1881 un autre opéra, *Le Tribut de Zamora*, sans grand succès. Ses oratorios sont plus appréciés, en particulier *Jésus sur le lac de Tibériade* et *La Rédemption*. Il est pourtant difficile d'expliquer aujourd'hui pourquoi l'on parle encore de Charles Gounod (mort en 1893) dans l'histoire de la musique : c'est certainement en raison de la présence constante dans ses œuvres d'aspects saillants de sa personnalité, à savoir une austérité sévère, peut-être acquise lors de son expérience d'organiste d'église, mais aussi une sensualité innocente, ingénue, quelque chose en lui d'inné et d'inaliénable, peut-être assoupi en l'absence de passions violentes. Cette particularité, ce côté plus humain et compréhensible, l'incite à composer des musiques captivantes. Tandis que sa tendance à l'austérité le pousse à étudier Mozart, Bach et tous ceux qui ont représenté le « classicisme » en matière de composition, il se sent par ailleurs irrésistiblement attiré par la création de spectacles de théâtre, se laissant souvent aller à écrire des morceaux purement superficiels, ballets, danses et duos vocaux. On peut alors comprendre combien il est déplaisant que Gounod ait « déguisé » en romance, sur les paroles de l'*Ave Maria*, le premier prélude du *Clavecin bien tempéré* de Jean-Sébastien Bach.

Les critiques contemporains reconnaissent à Gounod une certaine efficacité dans le registre touchant et pathétique, même si son sentimentalisme affaiblit une trame déjà pauvre ; on ne peut cependant lui nier une certaine grâce dans la mélodie, avec une prédominance évidente des possibilités instrumentales (par exemple dans *Roméo et Juliette*). Il est permis de penser que les rythmes faciles de danse et de marche (notamment la *Marche funèbre d'une marionnette*) lui ont nui, ainsi que les déploiements décoratifs, agréables sans doute, mais souvent surabondants et superficiels.

JACQUES OFFENBACH

Cologne, 1819
Paris, 1880

Le véritable nom de ce compositeur de musiques trépidantes qui va faire la conquête de Paris est Eberst ou Eberscht. Le petit Jacques est le fils d'un cantor juif de la synagogue de Cologne qui prendra plus tard le nom de la petite ville allemande où est né son père, Offenbach. Né à Cologne en 1819, il commence très tôt l'étude du violon avant de passer au violoncelle. Quand la famille part pour la France, il s'inscrit au Conservatoire de Paris, sans pourtant en suivre les cours régulièrement : il a trouvé du travail dans l'orchestre de l'Opéra-Comique, comme violoncelliste justement. Virtuose de cet instrument, il a l'occasion de participer à des concerts en tant que soliste, passant son temps libre à mettre en chanson certaines fables de La Fontaine. S'étant également fait remarquer par ces modestes compositions, il prend la direction de la Comédie-Française en 1847. En 1848, pendant les jours difficiles de la révolution de Juillet, il revient quelque temps en Allemagne. De retour en France, il dirige l'orchestre du Théâtre-Français, de 1850 à 1855.

À cette époque se développe à Paris la vogue de l'opérette légère et romantique — certainement le genre de divertissement le plus suivi alors par le public nocturne des théâtres — et c'est en tant que directeur d'un théâtre de prose qu'Offenbach a l'idée extraordinaire de mettre en musique des parodies des tragédies grecques et classiques qu'il doit montrer au Français. Il commence à composer de brefs opéras en un acte — de véritables « opéras bouffes » — qui trouvent leur juste place au théâtre des Bouffes-Parisiens (dont Offenbach sera propriétaire pendant sept ans, de 1855 à 1861). Sa musique entraînante et ironique, souvent irrespectueuse, connaît un succès immédiat, dépassant même sans doute les espérances du compositeur.

Il lui faut naturellement pour cela des textes et des livrets habilement construits : Offenbach bénéficie du travail d'écrivains au style mordant et spirituel, lui permettant de composer des musiques complètement en harmonie avec l'esprit vif et impertinent de la bourgeoisie parisienne de l'époque. L'âme frondeuse du public des cafés et des bistrots se déchaîne vers le milieu du siècle et les années suivantes au rythme des airs effrénés d'Offenbach, surtout grâce à l'introduction dans ses ballets de figures — comme le célèbre *cancan* — ayant une prise immédiate sur les spectateurs. Cette danse désordonnée et fort peu convenable lancée par le chorégraphe Chicard vers 1830 dans les établissements nocturnes de la capitale est pratiquée entre les tables et sur l'estrade par les *belles-de-nuit* de l'époque. Avec son crescendo frénétique, le cancan triomphe jusqu'à envahir la scène de l'Opéra, justement grâce à Offenbach qui l'introduit avec désinvolture dans ses opérettes, à l'enthousiasme général.

Le compositeur devient très vite le roi de la musique populaire à Paris, faisant jouer dans son théâtre des Bouffes-Parisiens les opérettes *Ba-ta-clan* en 1855, *Le Mariage aux lanternes* en 1857 et *Orphée aux Enfers* en 1858. Comme le titre l'indique (avec une brutalité voulue mais conforme au mythe), ce chanteur et joueur de lyre amoureux de la malheureuse Eurydice descend aux Enfers ; mais le ton du texte et de la musique est plus qu'irrespectueux, en contraste stupéfiant avec les précédentes versions de Monteverdi, Lully, Gluck, Haydn et Liszt, pour ne citer que quelques noms. En 1860, le compositeur est naturalisé français et, en 1861, il reçoit la Légion d'honneur.

Cette démystification de la mythologie grecque se poursuit en 1864 avec *La Belle Hélène*, dans laquelle Offenbach se livre encore une fois à une énorme et divertissante parodie des divinités de l'Olympe. En réalité, on a pu à juste titre relever un parallélisme explicite entre la désacralisation du vieux mythe et une critique impitoyable et délibérée des

À droite, affiche de J. Chéret pour Orphée aux Enfers *(1858). Le ton de cette opérette, dans le livret comme dans la musique, est très parodique et contraste volontairement avec les précédentes œuvres musicales de Monteverdi, Lully, Gluck, Haydn et Liszt.*

Ci-dessous, affiche de La Vie parisienne *(1866). À côté : affiche de la première représentation des* Contes d'Hoffmann *à l'Opéra-Comique en 1881.*

Page ci-contre, Marie Geistinger et Joséphine Gallmeyer dans La Belle Hélène *(lithographie de V. Katzler).*

L'OPÉRETTE

Le nom même indique qu'il s'agit d'un petit opéra mélodieux et divertissant. La trame en est généralement joyeuse et légère, les passions amoureuses visibles et peintes en rose, la fin heureuse. Les dialogues sont nombreux, les airs riches et faciles à retenir : une opérette est donc prétexte à solos et duos, avec adjonction de danses, parfois folkloriques.

À l'origine, le terme est utilisé pour désigner un opéra court (surtout au XVIIIe siècle) mais, aux XIXe et XXe siècles, il s'emploie à propos d'une représentation musico-théâtrale de style léger, destinée au grand public. Si l'on met à part les brillantes partitions de Gilbert et Sullivan à Londres et d'Offenbach à Paris, le véritable foyer de l'opérette est à Vienne, en particulier avec les œuvres de Franz von Suppé, qui traverse tout le XIXe siècle (1819-1895). C'est là en effet que Johann Strauss, Oscar Straus (1870-1954) et Franz Lehár (1870-1948) composent ces petits chefs-d'œuvre que sont *La Chauve-Souris*, *Le Baron tzigane*, *La Veuve joyeuse*, *Le Pays du sourire* et *Le Soldat de chocolat*. La capitale autrichienne étant en outre, à ce moment heureux de son histoire, celle de la valse, cette dernière devient en un certain sens le motif conducteur de l'opérette.

Si les compositeurs mentionnés plus haut créent véritablement le mythe de l'opérette viennoise, à Paris, Offenbach, Hervé, Lecocq, Audran, Varney et Planquette poursuivent une œuvre qui ignore les frontières. En Italie, entre 1910 et 1926 surtout, apparaissent toute une série de compositeurs d'opérettes (Costa, Carabella, Pietri, Ranzato). Dans l'ancienne Union soviétique, après la révolution d'Octobre, on compose des opérettes satiriques, ou parfois même traitant des thèmes de la reconstruction et du collectivisme, perdant ainsi de vue les éléments les plus originaux du genre, justement fondés sur la gaieté, les amours désinvoltes, voire les équivoques voulues du spectacle de variétés.

Aux États-Unis, après 1900, deux compositeurs originaires d'Europe centrale — Rudolf Friml et Sigmund Romberg — écrivent des opérettes qui connaissent un grand succès (*Rose Marie*, *Le Roi vagabond*, *Le Prince étudiant*, *Le Chant du désert*) mais le musicien le plus prolifique est Victor Herbert, auteur de 41 opérettes. Par la suite pourtant, l'opérette subit la concurrence d'autres genres musicaux « légers » comme le *burlesque*, le *Savoy opera* et l'*extravaganza*, et fait place aux États-Unis et en Grande-Bretagne à la comédie musicale. Elle prend pourtant une revanche au moins partielle, surtout entre 1929 et 1934, grâce au cinéma pour lequel sont adaptés les chefs-d'œuvre du genre dans une série de films portant la signature d'Ernst Lubitsch.

Rappelons cependant que des musiciens à la réputation bien établie ont également composé des opérettes ou des opéras-comiques légers, comme Ruggero Leoncavallo, Pietro Mascagni, Jules Massenet, Camille Saint-Saëns, Emmanuel Chabrier, Albert Roussel et Arthur Honegger ; Bertolt Brecht et son musicien Kurt Weill ont surtout œuvré dans le sens d'une grinçante satire sociale.

---

mœurs décadentes de la société parisienne de l'époque. Tout cela n'empêche pas *La Belle Hélène* de triompher au cours de 300 représentations, toutes acclamées par une société encore capable de se livrer à une sereine autocritique.

En 1866 suivent deux autres œuvres, *Barbe-Bleue* et *La Vie parisienne*, qui confirment les objectifs et l'esprit impertinent du compositeur ; bien qu'adulé du public, il reste presque complètement ignoré par la critique musicale. Ce sont plutôt les opérettes suivantes — *La Grande Duchesse de Gérolstein* (1867), *La Périchole* (1868) et *Les Brigands* (1869) — qui témoignent, sur des rythmes au brio endiablé, d'une délicatesse inhabituelle et d'un évident souci harmonique. Mais en 1870 éclate la guerre avec la Prusse ; son cortège d'événements dramatiques constitue une période bien peu propice pour ceux qui ont osé se moquer de la société française.

Offenbach espace sa production, mais prend en 1873 la direction artistique du théâtre de la Gaîté ; à peine un an plus tard, c'est l'échec, le compositeur se retrouve endetté et assiégé par ses créanciers. Il accepte alors de partir pour les États-Unis ; la tournée est avare en succès et suscite peu d'enthousiasme. Offenbach parvient néanmoins à revenir à Paris avec environ 20 000 dollars, qui lui permettent d'affronter plus sereinement la vie et les problèmes quotidiens, ainsi que de préparer un livre intitulé *Offenbach en Amérique : notes d'un musicien en voyage*, publié à Paris en 1877.

Il se remet à composer des opérettes, entouré de l'affection de sa famille (sa femme et leurs quatre filles) : naissent

JACQUES OFFENBACH

À gauche, la première représentation des Contes d'Hoffmann, *gravure d'époque. Ci-dessous, détail d'un décor d'A. Savinio pour le même opéra dans une production de la Scala de Milan en 1949. Les* Contes d'Hoffmann, *opéra resté inachevé à la mort d'Offenbach en 1880, est complété par Ernest Guiraud. On peut y entendre la célèbre* Barcarole, *composée en réalité par Offenbach pour l'une de ses premières œuvres* Die Rheinnixen. *Au grand succès d'Offenbach ont également beaucoup contribué les multiples exécutions des cancans qu'il a introduits dans ses opérettes à l'enthousiasme général.*

ainsi *Madame Favart* en 1878, *La Fille du tambour-major* en 1879 et *La Belle Lurette*, créée en 1880, quelques mois après la mort de ce musicien railleur et somme toute chanceux. Il laisse également un opéra inachevé, *Les Contes d'Hoffmann*, destiné à parachever sa réputation : complété par E. Guiraud, il obtiendra un appréciable succès en 1881.

Il est toutefois certain que les multiples exécutions du cancan tiré de ses œuvres n'ont pas peu contribué à sa réussite, de même que les innombrables exécutions de la *Barcarole* ; bien qu'apparaissant dans *Les Contes d'Hoffmann*, celle-ci a été composée pour l'une de ses premières œuvres, *Die Rheinnixen (Les Nymphes du Rhin*, 1864). Il ne faut pas oublier non plus que le cancan doit une bonne part de sa popularité aux lithographies de Toulouse-Lautrec, comme cette célèbre affiche de 1896 dédiée à la troupe de Mademoiselle Églantine (Églantine, Jane Avril, Cléopâtre et Gazelle) : un indescriptible froufrou de jupons agités par des jambes dans des bas noirs, sous les vastes chapeaux « fin de siècle ».

César Auguste Franck

Liège, 1822
Paris, 1890

Avant 1870, la vie musicale officielle à Paris est centrée sur l'Opéra. Dès avant 1850 pourtant, un esprit de renouveau s'est manifesté dans les institutions et dans le goût du public grâce aux initiatives de l'école de musique classique et religieuse fondée par Louis Niedermeyer, à la large diffusion du répertoire classique et romantique et à la création de la Société des quatuors de Beethoven et de la Société Sainte-Cécile. Mais l'élément le plus significatif est peut-être l'apparition de la Société nationale de musique, fondée en 1871 sur l'initiative de César Franck et de Camille Saint-Saëns. Derrière leur devise « Ars gallica » se cache la volonté de passer d'une phase d'admiration pour la tradition symphonique allemande à une autre repensant cette tradition en termes « français ». Pour nombre de ses membres, le culte de Wagner alimenté par les pèlerinages à Bayreuth devient, par réaction, une incitation puissante à renouveler dans un sens nationaliste le répertoire symphonique, celui de l'opéra et celui de la musique de chambre vocale.

Pourtant, César Franck n'est pas français de naissance. Il voit le jour à Liège, dans ce qui n'est pas encore la Belgique, en 1822. Depuis son enfance, son père le dirige vers une carrière de pianiste virtuose. Quand il atteint treize ans, la famille s'installe à Paris, où il entame ses études de composition. Il est déjà considéré comme un enfant prodige et donne des concerts dans les grandes villes d'Europe. Il passera cependant le reste de sa vie tranquille à Paris, d'abord organiste dans diverses églises, puis à partir de 1872 professeur d'orgue au Conservatoire, au point d'être considéré à tous égards comme un musicien français.

Lorsque, dans sa jeunesse, il suit les cours du conservatoire de Paris, il remporte plusieurs prix d'exécution au piano et à l'orgue, ainsi que de fugue et contrepoint. À vingt-cinq ans, Franck épouse la fille d'une actrice, ce qui déplaît fortement à sa très religieuse famille. Le couple va donc habiter de son côté et le jeune marié oppose aux problèmes financiers sa volonté tenace d'apprendre, d'étudier, de donner leçons et concerts. Il aime par-dessus tout Bach et Beethoven et enseigne donc à ses élèves la grandeur de la musique instrumentale. Certains d'entre eux sont particulièrement doués : d'Indy, Chausson, Duparc, Pierné, Widor et Vierne. Sous l'influence de leur professeur, ils passent de l'opéra aux mélodies, à la musique de chambre, à la symphonie. À cette époque, Franck n'a guère de temps pour la composition mais en travaillant dur, il parvient à écrire non seulement des œuvres de musique sacrée (messes et motets), mais aussi des poèmes symphoniques comme *Rédemption* (1871-1874) et *Les Éolides* (1876), l'oratorio *Les Béatitudes* (1869-1879), *Prélude, Choral et Fugue* pour piano (1884), les *Variations symphoniques* (1885), la *Symphonie en ré mineur* (1886-1888), une *Sonate* pour piano et violon (1886), *Prélude, Aria et Final* (1887) et un *Quatuor* (1889).

Comme le révèle la liste de ses œuvres les plus importantes, Franck est un esprit austère et sévère, réservé et ennemi du tumulte ; sa prédilection va aux musiques nobles et élevant l'esprit, souvent inspirées par la foi religieuse. Elles sont donc dépourvues de toute intention de divertissement, empreintes de méditation quand ce n'est pas de prière. Son travail au Conservatoire l'empêche de composer beaucoup ; ses œuvres les plus importantes datent de la cinquantaine, les meilleures sont postérieures à la soixantaine.

Dans les *Variations symphoniques* pour piano et orchestre de 1885, Franck réussit la synthèse de deux formes — la variation et l'allegro de sonate — recourant à deux thèmes qui sont alternativement sujet de variations et qui, transformés, engendrent dans le finale un allegro à deux thèmes. Franck résout également le problème du rapport entre le soliste et l'orchestre — dans les *Variations symphoniques* comme dans le poème symphonique *Les Djinns* de 1884 — sans sacrifier ni l'un ni l'autre. Son écriture pianistique n'est pas aussi exigeante que celle de Brahms et elle est complètement dépourvue de cette note de folie, de ce caractère d'« aberration pianistique » qui fait du *Concerto n° 2 en si bémol majeur* de Johannes Brahms l'accomplissement monumental d'une idée apparue au déclin du classicisme.

Dans sa musique symphonique, Franck associe le choix d'une harmonie wagnérienne à une exigence de fidélité formelle ne trouvant d'écho que chez Brahms. C'est certainement le signe de sa vocation classique, entendue comme une prédilection pour la forme pure, d'une grande complexité de langage, par opposition aux « vulgarités » d'opérette à la mode dans les théâtres parisiens. Tout aussi significative est la référence à Liszt, dont l'influence est évidente dans des poèmes symphoniques comme *Les Éolides*, *Le Chasseur maudit* et *Psyché*, composés entre 1876 et 1888. Auparavant pourtant, Franck a déjà manifesté son goût pour des œuvres d'un romantisme teinté de légendaire et de fantastique, marqué tantôt par un érotisme magique et raffiné, tantôt par l'intense poésie de la nature.

Mais son œuvre symphonique de loin la plus intéressante est la célèbre *Symphonie en ré mineur* de 1888. Si l'on exclut les deux symphonies de Gounod et Bizet, incursions de jeunesse dans un genre jamais plus abordé par la suite, celle de César Franck se situe au milieu d'une renaissance musicale française multiforme, succédant aux trois symphonies de Saint-Saëns, à la *Symphonie espagnole* de Lalo (1875) et à la *Symphonie sur un chant montagnard français* de Vincent d'Indy (élève de Franck), et précédant celles de Chausson (autre élève de Franck) et de Dukas. L'importance de la *Symphonie en ré mineur* réside surtout dans sa forme cyclique, due au retour de certains éléments thématiques tout au long de l'œuvre. Il s'agit en fait d'une application systématique de la pratique allemande de la « citation » thématique, que l'on trouve aussi bien dans le finale de la *Neuvième Symphonie* de Beethoven que dans les symphonies de Schumann, Brahms et Bruckner.

Peu de pièces écrites par Franck pour orgue ou pour orchestre symphonique sont restées au répertoire. C'est la *Sonate pour violon et piano* que l'on joue le plus souvent.

Bien que l'œuvre symphonique de Franck présente une certaine variété d'inspiration et d'intérêt, le musicien restera presque complètement ignoré hors du cercle restreint de ses élèves, qui transmettront son enseignement aux générations suivantes, essentiellement par le moyen de la Schola cantorum au point qu'aujourd'hui encore on trouve dans la musique française la plus récente un courant « franckiste ». César Franck est mort à Paris en 1890.

Page ci-contre, en haut, César Franck.

Page ci-contre, en bas, titre du poème symphonique Le Chasseur maudit. *Dans son œuvre symphonique, Franck associe le choix d'une harmonie wagnérienne à une exigence de fidélité formelle ne trouvant d'écho que chez Brahms. C'est certainement le signe de sa vocation classique, au sens d'une prédilection pour la forme pure d'une grande complexité de langage, s'opposant aux « vulgarités » d'opérette à la mode dans les théâtres parisiens. Tout aussi significative est la référence à Liszt, dont l'influence est évidente dans certains poèmes symphoniques.*

Ci-dessus, un tableau de Camille Pissarro représentant le boulevard Montmartre.

À droite, Concert à la maison, *estampe en couleurs d'A. Devéria représentant un moment de la vie musicale française au XIXe siècle. Franck est né à Liège, dans la future Belgique, mais vit depuis l'âge de treize ans à Paris, où il passera le reste de sa vie tranquille, d'abord organiste dans différentes églises, puis à partir de 1872 professeur d'orgue au Conservatoire. C'est un homme à l'esprit austère et sévère, ennemi du tumulte.*

Bedřich Smetana

Litomyšl, 1824
Prague, 1884

À la naissance de Bedřich Smetana à Litomyšl en 1824, la région fait partie de l'Empire austro-hongrois et le nom de sa ville natale s'écrit Leitomischl ; elle se situe en Bohême, aujourd'hui partie de la République tchèque.

Le père de Bedřich est brasseur, mais il a de l'ambition pour son fils ; il en ferait probablement un avocat si le petit garçon ne manifestait dès sa plus tendre enfance d'exceptionnels dons musicaux, au point de pouvoir jouer en public à six ans, sans avoir reçu aucun enseignement systématique. Après ses études secondaires, Smetana s'installe à Prague pour pouvoir se consacrer entièrement à la musique, chant, violon et piano surtout. C'est ce qu'il fait entre douze et dix-sept ans, tout en se transférant à Pilsen, ville en plein développement. C'est ici, dans ce fertile et verdoyant bassin entouré par les ombres de la forêt de Bohême, que Smetana mûrit sa décision de devenir musicien. Il se libère également de la tutelle familiale en devenant professeur de musique dans la famille du comte Leopold Thun. En 1843, il s'est inscrit au conservatoire de Prague et a approfondi ses connaissances sous la direction de Joseph Proksch.

Devenu excellent pianiste, il entame en 1847 une tournée qui devrait lui donner les moyens d'être tout à fait indépendant, mais n'obtient guère de succès. Le pays s'agite et en 1848, comme dans d'autres régions de l'Empire austro-hongrois, c'est la révolte ; les Tchèques se battent sur la musique des hymnes de Smetana. Le compositeur a alors vingt-quatre ans et dans son cœur s'est allumée la flamme du nationalisme, idéal auquel il adhère avec un enthousiasme romantique. Encouragé par Franz Lizst qui l'admire et favorise ses aspirations, il ouvre une école de musique l'année même de la révolte, dans laquelle il tente de communiquer ses expériences à ses élèves. En 1856, il est invité à s'installer à Göteborg en Suède pour diriger les concerts de la société philharmonique locale. Il y reste cinq ans et dirige une série de concerts présentant des œuvres de Mendelssohn, Liszt et Wagner. Son séjour est assombri par la mort de sa femme, mais il se remariera rapidement. Smetana compose ses premières œuvres orchestrales importantes : *Richard III* (1856), *Le Camp de Wallenstein* (1859) et *Hakon Jarl* (1861).

Les chants et les danses de sa terre natale l'attirent autant que le classicisme allemand : en 1859, il a envoyé à sa patrie lointaine deux morceaux pour piano en forme de polka, les fameux *Souvenirs de Bohême*. En mai 1861, il est de retour à Prague où la promulgation de la Constitution, survenue un an auparavant, lui permet désormais une activité plus libre. Pendant les années passées à Prague, Smetana cherche à donner à la culture tchèque une musique qui lui soit propre et défend cette idée dans ses compositions, de fréquents écrits critiques et même dans un manifeste. Les moyens en seront finalement l'opéra et le poème symphonique, ce dernier genre étant assimilé par lui en profondeur grâce à la forte influence de Liszt.

En 1866, Smetana voit la création de son premier opéra, *Les Brandebourgeois en Bohême* (composé en 1864), presque en même temps que celle de *La Fiancée vendue*, qui remporte un véritable triomphe. Dans *Les Brandebourgeois*, il est question de la situation créée dans le pays par la dramatique invasion venue du nord de l'Allemagne. C'est donc un opéra inspiré par des événements historiques alors que *La Fiancée vendue* est un opéra-comique qui, depuis sa création à Prague en 1866, a été joué dans le monde entier. Au cœur du sujet se trouvent 300 pièces d'or versées pour que Marienka épouse le fils de Tobie. Les quiproquos et les situations comiques provoqués par divers malentendus suivent les schémas habituels de l'opéra-comique allemand, mais présentent joyeusement la vie du village en faisant un savant et abondant usage de mélodies et de rythmes populaires.

Après le succès de ces deux œuvres, Smetana se voit confier la direction artistique du Théâtre national et consacre toutes ses forces à la composition, écrivant des opéras comme *Dalibor* (1868), *Libuse* (1872), *Les Deux Veuves* (1874), *Le Baiser* (1876), *Le Secret* (1878), *Le Mur du diable* (1882), mais aussi des musiques de scène pour tableaux vivants et surtout pour les pièces de Shakespeare.

Dans ses œuvres, Smetana manifeste une constante affection pour la polka : c'est déjà sur ce rythme qu'il a écrit, avec une grande fraîcheur d'invention, les *Souvenirs de Bohême* de 1859, mais au fil des années la polka restera le noyau d'inspiration central de ses autres œuvres pour piano.

Dans l'œuvre symphonique de Smetana se distingue le cycle intitulé *Ma patrie* (1874-1879), recueil de six esquisses symphoniques parmi lesquelles la *Vltava* (la *Moldau*). Les principaux thèmes de cette œuvre sont la beauté naturelle du pays, les grands événements du passé, la mythologie tchèque, l'avenir de tout un peuple. Les mélodies véritablement populaires sont ici presque inexistantes, mais l'inspiration de l'artiste est très forte. On retrouve ce même caractère d'évocation dans certaines polkas comme *Le Carnaval de Prague*, qui font penser à Paganini et au romantisme.

L'art de Smetana possède des liens profonds avec la musique européenne, de Chopin à Liszt, de Schumann à Wagner. Mais son sentiment dominant est celui de la liberté et de la fidélité au pays natal, qui se manifeste également par des allusions fréquentes et réussies à la musique populaire. On peut aussi remarquer chez Smetana l'influence de Berlioz dans l'idée de lier un morceau instrumental à un programme autobiographique ; mais c'est la première fois, par exemple dans l'histoire du quatuor (cf. le *Quatuor en mi mineur, Ma vie*, de 1879), que la dignité de ce noble genre est explicitement utilisée aux fins d'une intense confession personnelle. La construction formelle est dans l'ensemble traditionnelle, tout en comportant des pages inspirées par les danses de Bohême. Un traitement similaire des cordes révèle l'inspiration encore une fois autobiographique du *Quatuor n° 2 en ré mineur*, écrit en 1882-1883 avec grande difficulté et terminé quelques mois seulement avant que le musicien ne soit contraint d'abandonner la composition.

La veine autobiographique est si forte que Smetana est toujours très attentif à ne pas reprendre note pour note les motifs traditionnels et à dépasser les limites de la couleur

Maquette d'un décor de La Fiancée vendue, *opéra-comique (1866) très vite devenu extrêmement populaire et qui reste toujours l'œuvre la plus célèbre du compositeur tchèque.*

locale, pour parvenir à une transfiguration des valeurs esthétiques et ethniques qu'ils contiennent.

Pendant les dernières et très dures années de sa vie (il meurt fou en 1884, après avoir été atteint de surdité), la veine nationale va ainsi se mêler à celle de l'autobiographie. Aujourd'hui, la critique est unanime pour donner la première place dans l'œuvre orchestrale de Smetana aux poèmes symphoniques dans lesquels, surtout le cycle *Ma patrie*, se retrouve intact l'esprit héroïque du romantisme tchèque naissant.

Smetana n'a laissé qu'une symphonie, la *Symphonie triomphale*, œuvre de circonstance pour le mariage de l'empereur François-Joseph et d'Élisabeth (Sissi) de Bavière en 1854. Une œuvre que les Tchèques considérèrent avec suspicion, notamment en raison de la reprise dans le finale de l'hymne impérial de Haydn, sans doute perçue comme une marque excessive de respect ou de servilité envers les Habsbourgs. En réalité, la *Symphonie triomphale* est le témoignage d'un moment historique tout à fait particulier : au moment où Smetana, poussé par son esprit nationaliste, voudra fonder un conservatoire ou même diriger la Société philharmonique de Göteborg, il devra d'abord obtenir l'autorisation du gouvernement impérial et royal austro-hongrois.

Si ses contemporains russes tentent de donner une voix au peuple et de réveiller une grande âme opprimée par l'autocratie, Smetana se propose plus simplement de traduire en musique l'idéal national d'une bourgeoisie attachée à l'indépendance de ses traditions.

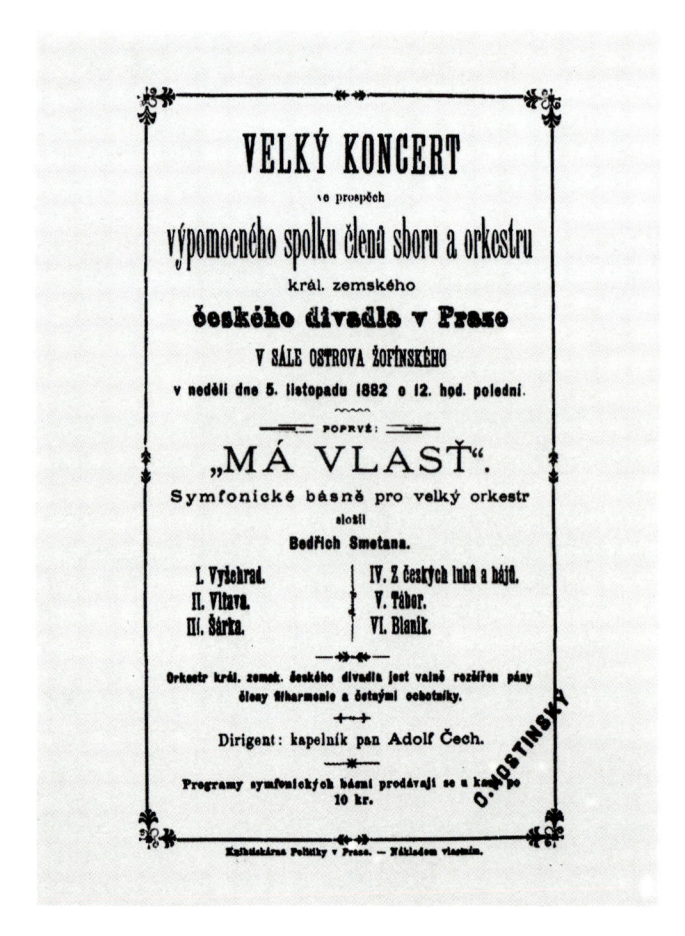

BEDŘICH SMETANA

Page ci-contre, affiche d'un concert (donné à Prague en 1882) consacré au cycle symphonique Ma patrie. *Composé entre 1874 et 1879, ce cycle comporte six poèmes symphoniques dont la* Vltava *(la Moldau), morceau très populaire. Les thèmes principaux en sont la beauté naturelle du pays, la mythologie tchèque, les grands événements du passé, l'avenir de tout un peuple. Dans ces compositions, Smetana réussit à inventer un langage musical qui, sans recourir directement aux éléments populaires, en recrée néanmoins les structures et l'atmosphère.*

À gauche, Prague, vue de la Vltava, gravure de J. Poppel datant de 1850 d'après un dessin de L. Lange. Smetana aime profondément sa terre natale ; dès 1848, il adhère avec enthousiasme à l'idéal nationaliste et, pendant la tentative d'indépendance qui soulève la Bohême en cette année d'ébullition, les Tchèques se battent sur la musique des hymnes qu'il a composés. Pendant les années passées à Prague, Smetana cherche à donner à la culture tchèque une musique qui lui soit propre et défend cette idée dans ses compositions, ses fréquents écrits critiques et même dans un manifeste.

◆ 171 ◆

ANTON BRUCKNER

Ansfelden, Linz, 1824
Vienne, 1896

Les débuts d'Anton Bruckner sont modestes, notamment en raison du caractère réservé et profondément religieux du personnage. Né en 1824 à Ansfelden, village de Haute-Autriche, il est destiné par ses parents à une carrière d'instituteur, profession jugée extrêmement prestigieuse dans le milieu rural. Élève réfléchi et attentif, il termine ses études primaires à l'abbaye de Saint-Florian, au sud-est de Linz. Cette expérience sera pour lui déterminante : cette abbaye est l'un des chefs-d'œuvre du baroque autrichien. Tout près s'élève le Schloss Hohenbrunn, une résidence de chasse construite en 1729, elle aussi très riche en témoignages baroques. À Saint-Florian, où l'on conserve jalousement le souvenir de ce baroque tardif et les règles du catholicisme réformiste, Bruckner étudie l'orgue avec A. Kattinger. Cette atmosphère, la sévérité, la vie austère de l'abbaye, où abondent pourtant les souvenirs fastueux d'une époque datant d'à peine plus d'un siècle, exercent sur lui une influence considérable. Sa formation a lieu entre 1837 et 1840, quand la grande musique abandonne certaines caractéristiques psychologiques et expressives typiques du début du romantisme, la symphonie devenant le refuge de la nostalgie et de l'ample méditation. L'idéal ultime de Schubert et Schumann, celui d'une musique se réalisant dans une intuition rapide et fugitive, d'une grande concentration expressive, est mis de côté pour une forme aux dimensions toujours plus imposantes, riche de références culturelles, pour une volonté d'expression toujours plus articulée.

Bruckner aime profondément sa terre natale et a totalement assimilé l'esprit traditionnel de cette vieille région paysanne, blottie entre le cours lent du Danube et les collines arrosées par le Steyr et le Krems ; un paysage idyllique, où les églises aux clochers pointus aiguillonnent sa soif religieuse. D'abord instituteur à Windhaag et à Kronstorf, il revient ensuite à Saint-Florian comme professeur en 1845, à vingt et un ans : il deviendra plus tard organiste de l'abbaye en remplacement de son ancien maître. Il va vivre ici pendant dix ans, dans la paix des maisons campagnardes à l'ombre de l'abbaye. C'est ici qu'il compose ses premières œuvres importantes (il a auparavant écrit de la musique populaire pour des festivités locales), dont le *Requiem* de 1849 et la *Missa solemnis* de 1854. Au bout de ces dix années passées à Saint-Florian, il remporte le concours organisé pour le poste d'organiste titulaire de la cathédrale de Linz, ancienne église de Jésuites dotée de splendides orgues datant de 1789. Mais avant de prendre ses fonctions, Bruckner tient à suivre à Vienne un cours de perfectionnement théorique avec S. Sechter, autrefois le professeur de Schubert. Ce sont cinq années d'études, d'application assidue et de silence créatif, Bruckner ne se jugeant pas digne de continuer à composer, surtout maintenant qu'il est organiste titulaire à Linz. Les années qui suivent 1861 et son retour définitif dans le chef-lieu de Haute-Autriche sont également placées sous le signe de l'apprentissage et de la recherche de rencontres formatrices. Le contact avec Wagner, lors d'une visite de Bruckner à Munich en 1865 pour la première de *Tristan*, est important, tout comme les échanges d'opinions avec Liszt à Budapest et avec Berlioz à Vienne. Bruckner se sent très attiré par Wagner mais sa sympathie va à Schubert, surtout pour sa *Symphonie en ut majeur* qu'il juge « céleste ». À Linz, où il reste jusqu'en 1868, il compose trois messes et quelques œuvres pour orchestre comme la *Première Symphonie*.

Dans la musique symphonique de cette période, on trouve des éléments partiellement étrangers à la grande tradition et difficilement conciliables entre eux, comme le choral, la danse, le chant intime de type lied, la marche militaire et les chansons populaires, le tout s'accompagnant de références diffuses à la littérature allemande la plus représentative. Mais pour les œuvres symphoniques de Bruckner (et de Mahler) qui naissent et se développent dans ce climat, l'heure est venue de témoigner de la décadence et de la phase ultime de la grande tradition symphonique, dans la culture même où celle-ci a plongé ses racines les plus profondes. Bien que contemporain de Brahms, Anton Bruckner en paraît bien éloigné et comme arrêté dans un temps irréel, sa personnalité d'homme et de musicien présentant divers aspects anachroniques. En profonde opposition avec son époque est par exemple sa nature d'homme simple, ayant grandi dans une atmosphère rustique et silencieuse, aussi peu intellectuelle que possible. Tout aussi anachronique est l'éducation reçue à l'abbaye de Saint-Florian. Par rapport aux habitudes musicales autrichiennes de son temps, sa grande vocation d'organiste est marginale : c'est un homme solitaire, timide, incapable de s'imposer, qui restera toujours un modeste instituteur. Il hésitera longtemps entre cette carrière de tradition dans sa famille et le grand saut vers la musique. À une époque où l'attention générale se tourne vers les opéras de Wagner et les poèmes symphoniques de Liszt, il compose des œuvres sacrées ou profanes pour chœur, anachroniques encore une fois, à la limite de l'artisanat musical. Pourtant, après 1864, un tournant se produit : après l'exécution de sa *Messe en ré mineur*, l'écho de son succès arrive jusqu'à Vienne, encore renforcé ensuite par ses trois premières symphonies qui lui valent également de nouvelles rencontres importantes. Mais c'est aussi le moment d'une première et grave fêlure avec l'apparition des signes d'une instabilité nerveuse et en 1867 il doit se soigner à Bad Kreuzen.

Sa conception de la symphonie est très éloignée des principes de Liszt : elle se manifeste pour la première fois avec précision dans la *Troisième Symphonie* composée en 1873. Dès lors et jusqu'à la *Neuvième* — restée inachevée — ses symphonies se présentent comme un véritable cycle d'œuvres relevant d'une même inspiration. Son originalité réside aussi dans la longueur de ses œuvres, presque le double des symphonies de Brahms, son contemporain. Mais l'élément fondamental, dans la conception générale de la structure comme dans l'amplification de chaque mouvement, est le principe dit « d'accroissement » *(Steigerungsprinzip)*, autrement dit la tendance à élaborer le discours à travers une série de procédés ascendants et d'élans souvent liés à un crescendo inattendu vers un point culminant. Ces

Vue de Vienne, estampe en couleurs de G. Veith (1873). Bruckner rencontre une certaine hostilité à Vienne, marquée par une alternance de succès et d'échecs.

À gauche, Bruckner, portrait de F. Beraton (1889).

Ci-dessous, Wagner accueille son admirateur Bruckner (caricature de l'époque). Bruckner rencontre Wagner à Munich en 1865, à l'occasion de la première de Tristan. *Il manifeste son admiration pour le musicien de Leipzig en lui dédiant sa* Troisième Symphonie, *dite justement* Wagner Symphonie, *et en adoptant le langage chromatique, la tendance à la modulation, les richesses instrumentales de la musique wagnérienne. Pourtant, l'idéal esthétique et spirituel de Bruckner est bien éloigné de celui de Wagner et, tout en s'appropriant les inventions harmoniques et orchestrales de l'auteur de la tétralogie, Bruckner les met donc au service de la musique pure.*

procédés caractérisent aussi le développement et même la construction de certains groupes thématiques, par exemple dans le troisième mouvement de la *Quatrième Symphonie* (1874), constitué de trois moments *fortissimo*. Ces crescendos sont cependant compensés par de longs épisodes à la construction statique.

À partir de 1875, Bruckner enseigne l'harmonie, le contrepoint et l'orgue au conservatoire de Vienne, tout en se rendant souvent à Paris et à Londres pour des concerts. Bien qu'il ait de nombreux élèves fidèles (dont Mahler), il rencontre une certaine hostilité à Vienne, alternant succès et échecs. La *Quatrième Symphonie*, dite *Romantique*, est un véritable triomphe en 1881, comme la *Septième* à Leipzig en 1884. Lors de l'exécution de son *Te Deum* à Vienne, la capitale elle-même se réconcilie avec lui, lui décernant un doctorat *honoris causa* en 1891.

Après la composition de la *Huitième* et le début de la *Neuvième*, il tombe gravement malade et ne se remettra plus. Il meurt dans la villa impériale du Belvédère en 1896, précédant de peu le crépuscule du vieil empire.

Johannes Brahms

Hambourg, 1833
Vienne, 1897

La dernière guerre a causé la destruction à Hambourg d'une maison haute et étroite, modeste, comportant six étages de bois et de briques dans le style typique de l'Allemagne du Nord : c'est là qu'était né, le 7 mai 1833, Johannes Brahms. Le petit Brahms n'est pas un gamin vif et éveillé ; au contraire, peut-être en partie à cause de ses fréquentes maladies enfantines, il est d'un tempérament sauvage et mélancolique. Il découvre la musique par l'intermédiaire de l'expérience paternelle : Johann Jacob Brahms joue du cor dans la fanfare de la garde civile tout en étudiant assidûment la contrebasse.

Le jeune Johannes est immédiatement attiré par le piano et a pour principal professeur Eduard Marxsen, qui lui fait découvrir Beethoven et lui enseigne les bases du contrepoint et de la composition. Marxsen a grande confiance en Brahms et l'appelle « ce merveilleux garçon » parce qu'il en devine les dons et la disposition à composer et à écrire des variations. Il se réjouit aussi de sa passion pour la lecture des classiques, égale à celle qu'il ressent pour la nature et la liberté, devant les grands espaces et la lumière si particulière d'un Nord encore intact. Hambourg est alors un heureux mélange de terre et d'eau, entre une mer tumultueuse et des forêts primitives bruissant sous le vent. Les premières tentatives de Brahms sont pourtant des arrangements sur des marches de fanfares, des valses, de la musique pour les établissements nocturnes de la Hambourg frénétique et malfamée.

À quatorze ans, Brahms participe pour la première fois à un concert, expérience qui se répétera ensuite assez fréquemment. Entre-temps, il compose ses premiers lieder, certains pour Lise Giesemann, jeune fille rencontrée dans un petit village au bord de l'Elbe, d'autres (les *op. 3, 6 et 7*) écrits entre dix-sept et vingt ans.

En 1849, il fait la connaissance d'Eduard Reményi, violoniste hongrois ayant fui sa patrie après la révolte dirigée par Kossuth. C'est probablement grâce à lui que Brahms découvre le vaste répertoire de la musique et des danses populaires hongroises, qu'il mettra à profit en même temps que les airs entendus plus tard dans les cafés hongrois de Vienne. Mais la rencontre décisive est celle de Joseph Joachim, violoniste allemand de deux ans son aîné, destiné à devenir célèbre. Entre eux naît une amitié qui sera pratiquement sans nuages et durera toute une vie. C'est Joachim qui donne au jeune Brahms l'occasion de rencontrer Franz Liszt ; celui-ci a fait de Weimar, petite capitale de la Thuringe, le centre de la musique nouvelle. Dans sa somptueuse villa de l'Altenburg fréquentée par des hôtes illustres, comme le pianiste et chef d'orchestre Hans von Bülow (mari de Cosima, la fille de Liszt), Liszt accueille avec bienveillance ce jeune musicien inconnu. Devant sa timidité compréhensible, il joue lui-même le *Scherzo op. 4* et une partie de la *Sonate en ut majeur op. 1*. Toutefois, Brahms se montre très critique envers l'atmosphère d'adulation qui entoure le maestro et comprend que ce monde n'est pas le sien. Il préfère les promenades avec son ami Joachim, les discussions, les projets de créer de la bonne musique, la ferveur d'une vie simple et champêtre. Le jeune homme conforte ces idées en accomplissant un véritable pèlerinage à pied le long du Rhin. En septembre 1853 — il a vingt ans —, c'est la rencontre avec Schumann ; à cette époque, Johannes est un garçon maigre et blond, aux yeux bleus toujours pleins d'étonnement. Schumann et sa femme Clara sont sous le charme. Il leur joue sa *Sonate en ut majeur* et Schumann le recommande auprès de ses propres éditeurs. Dans un article publié par sa revue *Neue Zeitschrift für Musik*, il le désigne en outre comme le rival de la nouvelle école allemande de Liszt et Wagner, chose dont Brahms aura à souffrir par la suite en raison des nombreux malentendus que cela va provoquer. Brahms a l'intention d'approfondir ses études musicales et s'y consacre avec le plus grand zèle en compagnie de Joachim et de J.O. Grimm, uniquement interrompu par la tentative de suicide de Schumann, déjà en proie à des accès de démence. C'est à ce moment que Brahms noue une profonde amitié avec Clara Schumann, comme en témoigne un abondant échange de lettres. Clara représente sans doute pour lui le symbole même d'un mariage heureux, mais les circonstances et sa tendance naturelle à la solitude font que ces pensées restent sans suite.

En 1854 sont édités le *Trio en si mineur pour piano, violon et violoncelle*, les *Variations pour piano sur un thème de Schumann* et les *Ballades pour piano op. 10*. Le *Concerto en ré mineur pour piano et orchestre op. 15* date très probablement de la même période, mais ne sera publié qu'en 1861. Installé à Düsseldorf, poursuivant son amitié et sa collaboration avec Joachim — désormais réclamé partout pour des concerts —, Brahms acquiert une science admirable de la composition et une particulière maîtrise dans l'art de la variation, écrivant les *Variations sur un thème de Haendel*, les *Variations sur un thème de Haydn*, une *Fugue en la bémol mineur*, un *Lied spirituel pour chœur à quatre voix et orgue*. Les variations sur des thèmes de Haendel et d'autres sur des thèmes de Paganini sont suivies par deux de ses œuvres majeures, *Requiem allemand* et la *Rhapsodie*. La première est écrite pour voix solistes, chœur et orchestre ; c'est une œuvre lyrique, bouleversante, fondée non sur le texte latin de la messe de requiem mais sur différents extraits de la Bible en allemand. En 1861, alors qu'il se trouve à Hamm dans la périphérie de Hambourg, il travaille simultanément au *Requiem*, à sa *Première Symphonie*, au *Quatuor avec piano en sol mineur op. 25* et en *la majeur op. 26*, à la *Sonate n° 1 pour violoncelle*, tout en achevant quelques variations. Son unique amertume est causée par l'indifférence de Hambourg à son égard : il convoite ardemment la direction de l'orchestre municipal, mais le poste est offert au chanteur Julius Stockhausen. C'est peut-être cette déception qui l'incite à quitter le Nord pour aller vivre à Vienne.

Il connaît un succès immédiat dans la capitale autrichienne, se présentant tout d'abord comme pianiste de concert. Il exécute notamment deux *Sérénades* couvertes d'éloges, composées quelques années auparavant, mais dirige également un certain temps l'orchestre du Singverein der Gesellschaft der Musikfreunde (Société des amis de la musique). Le 6 février 1864, il rencontre Richard Wagner, à Penzing. Le compositeur de *Tristan*, au sommet de la célébrité, apprécie avec condescendance l'exécution (demandée) des *Variations sur un thème de Haendel*, déclarant après l'« essai » de Johannes : « Voilà ce que l'on peut encore tirer des formes anciennes quand on est vraiment capable de s'en servir. » Mais les différences de caractère et de conceptions musicales demeurent.

À Vienne, Brahms a la satisfaction de se voir officiellement chargé de diriger la Singakademie, avec la responsabilité du choix des programmes, ce qui compense l'« humiliation » subie à Hambourg, sa ville natale. C'est à cette époque, vers 1863, que le musicien commence à fréquenter Baden-Baden, devenue un centre mondain où accourent intellectuels et artistes de toute l'Europe. Il y rencontre Ivan Tourgueniev, Anselm Feuerbach, Johann Strauss, le « roi de la valse ». Ces séjours à Baden-Baden ou dans ses environs immédiats deviennent pour Brahms un rite annuel, notamment pour se reposer des fatigues de Vienne, composition, direction d'orchestre, enseignement. Il voyage également en Italie, des lacs de Lombardie à la Sicile.

En bordure de la Forêt-Noire, il compose en 1864 le *Sextuor en sol majeur* et en 1865 le *Trio en si bémol majeur pour*

Ci-dessous, la maison natale de Brahms dans la Speckstrasse de Hambourg (détruite pendant la dernière guerre). Initié à la musique par son père (qui joue du cor dans la fanfare de la garde civile et étudie la contrebasse), le jeune Johannes est immédiatement attiré par le piano et a pour principal professeur Eduard Marxsen, qui lui fait découvrir Beethoven et lui enseigne les bases du contrepoint et de la composition. Les premières expériences du jeune homme (notamment pour arrondir les gains paternels) consistent en des arrangements sur des marches de fanfares, des valses, de la musique traditionnelle pour les établissements nocturnes de Hambourg.

Page ci-contre, en haut, titre des Variations pour piano sur un thème de Schumann.

Page ci-contre en dessous, titre de la Symphonie n° 1 en ut mineur *(1876) dans l'édition Breitkopf-Härtel.*

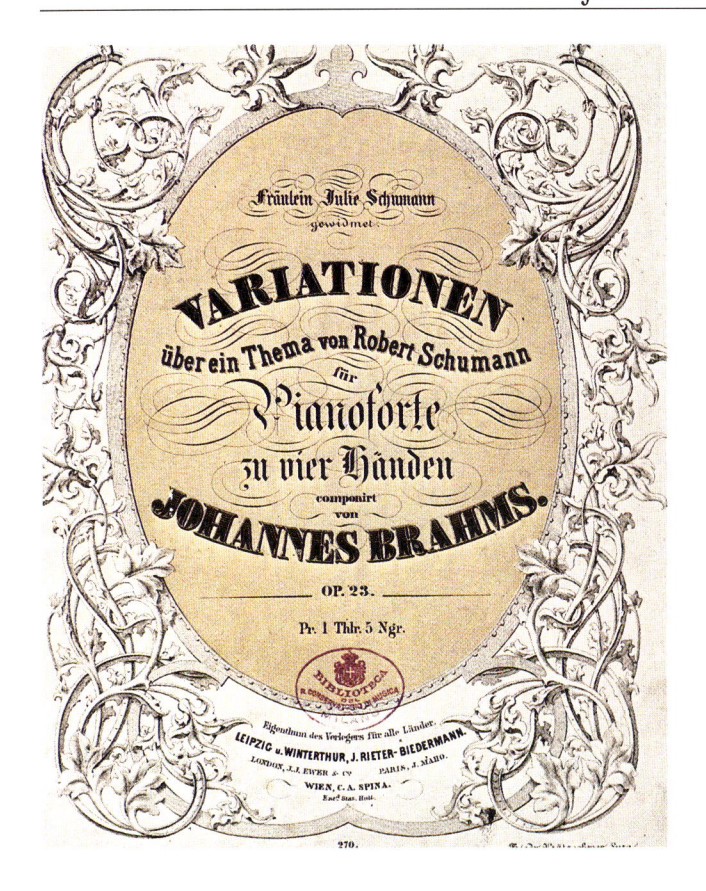

cor, violon et piano (en souvenir de sa mère, morte cette année-là) ; en 1868, il écrit les dernières notes de son puissant et poignant *Requiem*.

La création du *Requiem allemand* a eu lieu en décembre 1867, mais il s'agissait d'une version fragmentaire. On a écrit que le compositeur avait sans doute voulu rendre hommage à la mémoire de Robert Schumann et des êtres qui lui avaient été chers. C'est une étape importante dans l'histoire de la polyphonie allemande. Dans la cathédrale de Brême, le *Requiem* est dirigé par son auteur le Vendredi saint ; c'est un triomphe. Les exécutions suivantes du *Requiem* à Leipzig, Bâle, Zurich, Weimar sont un succès financier et le poussent à terminer durant l'été 1868 la cantate *Rinaldo* sur un thème de Goethe, suivie un an plus tard de lieder sur un rythme de valse et de la *Rhapsodie op. 53* pour contralto, chœur et orchestre. Cette dernière œuvre est dédiée à la fille de Clara et Robert Schumann, qu'il a peut-être demandée en mariage, mais elle épousera un aristocrate italien. En 1870, en un moment d'exaltation particulière dans l'histoire allemande (c'est la victoire de la Prusse sur la France), Brahms compose un *Triumphlied* dédié à l'empereur Guillaume Ier et destiné en réalité au chancelier Bismarck, pour lequel le musicien éprouve une immense admiration.

Brahms ne sort plus de sa nouvelle demeure du 4 Karlgasse que pour retrouver ses amis. Désormais clairement voué au célibat, il passe une bonne partie de ses soirées dans les tavernes (surtout au « Hérisson rouge », *Zur roten Igel*) ou à se promener tout seul dans les jardins du Prater, poussant une pointe jusqu'au bord du Danube. En 1871, il devient directeur des concerts de la Société des amis de la musique, poste qu'il occupera énergiquement jusqu'en 1875. Pendant une période de vacances au bord du lac de Starnberg en Bavière — où se suicidera le roi Louis II dix ans plus tard —, il termine ses deux *Quatuors à cordes op. 51* et commence sa première grande œuvre purement orchestrale, les admirables *Variations sur un thème de Haydn*. On ne rend plus hommage désormais à ses talents de brillant concertiste, mais on salue en lui l'héritier de Mendelssohn et de Schumann.

En 1874, il donne des concerts à Leipzig et y retrouve une de ses anciennes élèves, la baronne Élisabeth von Stockhauser, à laquelle il dédie les *Deux Rhapsodies pour piano op. 79*. Bien qu'elle soit heureusement mariée, Brahms conservera sa photo sur son bureau jusqu'à sa mort. Ce même été, il compose divers petits chefs-d'œuvre dans une délicieuse maison de Rüschlikon, près de Zurich, en particulier le *Quatuor à cordes en si bémol*, œuvre pastorale et idyllique. Séjournant ensuite en Carinthie, région paisible, fraîche et reposante, aux montagnes recouvertes de forêts, il écrit certaines de ses œuvres les plus populaires, dont la *Symphonie n° 2*, le *Concerto pour violon et orchestre en ré majeur* dédié à Joachim, les *Klavierstücke op. 76*.

Puis il repart encore, cette fois pour Ischl dans le Salzkammergut, la célèbre localité où pendant l'été 1853 s'est produite la rencontre décisive entre l'empereur François-Joseph et sa future épouse, Élisabeth (Sissi) de Bavière. Dans la tranquillité de cette ravissante bourgade, il compose l'*Ouverture académique* et l'*Ouverture tragique*, la première inspirée par des chants d'étudiants, la seconde en guise de prologue à une représentation du *Faust* de Goethe. Son perpétuel vagabondage parmi les montagnes le conduit aussi en Styrie, où il compose la *Symphonie n° 4* et les lieder *op. 96*. Puis il séjourne au bord du lac de Thoune, en Suisse, sous la masse de pierre et de glace de la Jungfrau, qui lui inspirera bon nombre d'œuvres importantes (*Double Concerto pour violon, violoncelle et orchestre op. 102, Sonate pour piano et violoncelle en fa majeur op. 99, Sonate pour piano et violon en la majeur op. 100* et en *ré mineur op. 108, Chants tziganes op. 103* et d'autres encore). Dans toute l'Europe, son succès est désormais extraordinaire.

En dépit de ses déménagements estivaux, de son désir de voir des forêts et des montagnes toujours nouvelles, Vienne garde pour lui tout son charme l'hiver : ici « mon célibat ne dérange personne alors que dans une petite ville un vieux garçon est considéré comme une caricature. Je n'ai plus envie de me marier et j'ai de bonnes raisons... ».

Page ci-contre, Brahms au piano.
À gauche, le compositeur avec la femme de Johann Strauss fils. Brahms fait la connaissance de Strauss lors de son premier séjour à Baden-Baden en 1863 et noue avec lui des relations amicales.
Ci-dessous, trois caricatures montrant Brahms en train de diriger.

L'œuvre symphonique de Brahms est vraiment très compacte : entre 1876 et 1885, il compose les quatre symphonies, les deux concertos pour piano, le *Concerto pour violon, violoncelle et orchestre*, les deux ouvertures *Académique* et *Tragique*. À partir de 1882, il revient à la musique de chambre avec son joyeux *Quintette à cordes en fa majeur op. 88*, pour se consacrer ensuite exclusivement à ce type de musique, aux œuvres pour piano, aux mélodies de sa jeunesse. Pourtant, en 1890 — il a cinquante-sept ans — après avoir terminé le *Quintette en sol majeur op. 111*, le compositeur a l'impression d'être arrivé au terme de sa carrière : il détruit toutes ses notes, les pages à peine ébauchées, annonce à ses amis que son œuvre est terminée. Sa capacité à s'enthousiasmer lui permettra cependant de surmonter cette crise ; il écrit encore le *Trio avec clarinette op. 114* et le *Quintette en si mineur pour clarinette et cordes op. 115*, créés en 1891 par Brahms au piano, Mühlfeld à la clarinette et Joachim au violon, avec son quatuor. La clarinette lui inspire encore deux œuvres extrêmement raffinées : les deux *Sonates pour clarinette et piano op. 120* composées en 1894.

Dans ses dernières compositions (Brahms meurt en 1897, un an à peine après sa vieille amie Clara Schumann) se précise et s'affine toujours davantage l'expression d'états d'âme intimes, presque secrets, à la limite de l'abstraction, qui s'accompagnent d'une lassitude résignée devant la destinée, caractéristique de cette époque en Allemagne et dans l'Angleterre victorienne. Les années des grandes révoltes romantiques et des revendications nationales appartiennent au passé, l'heure est désormais à la mélancolie et aux renoncements de l'individu. La vie et l'ample production musicale de Brahms peuvent se ranger dans cette seconde période du romantisme, basé sur les cendres du passé plus que sur les étincelles d'un présent en mouvement. Sa vie durant, Brahms aspire à des idéaux auxquels il renonce pourtant volontairement, fidèle au principe de l'artiste « seul, mais libre », libre de penser, de créer, de donner un sens à sa propre existence. Comment concilier ces sentiments avec l'adhésion à l'idéal héroïque de Beethoven, avec la bruyante atmosphère des brasseries viennoises, avec les chants et les valses qui le fascinent, alors même qu'il renonce à des amours passionnées et délicates, pendant les années de souffrance causée par l'éloignement des êtres chers ? Sa grandeur réside également dans la recherche constante d'une symbiose avec la nature, avec l'exaltation d'un cœur noble devant les forêts, la campagne solitaire, les rivières, les montagnes sauvages. Sa personnalité est à la fois bruyante et décadente, tendre et passionnée, bourrue et délicate.

Aucun des grands musiciens allemands de la seconde moitié du XIXe siècle ne consacre autant d'énergie à la musique de chambre ; il n'est donc pas étonnant qu'aux yeux de ses contemporains Brahms passe avant tout pour le compositeur par excellence de ce type de musique, ce choix étant perçu comme symbolique de sa position « conservatrice ». Pour les musiciens « progressistes » de la nouvelle école allemande, ceux qui se rangent du côté de Liszt et de Wagner, l'avenir de la musique passe par le drame musical et le poème symphonique. La musique de chambre, en revanche, est dépositaire des formes classiques, des grandes traditions, donc apparemment incompatible avec la poétique des « musiciens de l'avenir » : ce n'est pas par hasard que Liszt et Wagner s'en désintéressent. Schoenberg sera le premier à souligner tout ce qu'il y a au contraire de neuf chez Brahms, dans la manière de conduire le discours, dans la souplesse de ses irrégularités et asymétries métriques, dans son langage harmonique, parlant à la fois de l'« économie de moyens » mais aussi de la « richesse » du compositeur de Hambourg. Les formes classiques, toujours respectées, s'articulent en effet d'une manière beaucoup plus fluide, flexible et complexe parce que l'accent se déplace sur l'élaboration d'un réseau serré de rapports entre les motifs même les plus minimes, sur des procédés thématiques toujours plus denses et raffinés, définissant sur le plan rythmique également une trame riche de nuances et de transferts continuels, une véritable construction harmonique engendrant un développement continu. En poursuivant obstinément, avec la plus ferme et opiniâtre conscience artisanale, le sens d'une construction compacte, Brahms cherche à se protéger de l'angoisse et du sentiment d'effritement que lui inspire l'avenir d'un monde si différent de celui dans lequel se sont formées les certitudes de Beethoven : l'ambiguïté qui naît de la tension existant entre ce sens de la construction et le

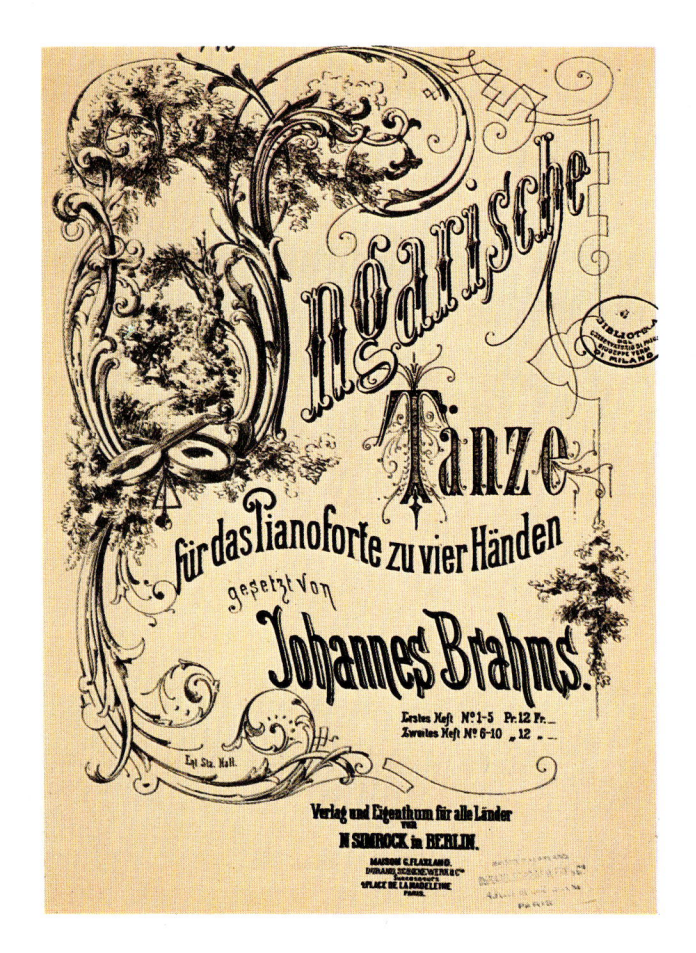

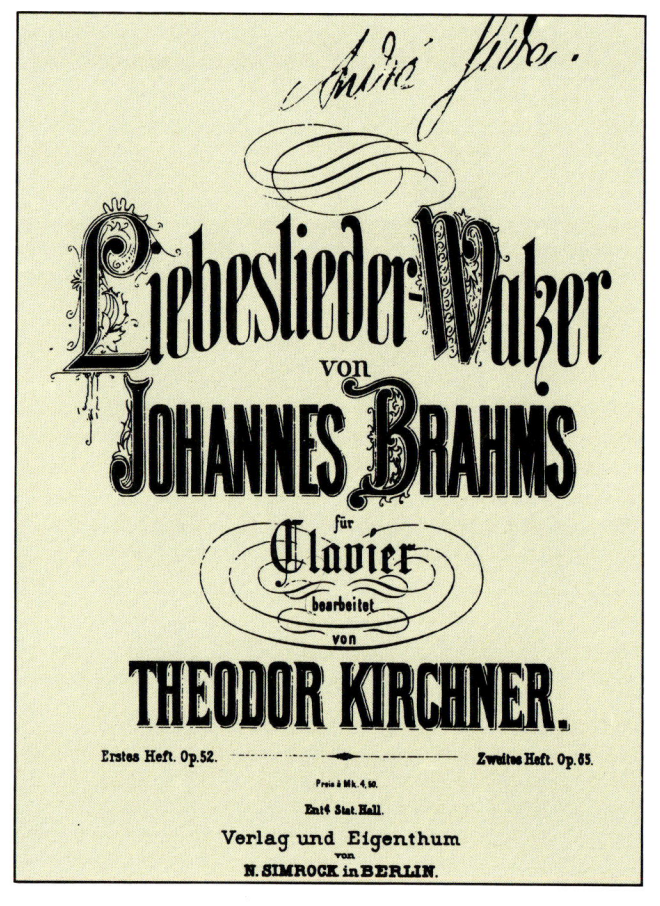

Page ci-contre, à gauche, le titre des Danses hongroises *pour piano à quatre mains.*

Page ci-contre, à droite, titre des Liebeslieder Walzer.

Ci-dessus, À la taverne, *tableau de M. Neder.*

contenu inquiétant dont il se nourrit, entre une attitude qui se veut réceptive à l'égard de la tradition et en même temps la détruit de l'intérieur, est extrêmement significative.

Entre Wagner, pour qui l'histoire de la symphonie s'arrête à la *Neuvième* de Beethoven, limite au-delà de laquelle on ne peut aller sans fonder un art nouveau, et Brahms, qui refuse d'hypothéquer l'avenir, mais donne lui aussi une interprétation historique du genre symphonique, la différence n'est finalement pas fondamentale. La position de Brahms apparaît peut-être même plus radicale : lui qui est sensible à l'ironie du geste qu'il accomplit ne se voit pas comme un héritier de l'histoire, un maillon nécessaire, mais a conscience d'agir au-delà de l'histoire. Ce Brahms que ses adversaires accusent d'académisme, d'impuissance et de sécheresse d'invention prend une importance historique de premier plan si on le considère au contraire comme un témoin de la crise formelle, de la négation résolue — parce qu'exprimée par des moyens apparemment parfaits et optimistes — du début d'un processus de décomposition.

Par ailleurs, Brahms est peu enclin à la confession et à la passion intense : il est certainement dépourvu de cette ambition typique de la première génération de musiciens romantiques de mettre en évidence leur propre personnalité impétueuse. Il reste au fond un vieux garçon modeste, timide et incapable d'affronter pleinement la vie, amoureux de la solitude et trouvant dans celle-ci, en tant qu'homme et artiste, le cadre idéal de son activité créatrice. Personne à part Brahms n'aurait peut-être pu inaugurer une expérience artistique qui privilégie le regret plutôt que la réalité, qui tende à remplacer la création personnelle par l'interprétation du passé. C'est le premier représentant d'une époque dans laquelle les passions bouillonnantes du début du romantisme *Sturm und Drang* cèdent la place à une frustration et à une désillusion générales.

GEORGES BIZET

Paris, 1838
Bougival, 1875

Georges Bizet naît à Paris le 25 octobre 1838 dans une famille de musiciens et d'artistes : son père est professeur de chant et médiocre compositeur, sa mère et sa sœur sont de bonnes pianistes, un de ses oncles a été acteur. Ses parents sont les premiers maîtres de l'enfant, qui manifeste très vite une passion marquée pour la musique. Grâce à un stratagème, son père réussit à le faire entrer au conservatoire alors qu'il a à peine dix ans ; il invite à la maison un professeur particulièrement sévère et lui demande de jouer au piano un accord compliqué. De la pièce voisine, l'enfant répond en désignant les notes par leur nom. Il est ainsi admis dans la classe de piano, puis dans celles d'harmonie et de contrepoint. À seize ans, il compose la *Symphonie en ut majeur*, puis les cantates *David* et *Clovis et Clotilde* ; cette dernière lui vaut le prix de Rome en 1857 et est exécutée dans la salle des concerts du conservatoire de Paris.

Le prix de Rome comporte naturellement un séjour dans cette ville : le jeune Bizet y passe trois ans, composant *Don Procopio*, opéra bouffe en deux actes fondé sur une farce populaire italienne, l'ode symphonique et chorale *Vasco de Gama* (qui a pour thème la découverte de la route des Indes par ce navigateur, à partir des *Lusiades* de Camoens), ainsi qu'un *Scherzo et Marche funèbre*, plus tard incorporé à la suite *Roma*. En 1859, il visite Naples mais aussi Ravenne, Venise, Padoue, Vérone et Milan, avant de devoir regagner Paris où sa mère est mourante.

Il est alors engagé au Théâtre-Lyrique et commence à composer des œuvres théâtrales, symphoniques et chorales, la première étant *La Guzla de l'émir*. Très vite, ses efforts se concentrent sur un opéra que lui a suggéré le directeur du théâtre, Carvalho : ainsi naissent *Les Pêcheurs de perles*, opéra en trois actes créé en septembre 1863, qui obtient l'approbation du public malgré l'hostilité de la critique.

Les œuvres suivantes ne seront pas terminées : le compositeur peine, comme le prouve le fait qu'il écrive beaucoup mais brûle ensuite son travail. Il mène cependant à bien l'opéra *La Jolie Fille de Perth* (1866-1867) d'après un roman de Walter Scott ; l'œuvre est assez bien accueillie par le public (mais pas par la critique), contrairement aux *Pêcheurs de perles*. La partition de l'opéra *Ivan IV* (qui anticipe par son sujet *Boris Godounov*) sera perdue, puis retrouvée bien plus tard et publiée en 1951 seulement.

À la mort de son maître Jacques Halévy — ancien élève de Cherubini —, Bizet tient à achever *Noé*, une œuvre que celui-ci n'a pu terminer. Il épouse par ailleurs la fille du défunt, Geneviève, femme cultivée et intelligente qui tiendra par la suite, même après la mort de Bizet, un salon littéraire fréquenté par les artistes, les diplomates et la noblesse.

L'année 1870 est critique pour la France : lorsque la guerre avec la Prusse éclate, Bizet s'engage dans la Garde nationale et vit les journées tragiques de la défaite de Sedan. La paix revenue, toujours assailli de problèmes financiers et tourmenté de n'avoir pas encore obtenu la reconnaissance espérée, le musicien se remet au travail avec acharnement. Deux ans passeront cependant avant qu'il se retrouve devant le public, avec l'opéra-comique en un acte *Djamileh*, créé en mai 1872. Pour vivre, il donne des leçons de piano, travaille pour des éditeurs de musique, écrit des arrangements pour orchestre à partir des œuvres d'autres musiciens. C'est à cette époque que son esprit est à nouveau attiré par cette lumière méridionale dans laquelle il s'est plongé lors du voyage à Rome quelques années auparavant, revenant en particulier sur l'enchantement et la stupeur éveillés en lui par la belle ville d'Arles en Provence. C'est ainsi qu'il compose *L'Arlésienne* sur un texte d'Alphonse Daudet, dont la création a lieu au théâtre du Vaudeville le 1er octobre 1872.

GEORGES BIZET

Ci-dessus, un décor de Carmen pour l'Opéra de Rome.

Ci-dessous, costumes pour la première représentation de Carmen : en partant de la gauche, Carmen, Don José, Carmen avec Frasquita. Bizet compose cet opéra en 1873, écrivant très rapidement la partition d'orchestre, ce qui éprouve sa santé. Le succès de Carmen est médiocre au départ, mais en mars 1875, trois mois avant la mort du compositeur, l'opéra a déjà eu trente représentations. Le jugement unanime des admirateurs de cette œuvre dans les années suivantes se fonde sur le caractère exceptionnel de cette musique dans le panorama lyrique du XIXe et des traditions de l'époque.

◆ 183 ◆

La musique de *L'Arlésienne* n'est pas très appréciée à cette époque ; elle comporte, comme il fallait s'y attendre, des motifs populaires provençaux et des mélodies jugées par Bizet en harmonie avec le climat typique de l'œuvre. Deux suites pour orchestre en ont été tirées (l'une telle que Bizet l'a écrite, l'autre remaniée après sa mort par son ami Ernest Giraud) et sont ensuite devenues de populaires morceaux de concert. La première suite est particulièrement connue du public par son arrangement de la traditionnelle « Marche des trois rois ». *L'Arlésienne* révèle un Bizet très lucide et plein de vitalité, que l'on retrouve l'année suivante (1873) dans cet opéra génial qu'est *Carmen*. *Carmen* est l'un des rares exemples de l'identification totale d'un musicien avec une seule œuvre, bien que sa brève carrière de créateur comporte beaucoup d'autres compositions. Deux mois suffisent à Bizet pour écrire la très longue partition d'orchestre : un immense effort, mais un résultat incontestablement parfait. Sa santé en est néanmoins gravement affectée. Au début de juin, après l'accueil plutôt tiède réservé à son opéra, Bizet s'installe à la campagne dans l'espoir de se remettre pour pouvoir se consacrer à un nouveau défi, *Le Cid* et à d'autres encore. Mais son état s'aggrave, peut-être en raison d'une septicémie ou d'une faiblesse cardiaque. Il meurt dans la nuit du 3 juin 1875, à moins de trente-sept ans.

En mars 1875, *Carmen* a déjà eu trente représentations. Cet opéra en quatre actes très brefs est la négation même de la pompe et des longueurs du spectacle de grand opéra, tout en empruntant à ce dernier son emploi abondant de la « couleur », ici fournie par le cadre espagnol et exotique. Le sujet tragique est aussi éloigné que possible des comédies légères et un peu grotesques typiques de l'opéra-comique, mais il en utilise la récitation pour donner à l'action le maximum d'évidence, tout en recourant fréquemment aux *habaneras* et *seguedillas*, autrement dit à des chansons et rythmes populaires. L'élan passionné de don José et la sensualité de Carmen n'ont rien de commun avec le sentimentalisme un peu fade de l'opéra lyrique ; on trouve pourtant dans *Carmen* l'utilisation du passage « clos » pouvant être « de salon », donc le souci du détail gracieux. On pense tout de suite à la célèbre romance de don José, « La fleur que tu m'avais jetée ».

Carmen tire donc son irrésistible énergie et sa force vitale d'une inquiétante ambiguïté : tout y est bien reconnaissable, mais relève d'un type de dramaturgie complètement nouveau. La répartition des scènes contribue également à cette progression serrée, qui se contente de définir les principaux motifs. L'action, assez paradoxalement, se déroule pendant les intervalles entre deux actes : l'arrestation de don José, sa fuite, la conquête de Carmen par Escamillo et la déchéance de don José désormais prêt à tuer, pour finir sur la trouvaille des acclamations de la foule assistant à la corrida, auxquelles se superpose le crime, le meurtre de Carmen par un don José désespéré.

Cette structure dramatique voulue par Bizet, dont l'intervention sur l'écriture du livret est importante, permet de mener l'action de manière foudroyante vers son tragique épilogue et, simultanément, d'amplifier ses principaux épisodes. La musique de Bizet traite ce livret en renonçant à toute complaisance intellectuelle, avec une fougue et une puissance de coloris qui bénéficient de la simplification maximale de chaque élément du langage musical. Beaucoup s'indignent cependant de l'aspect passionnel des scènes, alors jugées « osées » ; d'autres estiment la musique trop pesante, comme celle de Wagner. Si les premiers critiques de l'œuvre étaient réellement sincères, aucun n'aurait jamais pu imaginer que *Carmen* deviendrait l'un des opéras les plus populaires jamais composés. Il est vraiment dommage que l'auteur n'ait pu vivre assez longtemps pour assister à son extraordinaire triomphe.

Une illustration dans un numéro de Teatro illustrato *de la dernière scène de* La Jolie Fille de Perth, *donné pour la première fois en Italie au Teatro Argentina de Rome.*

MODEST PETROVITCH MOUSSORGSKI

Karevo (Pskov), 1839
Saint-Pétersbourg, 1881

L'enfance de Modest Petrovitch Moussorgski est sans aucun doute influencée par sa terre d'origine, celle des collines souvent marécageuses situées entre le golfe de Riga et l'ancienne et glorieuse ville de Novgorod. Le compositeur russe naît en 1839 à Karevo dans le gouvernement de Pskov, sur la propriété de son père, dans une famille aisée de la noblesse. L'enfant passe ses dix premières années sur le domaine familial. Le monde paysan de l'ancienne Russie est alors quelque chose qu'on ne peut imaginer aujourd'hui ; la vie y possède un cours lent mais dramatique, rythmé par le passage des saisons, la naissance et la mort des choses et des gens.

Quand la famille s'installe à Saint-Pétersbourg, le jeune garçon entre au collège allemand des Saints-Pierre-et-Paul, puis à l'institut Komarovo et enfin à l'École des cadets de la garde, dont il sort officier en 1855, année de la mort du tsar Nicolas Ier. Vers la même époque, il fait la connaissance d'Alexandre Borodine, vingt ans, fils naurel d'un prince géorgien et d'une dame de l'aristocratie : entre eux naît une solide amitié, source d'une profonde influence réciproque. Moussorgski fait découvrir à Borodine les œuvres de Schumann et Glinka, Borodine lui expliquant ses propres théories sur la suprématie de Mendelssohn. Il y a cependant entre eux une différence : Borodine se passionne pour les études scientifiques auxquelles il se livre avec ardeur (il est médecin et travaille en hôpital), tandis que Moussorgski préfère la littérature et la musique. Les événements qui suivent la révolte contre Nicolas Ier, la tragique issue de la guerre de Crimée et l'épidémie de choléra qui frappe la Russie laminent la situation des grands propriétaires terriens. Le patrimoine du père de Moussorgski s'amenuise, les réformes décidées en 1861 par Alexandre II (abolition du servage, distribution des terres en friche aux paysans et création de la commune villageoise du *mir*) constituant le coup de grâce pour le niveau de vie de la famille. Le jeune homme est alors contraint d'accepter un emploi de fonctionnaire, après avoir démissionné de la Garde impériale.

Pendant ce temps se crée à Saint-Pétersbourg autour de l'historien et critique d'art Stassov un groupe d'intellectuels démocrates et radicaux. Cinq musiciens en font partie (Cui, Balakirev, Rimski-Korsakov, Borodine et Moussorgski), curieusement surnommés la « puissante petite bande » (plus connue comme le « groupe des Cinq »). Les membres du groupe se proposent de se livrer tous ensemble à une recherche permettant de définir un art national russe.

Trois possibilités s'offrent aux jeunes musiciens : écrire pour un théâtre d'inspiration italo-française (le chemin que prendra en substance Tchaïkovski) ; ou, ce qui est plus intellectuel et donc plus conforme aux objectifs du groupe, composer une musique instrumentale d'inspiration romantique et allemande ; enfin, suivre une voie nationaliste en cherchant à élargir les expériences de Glinka et Dargomyjski.

En réalité, seul Moussorgski se livrera à de telles recherches, donnant à son œuvre le sens d'un véritable choix existentiel, évitant de faire partie des structures officielles, conservatoires ou académies. Ce n'est pas pour rien qu'il a renoncé à la vie militaire d'un brillant jeune officier, disant du même coup adieu à la vie mondaine. Le cadastre forestier — son tranquille petit emploi — lui laisse les loisirs nécessaires à la création. Par ailleurs, le « nationalisme » dont le groupe recherche la matrice musicale russe ne peut être selon lui que « populaire » et profondément attentif au monde paysan, qu'il connaît bien depuis l'époque de Karevo. Cet art qu'il poursuit ne doit pas être exotique ou oriental, mais plutôt positif ou « européen ».

Son attention se porte d'abord tout naturellement sur les

chants populaires, et ses travaux aboutissent à des mélodies pour chant et piano, brefs morceaux composés durant les années 1860. Les élaborations thématiques caractéristiques du romantisme allemand sont abandonnées ; les chants populaires russes et les chants liturgiques orthodoxes reposent sur un système sonore différent de celui de la musique occidentale cultivée, dit « modal » et non « tonal ». Le chant peut naître d'une déclaration appropriée, pourvu que la parole soit libérée de schémas et de systèmes surimposés.

Les tendances occidentales sont alors représentées par la Société musicale russe et par le directeur du conservatoire de Saint-Pétersbourg, Anton Grigorievitch Rubinstein, un grand voyageur qui a personnellement connu Liszt et Chopin. Ces courants et d'autres « pollutions » entament peu à peu l'unité d'action du groupe des Cinq, au point de conduire à l'éreintement du *Boris Godounov* de Moussorgski (écrit entre 1868 et 1870) par Cui. Le drame de Pouchkine dont le compositeur tire son livret le passionne en tant qu'épisode de la vie nationale russe suffisamment connu, ce qui permet au musicien de s'arrêter plus particulièrement sur quelques images. La structure dramatique revalorise les scènes collectives, en harmonie avec ce concept de chœur-

Ci-dessus, à gauche, la célèbre basse Féodor Chaliapine dans le rôle de Boris Godounov, dans l'opéra du même nom de Moussorgski.

Ci-dessus, à droite, une scène du même opéra lors d'une représentation donnée par la troupe du Bolchoï à la Scala de Milan.

Page ci-contre, en bas, une autre image de Chaliapine dans la mort de Boris Godounov. Cet opéra, écrit par Moussorgski entre 1868 et 1870, est tiré d'un drame de Pouchkine portant le même titre. La structure dramatique de l'intrigue permet de revaloriser les scènes collectives, en harmonie avec le chœur-peuple, largement présent.

peuple si important pour une certaine forme de romantisme patriotique italien et allemand.

On a relevé des points communs entre *Boris Godounov* et *La Force du destin* de Verdi, représenté à Pétersbourg en 1862 : multiplicité des tableaux, des personnages, des figurants, des chœurs, la scène étant souvent incroyablement encombrée. On n'y trouve pas de spectacle-divertissement, mais un renoncement radical à l'action unique, source d'émotion facile, et une adhésion à l'art épique tournant toujours autour du seul véritable personnage, la Russie.

Modest Petrovitch Moussorgski

La direction des Théâtres impériaux refuse cependant l'œuvre et le compositeur doit s'astreindre à écrire une nouvelle version, qui voit le jour en 1874. La précédente se terminait par la mort de Boris, usurpateur du trône déchiré par le remords d'avoir assassiné le tsarévitch légitime, Dimitri. La seconde version comporte en outre la révolte du peuple et le triomphe du faux Dimitri. L'opéra peut alors être représenté au théâtre Marie de Saint-Pétersbourg et l'on prend clairement conscience des caractéristiques de l'œuvre ; les tableaux sont tous autonomes, les effets sont splendides et riches sur le plan sonore, mais surtout le but de Moussorgski est atteint : donner au peuple un rôle allant bien au-delà de celui d'arrière-fond décoratif.

L'œuvre suivante, *La Khovanchtchina*, restera inachevée bien que Moussorgski y travaille de 1872 à 1880, pas moins de huit ans. Dans cet opéra, le musicien souhaite mettre l'accent sur le conflit entre la vieille et la nouvelle Russie, entre l'ancienne société féodale et les tendances toujours plus occidentalisantes. La partition complète sera mise au piont, orchestrée et considérablement remaniée par Rimski-Korsakov en 1883, pour n'être finalement mise en scène que plus de dix ans plus tard à Kiev. La raison des abandons

À droite, Procession dans le gouvernement de Koursk, *tableau d'I. Répine.*

Page ci-contre, une maquette pour La Foire de Sorotchintsy, *dernier opéra de Moussorgski, écrit entre 1876 et 1880 et tiré d'une nouvelle de Gogol. L'un des aspects prédominants de la forte personnalité de Moussorgski est sa conception de la musique nationale comme langage permettant d'arriver au peuple, qui l'a engendrée : non un patrimoine « caractéristique » donc, mais un mode d'expression qui correspond à une manière de vivre et doit, à travers cette manière de vivre, être retrouvé dans toute son authenticité. Pour Moussorgski, l'idéal de la nation réside dans les souffrances du peuple et celui de la liberté consiste essentiellement dans le rachat de ces souffrances. Le compositeur ne se préoccupe donc pas d'adapter le langage populaire au code culturel, mais s'efforce au contraire d'approfondir et d'identifier les traits saillants de ce langage, mettant en évidence son caractère essentiel.*

répétés de *La Khovanchtchina* doit être cherchée dans ses problèmes d'argent et de santé dus à l'alcoolisme.

Entre *Boris Godounov* et *La Khovanchtchina*, Moussorgski travaille cependant aux *Tableaux d'une exposition*, expérience artistique particulièrement courageuse : il s'agit de pièces pour piano qui seront plus tard (1928) splendidement orchestrées par Maurice Ravel et font suite à des mélodies pour chant et piano *(Sans soleil, Chants et danses de la mort)*. Le compositeur est à la recherche d'amples effets sonores et d'une plus grande tension mélodique dans le chant, deux possibilités magnifiquement approfondies dans *La Khovanchtchina* et qui en font une œuvre très différente de *Boris Godounov*. Dans *La Khovanchtchina*, on trouve des danses orientales, un prélude symphonique à chacun des cinq actes, tous d'une certaine dimension et d'un intérêt incontestable, et de plaisantes scènes réalistico-populaires très animées. On y trouve même une histoire d'amour entre Andréi et Marfa, qui se termine par leur mort à tous deux sur le bûcher. Cet amour faisait défaut à la première version de *Boris Godounov*, alors que l'amour est naturellement une source de lyrisme et d'élan mélodique. Mais la fresque historique est gigantesque : le sens de la continuité tragique de l'histoire, représenté dans *Boris Godounov* par le chant de l'Innocent qui gémit sur l'histoire éternelle de la Russie, est encore plus évident dans *La Khovanchtchina*. Dans la dernière scène, les Vieux Croyants vaincus, partisans des traditions de l'ancienne Russie, choisissent tous le bûcher. Leur vainqueur, celui qui fera de la Russie une puissance occidentale — Pierre le Grand — n'apparaît pas sur scène mais est annoncé par des trompettes. L'action est donc un préambule grandiose à une autre histoire, aussi douloureuse.

Le problème de l'achèvement, des révisions apportées aux opéras de Moussorgski se pose également pour sa dernière œuvre, tirée d'une nouvelle de Gogol, *La Foire de Sorotchintsy* non terminée ; le compositeur, très éprouvé par la misère et l'alcool, y travaille entre 1876 et 1880, en même temps donc qu'à *La Khovanchtchina*. À *La Foire de Sorotchintsy* appartient une page très célèbre et émouvante de Moussorgski, « La nuit de la Saint-Jean sur le mont Chauve », orchestrée par Rimski-Korsakov en 1886 (cinq ans après la mort de son auteur) sous le titre *Une Nuit sur le mont Chauve*. On a cependant écrit que les orchestrations de Rimski-Korsakov (cela vaut également pour *La Khovanchtchina*) visent trop à diversifier par l'intervention de timbres toujours nouveaux la grise progression des rythmes et le maintien statique dans un même registre : cela engendre certainement une plus grande variété, mais se fait évidemment au détriment de cette couleur uniforme que Moussorgski jugeait propre à un récit épique.

Sous l'apparence de drames historiques traditionnels, Moussorgski imagine un théâtre ne se limitant pas à des aventures avec péripéties et épilogue. Le sentiment qui affleure dans *Boris Godounov* et dans *La Khovanchtchina* est suscité par une vision impitoyable du « mal » de l'histoire et de la souffrance populaire. Pourtant, la musique de Moussorgski en dépit de ses dernières années désespérées (il meurt en 1881) — est vie, une vie saisie dans sa durée. Sa musique favorise la réapparition de sentiments, de réactions, d'images presque naturalistes, sans surimposition de jugements préétablis ou d'*a priori*, mais imprégnés du rythme de drames universels, sans aucun lien avec l'épopée nationale de la Russie de l'époque, pourtant si dramatique et vécue de près. C'est à se demander si *Boris Godounov* ou *La Khovanchtchina* ne sont pas meilleurs dans leur version originale avec leur coloration opaque et énigmatique, révélatrice de la vision du grand et malheureux musicien russe que dans les versions certainement plus brillantes de Rimski-Korsakov.

Le cas de Moussorgski est l'un des rares où le problème d'identification qui agite la société russe trouve une solution complète : dans son œuvre, il s'identifie à une image de la Russie, celle-ci trouvant dans le langage récupéré par le compositeur le moyen de s'exprimer pleinement par l'art.

PIOTR ILITCH TCHAÏKOVSKI

Votkinsk, Oural, 1840
Saint-Pétersbourg, 1893

Pour Piotr Ilitch Tchaïkovski, le cadre naturel dans lequel il passe ses premières années joue un rôle essentiel : le compositeur naît à Votkinsk non loin du cours puissant de la Kama.

Le père de Tchaïkovski est fonctionnaire, ingénieur des Mines ; de sa seconde femme, il a six enfants, le second étant Piotr, né le 7 mai 1840. La mère du compositeur, Alexandra d'Assier, est d'origine française, belle, intelligente et sensible. C'est elle qui donne à l'enfant ses premières leçons.

La mère meurt très tôt, victime de la terrible épidémie de choléra qui dévaste la Russie orientale en 1854, alors que Piotr a à peine quatorze ans. C'est pour lui un coup terrible, dont il se remettra difficilement et très lentement. C'est peut-être cet amour qui lui a manqué, ces mains perdues (il l'avouera lui-même), qui lui feront idéaliser la femme au point d'éviter tout contact avec elle et de la placer sur un piédestal inaccessible, le conduisant à l'homosexualité.

Quand la disparition de sa mère interrompt les leçons à la maison sur le piano à queue, Piotr étudie avec Maria Paltchikova, une serve affranchie ; puis, quand la famille part s'installer à Saint-Pétersbourg, avec Rudolf Kündiger. Après ses études secondaires, il s'inscrit en faculté de droit et entre ensuite au ministère de la Justice. Mais dans son cœur il pense toujours à la musique et désire ardemment devenir musicien, comme il l'a décidé à douze ans après avoir assisté à une représentation de *Don Giovanni*.

Dans la capitale, les occasions sont nombreuses d'assister à des spectacles de ballet ou d'opéra, surtout italien. Il sent d'instinct que son champ d'expression privilégié est celui de la musique instrumentale ou de chambre, mais il est tenté par le théâtre. Lorsque le conservatoire de Saint-Pétersbourg est créé sur l'initiative d'Anton Rubinstein, Tchaïkovski renonce à son emploi et s'inscrit aux cours de composition, piano et flûte. Ses professeurs sont Rubinstein lui-même et Zaremba. Il a déjà à son actif quelques petites œuvres, une valse composée à quatorze ans en 1854. Il copie de la musique italienne, accompagne lors de leurs concerts des chanteurs de passage et, dans l'intervalle, se lance dans un opéra et dans l'étude des variations, s'inspirant de Beethoven et Brahms. À vingt-quatre ans, il écrit sa première œuvre importante : une ouverture pour *L'Orage*, pièce d'Alexandre Ostrovski, en utilisant des thèmes populaires russes. Se présentant ensuite aux examens du conservatoire, il compose sur le texte de Schiller une *Ode à la joie* qui n'a guère de succès. Mais ses dons n'échappent pas à l'attention d'Anton Rubinstein, qui le recommande à son frère Nicolas, directeur du conservatoire de Moscou ; celui-ci confie au jeune musicien la classe d'harmonie. En 1866, Tchaïkovski est donc à Moscou, introduit dans la meilleure société. Il rencontre également une cantatrice belge, Désirée Artôt, mais l'amour n'est pas au rendez-vous : Tchaïkovski ne voit dans le mariage que son aspect « effrayant ». Il a toutefois de nombreux amis et conseillers au nom illustre, ce qui lui vaut de se retrouver chef d'orchestre en 1868, quand il dirige en faveur des victimes du choléra les danses composées pour *Le Voïévode*, une pièce d'Ostrovski.

Il fait à cette occasion la connaissance du groupe des Cinq, dont font partie Balakirev, Cui, Borodine, Rimski-Korsakov et Moussorgski ; guidés par le critique Stassov, ils représentent le fer de lance de la société musicale pétersbourgeoise. Ces autodidactes cherchent à créer une musique nationale russe et s'opposent fortement en cela à Rubinstein qui, s'il veut réformer le domaine musical, est cependant un partisan de l'opéra dans le style italien ou allemand, s'efforçant de placer le théâtre russe sur une orbite « européenne ».

Ses contacts avec le monde officiel, associés à une lecture « occidentale » de son œuvre, ont donné de Tchaïkovski l'image d'un musicien international, en contradiction avec l'esprit de la véritable musique russe. En réalité, quand Tchaïkovski fait son apparition, l'école nationale est en train de se dissoudre et c'est justement lui qui recueille l'héritage symphonique des Cinq. Comme Borodine du reste, il est le musicien de la bourgeoisie intellectuelle, même si son attitude est différente, en harmonie avec la situation historique et les nouveaux objectifs de cette classe sociale. Au ton épique de Borodine Tchaïkovski oppose un univers personnel fait de lyrisme et de drame, fruit d'un retour au sentimentalisme inconnu à l'époque héroïque de la « révolution bourgeoise » vécue par le premier.

On divise d'habitude les six symphonies de Tchaïkovski en deux groupes de trois : les premières composées entre 1866 et 1875, les autres après 1877. Au milieu, comme une frontière, se situe l'épisode déterminant du mariage — pendant trois mois seulement avec une ancienne élève du conservatoire — qui mène le musicien au bord de la folie. Dans les premières symphonies apparaît une interprétation lyrique d'images de la nature et de la vie populaire, alors que dans les autres on trouve toujours plus fréquemment des notations psychologiques et des références à un « programme intérieur ». En ce sens, la *Quatrième Symphonie* est la seule qui ait un programme important et articulé, exprimant la pensée profonde du compositeur : l'homme est à la merci d'un destin inéluctable qui s'oppose à sa soif de bonheur, le contraint tantôt au rêve, tantôt à des succès exaltants, tantôt à la résignation et à la capitulation. L'univers symphonique de Tchaïkovski est complexe : derrière la mélodie facile s'ouvre un monde divisé entre une inspiration populaire solidement enracinée dans le « classicisme » russe et la musique remise en honneur par les Cinq, et un étalage de sentiments, fruit d'un romantisme malade. On sait, par exemple, que la *Quatrième*, la *Cinquième* et la *Sixième* sont conçues comme des phases de la lutte contre un destin contraire, provoquant chez lui un ressentiment obsessionnel.

La rencontre des Cinq est très importante pour Tchaïkovski. Balakirev en particulier, le plus éclectique, l'influence, l'incitant notamment à composer l'ouverture

Saint-Pétersbourg vu de la forteresse Pierre-et-Paul, gravure du XIXᵉ. Tchaïkovski naît à Votkinsk, près des monts Oural, mais s'installera par la suite à Saint-Pétersbourg.

Roméo et Juliette et la symphonie *Manfred*. À Rimski-Korsakov Tchaïkovski donne des leçons d'harmonie, fugue et contrepoint, tandis qu'il dédie au premier son étrange poème symphonique, *Fatum*, de 1868.

La crise engendrée par la composition de la *Première Symphonie* se renouvelle peu après celle du *Voïévode* (qu'il brûle, n'en sauvant que les danses). Il se jette dans le travail avec frénésie, composant *Ondine*, drame lyrique refusé par les Théâtres impériaux, puis remaniant à plusieurs reprises son ouverture *Roméo et Juliette*, thématiquement riche et dotée d'une très vive palette orchestrale. Il connaît également en cette période quelques très grands succès, avec le *Quatuor n° 1 en ré majeur op. 11*, qui bouleverse Tolstoï et la *Symphonie n° 2 en ut mineur op. 17*.

En janvier 1870, à trente ans, il commence l'opéra *Opritchnik*, histoire d'un noble débauché appartenant à la garde personnelle d'Ivan le Terrible : une œuvre dans laquelle le folklore russe et le lyrisme à l'italienne ne trouvent pas toujours un juste équilibre. L'opéra est durement critiqué par César Cui, du groupe des Cinq.

Le théâtre de Moscou décide alors de mettre en scène une œuvre d'Ostrovski, *Snegourotchka*, et charge Tchaïkovski d'en écrire la musique. En trois semaines seulement, il compose dix-neuf morceaux pour solo, chœur et petit orchestre, qui sont d'une grande fraîcheur. La « Danse des bouffons » notamment est remarquable, préfigurant les audaces harmoniques de Stravinski et Chostakovitch. Puis la

Page ci-contre, en haut, le Bolchoï, gravure du XIXe.
Page ci-contre en dessous, M. Plissetskaïa et N. Fadeïtchev dans Le Lac des cygnes, *un spectacle de la troupe du Bolchoï à la Scala de Milan.*
Ci-dessus, le programme d'une représentation du Lac des cygnes *au Bolchoï.*

grande-duchesse Hélène Pavlovna organise un concours pour l'adaptation musicale d'un livret tiré de Gogol. Tchaïkovski remporte le concours en composant *Vakoula le Forgeron*, œuvre plusieurs fois remaniée après la création de 1876 et qui changera également de titre (hors de Russie, elle est connue comme *Les Souliers de la reine*). Pendant ces années, il compose énormément : citons notamment le *Concerto n° 1 en si bémol mineur pour piano et orchestre*, la *Symphonie n° 3 en ré majeur*, la *Sérénade mélancolique pour violon et orchestre*, les *Quatuors à cordes n° 2 et n° 3*.

En 1877 a lieu la première du *Lac des cygnes*, une commande du Théâtre de Moscou. Tchaïkosvki développe une ample veine mélodique, un riche langage romantique et harmonique, une diversité rythmique apparemment inépuisable, ainsi qu'un génie particulier pour les nuances instrumentales : le résultat en est une série d'enchantements féeriques. On ne peut naturellement chercher de vastes schémas formels dans cette suite de brefs morceaux souvent dépourvus de liens entre eux ; ils sont cependant pour la plupart non seulement parfaits pour le ballet, mais encore modelés avec un sens infaillible de la forme brève.

L'année suivante, il se rend à Milan. Il a déjà séjourné à Paris, Berlin, Hambourg, Venise et s'est également rendu à Bayreuth, où il a rencontré Liszt. Pour payer ces voyages, il a envoyé à une revue musicale de Pétersbourg de courts morceaux pour piano, plus tard publiés sous le titre général *Les Saisons*. Mais ni Gounod entendu à la Scala, ni Wagner à Bayreuth, ne modifient son opinion selon laquelle Mozart doit conserver le plus haut piédestal. Pour lui, l'action se déroule sur scène et non dans la fosse d'orchestre ; les chanteurs doivent être au premier plan et non écrasés par la voix des instruments.

Pendant l'hiver 1876-1877 entre dans sa vie Nadejda von Meck, une veuve intelligente et sensible, mère de douze enfants et très riche. Elle se consacre généreusement à Tchaïkovski dont la situation financière très difficile lui a été signalée par Anton Rubinstein. Au début, elle lui commande des morceaux de musique, puis lui verse une pension annuelle de six mille roubles, souvent complétée par les suppléments que quémande le compositeur pour satisfaire ses « amitiés particulières ». Tout cela s'accompagne d'un pacte selon lequel ils ne se rencontreront jamais : ils s'apercevront de loin deux fois, au théâtre de Saint-Pétersbourg et lors d'une promenade le long de l'Arno à Florence, mais feront semblant de ne pas se connaître. Tchaïkovski peut ainsi continuer à voyager, à Paris, Florence, sur le lac de Côme, toujours tenu au courant de ses déplacements à elle ; en Russie également. Leurs rapports sont uniquement épistolaires : il en reste d'innombrables lettres, importantes pour mieux connaître la personnalité hypersensible du compositeur.

C'est à cette époque qu'une étudiante, Antonina Milioukova, réussit à se faire épouser par lui. Cela le conduit au bord de la folie : il ne ressent que « répugnance » pour sa très jeune femme. Il tente même de se suicider en se jetant dans la Moskova. Antonina vivra longtemps, mais finira dans un asile où elle restera vingt ans.

Tchaïkovski, toujours soutenu financièrement par Mme von Meck, fait éditer sa *Quatrième Symphonie*, à laquelle il a assidûment travaillé à Venise. Simultanément, il termine *Eugène Onéguine*. Le sous-titre de l'œuvre est « Scènes lyriques en trois actes » ; en réalité, la structure est plutôt celle d'une ballade que d'un mélodrame. Les grandes scènes tragiques sont absentes ; une heureuse trouvaille est celle de réunir les trois personnages principaux en leur donnant un langage presque identique. Les événements extérieurs ont beaucoup moins d'importance que les conflits de l'âme, décrits par une musique subtile, intérieure, un peu ambiguë, prenant souvent la forme de mouvements de danse.

La première d'*Eugène Onéguine* a lieu le 29 mars 1879 au théâtre Maly de Moscou. Tchaïkovski se remet tout de suite au travail sur un autre opéra centré sur la figure de Jeanne d'Arc, *La Pucelle d'Orléans*, applaudi lors de sa création à Pétersbourg (1881), mais démoli par la critique. Jeanne d'Arc est transformée en une tremblante héroïne romantique, le musicien ne résistant pas à la tentation de l'humaniser en lui faisant chanter un duo d'amour avec un soupirant. On ne peut non plus accepter un chant traditionnel russe à la cour de Charles VII.

Toujours en 1879, Tchaïkovski se rend à Rome, où il ébauche le *Concerto n° 3 en sol majeur pour piano et orchestre* et exprime ses impressions sur l'air de Rome et sur ses habitants dans le célèbre *Capriccio italien*, un poème symphonique saisissant, dynamique et coloré. Fasciné par la liturgie byzantine, il compose également une *Messe pour chœur a cappella*, mais le clergé proteste et le renvoie avec indignation « à ses valses, ses polkas et ses opéras ».

Pendant les années suivantes, la pensée de la mort est souvent présente dans son esprit, le poussant à se rapprocher de la religion et à composer les *Vêpres* de 1881, ainsi que divers chants d'église et à transcrire d'anciens hymnes sacrés. Dans l'*Ouverture solennelle « 1812 »* également, qui décrit la résistance russe à l'invasion napoléonienne et n'est donc pas de la musique sacrée, on trouve au début des réminiscences du style choral caractéristique de la liturgie orthodoxe. Deux événements plongent le musicien dans un véritable état de prostration : la mort de Dostoïevski (1881) et l'assassinat du tsar Alexandre II. Plus profond encore est le tourment causé par la vue de la dépouille de son ami et protecteur Nicolas Rubinstein, dans la cathédrale russe de la rue Daru à Paris. À sa mémoire, Tchaïkovski compose d'un seul jet un *Trio en la mineur*, une superbe page de musique de chambre.

En 1882, il revient au théâtre avec l'opéra *Mazeppa* (tiré du poème *Poltava* de Pouchkine), sur un sujet qui a déjà enflammé Byron, Hugo et Liszt, mais l'œuvre ne recueille pas le succès de la future *Dame de pique*. Le tsar Alexandre III vient en aide au musicien : pour son couronnement, Tchaïkovski a composé une *Marche* et une cantate intitulée *Moscou*. En cette période, il se rend souvent en tournée à l'étranger, mais revient toujours à son isba de bois de Maïdanovo, louée depuis 1885. Il écrit ici deux *Suites symphoniques n° 3 et n° 4*, seize *Mélodies enfantines pour piano et voix* et la *Fantaisie de concert pour piano et orchestre*.

Il achève *Manfred*, sur une suggestion de son ami Balakirev, la création ayant lieu à Moscou en 1886 : c'est une symphonie monumentale divisée en quatre mouvements. *Manfred* a le mérite de remettre en marche la fantaisie créative de Tchaïkovski. En deux ans, il compose un nouvel opéra, *L'Ensorceleuse*, l'ouverture *Hamlet*, la *Cinquième symphonie* et le ballet *La Belle au bois dormant*. Ce dernier lui a été commandé en août 1888 par le directeur du théâtre Marie de Saint-Pétersbourg, le chorégraphe en étant Marius Petipa. Le conte de Perrault plonge le musicien dans un état de grâce et il parvient à donner une grande richesse mélodique à tous les épisodes, relié par un unique fil conducteur. On retrouve cette même imagination joyeuse dans un autre ballet, *Casse-Noisette* (1891-1892).

Pourtant les forces du musicien s'épuisent ; en 1890, il a cherché en vain dans un petit hôtel au bord de l'Arno à Florence la paix. La composition de *La Dame de pique*, en deux mois à peine, lui use les nerfs mais lui rend sa bonne humeur. La première, à Saint-Pétersbourg, est un véritable triomphe et il accepte une grande tournée aux États-Unis ; il devient ensuite docteur *honoris causa* de l'université de Cambridge. Sa dernière œuvre est la *Pathétique* par laquelle il voudrait « exorciser les sombres démons qui le tourmentent depuis longtemps ». Le 20 octobre 1893, il se trouve à Saint-Pétersbourg pour les répétitions de sa symphonie. Frappé par le choléra, il meurt le 6 novembre.

Stravinski écrira : « Il fut le plus russe de nous tous. » Lui-même avait dit à son frère : « Regretter le passé, espérer l'avenir, n'être jamais satisfait du présent, voilà ma vie. »

Une scène de Casse-Noisette *pour un spectacle du Bolchoï donné à la Scala de Milan en 1970. Ce ballet a été commandé à Tchaïkovski en 1891 et représenté en 1892.*

ANTONÍN DVOŘÁK

Nelahozeves, Kralup, 1841
Prague, 1904

Antonín Dvořák est considéré comme le continuateur de Smetana, bien que ses premières œuvres révèlent une inspiration allemande. Né en Bohême, à Nelahozeves, en 1841, il passe ses premières années dans l'auberge de son père. Antonín se voue très vite à l'étude du violon et il insiste pour prendre des leçons d'orgue et de piano. À seize ans, il part pour Prague, où il s'inscrit dans une vraie école de musique. Pour payer ses études, il joue du violon dans de petits orchestres typiques et tient l'orgue le dimanche pendant l'office. Quand Dvořák atteint vingt et un ans en 1862, un grand événement agite les milieux culturels de la capitale tchèque : l'inauguration du théâtre national de Prague, dont la direction est confiée à Bedřich Smetana. Ce dernier a l'occasion de s'occuper de la musique composée par le jeune Antonín, comme du reste des personnages aussi importants que Brahms et Liszt, mais rien ne sera joué avant 1871. Smetana engage Dvořák comme violoniste dans son orchestre, poste qu'il occupera jusqu'en 1871.

Il obtient son premier vrai succès en 1873, avec la cantate *Hymnus* mais sa personnalité ne prend véritablement forme qu'avec les *Chants moraves* et la première série de *Danses slaves*, publiés en 1878. Dvořák puise son inspiration dans la musique non seulement tchèque, mais aussi slovaque, polonaise, ukrainienne, serbe. En un certain sens, le compositeur élargit les frontières musicales de cette Bohême idéale ; il crée un monde slave imaginaire qui convient parfaitement à la diffusion croissante de la culture artistique et littéraire slave en Occident. Son thème principal, celui qui a le plus de succès auprès du public européen, est celui du « charme slave », dont il offre sa version, pleine d'agrément.

Le succès d'*Hymnus* lui vaut de nombreuses sympathies, notamment en raison du thème patriotique de la cantate, et un bon poste d'organiste à l'église Saint-Adalbert. Dvořák se marie dans l'année et un an plus tard, en 1874, obtient une pension mensuelle du gouvernement autrichien sur avis d'une commission où figure Brahms. Le développement de sa réputation au-delà des frontières de l'Empire bénéficie en outre de l'exécution du *Stabat Mater* composé en 1876. C'est la première fois que la musique de Dvořák s'éloigne de la veine qui l'inspire depuis sa prime jeunesse, la renaissance de l'« âme slave ».

Le musicien s'intéresse aussi au théâtre, tragédie et comédie, s'efforçant de contribuer au développement d'un répertoire lyrique national. L'année du *Stabat Mater* (que lui a inspiré la mort de son fils aîné), Dvořák compose un concerto à la demande du pianiste Karel Slavkovski. À trente-cinq ans, il n'est pas insensible aux problèmes posés par l'histoire aux compositeurs et comprend qu'il lui faut tenter une synthèse entre la virtuosité exacerbée et un rapport soliste-orchestre qui ne rende pas vaine la présence de ce dernier. Le dilemme laissé ouvert par Brahms doit trouver une réponse. C'est ainsi que naît le *Concerto en sol mineur op. 33*, écrit au cours de l'été 1876. Cette œuvre délimite le problème sans le résoudre entièrement, mais elle ouvre la voie à sa solution. On la définit comme un concerto « raté », au sens où peuvent l'être des œuvres incomplètement réussies mais historiquement nécessaires. Dans la version de Dvořák, l'écriture pianistique présente des traits d'une grande originalité à côté de réminiscences, semblant aller jusqu'à la citation, de Beethoven, Chopin et Brahms.

Antonín Dvořák est la personnalité la plus marquante des pays d'Europe orientale dans le domaine symphonique : ses neuf symphonies sont alors tenues partout en grande estime, parfaitement en harmonie avec l'esprit de la musique nationale tchèque et le courant symphonique international. En 1865, quand il achève ses premières symphonies, celles de

Ci-dessus, Prague, peinture de V. Jansa (1896). Ci-dessous, le piano de Dvořák.

Page ci-contre, une autre vue de Prague au XIXe siècle, aquarelle de V. Jansa.

Schumann ont déjà été écrites, ainsi que l'ensemble des œuvres à programme de Berlioz et de Liszt, et les trois premières symphonies de Smetana. Plus ou moins à la même époque que Dvořák, Tchaïkovski et Bruckner commencent à aborder la symphonie ; une dizaine d'années plus tard, ce sera le tour de Brahms, qui sera pour Dvořák un ami précieux, favorisant sa brillante carrière internationale.

Dans la numérotation des symphonies de Dvořák, il existe une certaine confusion, due au fait que le compositeur n'a donné de numéro qu'aux cinq dernières (en allant des chiffres de un à cinq) : celle qui est indiquée comme la « première » est donc en réalité la « cinquième », la « deuxième » est la « sixième » et ainsi de suite. On se réfère plus volontiers aujourd'hui à une numérotation attribuée en fonction de l'ordre de composition et nous nous y tiendrons.

La première est la *Symphonie en ut mineur*, la deuxième la *Symphonie en si bémol majeur* (toutes deux composées en 1865), la troisième étant la *Symphonie en mi bémol majeur*, écrite en 1873. Toutes sont dominées par l'influence allemande, surtout celle de Wagner et de Liszt. Les trois symphonies suivantes révèlent au contraire une forte accen-

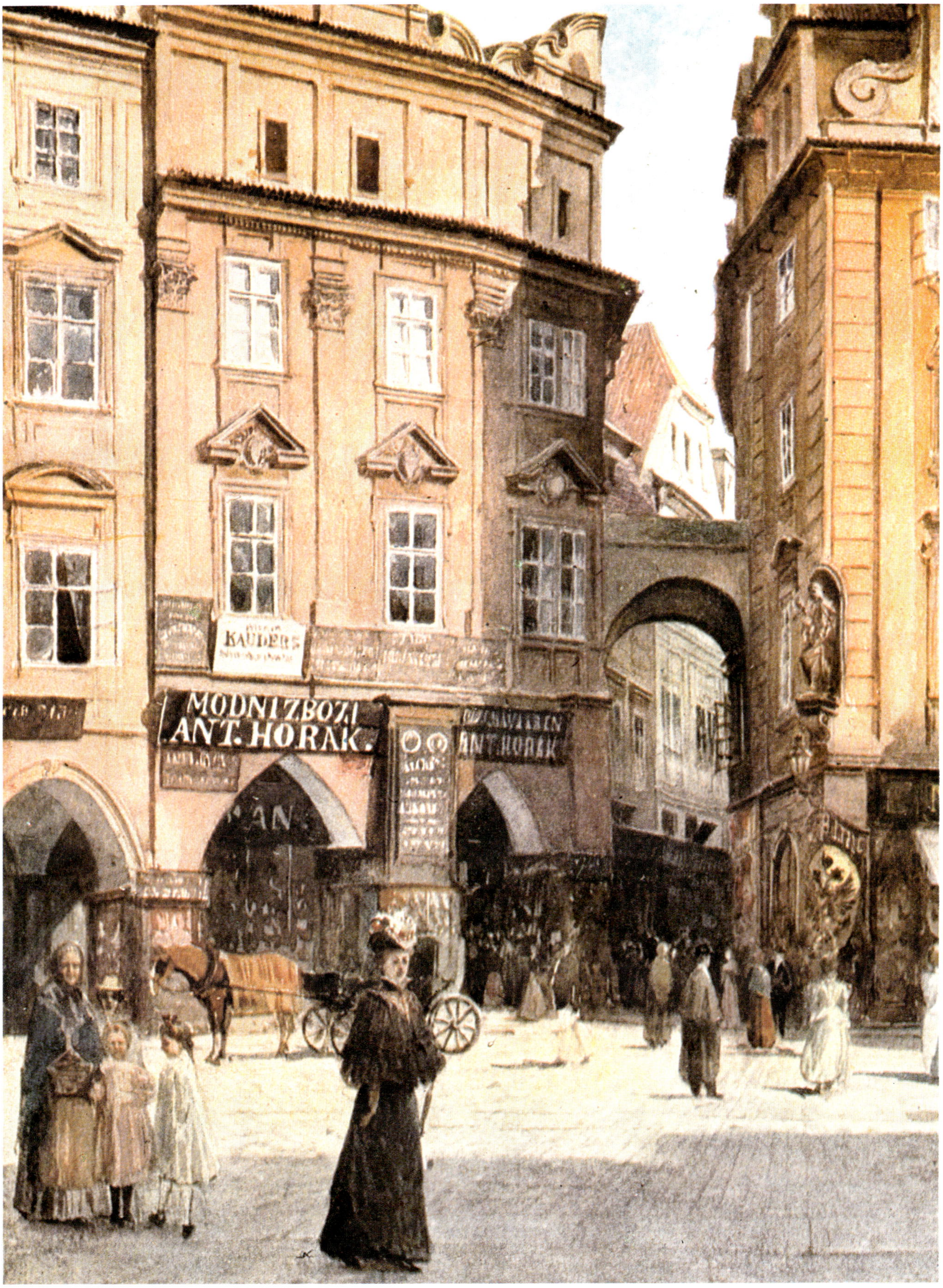
KAUDERS
MODNI ZBOŽI
ANT. HORÁK
ANT. HORAK

Maquette d'un décor pour l'opéra Dimitri *de Dvořák, (1882). Dans le sillage de Smetana, mais sans succès, Dvořák aborde le théâtre dans les genres comique et tragique.*

tuation de l'élément populaire. La *Quatrième Symphonie en ré mineur* (1874), la *Cinquième Symphonie en fa majeur* (1875) et la *Sixième Symphonie en ré majeur* montrent une grande discipline formelle : elles contiennent des thèmes issus de ballades tchèques et des rythmes de danses paysannes. Dans la *Sixième*, le scherzo devient une vigoureuse danse populaire ; dans les premier et dernier mouvements apparaissent des thèmes de caractère symphonique voisinant avec le ton élégiaque de l'adagio, à mi-chemin entre l'intimisme de Brahms et l'effusion sentimentale de Tchaïkovski. La *Septième Symphonie en ré mineur* (1884-1885) appartient à une période qu'on peut appeler de transition ; écrite en un moment où l'idéal nationaliste traverse une crise, elle est donc plus dramatique et hérissée d'âpres conflits. Très différente est la *Huitième Symphonie en sol majeur* (1889), dans laquelle le compositeur reprend son ancien rapport avec le folklore, qui rend la musique plus sereine et fluide.

En 1892, Dvořák part pour New York où l'attend la direction du Conservatoire national de musique. Il y reste jusqu'en 1895 et y compose certaines de ses meilleures œuvres, dont le *Concerto pour violoncelle op. 104*. Il passe les étés à Spilleville dans l'Iowa, parmi la nombreuse communauté paysanne d'origine tchèque. En 1893, il écrit la *Neuvième Symphonie en mi mineur* qui porte le titre « *Du Nouveau Monde* », de loin son œuvre symphonique la plus célèbre. Dvořák s'y efforce de saisir l'esprit des mélodies américaines, y compris les *spirituals* des Noirs. Cette symphonie reçoit un accueil exceptionnel. Son séjour aux États-Unis émeut Dvořák au point de lui faire composer une cantate en l'honneur du drapeau américain ; le débat sur le folklore noir et indien présent dans son œuvre le conduit à déclarer qu'il a en effet puisé dans les traditions musicales du pays, mais en les développant au moyen de toutes les conquêtes modernes de rythme, d'harmonie, de contrepoint et de couleur orchestrale. À cause de ces éléments exotiques s'unissant à la tradition musicale européenne, la *Neuvième Symphonie* de Dvořák représente un cas isolé dans son œuvre. On ne peut pas dire non plus qu'elle ait ouvert des chemins nouveaux car, si l'on considère l'apport de la musique noire américaine, on voit que seul le jazz a trouvé une voie nouvelle et indépendante de la culture musicale occidentale. Le plan de la *Neuvième* reste donc celui du compositeur national tchèque, dans le dessin mélodique comme dans la structure formelle, tandis que l'orchestration rappelle celle de Wagner et de Liszt, surtout dans les passages où les cuivres dominent l'orchestre.

Parmi les œuvres d'Antonín Dvořák, il faut également rappeler les ouvertures *Dans la nature op. 91* (1891), *Carnaval op. 92* (1891), *Othello op. 93* (1892) et les poèmes symphoniques *La Fée de midi op. 108* de 1896, *Le Rouet d'or op. 109* et encore *La Colombe op. 110*, toujours de 1896. Revenu dans son pays en 1895, il devient en 1901 directeur du conservatoire de Prague, mais c'est désormais un homme fatigué et atteint par la disparition d'amis chers. La mort de Brahms en particulier, survenue en 1897, l'a affligé et impressionné. Il revient alors aux idéaux romantiques de sa jeunesse, avec un désir de renouveau. Il meurt à Prague en 1904.

EDVARD GRIEG

Bergen, 1843
Bergen, 1907

Ce compositeur qui va influencer d'autres musiciens par son côté élégiaque inspiré par la pureté nordique de la nature naît à Bergen en Norvège, en 1843. Bergen est une ancienne ville de la Ligue hanséatique, où les marchands allemands avaient leur quartier et leur culture. Dans une atmosphère riche d'éléments populaires et de traditions, le jeune Edvard découvre la musique à six ans déjà. Il s'assouplit les doigts sur les vieilles ballades norvégiennes et manifeste de telles dispositions que sa famille l'envoie en 1858, à quinze ans, au conservatoire de Leipzig en Allemagne. Il y étudie sous la direction de Reinecke, Wenzel et Moscheles jusqu'en 1862, appréciant particulièrement le romantisme de Schumann et de Mendelssohn. Sa formation est donc germanique et même rigoureusement académique comme le veut le style de ce conservatoire. Par ailleurs, l'institution a justement été fondée par Mendelssohn et jusqu'à un certain moment de sa jeunesse, on a l'impression que Grieg est incapable de se libérer de la lourde chape de l'académisme allemand. Pourtant, à peine de retour en Norvège, il rencontre le génial Richard Nordraak (auteur de l'hymne national norvégien, mort à vingt-quatre ans) et se sent attiré par les traditions de son propre pays. Sans l'enseignement reçu en Allemagne, il ne posséderait pas le langage nécessaire pour construire un discours musical. Son « drame » artistique et musical naît justement de sa formation : il reste fidèle à l'inspiration natale quand il s'en tient à l'évocation rythmique d'une danse, à l'image fugitive d'une lande nordique ; mais sa syntaxe dérive de l'école allemande et de sa rencontre avec la musique romantique. C'est toutefois dans la vibrante fraîcheur de son imagination, où passent les élans nordiques, que Grieg donne plus qu'aucun autre Scandinave une image artistiquement authentique de son grand pays. La musique des maîtres germaniques implique une vision de la vie et une pensée germaniques, alors que la plus haute ambition de Grieg est de créer un opéra national norvégien, but poursuivi presque avec l'énergie du désespoir mais en vain.

Après avoir fondé à Oslo avec Nordraak l'association Euterpe pour la diffusion de la musique nordique, Grieg voyage en Italie ; en 1865, il rencontre Ibsen à Rome. À son retour en Norvège, il devient le chef d'orchestre de la Société philharmonique et fonde en 1867 l'Académie musicale norvégienne. S'associant au dramaturge Bjornson, il tente de mettre en musique les pièces de ce dernier, mais ne parvient à préparer que les musiques de scène de *Sigurd le Croisé* (1871) et de *Peer Gynt* d'Ibsen (1876), deux œuvres inspirées par des sagas norvégiennes. Son amitié et sa collaboration avec Bjornson s'interrompent en 1873 en raison de divergences sur le livret de l'opéra *Olav Trygvason*, jusqu'à leur rupture complète en 1875. Ayant quitté la Norvège pour une tournée au Danemark et en Allemagne, Grieg se rend également au festival de Bayreuth, entamant cette vie errante qui le conduira à plusieurs reprises en Italie, Allemagne, France, Belgique, Hollande, Angleterre, Autriche, Suisse et Bohême. Partout, il recueille un grand succès. Mais son cœur est resté dans la cabane de rondins qu'il s'est fait construire à Troldhaugen sur le lac de Nordas près de Bergen.

Parmi les divers morceaux composant la musique de scène de *Peer Gynt*, seuls quelques-uns — ceux qui expriment avec le plus de simplicité le climat subtil et secret du monde nordique, comme *Le Matin* et *La Chanson de Solveig* — sont d'un haut niveau parce que, sur le plan formel également, ils restent fidèles à l'inspiration natale. La musique de scène de *Peer Gynt* (sur un texte de Henrick Ibsen) reste aujourd'hui encore son œuvre la plus jouée, avec le concerto pour piano. Dans certaines œuvres, Grieg plonge les raci-

Ci-dessus, la maison natale de Grieg à Bergen, dessin à la plume par un artiste anonyme. Bergen est une ancienne ville de la Ligue hanséatique, à l'atmosphère riche d'éléments populaires et de traditions.

À droite, La Rue, *peinture de la fin du XIXᵉ due à l'artiste F. Collett, contemporain et compatriote du compositeur norvégien.*

nes de son architecture musicale dans l'ancienne et solide tradition nationale. C'est le cas de *Humoresken* de 1865, des *Danses et chants norvégiens* de 1869-1870, des *Six Mélodies montagnardes norvégiennes* de 1875, outre de nombreux lieder et *Pièces lyriques*. Ici, le compositeur se sent beaucoup plus libre et plus sûr de lui ; tout en adhérant d'une certaine manière à un sentimentalisme vague persistant dans la tradition, il se rapproche sensiblement du premier romantisme et de l'impressionnisme. De là naissent les critiques de ceux pour qui il n'est un musicien complet que dans les « miniatures musicales », parce que c'est dans les formes brèves qu'il donne le meilleur de son tempérament créateur. Même le célèbre *Concerto en la mineur pour piano et orchestre op. 16* est constitué par une succession de brèves situations expressives, tandis que ses autres compositions adoptant la forme classique de la sonate se réduisent à une sonate pour piano, trois sonates pour violon, une pour violoncelle et un quatuor. La *Troisième Sonate pour violon* achevée en 1887 est la dernière de ce type. Par la suite, pendant près de vingt ans (Grieg meurt en 1907), le musicien norvégien n'écrira que des pièces brèves : il tentera également de reprendre les formes du trio, du quatuor et du quintette, mais sans jamais mener à terme son entreprise.

Les morceaux courts représentent donc la production la plus réussie de Grieg ; le raffinement de cette préférence résulte probablement de l'admiration inconditionnelle du compositeur de Bergen pour Schumann, sans toutefois atteindre la profondeur psychologique du musicien alle-

Ci-dessus, Grieg au piano.
À gauche, titres du Concerto en la mineur pour piano et orchestre op. 16 *et des* Feuilles d'album pour piano op. 28. *Grieg trouve sa meilleure inspiration dans les compositions brèves, celles définies comme des « miniatures musicales ». Même le célèbre* Concerto en la mineur *est constitué par une succession de brèves séquences expressives. À partir de 1887, année où il achève sa* Troisième Sonate pour violon, *le musicien se consacre exclusivement à la composition d'œuvres courtes ; il tente également de reprendre les formes du trio, du quatuor et du quintette, mais sans jamais mener à terme son travail.*

mand. Du vivant de Grieg, son succès est cependant énorme. Cela s'explique certainement par le goût de la bourgeoisie du romantisme tardif pour les sentiments immédiats et poignants, que Grieg sait justement susciter. L'un des grands mérites de cette musique apparemment « facile » est d'avoir donné une image vive et originale du monde nordique saisi dans ses deux aspects contrastants : d'une part, les paysages prisonniers des glaces, les forêts impénétrables et austères, la mélancolie des longues navigations ; de l'autre, l'exaltation joyeuse et naïve de la chaleur retrouvée lors des fêtes du printemps, dans l'explosion de gaieté des danses de la mi-été, dans les rencontres chorales où se manifeste une âme populaire simple mais forte.

L'univers nordique est néanmoins représenté comme pétrifié, sans possibilité de changement ; les passions humaines semblent même ne jamais se heurter et couler dans une atmosphère de bonheur extatique. Le souvenir des années de Leipzig, avec tout le poids de l'académisme allemand, reparaît quand il s'agit de passion : le compositeur tombe alors dans la rhétorique. C'est sans doute ce qui l'empêche de s'épanouir totalement au théâtre (son rêve), sinon à travers des musiques de scène.

Ses capacités musicales sont pourtant sérieuses et conscientes, naturelles bien que non dénuées d'ingénuité. Son mérite est d'avoir exprimé les nombreuses valeurs de la plus ancienne tradition scandinave, dans toute sa force et sa complexité, complétant ainsi en un certain sens la fresque grandiose de la musique européenne du XIXe siècle.

GABRIEL FAURÉ

Pamiers, Ariège, 1845
Paris, 1924

Gabriel Fauré naît à Pamiers, près de Foix en 1845. Musicien très pur, français comme bien peu, c'est le seul qui sache traduire avec la légèreté française tout ce que la pensée musicale a condensé dans la forme sonate. Il ouvre ainsi la voie, plus que Franck, Gounod ou Saint-Saëns, à Debussy et Ravel, continuant sur les traces de Chopin.

Fauré est l'élève de Dietsch et de Saint-Saëns à l'école Niedermeyer de Paris, où il développe son goût pour une composition raffinée et sévère. Mais l'enseignement de Saint-Saëns, plus particulièrement orienté vers l'appréciation des musiciens classiques, convient mal au tempérament essentiellement romantique de Fauré. Il doit son inscription dans cette école à son père, éducateur cultivé qui reconnaît le talent de son fils pour la musique et veut le diriger vers des cours enseignant la technique de l'orgue et de la composition. Le jeune Fauré se retrouve partagé entre son admiration pour son illustre professeur et ses authentiques dispositions pour la musique romantique. À vingt et un ans, il commence sa carrière d'organiste à l'église Saint-Sauveur de Rennes, mais en est vite écarté en raison de sa conduite peu orthodoxe. En 1870, ses qualités reconnues lui valent le poste d'organiste de l'église Notre-Dame-de-Clignancourt à Paris, emploi qu'il quitte pour s'enrôler lors de la guerre contre la Prusse. Les hostilités terminées, il devient organiste à Saint-Sulpice, puis en 1877, chef de chœur à l'église de la Madeleine à Paris et enfin organiste de cette même église, mais en 1896 seulement. Entre 1877 et 1879, il découvre la musique de Wagner lors de deux voyages en Allemagne. En effet, il se trouve à Weimar en 1877, avec son maître et ami Saint-Saëns dont Liszt fait représenter l'opéra *Samson et Dalila*. À Cologne en 1878, il entend *L'Or du Rhin* et *La Walkyrie* et, l'année suivante, l'ensemble de la *Tétralogie* à Munich. En 1877, Massenet, qui ambitionne la direction du conservatoire de Paris, se voit préférer Dubois ; en signe de protestation, il démissionne alors de sa classe de composition et celle-ci est inopinément confiée à Gabriel Fauré.

Ce n'est toutefois pas par hasard qu'il se retrouve à cette haute fonction : la très belle *Messe de requiem op. 48* qu'il a composée en 1887 et 1888, la plus importante contribution française dans ce genre, est sans aucun doute son chef-d'œuvre. Dans la musique de chambre également, outre ses mélodies avec piano, Fauré laisse des pages très importantes. On peut dire qu'il représente en un certain sens le premier moment culminant de la renaissance de la musique de chambre française, précédant Debussy et Ravel, dont l'activité se superposera totalement ou en grande partie à la sienne. Avec Ravel qui a été son élève, Fauré fonde en 1909 la Société musicale indépendante pour fournir une alternative à la Société nationale, au caractère officiel désormais un peu sclérosé. L'art subtil, réservé et raffiné de Fauré se précise avec la fin du siècle et marque le début du XXe, sans pourtant partager les options radicalement novatrices d'un Debussy. Son idéal de délicatesse intimiste et d'élégance raffinée trouve un terrain favorable dans la musique de chambre, surtout avec piano : la première des deux *Sonates pour violon et piano op. 13* de 1875-1876 révèle déjà une personnalité entièrement achevée. On trouve chez Fauré une évolution continue, tendant vers toujours plus de sobriété et de dépouillement et vers un langage toujours plus concentré. Certains traits fondamentaux semblent largement constants : la subtile suggestion de son langage harmonique qui, sans jamais détruire complètement l'impression de tonalité, s'enrichit de combinaisons particulières à la saveur modale et d'une plus grande mobilité ; et le côté fascinant et extrêmement flexible de son invention mélodique. À la période de jeunesse de Fauré, caractérisée comme on l'a dit par les

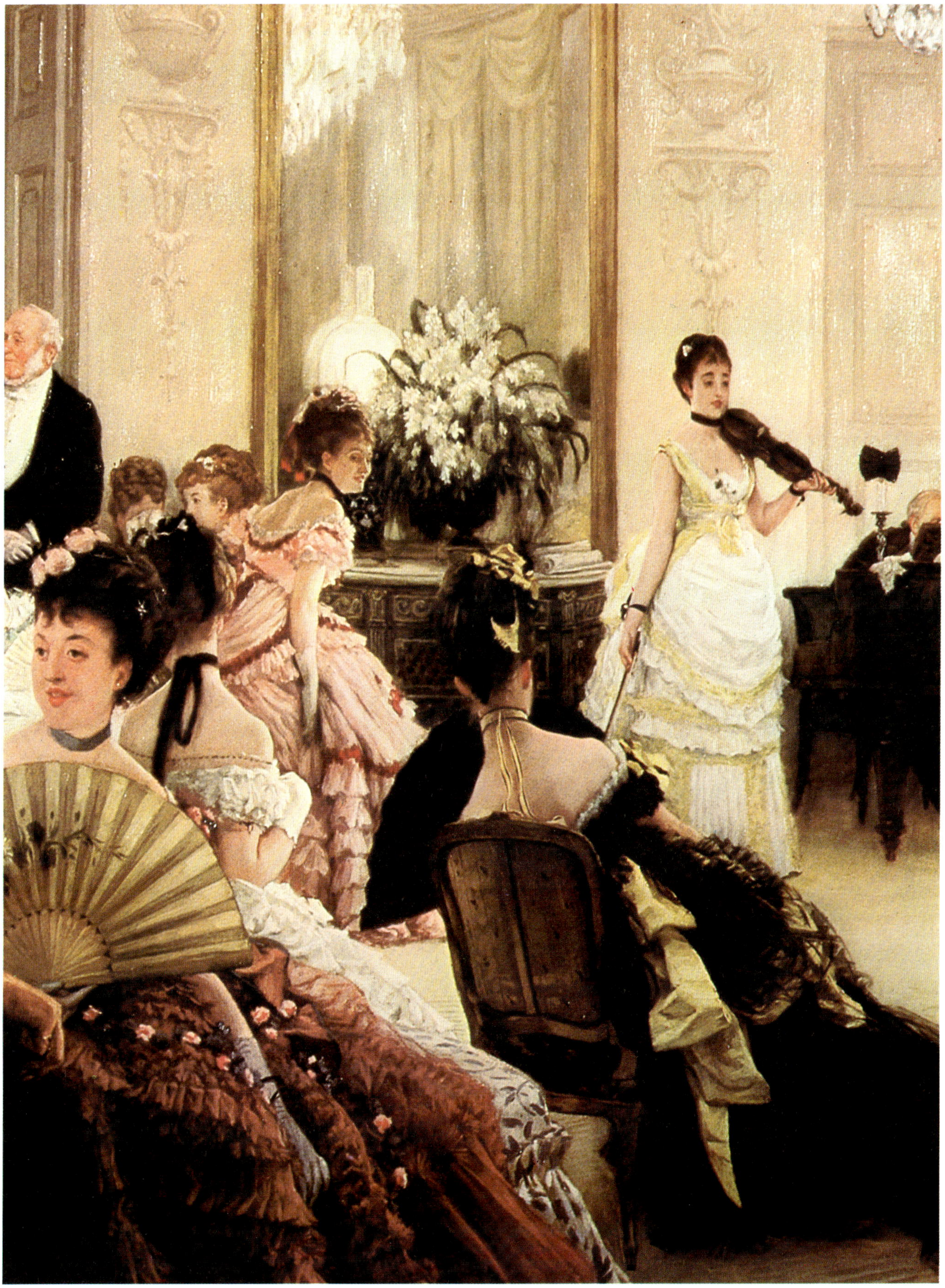

GABRIEL FAURÉ

Page précédente, Le Concert, par J. Tissot (vers 1876).
À gauche, le New York City Ballet dans Jewels, un ballet de George Balanchine sur des musiques de Fauré, Stravinski et Tchaïkovski. Dans l'évolution continue de la musique de Fauré, tendant vers toujours plus de sobriété et vers un langage toujours plus concentré, certaines caractéristiques restent cependant constantes : la subtile et raffinée suggestion de son langage harmonique qui, sans jamais détruire complètement l'impression de tonalité, s'enrichit de combinaisons particulières à la saveur modale et d'une plus grande mobilité, et le côté fascinant et très flexible de son invention mélodique.

contradictions entre sa nature romantique et une sévère formation classique, succède celle de la maturité et du dépassement de ces contrastes antérieurs. Enfin, pendant les dernières vingt années, son écriture se fera très concentrée et rare, sur le plan de la forme comme de la sonorité. Ces trois périodes ont pourtant en commun la netteté de la composition, le souci d'éviter toute rhétorique, une grande fidélité à la tradition française. Ces principes confèrent à sa musique une note aristocratique, due à l'élégance de ses lignes essentielles. C'est surtout au piano que Fauré tient à préciser ses idées. Rien que pour le piano, il compose 13 *Nocturnes*, 13 *Barcarolles*, 9 *Préludes*, 6 *Impromptus*, 4 *Valses-Caprice*.

Mais en cinquante ans de composition, il écrit aussi, immédiatement après la première sonate pour violon, le *Quatuor en ut mineur op. 15 pour cordes et piano* (1876-1879), suivi de quelques morceaux pour deux instruments et du second *Quatuor en sol mineur op. 45 pour cordes et piano* (1885-1886), dont la noble intensité s'ouvre à de nouvelles perspectives par rapport à la grâce charmante et très personnelle du premier. On trouve également deux *Quintettes pour cordes et piano* (le premier commencé en 1887, ne sera terminé qu'en 1905 ; le second, qui marque un sommet particulièrement significatif, est composé entre 1919 et 1921) et deux *Sonates pour violoncelle et piano* (1917 et 1921) ; aux dernières années appartiennent l'unique *Trio op. 120* (1922-1923) et l'unique *Quatuor à cordes op. 121* (1923-1924).

Les pages orchestrales de Fauré ne sont pas nombreuses et deux d'entre elles — la *Ballade* et la *Fantaisie* — sont écrites pour piano et orchestre. Il a également sa place dans l'histoire de la musique lyrique : ses œuvres sont typiquement françaises, exemptes de recherches psychologiques, prenant la forme de vifs petits tableaux. Dans le domaine du théâtre en effet, Fauré préfère les musiques de scène au drame lyrique : il compose la musique du *Pelléas et Mélisande* de Maeterlinck au moment même où sort l'opéra de Debussy (1898), d'après le même auteur. Il écrit par ailleurs la tragédie lyrique *Prométhée* (à exécuter dans une arène, avec intervention de grands effectifs choraux et orchestraux comportant des fanfares) et *Pénélope*, un drame lyrique qu'il considère comme son testament.

À partir de 1900, sa vie connaît de grands changements. Jusqu'alors resté à l'écart du cercle des musiciens qui font la loi à Paris, Fauré se retrouve peu à peu dans des positions lui valant un prestige croissant. En 1903, il devient critique musical au *Figaro* ; deux ans plus tard, il est nommé directeur du Conservatoire en remplacement de Théodore Dubois. Cette nomination, contestée par une bonne partie des professeurs, sera renouvelée en 1910.

Sa célébrité reste cependant liée, aujourd'hui encore, à ses mélodies (au nombre de 96), dont beaucoup sont subtiles, passionnées, rarement dramatiques. Les accompagnements au piano sont généralement agréables et servent de fond sonore à la voix. Bon nombre de ses mélodies, comme *Après un rêve*, *Lydia*, *Clair de lune* et le cycle de *La Bonne Chanson*, sont célèbres dans le monde entier alors que les pièces très délicates inspirées par nocturnes et barcarolles ne le sont guère hors de France.

Gabriel Fauré est l'un des premiers compositeurs modernes à utiliser les gammes et les tons déjà employés dans la musique sacrée du Moyen Âge : sa musique en est imprégnée, ce qui donne à ses mélodies poignantes et tristes une forte nuance de nostalgie. Gabriel Fauré est mort en 1924.

EDWARD ELGAR

Broadheath, près de Worcester, 1857
Worcester, 1934

Ce compositeur autodidacte et très personnel malgré l'influence du romantisme allemand naît à Broadheath dans le comté de Worcester en 1857. Son éducation musicale est d'abord familiale. Son père est en effet organiste à l'église Saint-George de Worcester et tient également un magasin de musique. Le jeune garçon apprend donc à jouer de plusieurs instruments, d'abord pour s'amuser puis en s'appliquant plus sérieusement. Il finit par remplacer son père à l'orgue de l'église Saint-George, tout en se familiarisant également avec le basson et la technique pianistique, au point de jouer dans de petits orchestres de club. À l'âge de vingt ans, il prend quelques leçons de violon à Londres, mais sa décision est déjà prise : il se refuse à tirer parti de ses connaissances musicales pour devenir concertiste.

Pendant un certain temps, il dirige la fanfare de l'institut psychiatrique de Worcester et l'Amateur Instrumental Society de son village natal. Il continue ainsi quelques années, sans grandes ambitions ni désirs : à trente-deux ans, quand il se marie, c'est un petit musicien de province pratiquement inconnu. L'Angleterre raffole à cette époque des compositeurs d'origine germanique (on est au début des années 1890) et d'Arthur Sullivan (compositeur londonien alors célèbre dont on va représenter l'opéra *Invanhoe*). En 1890 justement, Edward Elgar publie son ouverture *Froissart* qui lui ouvre les portes du succès, consolidé par six œuvres chorales précédant de peu l'œuvre symphonique *Variations on an Original Theme for Orchestra*, plus connue sous le nom d'*Enigma* (1899). Ce morceau oblige les critiques anglais à prendre acte de la naissance d'un nouveau talent musical. Aujourd'hui encore, c'est l'œuvre orchestrale d'Elgar la plus souvent jouée. Elle comporte une série de quatorze variations, chacune dédiée à un ami, à l'exception de la dernière que l'auteur se dédie à lui-même. En fait, la véritable énigme que de nombreux musiciens ont tenté de résoudre est la suivante : quel est le thème inconnu dont Elgar affirme qu'il parcourt toute son œuvre ?

Le succès s'étend à toute l'Europe quand le compositeur de Worcester publie en 1900 l'oratorio *Le Songe de Gerontius*, sa plus importante œuvre chorale, fondée sur un poème du cardinal John Henry Newman. Ses qualités mystiques et visionnaires dépassent celles de tout autre morceau jamais écrit en Angleterre. Lors de sa création à Birmingham, l'oratorio n'a pourtant guère de succès ; il faut attendre 1902 et une exécution à Düsseldorf en Allemagne pour voir confirmées ses exceptionnelles qualités musicales.

Toujours dans le domaine de l'oratorio, Elgar compose les cinq *Sea Pictures, op. 37*, en 1899, la *Coronation Ode op. 44*, en 1902, *The Apostles op. 49* et *The Kingdom op. 51*.

Tout en poursuivant sa carrière de compositeur d'imposantes œuvres chorales, Elgar écrit également quelques pièces instrumentales qui finiront par lui valoir sa plus grande célébrité. En 1901, il compose l'ouverture *Cockaigne*, sous-titrée « Dans la ville de Londres » » une grande et brillante fresque de la vie dans la métropole. De la même année datent deux marches pour orchestre — *Pomp and Circumstance Marches* — exécutées pour la première fois lors d'un concert en plein air ; il en composera deux autres les années suivantes et tire de la première d'entre elles certains éléments de l'ode exécutée à l'occasion du couronnement d'Edouard VII en 1902. Deux ans plus tard, il reçoit le titre de baronnet.

En 1908, pour célébrer la fondation du London Symphony Orchestra, la *Première Symphonie* d'Elgar est dirigée par Richter ; elle est accueillie comme l'une des symphonies modernes les plus intéressantes, le terme de moderne signifiant ici appartenir au grand courant de l'internationalisme post-wagnérien. Trois ans plus tard est exécutée la *Deuxième*

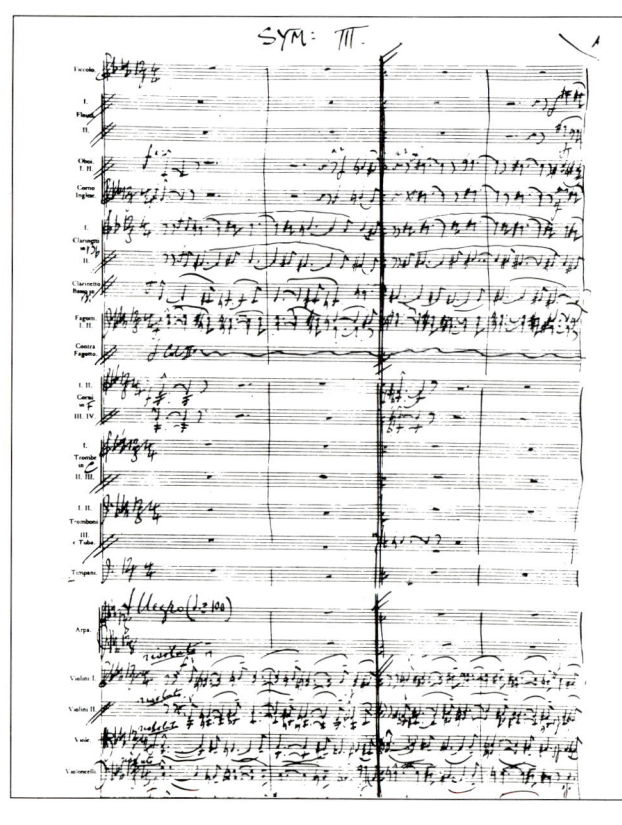

Ci-dessus, le concert d'inauguration du Queen's Hall à Londres en 1893.

À gauche, la première page autographe de la Troisième Symphonie d'Elgar. À côté de ses compositions instrumentales, Elgar compose des œuvres chorales. Parmi celles-ci se trouve l'oratorio Le Songe de Gerontius.

Page ci-contre, Ange, par Burne-Jones. On a pu parler à propos de la musique d'Elgar d'élégance préraphaélite.

Symphonie, dédiée à la mémoire d'Edouard VII. La critique souligne l'effort du compositeur pour assimiler l'expérience étrangère (celle du romantisme allemand tardif) en la remodelant dans une création autonome qui reflète également la tradition anglaise cultivée et populaire.

Outre les œuvres citées ici, d'autres morceaux ont signalé Elgar à l'attention du public : par exemple, le poème symphonique *Falstaff* de 1913, le *Concerto pour violoncelle* créé en 1919, le *Concerto pour violon en si mineur op. 61*. Dans le domaine de la musique de chambre, il y a le *Quatuor à cordes* et le *Quintette avec piano*. Elgar compose en outre deux sonates pour violon (instrument dont il a joué dans sa jeunesse) et piano. Il consacre également au basson, autre instrument qu'il a étudié en autodidacte une sonate avec accompagnement de piano, écrite en 1909. Edward Elgar est mort à Worcester en 1934.

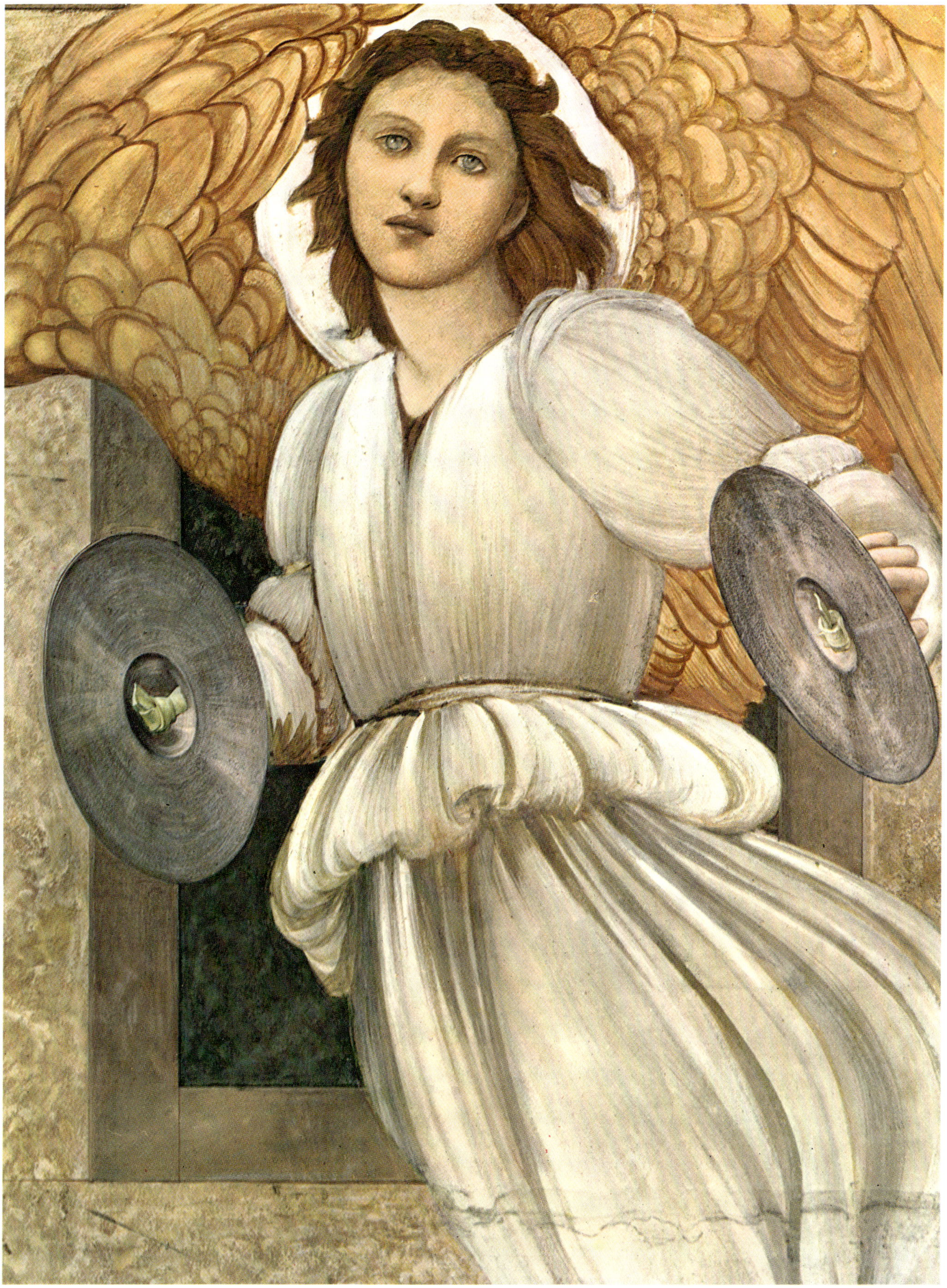

GIACOMO PUCCINI

Lucques, 1858
Bruxelles, 1924

La famille de Giacomo Puccini participe déjà depuis plusieurs générations à la vie musicale de Lucques (son père, son grand-père et un oncle maternel ont été organistes et chefs de chœur de la cathédrale) quand naît dans cette ville en 1858 le futur compositeur de *Madame Butterfly*. L'enfant subit naturellement l'influence des siens, bien que son père meure alors qu'il a seulement six ans. Chantant dans le chœur de diverses églises, organiste lui aussi, il passe sa jeunesse sans grands changements dans le calme de la vie provinciale. Le tournant se situe alors qu'il atteint ses vingt et un ans ; en 1880, il part pour Milan et entre au conservatoire où il a pour professeurs Bazzini et Ponchielli. Il reçoit son diplôme de composition en 1883 et participe au concours organisé par l'éditeur Sonzogno pour un opéra en un acte, tout en passant ses heures de loisir dans des établissements où il est en contact avec les ultimes manifestations de la *Scapigliatura* (vie de bohème) qui se prolonge péniblement dans le Milan d'après l'unification. Il fait aussi la connaissance du maestro Alfredo Catalani et l'on peut peut-être trouver une trace de l'influence de ce dernier dans la musique de *Le Villi* (l'opéra en un acte présenté au concours Sonzogno), œuvre dédaignée par la commission d'examen mais représentée au Teatro Dal Verme de Milan en 1884. Il s'agit d'une fable nordique, prétexte à des raffinements harmoniques et instrumentaux, à un lyrisme un peu rêveur où Puccini introduit cependant plus de charme et de chaleur que Catalani. C'est grâce à Boito, à Ponchielli et à l'éditeur Giulio Ricordi que l'opéra peut être représenté. Ricordi lui commande même l'opéra *Edgar*, qui est joué à la Scala mais très froidement accueilli à Madrid en 1892 et à Buenos Aires en 1905. *Edgar* est pratiquement une copie de *Carmen*, le héros étant déchiré entre une femme-démon et une femme-ange, avec toutes les situations vocales qui s'ensuivent.

Puccini se met ensuite en quête d'un texte « neuf », qui lui permette d'écrire une musique réellement et entièrement sienne. Il le trouve dans un roman de l'abbé Prévost d'Exiles (*La Véritable Histoire du chevalier des Grieux et de Manon Lescaut*), qui devient la base d'un livret auquel collaborent outre Puccini lui-même, Leoncavallo, Marco Praga, Illica, Giacosa et l'éditeur Ricordi. Il s'agit non seulement de résumer un épais roman du XVIIIe, mais aussi le travail déjà accompli par Massenet. En 1884, en effet, le compositeur parisien a obtenu un peu partout un grand succès avec ce même sujet. Le nouvel opéra de Giacomo Puccini, *Manon Lescaut*, est créé à Turin en 1893 et reçoit un accueil triomphal, notamment à cause de l'image différente qui est donnée à l'héroïne. Ce n'est plus une femme corrompue qui mène à la ruine le chevalier des Grieux, mais une femme amoureuse et sensible, prompte au repentir et désireuse de fuir loin de tout motif de séduction. La solution musicale de Puccini dérive du nouvel angle donné au livret et présente donc un lyrisme marqué. L'héroïne est aussi capable d'inflexions sentimentales, obtenues par des asymétries rythmiques. Cet opéra constitue son premier vrai succès.

En 1891, le compositeur s'établit à Torre del Lago, dans une villa aujourd'hui transformée en musée. Dans la chapelle se trouve également la tombe du musicien et sur la place principale a lieu chaque été une saison lyrique en plein air, consacrée à son œuvre. Ici, Puccini — avec d'autres artistes — fonde le « Club La Bohème », au moment même où il commence à travailler (avec Illica et Giacosa pour le livret) à l'écriture de *La Bohème*.

Le jeune Arturo Toscanini (il a vingt-neuf ans) dirige la première de *La Bohème* au Teatro Regio de Turin en 1896, mais le succès est tout sauf brillant. L'opéra sera mieux accueilli à Palerme peu après. La « vie de bohème », qui a connu une certaine vitalité à Paris dans la seconde moitié du XIXᵉ siècle, s'est manifestée en Italie à travers la Scapigliatura milanaise, dans des milieux modestes, parfois même misérables mais embellis par l'art qui enthousiasme une jeunesse pauvre et ardente. La musique ne peut donc que se situer au milieu de tableaux colorés, dans lesquels l'amour et la mort prennent une grande simplicité sentimentale. Les quatre actes sont très brefs, un peu comme le veut la mode vériste, et la musique suit de près l'évolution de l'action, toute forme traditionnelle étant abolie, avec des passages très chantants, une déclamation rapide et très claire. Dans *La Bohème*, la leçon la plus évidente est celle du *Falstaff* de Verdi, antérieur de trois ans seulement : le discours musical est mené dans la continuité d'un riche tissu orchestral, dans lequel un grand nombre de petits éléments thématiques — mélodiques et rythmiques — s'assemblent librement au sein de structures plus ou moins vastes, qui se dissolvent ensuite dans le flux continu dont elles sont sorties. La délicate histoire de cette jeunesse artiste et bohème, ses affaires de cœur, attirent le public vers Puccini grâce à la puissance fluide et passionnée de sa musique, qui sait aussi être tragique.

La Bohème consacre Puccini dans les milieux musicaux internationaux et lui apporte aussi l'aisance matérielle. En 1895, il a commencé un nouvel opéra, *La Tosca*, tiré d'un drame de Victorien Sardou ; la première a lieu au Teatro Costanzi de Rome dans la mise en scène de Tito Ricordi, fils aîné du célèbre éditeur de musique. Cette œuvre est complètement différente de la précédente, dont la célébrité a fait le tour du monde. Dans *La Tosca*, on trouve en effet l'utilisation d'une perspective historique, un thème politique révolutionnaire, une sensualité sadique, un assassinat sur scène, l'exécution de Cavaradossi, le suicide de l'héroïne qui se jette dans le vide du haut des murailles du château Saint-Ange. Au changement de sujet correspond celui des moyens musicaux : par exemple, dans *La Tosca*, le thème récurrent est utilisé avec une complexité dans le développement qu'on ne retrouve chez aucun autre musicien italien de l'époque. L'orchestration est riche d'effets puissants, auxquels répond une vocalité agressive. L'auteur recourt à des procédés typiques du grand opéra : dans le finale du premier acte, on entend défiler la procession du *Te Deum*, avec tout le cérémonial requis ; au troisième acte, une cantate de célébration

Costumes des personnages de La Bohème. *La création de cet opéra, dirigé par le jeune Arturo Toscanini (il a vingt-neuf ans), a lieu à Turin en 1896, sans grand succès.*

est entonnée en coulisse tandis que le chef de la police est en train d'interroger le peintre révolutionnaire Cavaradossi ; enfin, Puccini fait intervenir sur scène l'exécution de Cavaradossi en présence de Tosca. Tous ces jeux sur des plans différents, musicaux et pyschologiques, témoignent d'une conception plus hardie du théâtre. Même les scènes d'amour, tout en étant l'occasion de deux airs véritables (« *Vissi d'arte* » et « *E Lucevan le stelle* »), prennent une dimension tragique bien éloignée du sentimentalisme de *La Bohème*. L'opéra est créé à Rome en 1900 : la critique le juge réaliste et brutal, peu adapté à la veine romantique du compositeur, mais le public lui réserve un accueil triomphal.

À l'occasion d'un voyage à Londres (pour la première de *La Tosca* en Angleterre), Toscanini découvre le texte théâtral de *Madame Butterfly* (œuvre de D. Belasco) et se met au travail pour en tirer un opéra, qui est créé à la Scala de Milan en février 1904 : c'est un échec inattendu. Le sujet est plus intimiste, avec une jeune fille amoureuse au centre de l'histoire qui se situe dans un Japon exotique, avec un orchestre à effets (gong, cloches, harpes et bois) accompa-

gné de musiques orientales authentiques. De tout cela émerge un personnage vivant qui connaît une profonde transformation psychologique : une geisha encore presque enfant traverse toute une série de nuances sentimentales culminant dans l'affreuse déception et le suicide, que Puccini exprime par un chant n'ayant plus rien à voir avec l'« enfantillage initial », mais ayant beaucoup en commun avec *La Tosca*.

Madame Butterfly figure aujourd'hui encore parmi les plus grands succès mondiaux dans le domaine lyrique, mais le manque d'enthousiasme de la critique déprime le compositeur, au point qu'il s'écoulera sept ans avant la naissance de son prochain opéra, *La Fanciulla del West* (« La Fille du

En haut à gauche, Puccini au piano dans sa maison de Torre del Lago, où le compositeur s'installe en 1891.

À gauche, affiche de Madame Butterfly. *Cet opéra, sur un livret de L. Illica et G. Giacosa tiré d'une pièce de D. Belasco, est représenté pour la première fois à la Scala de Milan en février 1904, et c'est un fiasco mémorable. Il n'est donné que trois mois plus tard à Brescia avec un grand succès.*

Page ci-contre, en haut à droite, affiche de 1909 pour Manon Lescaut. *L'opéra, tiré du roman de Prévost, modifie l'image de l'héroïne qui devient une femme amoureuse et sensible, prompte au repentir et désireuse de fuir loin de toute tentation de séduction.*

Page ci-contre, en bas à gauche, caricature de Puccini due au chanteur E. Caruso.

Far-West »). Entre-temps, Puccini a connu un certain nombre de vicissitudes : il a vécu au-dessus de ses moyens avec magnificence, acquérant une propriété à la campagne, passant son temps à la chasse, s'offrant une vie libre. Il a un accident de voiture et se retrouve immobilisé pendant huit mois. En 1907, il se rend à New York pour la création américaine de *Madame Butterfly* au Metropolitan et a l'occasion d'assister à une nouvelle pièce de Belasco, l'histoire d'une jeune fille vivant au milieu des mineurs de Californie. En 1910, son nouvel opéra *La Fanciulla del West* est prêt. L'œuvre est bien typée, située dans les saloons et au milieu d'hommes rudes, elle comporte des musiques originales américaines, bref tous les ingrédients voulus pour obtenir un grand succès au Metropolitan. Parmi les autres éléments devant garantir un triomphe, il y a la présence de Caruso dans la distribution. Mais cet opéra n'aura pas la célébrité des précédents. On peut faire le même commentaire — notable effort dans la composition et le cadre dramatique, mais peu de prise sur le public — à propos des œuvres suivantes, *La Rondine* (1917) et le « Triptyque » constitué par *Il Tabarro, Suor Angelica* et *Gianni Schicchi*, trois opéras en un acte créés en première mondiale à New York en 1918. Le premier est un sujet violent et populaire, mais doté d'une écriture vocale et orchestrale savante ; le deuxième, au lyrisme intense, est une histoire un peu larmoyante dans laquelle Puccini témoigne cependant d'une grande habileté

Une scène de Turandot, *aux Arènes de Vérone, mise en scène de L. Squarzina, décors et costumes de F. M. Pradelli. Le rôle-titre est interprété par H. Janku (au centre de la photo). Bien qu'il souffre d'une tumeur à la gorge, le compositeur travaille avec acharnement à ce dernier opéra, resté cependant inachevé à l'avant-dernière scène du troisième acte. Opéré à Bruxelles, Puccini s'y éteint en novembre 1924 et c'est F. Alfano qui écrira la dernière scène, en se fondant sur les notes du maestro.*

expressive et exploite subtilement les possibilités rythmiques du chœur féminin ; le troisième, *Gianni Schicchi*, basé sur une nouvelle du *Décaméron*, présente un langage musical fortement burlesque et met vigoureusement en relief la « toscanité » du compositeur.

L'un des mérites de Puccini est de toujours analyser les réactions du public et d'en tirer des enseignements utiles pour ses opéras : pour cette raison, bien que sa carrière coïncide avec l'époque de l'avant-garde, il ne se livre jamais à la provocation. Son existence, sauf quelques parenthèses agitées pour des raisons familiales, se divise entre les longs séjours de travail assidu dans le calme de sa villa de Torre del Lago et les voyages effectués pour suivre avec grand intérêt les plus importantes manifestations musicales de l'époque. Il serait stérile d'aller à la recherche du chef-d'œuvre : à l'aide d'une méthode hautement professionnelle et d'une inspiration précise et constante, ses opéras sont le résultat de méditations élaborées, quoique riches en tourments. Le plus tourmenté de tous est sans doute le dernier, *Turandot*, l'un de ces projets monumentaux qui, par une singulière méprise de nombreux auteurs de l'époque, devrait assurer sa gloire auprès de la postérité. L'œuvre restera inachevée, s'arrêtant à l'avant-dernière scène du troisième acte, sur la mort émouvante de la tendre Liù : peut-être Puccini est-il perplexe au moment d'écrire la musique de la dernière scène, dans laquelle le personnage glacial de l'impitoyable princesse découvre enfin l'amour. Le compositeur tire profit du climat féerique de la fable XVIIIe de Carlo Gozzi, introduisant des thèmes chinois originaux, de nouveaux moyens linguistiques, des décors de jardin, des scènes comiques.

Pour composer cet opéra, il quitte Torre del Lago pour Viareggio où il travaille jusqu'à l'été 1924, quand il doit entrer en clinique à Bruxelles afin de soigner une tumeur à la gorge. Malheureusement, Puccini ne vivra pas assez longtemps pour terminer ce qu'il appelle lui-même une « œuvre héroï-comico-fantastique ». La dernière scène sera écrite par Franco Alfano à partir des brouillons du maestro. En novembre 1924, Giacomo Puccini meurt, plongeant toute l'Italie dans la consternation et le deuil. Sa dépouille mortelle est d'abord ensevelie à Milan dans le caveau de la famille Toscanini, puis, deux ans plus tard, dans la chapelle de la villa de Torre del Lago. La même année, le 25 avril 1926, a lieu la création de *Turandot* à la Scala sous la direction d'un Arturo Toscanini bouleversé. Quand la musique arrive au point où Puccini a dû s'interrompre, Toscanini commande le silence, dépose sa baguette, se tourne vers le public et dit : « Ici s'est arrêté Puccini ; la mort a été plus forte que son art. » À la soirée suivante seulement, l'opéra sera joué jusqu'au bout, y compris la dernière scène écrite par Alfano.

GUSTAV MAHLER

Kaliste, Bohême, 1860
Vienne, 1911

Les origines familiales de Gustav Mahler exercent une influence indélébile sur sa jeunesse et sa formation. Il naît dans un humble village d'à peine trois cents habitants, Kaliste en Bohême, non loin de la frontière morave, terre qui fait alors (1860) partie de l'Empire austro-hongrois. Sa famille est juive de langue allemande et Mahler dira par la suite s'être senti triplement isolé dans la vie : en tant que tchèque en terre autrichienne, autrichien dans un pays de langue et de culture allemandes (son père est un pangermaniste fervent) et juif partout. Malgré tout cela, la richesse des traditions musicales, des chants et des danses populaires de la terre tchèque font sentir leur influence, et pas seulement dans ses œuvres de jeunesse ; il n'est pas indifférent non plus au succès des lieder qui, depuis près d'un siècle sur l'exemple de Schubert, font les délices d'une bonne partie de la bourgeoisie austro-hongroise.

Le père de Mahler, Bernhard, a été vendeur ambulant, puis distillateur et restaurateur dans une auberge où les hommes du pays viennent boire et chanter le soir. Sa mère, boiteuse, vient d'une famille aisée, mais a dû se résigner à ce mariage dont sont nés douze enfants dont beaucoup auront un destin dramatique (cinq meurent dans l'enfance, un à treize ans, un autre se suicide à vingt-cinq ans). Le jeune Gustav vit des années très dures : il assiste à la mort de l'aîné, puis à celle de son frère de treize ans auquel il est très attaché ; il perd ensuite une jeune fille dont il est tombé amoureux et deux très chers amis d'école. Mais le vrai drame de la jeunesse de Mahler vient des conditions de vie misérables de sa famille, du caractère de son père, des disputes continuelles entre les époux.

En 1860 — l'année même de la naissance de Gustav — l'empereur François-Joseph a promulgué un édit selon lequel les sujets de l'empire (y compris les juifs) peuvent se déplacer librement à l'intérieur des frontières. La famille Mahler en profitera plus tard pour s'installer à Iglau, un centre important où la culture allemande est plus présente et où les enfants peuvent fréquenter des écoles de premier ordre. Gustav est un excellent élève du lycée local et manifeste très vite son extrême sensibilité à la musique, au point d'être envoyé à quinze ans au conservatoire de Vienne. Tout en s'exerçant de longues heures au piano (il a appris très jeune à en jouer au pays), il ne néglige pas pour autant ses autres études. Sorti du lycée en 1877, il passe le diplôme du conservatoire. À Vienne, il fait la connaissance d'Anton Bruckner, pour lequel il éprouve une véritable vénération et qui l'incite à composer. Mais sa première œuvre, présentée au prix Beethoven en 1880, n'est pas retenue en raison de l'hostilité de Brahms, ennemi juré des milieux du conservatoire. Pour suppléer aux dépenses consenties par sa famille pour lui offrir des études universitaires, il décide alors d'accepter des engagements de chef d'orchestre dans des théâtres mineurs de province. Son succès est rapide et brillant, d'abord à Bad Hall (où il dirige des opérettes), puis à Ljubljana en Slovénie, où il reste jusqu'en 1882. À Prague, il dirige des opéras de Wagner et la *Neuvième Symphonie* de Beethoven. À Leipzig, il remplace Arthur Nikisch, malade et réécrit *Die Drei Pintos* de Carl Maria von Weber. À Budapest, il ne se borne pas à diriger l'orchestre mais affine ses talents de metteur en scène. Pourtant, dans son cœur, il aspire avant tout à se consacrer à la composition.

Ayant dirigé une *Carmen* montée avec peu de moyens et brillamment résolu de multiples problèmes, il est invité par le théâtre de la cour de Cassel. Il fréquente régulièrement Bayreuth, fasciné par la musique de Wagner, mais se sent également attiré par Mozart et par l'opéra contemporain, au point de diriger la première à l'étranger de *Cavalleria rusticana* de Mascagni.

GUSTAV MAHLER

Il quitte Budapest pour Hambourg où il passera six ans, chef d'orchestre admiré mais compositeur peu apprécié. Il dirige à l'Operahaus puis, après la mort de Hans von Bülow, les concerts symphoniques. Brusquement (mais peut-être y pensait-il depuis longtemps), il devient catholique (1897), ce qui contribue certainement à favoriser sa carrière. Les contacts avec Vienne se multiplient et il y prend la direction de la Philharmonie impériale. Dans l'ensemble, Vienne — ville où l'on s'y connaît en talents musicaux — l'honore et confirme ses incontestables dons de remarquable interprète.

Devenu directeur artistique de l'Opéra de Vienne, il conserve ce poste jusqu'en 1907, quand une série de malheurs dont la mort de sa fille aînée (il a épousé en 1902 Alma Schindler, de vingt ans plus jeune que lui) lui font comprendre qu'il n'a plus l'énergie nécessaire pour affronter la lutte quotidienne. Pendant les dix années passées à Vienne, Mahler compose cinq symphonies (numérotées de 4 à 8 ; les précédentes n'ont eu aucun succès), trouve en Bruno Walter (1876-1962) le meilleur des élèves, destiné à devenir un extraordinaire exécutant de ses œuvres, et fait la connaissance d'Arnold Schönberg (1874-1951) dont il devient l'ami et l'admirateur, alors que ses relations auparavant cordiales avec Richard Strauss vont s'espacer.

Quand l'atmosphère qui l'entoure devient hostile (Mahler traverse des crises mystiques, mais se comporte également en despote et soigne son image de chef comme s'il était investi d'une « mission » supérieure), il quitte Vienne et se fixe aux États-Unis, à New York, où il prend la direction du Metropolitan puis de l'orchestre philharmonique. Ses exécutions au Metropolitan se soldent par de mémorables triomphes. Mais pendant qu'il séjourne en Amérique, il voit se développer rapidement son affection cardiaque et on doit le ramener en Europe, d'abord à Paris puis à Vienne, où il meurt le 18 mai 1911.

Gustav Mahler est un compositeur romantique : son œuvre est de longue haleine, avec d'amples mouvements exigeant de nombreux exécutants. Ses premiers morceaux sont des hymnes sincères à la nature et révèlent son attachement à la campagne, où il a du reste grandi. Les compositions de la maturité sont comme frémissantes de regret, de désolation, de solitude.

Comme chez Beethoven et Mozart, son instinct musical tend vers une fraternité humaine universelle, tous les hommes connaissant les mêmes joies et les mêmes douleurs. Ce n'est pas un authentique « inventeur » de musique ; harmonies et mélodies suivent chez lui les traditions austro-germaniques de Beethoven et Wagner. Ici et là apparaissent

À droite, Danaé, *tableau de G. Klimt (1907-1908).*

Page ci-contre, en haut, décoration d'une salle de musique proposée par J.M. Olbrich (1902-1903).

Page ci-contre, en bas à gauche, titre de la Troisième Symphonie *portant une dédicace à Alfredo Casella (1909).*

Page ci-contre, en bas à droite, silhouettes de Mahler chef d'orchestre réalisées par O. Böhler. En tant que chef d'orchestre, Mahler manifeste un fort sentiment d'indépendance qui le conduit parfois à « réviser » les partitions de grands maîtres en fonction de nouveaux concepts acoustiques. Il reste de ses exécutions les témoignages, les écrits admiratifs de collègues, de savants, d'hommes de culture : tous conviennent que Mahler a été un chef d'orchestre exceptionnel.

Alfred Casella,
Paris, April
1909
DRITTE
SYMPHONIE
IN D MOLL
VON
GUSTAV MAHLER.
PARTITUR.
EIGENTHUM DES VERLEGERS
AUFFÜHRUNGSRECHT VORBEHALTEN
JOSEF WEINBERGER
·WIEN · LEIPZIG · PARIS·
IN DIE „UNIVERSAL-EDITION" AUFGENOMMEN.
BUDAPEST
RÓZSAVÖLGYI ÉS TÁRSÁNÁL
POZSONY
STAMPFEL KÁROLYNAL
FÜR DEUTSCHLAND BEI
FRIEDRICH HOFMEISTER
LEIPZIG.
SOLE AGENTS FOR
GREAT BRITAIN AND THE COLONIES
LONDON
E. ASCHERBERG & Cº
46. BERNERS STREET W.

les rythmes mélancoliques de la valse viennoise et le son du cor tel qu'il l'a entendu, spectateur muet de parties de chasse qui marquent une époque.

Malher — nous l'avons déjà dit — est profondément convaincu de sa « mission » de chef d'orchestre, mais il est aussi doté d'un grand sens de l'indépendance qui le pousse à modifier les partitions des grands maîtres en fonction des nouveaux concepts acoustiques. Tout cela fait bien évidemment partie de cette part de créativité que le compositeur sait devoir concéder à son meilleur interprète, sa croix et ses délices. Il ne reste malheureusement rien des exécutions de Mahler, aucun enregistrement n'ayant été possible (les moyens techniques n'existaient pas encore). Reste les témoignages, les écrits enthousiastes de ses pairs, de savants, d'hommes de culture : tous sont unanimes à reconnaître en Gustav Mahler un chef d'orchestre exceptionnel.

Mais quelle est sa valeur réelle en tant que compositeur ? On sait qu'il éprouve pour Wagner une vénération à la limite de l'absurde, au point de devenir végétarien pour suivre les idées du maître et d'errer avec désespoir, les yeux pleins de larmes, dans les rues de Vienne quand il apprend sa mort. Il admire également Mozart et Beethoven, dirige les premières à l'étranger non seulement de Mascagni mais aussi de Leoncavallo et Giordano ; peut-être s'inspire-t-il en outre de Bruckner et Massenet, mais on n'en trouve guère de traces. Pourtant, de l'assimilation même inconsciente de musiques aussi différentes naît « sa » musique, bien que ses nombreux détracteurs l'aient parfois accusé d'un manque de personnalité musicale, définissant ironiquement sa musique comme *Kapellmeistermusik*, « de la musique de chef d'orchestre ».

L'œuvre de Mahler compositeur reste difficile à définir : sa musique peut en effet ne pas plaire en raison de son tissu harmonique et de sa construction colossale. Elle est comme peu d'autres étroitement liée à son temps, au moins en ce qui concerne les symphonies. Mais la trame harmonique mahlérienne « dérange » aujourd'hui bien moins qu'autrefois, notre écoute étant habituée à des rencontres sonores autrement plus âpres et complexes. En revanche, ce qui peut gêner l'auditeur, c'est la banalité qui affleure parfois d'une manière déconcertante, à l'improviste. C'est une réalité qui réapparaît avec insistance dans presque toutes ses symphonies, peut-être l'héritage d'une enfance pauvre et désespérée, de sa condition d'exilé dans sa patrie, d'une terreur inavouée devant les morts précoces auxquelles il a été confronté et qui ont fait de lui un personnage tourmenté et perpétuellement stressé.

Affiche de J. M. Olbrich pour la cinquième exposition de la Sécession à Vienne en 1898. Mahler est l'ami de peintres, d'architectes et d'écrivains qui participent au mouvement de la Sécession ou gravitent autour de lui. Selon certains témoignages cependant, le compositeur ne s'intéresse guère aux arts figuratifs ; il est en revanche très attiré par la poésie.

Claude Debussy

Saint-Germain-en-Laye (Yvelines), 1862
Paris, 1918

Achille-Claude, dit Claude Debussy, naît à Saint-Germain-en-Laye, petite ville faisant aujourd'hui partie de la banlieue parisienne, le 22 août 1862. Dans sa modeste maison natale arrivent les odeurs de la vaste forêt située un peu plus au nord, remplie de chênes, charmes, chênes verts, châtaigniers, pins et bouleaux. Deux châteaux, celui très ancien érigé par Louis VI le Gros et celui du Val, du XVIIe siècle, sont alors des buts de promenade dominicale pour les Parisiens qui viennent en voitures à chevaux. La famille est pauvre : le père, commis de magasin puis soldat, a participé à la Commune. Lorsque celle-ci est écrasée, devenu capitaine, il est condamné à mort puis libéré mystérieusement, mais le spectre de la peine capitale pèse sur l'âme du petit Achille-Claude. Sa mère est la fille d'un charretier et d'une cuisinière ; le compositeur ne parlera jamais de ses humbles origines.

Il s'initie au piano auprès d'une ancienne élève de Chopin, qui, en 1873, alors qu'il a onze ans, le fait entrer au Conservatoire. Sa toute première approche musicale, il la doit à une sœur de son père ; celle-ci a confié son neveu pendant des vacances d'été à Cannes à un musicien italien presque inconnu, Giovanni Cerutti. Au Conservatoire, le petit Debussy rencontre bon nombre de difficultés : il supporte mal la rigidité des professeurs et leur respect de conventions surannées. Mais une dame très riche, la baronne von Meck — la protectrice de Tchaïkovski — le prend dans sa suite comme pianiste et l'emmène en voyage en Italie, Suisse, Autriche, Russie. À vingt-deux ans, Debussy remporte le prix de Rome, ce qui lui vaut une bourse et un séjour de deux ans en Italie. À son retour à Paris — ville qui restera son véritable univers et qu'il quittera rarement —, il compose notamment un poème lyrique pour voix et orchestre, *La Damoiselle élue*, dont les audaces musicales déplaisent aux sévères professeurs du Conservatoire. Le musicien commence à fréquenter la maison de Mme Vasnier, dans le salon de laquelle se pressent poètes et artistes et pour laquelle il écrit de courts morceaux pour voix et piano. *La Damoiselle élue* a été composée sur les vers du poète préraphaélite anglais Dante Gabriel Rossetti, mais Debussy s'inspire aussi de poèmes de Baudelaire, Mallarmé et Verlaine. En 1893, il termine un *Quatuor*, resté un cas unique dans toute sa production et l'année suivante, le *Prélude à l'après-midi d'un faune* sur un poème de son ami Mallarmé, véritable chef-d'œuvre symphonique : dès sa création, le *Prélude* est applaudi si chaleureusement qu'il est bissé. Pour le public et la critique, le compositeur a su traduire musicalement dans ce morceau les idéaux littéraires et picturaux alors en vogue. Mallarmé lui-même parle d'« illustration » du texte poétique, soulignant en outre que le *Prélude* « ne présenterait pas de dissonance avec [son] texte, sinon qu'il ira plus loin. » En réalité, la musique de Debussy va beaucoup plus loin dans le processus de dissolution formelle de l'héritage romantique que ne le fait le texte du maître du symbolisme.

Entre-temps (1889), Debussy s'est rendu au festival de Bayreuth et a approfondi sa connaissance de Wagner ; enthousiasmé par *Tristan*, il ne supporte pas *L'Anneau du Nibelung* qu'il appelle une « machine à trucs ». En 1893, il découvre le *Pelléas et Mélisande* de Maeterlinck, se précipite à Bruxelles et obtient de l'auteur l'autorisation d'utiliser son texte de la manière qui lui semblera la plus opportune.

C'est l'époque de la *Cavalleria rusticana* et de *L'Ami Fritz* de Mascagni (1890-1891), de *Paillasse* de Leoncavallo (1892), de la *Symphonie du Nouveau Monde* de Dvořák (1893) et de la *Symphonie pathétique* de Tchaïkovski (1893), œuvres profondément différentes les unes des autres, mais aussi très éloignées des ambitions musicales du compositeur de Saint-Germain-en-Laye. Debussy vit pauvrement avec une petite modiste, Gabrielle Dupont, et a bien du mal à joindre les deux bouts. En 1899, il épouse Rosalie Texier, dont il divorcera en 1908 pour épouser Emma Bardac-Moyse.

Vivant complètement à l'écart du monde extérieur, Debussy va travailler pendant des années à son opéra *Pelléas et Mélisande*, créé à l'Opéra-Comique en 1902 seulement. L'accueil sera houleux mais se fera toujours plus chaleureux lors des représentations suivantes. Les années de gestation de *Pelléas* s'écoulent sans grands événements. Le succès du *Quatuor*, du *Prélude* (dont les exécutions sont toujours plus nombreuses) et des *Chansons de Bilitis* — écrites entre 1893 et 1898 — ne suffisant pas aux besoins de la famille, le compositeur doit accepter une collaboration à une revue musicale.

Pelléas et Mélisande fait grand bruit à Paris : tous les salons se disputent la présence du musicien, révélation de l'année. Les femmes l'adulent (notamment en raison du courage dont il a fait preuve en refusant le soprano imposé par Maeterlinck). C'est dans l'un de ces salons élégants qu'il rencontre Emma Bardac-Moyse, épouse plus très jeune d'un banquier. Une femme cultivée, elle-même musicienne, qui va bouleverser sa vie. Debussy et Emma (près de cinquante ans se sont écoulés depuis la création par Flaubert d'une autre Emma fascinante et source d'un scandale tout aussi grand, *Madame Bovary* !) abandonnent leurs conjoints respectifs, emportés par leur passion. Lily Texier, la femme de Debussy, tente de se suicider et beaucoup d'admirateurs du musicien en seront profondément choqués.

Pour l'audace et la richesse de ses innovations, Debussy est désigné comme le « père de la musique moderne », surtout en raison de ses efforts pour la libérer de la tyrannie de la musique wagnérienne, opposant au caractère grandiose du maître de Bayreuth le subtil raffinement qu'il trouve lui-même chez Emma et auprès de ses amis peintres et poètes. L'atmosphère rêveuse et désabusée des « poètes maudits », des peintres impressionnistes, le pousse à rechercher un nouveau langage musical. Il n'est pas non plus insensible aux évocations décadentes et raffinées de la grande musique russe telle qu'elle apparaît dans les œuvres de Tchaïkovski, Borodine, Rimski-Korsakov. Se souvenant peut-être de sa jeunesse passée dans la paix de la forêt de Saint-Germain, au milieu de ses parfums et de ses rumeurs subtiles, Debussy cherche à créer des motifs délicats qui ont le charme d'un chuchotement, fugitifs. Il refuse donc tout schéma formel, toute règle, toute disposition voulue : l'esprit de sa musique reste enclos dans ses sentiments, dans ses exaltations impalpables. Il est en butte à la même incompréhension que ses amis peintres et écrivains, mais il est extrêmement difficile d'établir en quoi Debussy se distingue des autres, pourquoi c'est un novateur. En réalité, il ne provoque aucun

Page ci-contre, Debussy joue pour ses amis Boris Godounov *de Moussorgski chez le compositeur Ernest Chausson (1893).*
En haut, scène d'une représentation de Pelléas et Mélisande *au festival dei Due Mondi de Spolète (décor de R. Ter-Arutunian).*
À gauche, aquarelle de L. Bakst représentant le danseur russe V. Nijinski dans le rôle du faune du Prélude à l'après-midi d'un faune.

effondrement, ne rompt pas bruyamment le fil de la tradition. Ceux qui, à son époque, disent que Debussy ignore l'harmonie le font sans avoir analysé sa musique ni réfléchi sur le sens du mot harmonie. Debussy utilise l'harmonie, autrement dit les conglomérats de plusieurs sons assemblés dans le sens vertical, différemment de ses pères spirituels, exactement comme ceux-ci l'ont fait à leur époque par rapport à leurs prédécesseurs. Il ressent le besoin de sortir des schémas académiques, déjà différents pourtant de ceux qui avaient été imposés à ses maîtres.

Après l'expérience de *Pelléas*, Debussy souhaite revenir au théâtre, mais il ne le fait pas de manière aussi directe, se contentant d'écrire des musiques de scène et des ballets : par exemple, pour *Le Martyre de saint Sébastien* de Gabriele d'Annunzio. Il tente d'échapper au risque de « debussysme », en se rapprochant à nouveau d'un certain sens classique de la forme et de la construction dans des œuvres pianistiques et vocales : *Trois Chansons de France* en 1904, *Trois Ballades de François Villon* en 1910, les trois esquisses symphoniques de *La Mer* en 1905, *Images pour orchestre* en 1906-1912 et enfin les trois *Sonates*, celle pour violoncelle et piano de 1915, celle pour flûte, alto et harpe de la même année et celle pour piano et violon de l'année suivante.

Ceux qui déclarent Debussy incapable d'écrire une mélodie se trompent, avant tout parce que la « mélodie » n'est pas un fait absolu et irréversible (autrement on en serait resté au chant grégorien), ensuite parce que la mélodie de Debussy est autre, ni boursouflée, ni héroïque. Disons même qu'elle est « symboliste », comme le sont ses amis poètes qui recherchent l'expression la plus intime de la parole (lui, du son) comme base d'une mélodie ; pour Debussy, le discours s'étend à la mélodie instrumentale. Naturellement, sa façon de chanter n'est pas celle du *bel canto*, *ut* de poitrine, roulades : elle est intimiste, se chante dans un murmure plutôt qu'à pleins poumons. C'est justement ce que la critique méfiante ne comprend pas, mais il n'est pas vrai que Debussy soit dépourvu de pouvoir mélodique.

Parfois, le compositeur doit carrément « expliquer », commenter sa pensée créatrice, comme dans les *Nocturnes* créés à la fin de 1900 quand, aux trois morceaux intitulés *Nuages*, *Fêtes* et *Sirènes*, il ajoute une note illustrative. « *Nuages* : c'est l'aspect immuable du ciel avec la marche lente et mélancolique des nuages, finissant dans une agonie grise, doucement teintée de blanc. *Fêtes* : c'est le mouvement, le rythme dansant de l'atmosphère avec des éclats de lumière brusque, c'est aussi l'épisode d'un cortège (vision éblouissante et chimérique) passant à travers la fête, se confondant avec elle, mais le fond reste, s'obstine, et c'est toujours la fête et son mélange de musique, de poussière lumineuse participant à un rythme total. *Sirènes* : c'est la mer et son rythme innombrable, puis, parmi les vagues argentées de lune, s'entend, rit et passe le chant mystérieux des sirènes. »

Pourtant, une lecture selon cette grille de la musique de Debussy peut se révéler limitative ; elle ne représenterait alors qu'un coloris différent dans l'univers du poème symphonique et n'aurait pas ce rôle qui lui revient effectivement dans le cadre de la musique du XXe siècle. Alors qu'il aspire à un monde nouveau d'incitations poétiques, le musicien cherche à en finir avec la grandiloquence du langage musical du postromantisme allemand : c'est surtout l'harmonie traditionnelle qui est mise en cause avec beaucoup de résolution. Chez Debussy, chaque accord est repris dans sa valeur sonore ; c'est le jeu entre consonance et dissonance qui est interrompu, tension et drame contre paix et sécurité. C'est seulement dans le cadre de cette logique que chaque tension recherche son point de détente et que chaque drame peut espérer une solution positive.

La musique de Debussy est essentiellement libre ; même dans les éléments fondamentaux du langage, comme les gammes, il choisit ceux qui se situent aux marges de la culture occidentale. Comme les orchestres de Richard Strauss et de Gustav Mahler, celui de Debussy possède sa sonorité propre, caractérisée par des coloris limpides et délicats, antithèse parfaite des sonorités de la fin du romantisme.

Debussy vit sans aucun doute en une période de crise des valeurs, commencée avant lui et destinée à se poursuivre après lui sans trouver de solution. Une constatation suffit, évidente peut-être mais symptomatique : il ne composera qu'un seul quatuor, un seul opéra ; il se garde d'effleurer la symphonie et à la fin de sa vie seulement se rapproche de la sonate, sans cependant se répéter dans aucune des trois, ni formellement ni dans le choix des instruments. Dans chacune d'elles, le compositeur recherche cette couleur instrumentale qu'il a déjà indiquée dans ses autres œuvres et qui inaugure cette recherche sur le plan du timbre propre à la musique du XXe siècle.

Debussy réserve au piano certaines de ses plus belles compositions, traitant la technique de cet instrument de manière totalement originale et insolite. Citons la *Suite bergamasque* de 1890, *Pour le piano* de 1896, *Estampes* de 1903, *Images* (1re et 2e séries) écrites entre 1905 et 1907, *Children's Corner* de 1908 et enfin les 24 *Préludes* de 1909-1912, annotations subtiles et raffinées, tantôt fantastiques ou légendaires, tantôt dramatiques ou humoristiques.

Il meurt à cinquante-six ans en 1918, quelques mois avant la fin de la Première Guerre mondiale ; il est malade et expire pendant que les Allemands bombardent Paris. Ses amis et ses partisans jasent encore à voix basse sur sa « vraie gloire ». Dans sa musique, on ne trouve jamais une description, mais

Esquisse caricaturale de Claude Debussy, due à un contemporain anonyme.

toujours une impression (du faune, des nuages, de la mer) comme le veulent également ses amis peintres et poètes. Aux transports emphatiques de la musique de son époque il a opposé sa délicate et pudique personnalité, sa recherche de la couleur, de l'expression d'un accord ou d'un son.

L'OPÉRA DU XXe SIÈCLE

Après l'âge d'or du théâtre lyrique pendant le XIXe siècle, ce genre affirme au début du XXe une singulière volonté de rompre ses liens avec la tradition. Certains compositeurs du XXe siècle semblent même parfois dominés par la volonté de déclarer la mort de l'opéra en tant que genre musical. L'évolution de la musique de ce siècle représentera pourtant l'une des périodes les plus fastes du théâtre musical. Loin de marquer un tournant avec la tradition, l'opéra du XXe siècle recueille l'héritage du passé en formulant des propositions nouvelles par leur langage et d'une grande valeur esthétique. Les compositeurs de cette période n'axeront plus leur production sur la quantité comme leurs prédécesseurs (la manière d'appréhender le théâtre lyrique évolue elle aussi peu à peu au cours du siècle), mais créent un petit nombre d'œuvres longuement mûries.

Tout commence avec Debussy : en 1902, *Pelléas et Mélisande* inaugure idéalement le siècle en se proposant comme une œuvre liée à la tradition (wagnérienne), mais en même temps absolument nouvelle. Le monde musical européen sera particulièrement influencé par cet opéra, qui paradoxalement marque l'apogée du théâtre lyrique français du XXe siècle et en entame le déclin. Les exceptions ne manquent pas, par exemple les deux opéras de Ravel, ou Milhaud, prolifique continuateur d'une solide tradition XIXe ; mais *Pelléas* est la dernière œuvre de génie d'un Français dans le domaine lyrique.

En Allemagne, une forte tendance expressionniste prévaut dans les premières œuvres de Strauss (*Salomé*, 1905 ; *Elektra*, 1908) et de Schönberg (*Erwartung*, 1909), plus tard tempérée chez Strauss par une continuité nostalgique avec le passé, à partir du *Chevalier à la rose* (1910) et dans les œuvres ultérieures jusqu'à *Capriccio* (1942).

En Autriche, la révolution tonale entreprise par Schönberg ne reste pas sans effet sur l'opéra, comme en témoignent les deux chefs-d'œuvre de Berg *Wozzeck* (1917) et *Lulu* (1929-1935).

En Italie, le poids de la tradition verdienne du XIXe pèsera sur les compositeurs lyriques de la première moitié du XXe siècle et les vraies nouveautés (en considérant Puccini comme un cas à part) viendront des musiciens d'avant-garde de l'après-guerre, Berio et Nono en tête.

Une adhésion à la tradition du XIXe est exprimée par les compositeurs russes, chez qui l'intention polémique à l'égard du passé n'est même pas présente. Les champions du théâtre lyrique russe de ce siècle sont au nombre de deux, Chostakovitch et Prokofiev.

Enfin, les contributions provenant des États-Unis et de l'Angleterre échappent à la tradition. En Amérique, on a affaire à un cas unique avec *Porgy and Bess* (1935) de Gershwin, œuvre plus proche du jazz et du music-hall que de l'art lyrique occidental. En Grande-Bretagne émerge la figure éclectique de Britten, qui renouvelle le genre de l'opéra.

Ci-dessus, photo de Debussy.

Ci-dessous, Debussy avec sa fille Chouchou.

RICHARD STRAUSS

Munich, 1864
Garmisch-Partenkirchen, 1949

Fils d'un excellent corniste du théâtre de la cour de Bavière, Richard Strauss naît à Munich en 1864. À quatre ans, il étudie déjà la musique et pratique le piano ; à six, il commence le violon et compose une polka. Son père l'inscrit au lycée quand le garçon en atteint l'âge. Parallèlement à ses études secondaires, le jeune Richard continue à travailler la musique et la composition sous la sévère direction de F.W. Meyer, chef d'orchestre de la cour. Celui-ci l'encourage, ce qui aboutit à la composition précoce d'une *Symphonie en ré mineur*, d'une *Festmarsch* et d'un quatuor : ces deux dernières œuvres sont éditées alors que Strauss a à peine quatorze ans (mais il les a composées à douze ans). À la fin de ses études secondaires, il s'inscrit à l'université de Munich, suivant des cours de philosophie, esthétique et histoire de l'art, mais un voyage à Bayreuth pour assister aux célébrations wagnériennes le décide à abandonner l'université et à se consacrer entièrement à la composition. À vingt ans, cette décision est déjà complètement mûrie, tant et si bien qu'en 1885 Hans von Bülow — pour l'avoir entendu diriger une fois seulement — lui confie la direction de l'orchestre de Meiningen en Thuringe. C'est un tournant radical dans sa vie et le début de sa magnifique carrière. En 1886, il est chef d'orchestre de la cour, puis appelé à Munich, nommé assistant à Bayreuth (1889) et ensuite chef d'orchestre de la cour à Weimar. À cette date, il a déjà composé quelques symphonies, une sérénade pour treize instruments à vent et un concerto pour violon et orchestre.

De 1886 date en effet son premier poème symphonique dédié à l'Italie, *Aus Italien,* inspiré par un voyage dans ce pays. Cette fantaisie symphonique, œuvre de jeunesse, donne à Strauss une réputation très différente de celle que lui vaudra *Don Juan* (écrit à peine deux ans plus tard), le jeune musicien passant pour l'enfant terrible de sa génération : c'est ici qu'apparaît le plus nettement la conception du poème symphonique du style de Strauss.

Le *Don Juan* de Strauss tire son inspiration d'un poème de l'auteur allemand Lenau ; l'œuvre s'impose rapidement à l'attention de la critique et du public par sa modernisation romantique du vieux thème. Le libertin rebelle et profanateur voué aux fastes du XVIIIe siècle se transforme en héros contemporain, victime de ses propres rêves de bonheur et de réussite. La recherche d'une femme qui soit l'incarnation suprême de la féminité devient une quête angoissante, vouée à l'échec et à l'autodestruction. La nature de ce don Juan romantique est essentiellement lyrique, si bien que la forme du poème symphonique adoptée par Strauss s'y adapte beaucoup plus aisément qu'aucune autre tentative dramatique. L'œuvre plonge ses racines dans une conception orchestrale d'une liberté absolue selon le principe romantique de l'opposition de deux moments émotionnellement différents, avec une alternance continue de tensions divergentes ; une action symbolique qui tend cependant toujours vers le drame. Derrière les intentions de Strauss semble surtout se trouver l'enseignement de Wagner, identifiant dans le drame le point culminant de toute expérience artitisque.

Vient ensuite *Mort et Transfiguration* (1890) : un homme mourant dans un instant de délire, se souvient des luttes de sa jeunesse, de sa maturité, de ses aspirations, jusqu'à ce que la mort le transforme en une entité prête à accepter le bonheur de l'au-delà. La libération dans les zones sublimes de l'esprit constitue un critère formel déterminant, mais il faut souligner que *Don Juan* et *Mort et Transfiguration* — l'incarnation du héros romantique et la réflexion philosophique — représentent les thèmes fondamentaux du symphonisme de Strauss, qui se fait toujours plus achevé, surtout sur le plan de l'instrumentation et de la richesse inventive.

RICHARD STRAUSS

En 1890, Strauss compose *Macbeth*, une œuvre sombre qui restera isolée dans sa production, tandis qu'il retrouve le succès en 1895 avec *Till Eulenspiegel*, incursion très réussie dans le comique grotesque et blasphématoire du populaire héros paysan du Nord. L'œuvre débute par un beau phrasé des cordes qui suggère le récit d'une histoire vieille comme les sagas nordiques ; puis apparaît le véritable thème de Till, suggéré par le cor qui couvre toute la gamme des instruments. D'habitude, Strauss conçoit chacun de ses thèmes en liaison avec un instrument donné ; ils sont employés à l'instar des leitmotive dans les opéras de Wagner, pour justifier un caractère, une idée, une chose. *Till* est une œuvre radieuse, aux sonorités volontairement gauches et moqueuses : la caractérisation des personnages est extraordinaire, avec un recours spirituel aux chansons populaires pour évoquer les professeurs pédants dans lesquels Strauss caricature les opposants mesquins qui ont cruellement démoli sa première œuvre théâtrale, *Guntram*. Jamais auparavant le musicien n'a employé une palette orchestrale aussi riche, variée et brillante ; jamais il n'a autant laissé présager la puissance dramatique dont il fera bientôt preuve. Inspiration et brio technique sont parfaitement équilibrés.

En 1896 est créé *Ainsi parla Zarathoustra* qui, par son inspiration abstraite, se rapproche de *Mort et Transfiguration* et de *Guntram*. Ce n'est pas une représentation sonore d'idées et de concepts, mais une libre et subjective transposition suggérée au musicien par la lecture d'un philosophe dont il apprécie peut-être plus les aphorismes pour la musicalité de leur langage que pour leur signification. Le thème est simple, clair, mélodieux, une manière peut-être un peu élémentaire de donner une forme sonore aux élucubrations de la spéculation scientifique. Dans le « Chant de la danse » en revanche, joyeuse effusion de Zarathoustra désormais libéré des chaînes du Mal et de l'Ignorance, Strauss recourt à une valse viennoise : cette valse que l'on retrouvera dans *Le Chevalier à la rose*, dans *Salomé* et dans *Elektra*.

Voisin de *Till Eulenspiegel* par son caractère de tragédie sur fond humoristique, *Don Quichotte* (1897) prend la forme d'une variation. Il n'est pas nécessaire d'identifier dans ces dix variations les inquiétudes imaginaires du Chevalier à la triste figure, qui prend un innocent troupeau de moutons pour l'armée d'un hypothétique empereur (les trilles et les trémolos des cordes devant les bêlements), ou qui chevauche hardiment sur les *glissandi* de la harpe et les murmures

Une scène de Salomé dans une production de la Scala de Milan, saison 1973-1974, sous la direction de Z. Mehta. L'opéra est tiré du drame d'Oscar Wilde.

d'une « machine à vent » très critiquée. Il suffit de constater avec quelle affectueuse pitié Strauss traite son héros, mettant en évidence son idéalisme déçu dans un thème noble et douloureux confié au violoncelle, contrastant avec celui, roublard et expéditif — joué par la clarinette basse et le tuba — qui caractérise le matérialisme terre à terre de Sancho Pança. Se rapprochant d'un concerto pour violoncelle et orchestre par le relief donné à cet instrument, *Don Quichotte* est un nouvel exemple de brio orchestral inégalé.

L'année suivante est celle de *La Vie d'un héros*, où revient le thème de l'homme remarquable s'opposant à la médiocrité du plus grand nombre. Le poème se compose de six parties, mais c'est surtout dans la cinquième, les « œuvres de paix du héros », qu'on s'interroge sur ses intentions autobiographiques. C'est une œuvre au gonflement pas toujours justifié mais forte et puissante, qui pendant quarante minutes heurte l'auditeur par sa luxuriante violence sonore. Après ce dernier poème symphonique, Strauss revient à la symphonie ou plutôt à la « musique à programme », créant en 1903 avec la *Symphonie domestique* une œuvre sans le moindre signe d'oppositions dramatiques, entièrement vouée à la description d'une paisible vie bourgeoise : elle nous renvoie l'image d'un Strauss « père et époux ». Mais à l'intimité du sujet s'oppose l'énorme dilatation de l'orchestre, même si le tableau est illuminé par une écriture transparente proche de la musique de chambre.

Cette partition est embrouillée par des descriptions trop détaillées, comme c'est également le cas pour la *Symphonie alpestre* composée en 1951, c'est-à-dire à douze ans de distance de son dernier ouvrage symphonique. (À noter qu'à l'exception des deux dernières symphonies, toutes les œuvres de Richard Strauss figurant encore au répertoire ont été composées avant que le musicien ait atteint trente-quatre ans).

Avec la *Symphonie alpestre*, le cycle straussien semble donc clos. Mais ce sont les rapports sociaux dans le monde qui sont en train de changer et ôtent à la musique de Strauss sa signification, même si celui-ci a hérité de Liszt et de Wagner un langage capable d'exprimer des émotions puissantes. Quand il compose ses poèmes symphoniques, son harmonie est très avancée, mais il reste fondamentalement fidèle au principe tonal. L'inspiration mélodique peut être faible, les thèmes de courts dessins, presque des esquisses, mais il sait les rendre originaux grâce aux profondes modifications rythmiques auxquelles il les soumet. Ce n'est pas un innovateur, mais l'un de ces compositeurs ayant mené le romantisme à ses plus extrêmes conséquences, sans cependant en pressentir la décomposition parce qu'il est lui-même impliqué dans ce processus de décadence.

Durant les vingt ans où il travaille à Berlin (1898-1918), Richard Strauss se tourne vers l'opéra, tentant en dernière analyse un renouveau à l'aide de la voix humaine. Il a déjà composé un opéra (*Guntram* en 1894) ; il se consacre maintenant à *Feuersnot* (1901), mais s'intéresse très vite à la Bible pour en tirer une œuvre fondée sur l'histoire de Salomé, le livret étant pratiquement la traduction de la pièce d'Oscar Wilde. La musique passionnée de Strauss unie à l'extraordinaire récit de Wilde provoque simultanément applaudisse-

Ci-dessus, affiche pour la « Semaine Richard Strauss » ayant eu lieu à Munich en 1910 en l'honneur du compositeur.

Ci-dessous, une caricature de Strauss chef d'orchestre des Opéras de Berlin et de Vienne.

ments et protestations lors de la création en 1905. Au Metropolitan Opera House de New York, durant les représentations de 1907, la sensuelle « Danse des sept voiles » scandalise un public élégant et puritain. Dans son œuvre suivante, *Elektra* (1909), Strauss dépasse son style « wagnérien », utilisant encore plus de dissonances. La musique est un flot continu, évitant les cadences, pendant que l'orchestre développe ses leitmotive ; la ligne vocale est presque un récitatif, suivant les aigus et les graves d'une voix théâtrale qui raconte. *Elektra* est décrit comme un « opéra d'horreur » et Hugo von Hofmannsthal qui a écrit le livret d'après Sophocle s'en tient au tragique mythe grec.

Après cet essai, Strauss semble abandonner les sujets qui provoquent l'effroi ou les émotions fortes et se tourne vers une histoire brillante et vaporeuse avec *Le Chevalier à la rose* (1911), élégant retour à l'opéra italien. C'est aujourd'hui l'opéra le plus populaire de Richard Strauss, avec ses valses charmeuses, ses harmonies suaves, également exécutées en solo comme des pièces pour orchestre. Strauss continue à composer des opéras (*Ariane à Naxos*, *Intermezzo*, *Arabella*, *Hélène d'Égypte*, *Daphné*, *L'Amour de Danaé* et d'autres) présentant des passages agréables et faciles à retenir. À cause de son attitude pendant le nazisme, le musicien subit l'humiliation d'un procès dont il sort absolument blanchi, mais il voit sa réputation décliner. La dernière période créatrice de Strauss se situe dans les années quarante, au cours desquelles il compose des chefs-d'œuvre comme *Capriccio*, le concerto pour hautbois et *Les Métamorphoses* pour vingt-trois instruments à cordes. Il meurt en 1949.

Ci-dessus, frontispice de l'édition originale de la Symphonie domestique *avec une dédicace à sa femme et à son fils et la signature autographe du compositeur. Composée en 1903, elle est la description d'un tranquille tableau de la vie bourgeoise.*

À droite, une scène du Chevalier à la rose *dans une production de la Scala en 1976.*

*Ci-dessous, maquettes pour une représentation d'*Arabella *à la Scala de Milan.*

JEAN SIBELIUS

Hämmeenlinna, 1865
Järvenpää, 1957

Véritable fils du Grand Nord, Jean Sibelius naît en 1865 dans le sud-ouest de la Finlande, à Hämeenlinna. Son père est médecin et souhaite voir son fils entreprendre des études de droit, mais le jeune homme se sent irrésistiblement attiré par la musique, qui devient son occupation quotidienne. Il apprend à reconnaître les notes en étudiant d'abord le piano, puis le violon, abandonnant la faculté de droit de l'université d'Helsinki pour entrer au conservatoire. Mais un jeune Finlandais doit alors acquérir une vision plus « européenne » de la musique et il se livre donc également à des études assidues à Berlin et à Vienne, véritable capitale mondiale de la composition. Particulièrement doué pour le violon, à son retour au pays en 1892, il devient professeur de théorie et de violon au conservatoire d'Helsinki.

Son adhésion au mouvement national finlandais, qui veut libérer le pays du joug tsariste, date de cette époque. Dans cette situation difficile, la musique de Sibelius a un rôle à jouer : offrir à travers les notes un portrait de la Finlande, en particulier de son esprit tel qu'il s'est exprimé dans les anciennes épopées et légendes finnoises. La première œuvre faisant de lui le porte-parole de ces sentiments est le poème symphonique *Kullervo* (1892), qui rejoint le réveil littéraire provoqué par la publication du *Kalevala* vers le milieu du siècle, quand Elias Lönnrot a rassemblé les légendes de son pays en essayant de créer un poème épique par cycles. Le *Kalevala* reste cependant un recueil de chants, de ceux que les vieux Finlandais accompagnent au son du *kantele*, un instrument semblable à la cithare, en se tenant par la main, assis sur des bancs devant le feu et se balançant en rythme. La tradition musicale finnoise comporte d'autres instruments typiques, le *jou-hi-kantele* (sorte de violon à trois cordes), le *pajupili* (flûte en écorce de saule), le *luikko* (instrument à vent en bois).

Sibelius se dote d'une compétence formelle pouvant s'adapter aux exigences expressives les plus spontanées. Il exclut cependant toute imitation directe et se préoccupe davantage de saisir l'atmosphère qui se dégage des sagas finnoises et des sévères paysages de son pays, pour rendre ce climat avec une forte adhésion émotionnelle, mais aussi une totale liberté d'expression. Les citations folkloriques n'entrent pas dans ses habitudes et il tend plutôt à reproduire par des cadences rhapsodiques le charme d'une réalité floue et lointaine mais pourtant vivante, même si ses contours et ses couleurs sont en grande partie brouillés par l'aspect féerique. Son approche du patrimoine musical de son pays ressemble à celle de Rimski-Korsakov, qui le dépasse néanmoins par sa prodigieuse capacité d'invention orchestrale. Sibelius ressent profondément l'obsédante présence des grands espaces, comme cet autre Russe, Borodine : sa musique suscite l'émotion, même quand elle renferme des références précises (patrie, liberté, vie champêtre, immersion dans la réalité finnoise). Pour cette raison, il choisit de vivre dans une maison à la campagne, près de ces forêts primitives et de ces lacs qu'il aime tant.

Son œuvre est très abondante et comporte entre autres sept symphonies et onze poèmes symphoniques. Citons ici *Une saga*, *Karelia*, *Lemminkainen* (avec *Le Cygne de Tuonela*), *Finlandia*, *Les Océanides*, *Tapiola*. Outre un *Concerto pour violon et orchestre*, il compose encore trois ouvertures, huit suites, diverses pages symphoniques, des marches, sérénades, chœurs a cappella, mélodies, de la musique de chambre, l'opéra *Jungfruburen (La Jeune fille dans la tour)* en 1896 et des musiques de scène pour *Pelléas et Mélisande* de Maeterlinck. Ses œuvres symphoniques, surtout la *Symphonie n° 7 en ut mineur*, mais aussi les quatre légendes de la suite *Lemminkainen* écrites entre 1893 et 1895, témoignent d'une puissance communicative presque barbare et sans rhétorique. Sibelius lui aussi considère l'opéra comme un moyen de faire revivre à travers des personnages concrets le patrimoine musical de son peuple, mais son unique tentative dans ce domaine *(Jungfruburen)* connaît un échec retentissant lors de la première à Helsinki. Son intérêt pour le théâtre l'incite également à composer des musiques pour les pièces de Shakespeare, Strindberg, Hofmannsthal. La suite symphonique dans laquelle Sibelius s'abandonne le plus à l'attrait du folklore est sans aucun doute *Karelia*, de 1893, au départ un spectacle patriotique conçu par la corporation des étudiants de Viborg comme une succession de tableaux historiques.

Un succès inattendu est réservé à la *Valse triste* — qui fait partie de la musique de scène pour *La Mort* — destinée à souligner une action bien précise et donc motivée dramatiquement ; elle accompagne au début de la pièce la danse tragique d'une femme dans les bras de la Mort qui lui est apparue, sous l'effet de la fièvre et du délire, sous les traits de son mari disparu. Dans ce morceau mélancolique et fascinant se manifeste le processus de composition caractéristique de Sibelius, qui réussit à dépasser le rythme d'une danse macabre et épuisante pour en tirer atmosphère et émotion.

Les références de Sibelius à la musique symphonique du XIXe siècle sont variées : on retrouve chez lui le lyrisme mélancolique de Tchaïkovski, doté cependant ici d'une dimension encore plus intime ; ici et là affleure également l'aspiration de Schumann à une unification thématique ce qui, dans la *Symphonie n° 7 en ut majeur*, aboutit à un mouvement unique et très long, divisé en plusieurs parties et dominé par le thème héroïque et solennel des trombones. Son habituelle allure formelle relativement libre, suivant sans inhibitions le cours de sa fantaisie, reflète l'esprit d'ouverture du symphonisme de la nouvelle école allemande datant de Liszt. Assimilés et mis au service de l'argument nationaliste, ces motifs sont également présents dans la nature des thèmes musicaux, s'inspirant si souvent des modèles de l'impérissable folklore finnois. Pour cette raison, Jean Sibelius est considéré aujourd'hui encore comme le chef de file de la musique finlandaise. Ses œuvres conservent ce sens patriotique qui a été, dès le départ, l'une des principales raisons de son indéniable succès. Mais il est déjà significatif qu'il ait composé l'ensemble de ses morceaux les plus intéressants avant 1920 (il meurt en 1957). C'est aussi le cas du compo-

Une photo de Sibelius (à droite) pendant qu'il pose pour son buste en marbre, dans l'atelier de V. Aaltonen, sculpteur finlandais, compatriote du compositeur.

siteur bavarois Richard Strauss : la fin de la Première Guerre mondiale marque la disparition du climat culturel qui a favorisé les manifestations de leur univers. L'œuvre symphonique de Sibelius se situe à un moment qui voit le dépassement dans de multiples directions de la symphonie et du poème symphonique de style romantique. Tout compte fait, Sibelius peut être défini comme un « musicien posthume », représentant d'un romantisme tardif à une époque où celui-ci est vigoureusement combattu par les compositeurs plus progressistes.

Paysage finlandais. Sibelius naît au sud-ouest de la Finlande à Hämeenlinna, petite ville en pleine nature entourée de lacs et d'immenses forêts. À la fin du siècle, le jeune Sibelius appartient au mouvement national finlandais qui veut libérer sa patrie du joug tsariste. Sa musique propose à travers les notes un portrait de la Finlande et de son esprit tel qu'il s'est exprimé dans les anciennes épopées et légendes finnoises. C'est une musique qui semble jaillir des eaux et des forêts, donnant une voix au silence glacé et réveillant l'âme d'un peuple opprimé.

ERIK SATIE

Honfleur (Calvados), 1866
Paris, 1925

Debussy lui-même est fasciné par la musique dépourvue de tout clinquant d'Erik Satie, mais ce dernier pousse ses recherches à un tel point que cette liberté de composition sans aucune feinte est mal comprise du public. La transcription par Debussy de certaines parties des *Gymnopédies* apparaît alors comme un simple exercice pianistique, parce que le célèbre musicien se refusera à suivre celui qui est devenu son ami depuis 1891 jusqu'au bout de son impitoyable cohérence.

Erik Satie naît en 1866 à Honfleur dans le Calvados, région battue par les vents et les vagues de la Manche. À huit ans à peine, il pose ses doigts sur le clavier d'un orgue sous la direction de l'organiste Vinot. Après le départ de la famille pour Paris (où son père devient en 1878 gérant d'un magasin de musique), le garçon entre au Conservatoire, mais il n'y restera que un an, supportant mal la sévère discipline qui lui fait l'effet — habitué comme il l'est à la libre campagne normande — d'une prison. Voulant gagner sa vie indépendamment des activités paternelles, il tâte d'abord de la vie militaire puis, dégoûté, se met à divertir le public des cabarets parisiens, jouant et composant des morceaux pour piano. Il devient ainsi une figure de la vie nocturne à Montmartre, alors fréquenté par les artistes, les peintres et les écrivains, vers la fin des années 1880. À partir de 1887, il est pianiste au cabaret du Chat noir et, peu après, adhère au mouvement mystique de la Rose-Croix. Dans cet esprit, il compose *Trois Préludes pour le fils des étoiles* (1891) et les *Danses gothiques* pour piano (1893).

En 1886, une célèbre exposition parisienne réunit Degas, Pissarro, Berthe Morisot, Gauguin et le jeune Seurat ; l'œuvre de ce dernier est accueillie avec incompréhension et pourtant elle conclut le chapitre de l'impressionnisme et, avant même que Paul Gauguin n'en préconise le dépassement, en ouvre la succession par une œuvre comme *La Grande Jatte* (1884-1886), qui dirige la peinture vers de nouvelles expériences techniques et stylistiques.

Satie est très critique envers la musique de son temps et va opter pour plus de sévérité et de simplicité mais, dans le même temps, sa condition de musicien de cabaret ne semble pas lui peser ; il n'y voit pas une atteinte à sa dignité et ne fait pas semblant devant le public d'être ce qu'il n'est pas. Ses premières œuvres éditées sont trois *Sarabandes* pour piano de 1887 (la sarabande est une danse d'origine espagnole sur une mesure ternaire, en vogue au XVIIe siècle puis abandonnée par presque tous les musiciens). Ce choix provoque déjà un grand étonnement, mais critiques et public sont encore bien plus stupéfaits quand, l'année suivante, Satie compose les pièces pour piano intitulées *Gymnopédies*, inspirées par les jeux sportifs de la Grèce antique, où les jeunes gens s'affrontaient nus (comme le dit le titre des morceaux) en signe de liberté absolue. Pour Satie, ces morceaux signifient son refus de tout compromis et de toute feinte ; ils ne sont pas difficiles à jouer mais, comme les dernières œuvres de Liszt, presque impossibles à comprendre parce qu'ils rapprochent les sons selon une logique de la sensation et non selon celle de rapports syntaxiques conformes à la tradition. On a longuement discuté pour savoir si, à cette période de sa vie, le compositeur a voulu indiquer une voie nouvelle, donner une idée de ce qu'il fallait faire. Mais on est surtout arrivé à la conclusion qu'il voulait expliquer ce qu'il ne fallait *pas* faire : peut-être voulait-il incarner la mauvaise conscience des musiciens de son époque, tout comme les impressionnistes l'ont fait — presque à leur insu — dans le domaine pictural.

La simplicité structurelle de ses premiers morceaux n'est pas comprise par les compositeurs de son temps, qui l'accu-

il a l'air d'un bon type. Mais ne nous y fions pas. Peut-être va-t-il brûler les récoltes ou frapper : un coup de soleil. Derrière le hangar, un bœuf mange à se rendre malade. »

Outre ce genre d'explication, on peut trouver dans les compositions d'Erik Satie certains titres qui laissent pantois. Leur but est un rappel à l'humilité, à l'autocritique, au sens de la limite des fonctions du musicien : ils sont un échantillon de ce qu'il faut absolument éviter. Par ailleurs, la carrière de Satie traverse différentes phases ; c'est un Rose-Croix et sa musique offre des reflets médiévaux, à l'instar des touches de mystique médiévale présentes dans l'opéra *Pelléas et Mélisande*, que Debussy compose à l'époque de son intimité avec Satie, mais pour le reste Debussy poursuit sur la voie de l'impressionnisme. Et c'est justement ce courant, avec ses subtilités et ses intentions poétiques, qui recevra les dernières flèches de Satie.

Sa vie durant, Satie est l'ennemi juré de l'art qui se prend trop au sérieux. Il s'intéresse aux chansons du vaudeville français et du ragtime américain ; il pressent que l'avenir de la musique se fera sous le signe de la simplicité, de la mélodie, plutôt que des harmonies compliquées et du contrepoint. Il pense que les compositeurs même les plus sérieux ont beaucoup à apprendre des chansonnettes de music-hall.

À gauche, Costume du Chinois, par Picasso, pour Parade, *un ballet sur une musique de Satie représenté à Paris en 1917. Ci-dessous, caricature de Satie.*

sent de dilettantisme. Touché par cette critique, Satie tient à étudier sérieusement les formes traditionnelles. Il s'inscrit pour cela en 1905 à la Schola cantorum, où il travaille avec d'Indy et Roussel ; il obtiendra son diplôme en 1908.

Debussy a beau être son ami, il ne comprend pas que le cadre formel lui-même, et non seulement l'harmonie tonale, est pour Satie une sorte d'« habit » imposé, une véritable forme de corruption et de contrainte. Par ailleurs, l'absence de préjugés de Satie est telle qu'il intitule son œuvre suivante *Trois Morceaux en forme de poire*. D'autres encore reçoivent des noms curieux, *En habit de cheval*, *Véritables Préludes flasques (pour un chien)*, *Pièces froides*, etc. Satie tient à écrire de petites histoires qui ressemblent beaucoup aux explications de Hans von Bülow commentant le *Prélude n° 9* de Chopin. Ainsi, pour la *Danse cuirassée* (*Vieux sequins et vieilles cuirasses*, 1913) il écrit : « Pas noble et militaire. Se danse sur deux files. La première file ne bouge pas. La seconde reste immobile. Chaque danseur reçoit un coup de sabre qui lui fend la tête en deux. » Pour le *Crépuscule matutinal* : « Le soleil s'est levé de bon matin et de bonne humeur. La chaleur sera au-dessus de la normale, car le temps est préhistorique et à l'orage. Le soleil est tout en haut du ciel ;

Lui-même compose à plusieurs reprises pour des chanteurs de boîtes de nuit.

En 1917, Satie a une merveilleuse occasion de sortir de l'univers pianistique qui l'a jusqu'alors retenu : il s'agit de la composition d'une musique de scène pour la Compagnie des Ballets russes. L'œuvre que Satie écrit à cette intention, intitulée *Parade*, se base sur un texte de Cocteau. Les décors sont confiés à un autre artiste d'exception, Pablo Picasso. Le chorégraphe Massine et le chef d'orchestre Ansermet seront les autres protagonistes illustres de la « première » de *Parade*. En 1919, après des années de caricatures féroces, ayant évacué tout soupçon de sentimentalisme petit bourgeois, Satie revient tranquillement à ses origines, à la *musique des familles*. Il compose cinq *Nocturnes* qui sont une merveille de simplicité pianistique, dotées d'une grâce presque enfantine et d'une grande douceur. Il laisse ainsi aux pianistes amateurs un recueil inspiré par le simple plaisir de jouer : ce qui est du reste la seule véritable raison pour ceux-ci de se livrer à cette activité, à une époque où le piano ne leur est plus nécessaire pour découvrir à la maison œuvres, symphonies et pages difficiles, désormais confiées au disque ou aux cassettes.

Tout ce que Satie compose n'est pas forcément imprégné de sarcasme : il connaît bien les conditions de vie des milieux ouvriers d'Arcueil, où il habite. Il écrit à leur intention l'une de ses plus belles œuvres, la *Messe des pauvres* (1895), acte de soumission au service du prochain, tout en s'attirant la sympathie de la jeunesse par la pantomime *Jack in the Box* (1899) et, la même année, par l'opérette pour marionnettes *Geneviève de Brabant*.

Son influence est considérable : il encourage de nombreux jeunes compositeurs français de son temps, dont Poulenc, Milhaud, Auric, Honegger et Sauguet. D'autres — des Américains en particulier — apprennent de lui l'art de la simplicité pendant qu'ils étudient à Paris : citons notamment Aaron Copland et Virgil Thomson. Il meurt à Paris en 1925.

Le chorégraphe Massine dans son Esoterik Satie, *ballet réalisé sur des musiques de Satie. Vers la fin de la Première Guerre mondiale et juste après, Satie compose la musique de quelques ballets célèbres :* Parade, *sur un texte de Cocteau, décors et costumes de Picasso, chorégraphie de Léonide Massine — qui est représenté par les Ballets russes de Diaghilev en 1917 — et* Relâche, *texte et décors de F. Picabia, avec un « intermède cinématographique » de R. Clair (Entr'acte) — donné à Paris à grand bruit en 1924 par les Ballets suédois de R. de Maré, sur une chorégraphie de J. Borlin. De la même année date* Mercure, *avec des décors signés Picasso et une chorégraphie de Massine.*

Arnold Schönberg

Vienne, 1874
Los Angeles, 1951

Né à Vienne dans une famille juive en 1874, Schönberg a une enfance dure et laborieuse : ses parents sont pauvres et ne peuvent lui donner d'éducation musicale. Il commence par étudier le violon et se met très vite à composer des pièces brèves pour cet instrument. C'est un ami de la famille, Oscar Adler, qui lui enseigne les premiers rudiments de l'harmonie et un autre ami, Alexander von Zemlinsky — dont il épousera la sœur — qui lui donne des leçons de contrepoint.

Des sentiments romantiques apparaissent dans ses premières œuvres, composées vers 1894-1895 sur le modèle de Mahler et de Richard Strauss. Son premier succès est la *Nuit transfigurée* pour sextuor à cordes. L'argument est romantique et doux, s'appuyant sur une musique qui rappelle le *Tristan et Ysolde* de Wagner. Ce style romantique se retrouve dans *Pelléas et Mélisande*, un poème symphonique fondé sur le même texte que l'opéra de Debussy ; il est créé en 1903 à Berlin et c'est un échec retentissant. Derrière le « geste » straussien et un profil thématique à la Brahms s'ouvrent des possibilités d'expressionnisme exacerbé, dans la construction au sens strict du contrepoint comme dans l'élargissement de la tonalité par l'emploi d'intervalles de quarte et d'accords obtenus par la superposition de tons entiers, jugés « irritants » par les premiers auditeurs. Bien que lié à l'univers sonore wagnérien, Schönberg est donc en quête d'un nouveau langage, différent des solutions proposées par les postromantiques. Ce langage que Richard Strauss n'a jamais recherché dans son œuvre symphonique et qui est devenu impératif pour l'avenir de la musique, plus que toute ambition littéraire d'ascendance lisztienne.

Dès la *Symphonie de chambre op. 9* de 1906 pour quinze instruments solistes, Schönberg renonce au gigantisme symphonique et avance sur la voie d'une nouvelle conception orchestrale : c'est un tournant « expressionniste ». La forme se concentre à l'extrême, avec la fusion en un mouvement unique, synthétique, des quatre mouvements dans lesquels s'articulaient les symphonies classique et romantique. Le profil du thème rompt tout lien avec la tonalité et ouvre la voie à une complète émancipation de la dissonance. C'est un langage véritablement neuf que Mahler accueille par ces mots : « Je ne comprends pas ce qu'il écrit, mais il est jeune ; il a peut-être raison... » Le chemin pris désormais par le compositeur viennois mène à la dissolution du timbre et à l'asymétrie rythmique.

Schönberg explore le monde des peurs et des rêves, univers obscur et caché dont hommes et femmes admettent difficilement l'existence, celui-là même qu'explore un autre pionnier viennois, Sigmund Freud. L'expressionnisme incite le compositeur non à décrire le monde qui l'entoure, mais à y projeter ses sentiments personnels. Les sons qu'il veut « produire » doivent être exclusivement siens, pour pouvoir exprimer son propre univers sentimental.

Dans cette dimension rénovée, il devient possible de revenir au grand orchestre, comme dans les cinq *Pièces pour orchestre op. 16* de 1909, dotées d'un expressionnisme chargé d'effets sonores à la limite de l'hallucination. En ce sens, le premier morceau est significatif, qui part d'un vigoureux mouvement de contrepoint des registres graves pour s'élever jusqu'au hurlement suraigu du finale. Dans ces pièces, le timbre joue un rôle nouveau. Il ne s'agit pas d'atmosphère ou d'évocation naturaliste : c'est le timbre lui-même qui prend une importance structurelle, devient mélodie.

En 1910, Schönberg donne à la formation de chambre une dimension expressive personnelle. Il s'agit des trois *Pièces pour orchestre de chambre* non publiées par le compositeur, mais qui constituent peut-être l'unique exemple chez lui d'une écriture de très petite dimension, dans laquelle chaque son, chaque geste atteint une concentration essentielle et où la tension intérieure arrive à son paroxysme.

En 1912 vient le *Pierrot lunaire*, cycle de mélodies pour voix parlée de femme et orchestre de chambre, fondé sur une série de poèmes à propos d'un Pierrot « frappé par la lune », le traditionnel amant vêtu de blanc. La voix s'exprime en glissant d'une intonation à l'autre sur d'étranges motifs rythmés. Schönberg appelle cette technique *Sprechgesang*, « parlé-chanté » : en réalité, la voix suit son chemin et l'orchestre le sien. Cela ne plaît guère au public.

Après avoir écrit quelques autres œuvres, comme six *Petites pièces pour piano op. 19* et les cinq *Lieder avec orchestre op. 22*, Schönberg va s'arrêter de composer pendant sept ans, de 1914 à 1921. Il reprend avec les cinq *Pièces pour piano op. 23*, suivies en 1923 de la *Sérénade op. 24* pour baryton et sept instruments, dans laquelle on s'accorde généralement à reconnaître les premiers signes de la nouvelle « méthode de composition par le moyen de douze sons uniquement liés entre eux ». Pour une fois au moins, ses morceaux sont plus classiques que programmatiques ; il compose comme si les restrictions de son système lui donnaient plus de liberté dans les idées. La musique s'avère difficile à jouer, exigeant de l'exécutant qu'il oublie ce qu'il a appris en matière d'harmonie, de rythme et de mélodie. Les interprètes se divisent entre une majorité qui ne veut rien savoir de ces techniques et une minorité qui en fait son cheval de bataille. En dépit de ses théories révolutionnaires, Schönberg est nommé en 1925 professeur à la Preussische Akademie de Berlin, poste qu'il occupera jusqu'en 1933, quand il est licencié par le gouvernement nazi en raison de ses origines juives, bien qu'il se soit converti au catholicisme.

Il émigre alors aux États-Unis (devenant citoyen américain en 1940), où il enseigne d'abord à l'université de Californie du Sud puis, jusqu'à sa retraite, à l'université de Californie de Los Angeles. En Amérique, Schönberg revient au judaïsme et met en musique la prière juive *Kol Nidre* pour récitant, chœur et orchestre. En un certain sens pourtant, même s'il trouve un renouveau dans la culture américaine, Schönberg considère toujours la culture allemande et viennoise comme un sommet de civilisation atteint par l'humanité ; la disparition de cette culture viennoise prend donc pour lui les dimensions d'une catastrophe, d'une fin de l'humanisme moderne. Schönberg peut faire sienne la célèbre phrase de son ami Karl Kraus qui, à l'aube de la Première

Schönberg, debout à droite, pendant une répétition du Quatuor Kolisch (ensemble formé par le violoniste Rudolf Kolisch en 1922). Au fond, au centre, Berg. Dessin de Doblin.

Guerre mondiale, a vu en Vienne le « banc d'essai de la destruction du monde ». Son activité créatrice prend alors le sens d'une décomposition de la tradition pour séparer les éléments éternels des éléments caducs, les principes de leurs formes historiques. La solution individuelle qu'il élabore et applique après la guerre, le dodécaphonisme, lui permet de déclarer à son élève Josef Rufer, avec autant d'orgueil que de naïveté, qu'il a fait une découverte qui assurera la prépondérance de la musique allemande pendant cent ans.

L'année même où il émigre aux États-Unis, Schönberg publie son célèbre essai *Brahms le progressiste* : à son avis, la musique de chambre devient un choix résolument novateur dans le contexte de la musique du début du XXe siècle. Il nie que l'opposition polémique entre Wagner et Brahms ait réellement eu la signification d'un débat entre « progrès » et « réaction ». En ce qui concerne Brahms, il souligne tout ce qu'il y a de nouveau dans sa « prose musicale », dans sa manière de conduire le discours, dans la souplesse de ses irrégularités et de ses asymétries métriques, dans son langage harmonique ; il parle d'« économie de moyens, mais aussi en richesse », et de « prose musicale » parce que les formes classiques, bien que respectées, s'articulent d'une manière beaucoup plus fluide, flexible et complexe ; parce qu'elles mettent l'accent sur l'élaboration d'une trame serrée de rapports entre des motifs et des cellules même minimes et sur des procédés thématiques toujours plus denses et complexes, en dépassant les notions de symétrie et de parallélisme dans l'articulation des phrases et des périodes, en définissant un entremêlement qui, d'un point de vue rythmique également, se révèle riche de nuances et de continuelles transitions.

Bouleversé par les tristes événements de la Seconde Guerre mondiale, Schönberg compose deux œuvres qui s'éloignent un peu de son habituelle sévérité intellectuelle et laissent une place à l'émotion inévitable : l'*Ode à Napoléon* pour voix, quatuor à cordes et piano (1942) sur un texte de Byron, une dure invective contre la tyrannie et la cantate *Un survivant de Varsovie* (1947), à la mémoire des morts des camps d'extermination nazis.

Naturellement, tout le monde ne croit pas à une véritable « progression » de la musique telle que la conçoit Schönberg, fondateur et « législateur » du dodécaphonisme, perfectionné par Anton Webern et qu'Alban Berg veut utiliser pour démontrer que le chromatisme de Wagner a pour toujours entamé le principe hiérarchique de la gamme naturelle et que désormais les douze sons du système occidental peuvent être mis sur pied d'égalité.

On a cependant écrit que Schönberg n'est pas parvenu en un éclair à la conception de son nouveau système. Il part d'une exaspération du chromatisme postwagnérien pour prendre ensuite le chemin de la désagrégation progressive de tout rapport tonal, s'efforçant de parvenir à une libération complète de tout lien avec le réel. Cette technique n'apparaît totalement achevée que dans le *Quatrième Quatuor op. 37* de 1936 et le *Concerto pour piano et orchestre* de 1942, contemporain de l'*Ode à Napoléon*.

Dans la dernière partie de sa vie, Schönberg compose une *Fantaisie op. 47* pour violon et piano (1949), les chœurs a

Ci-dessus, scène tirée d'une représentation du Pierrot lunaire, *« mélodrame » pour voix parlée et huit instruments sur vingt et un poèmes du symboliste belge A. Giraud dans la traduction allemande de O. E. Hartleben. Au chant traditionnel de l'opéra est opposé le « parlé-chanté » (Sprechgesang), qui observe la hauteur du son mais, au lieu d'entonner la note musicale, l'effleure en glissant autour d'elle.*

Ci-dessous, Schönberg, portrait d'Egon Schiele (1917).

ARNOLD SCHÖNBERG

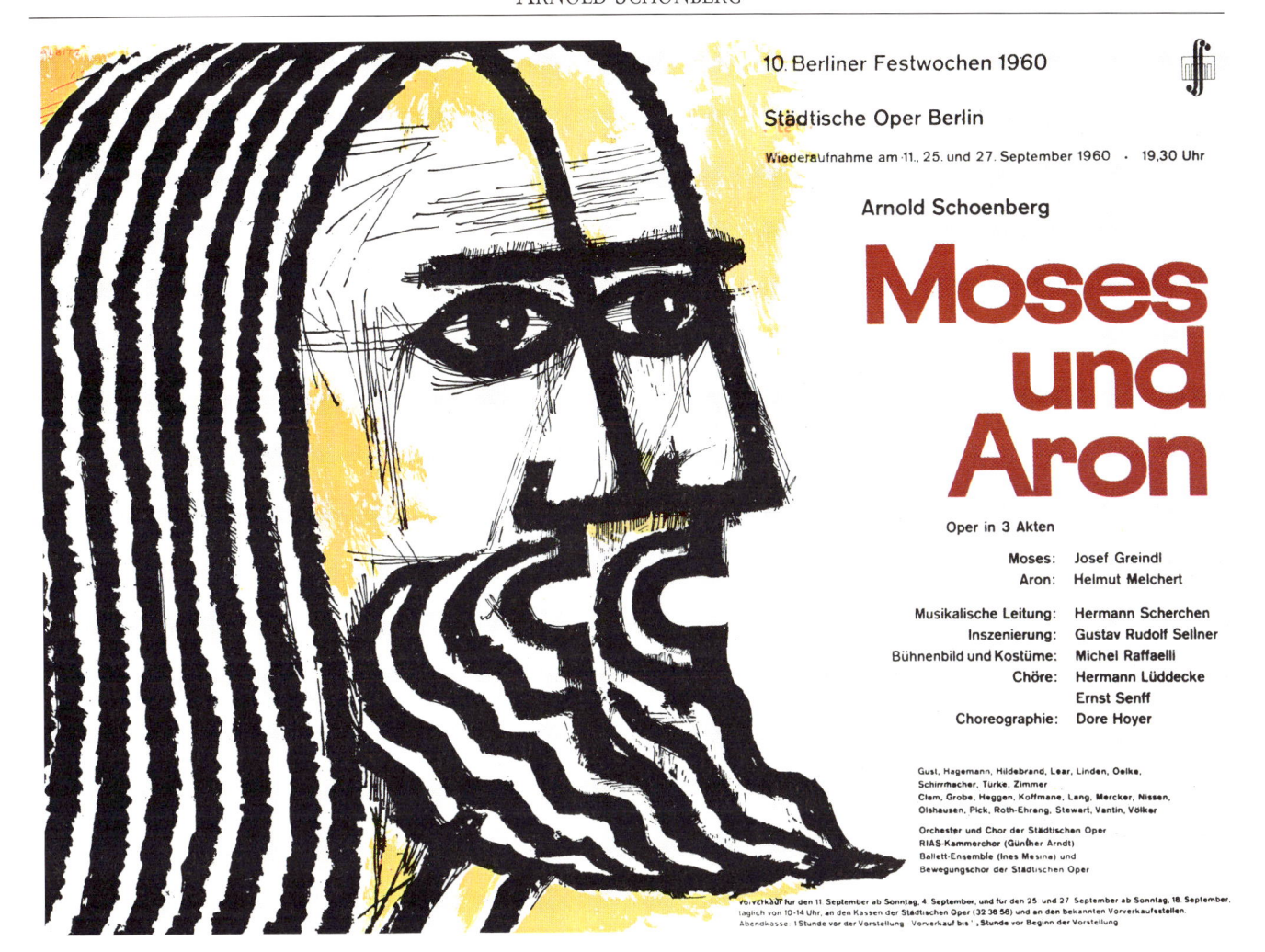

Affiche pour la représentation de Moïse et Aaron *au Berliner Festwochen. Cet opéra a longuement occupé le compositeur, qui en termine les deux premiers actes en 1932 alors qu'il se trouve encore à Vienne, et cherchera à le compléter en Amérique, sans y réussir. Dans ce gigantesque labeur, dont il a également projeté et écrit le texte littéraire, Schönberg réalise la synthèse idéologique de sa propre expérience artistique : toute la partition est construite sur une unique série dodécaphonique à la base d'un schéma circulaire avec effet de miroir, dont sont tirés les différents thèmes de l'opéra.*

cappella *Trois fois mille ans* et *De Profundis* (1950), ainsi que les textes et la musique des *Psaumes modernes* pour voix, chœur et orchestre, œuvres rendues très amères par la mélancolie et le chagrin de l'exil, mais aussi par la brutalité des aspects si profondément profanes de la civilisation moderne.

Un opéra biblique, *Moïse et Aaron*, absorbe depuis longtemps une bonne part de l'énergie du compositeur : il en a terminé les deux premiers actes en 1932, alors qu'il se trouvait encore à Vienne, et tente de le mener à bien en Amérique, mais la mort l'en empêche en 1951. Cette œuvre demeure l'un des plus étranges chefs-d'œuvre de notre époque et, bien qu'elle soit inachevée, est souvent jouée dans les principaux théâtres du monde.

Arnold Schönberg est l'un des compositeurs les plus représentatifs de notre temps. Ses enseignements et ses écrits sur la musique et les musiciens se révèlent aujourd'hui à la fois pleins de sagesse et d'esprit d'innovation. La majeure partie de ses textes a été rassemblé dans *Style et idée*, publié en 1950. Mais la controverse a continué, parce que « son » dodécaphonisme a influencé presque tous les compositeurs modernes. Même ceux qui se sont toujours durement opposés à lui, comme Stravinski, ont fini par adopter son système. Schönberg l'avait d'ailleurs prévu. « Le temps, a-t-il dit, est un grand conquérant. Il apportera une meilleure compréhension de mes œuvres. »

MAURICE RAVEL

Ciboure (Basses-Pyrénées), 1875
Paris, 1937

Selon certains, la naissance de Maurice Ravel dans la petite ville de Ciboure (Basses-Pyrénées), non loin de la frontière espagnole, ainsi que les origines basques de sa mère peuvent avoir influencé le futur compositeur, l'incitant à accorder dans sa musique une place privilégiée aux mélodies traditionnelles espagnoles. Mais cette hypothèse paraît peu plausible si l'on considère que la famille de Ravel part s'installer à Paris l'année même de la naissance de l'enfant, en 1875, et que Ravel ne reviendra jamais dans son pays natal. Son père est ingénieur, d'origine suisse ; ce fait, conjugué à l'origine maternelle, peut avoir donné au compositeur une certaine prédilection pour les musiques étrangères, au premier rang desquelles celles d'Espagne.

Ravel naît treize ans après Debussy et subira certainement l'influence de son illustre confrère. À sept ans, Maurice Ravel manifeste déjà des prédispositions pour la musique. À quatorze ans, il entre au Conservatoire et y étudie le piano et la composition, attentif à ce qui passe autour de lui et reconnaissant dans les apparentes « extravagances » d'Erik Satie un élan de recherche vers des formules nouvelles. Dans sa classe, il figure toujours parmi les premiers et obtient diverses distinctions, au point de passer directement, après à peine deux ans d'étude, dans la classe supérieure de piano dirigée par Charles de Bériot. Entre dix-huit et vingt ans, il compose notamment la *Ballade de la reine morte d'aimer*, le *Menuet antique* et la *Habanera*. Le deuxième de ces morceaux le fait connaître à l'extérieur du Conservatoire, suscitant l'admiration des musiciens de l'époque et des poètes symbolistes, avec lesquels il noue de profondes amitiés. À la même époque, il compose également une *Sérénade grotesque* et *Trois Valses romantiques* qu'il présente à Emmanuel Chabrier, génial « dilettante » qui a fourni en 1883 avec *España* une extraordinaire preuve de talent, même si ce morceau se révèle une torrentielle et rutilante rhapsodie. Chabrier est un ami des impressionnistes et fréquente régulièrement Manet, ce qui stimule chez le jeune Ravel et son ami Ricardo Viñes une forte envie de se libérer des préjugés scolastiques et traditionnels.

Les premières auditions des œuvres de Ravel provoquent des réactions négatives parmi les critiques. Ils ne changeront d'avis qu'en 1899 grâce à l'exécution de la *Pavane pour une infante défunte*, s'inspirant de toute évidence de la simplicité dépouillée des *Gymnopédies* de Satie. Cette œuvre est suivie d'un autre succès, *Jeux d'eau*, certainement le premier témoignage du plus authentique Ravel, même s'il engendre une querelle sur la « priorité » de certains procédés harmoniques et pianistiques entre les fanatiques de Debussy et les partisans encore peu nombreux de Ravel. En ce début de siècle, les milieux intellectuels parisiens d'avant-garde et surtout le groupe des Apaches, qui se réunit une fois par semaine chez le peintre Paul Sordes, trouvent en lui un participant assidu et animé, ce qui ne lui attire pas la sympathie des milieux officiels. En 1904 éclate un véritable scandale quand Ravel présente pour le prix de Rome un *Quatuor* qui le fait exclure du concours, mais provoque aussi la démission de personnages importants et des prises de position pour ou contre lui. Ravel garde tout son calme et répond à ces acerbes critiques par deux authentiques chefs-d'œuvre, *Miroirs* et la *Sonatine* pour piano, abandonnant le Conservatoire.

Dans le *Quatuor en fa majeur* écrit en 1902, l'hommage à Gabriel Fauré (auquel il est dédié), les liens avec Debussy et le climat symboliste et impressionniste n'atténuent nullement la révélation de l'originalité du musicien, la perfection linéaire, calibrée à l'extrême, de son maniérisme. Il suffit d'évoquer la saveur orientale stylisée du second thème de l'allegro moderato ou les intuitions rythmiques inédites du scherzo. Après ce magistral début dans le genre le plus illustre de la musique de chambre, Ravel est prêt à affronter les formes classiques de celle-ci (ce qu'il fait avec le *Trio* de 1914, la *Sonate pour violon et violoncelle* de 1920-1922 et enfin la *Sonate pour violon et piano* de 1923-1927).

En 1906, l'exécution des *Histoires naturelles* provoque un autre scandale : la hardiesse de la composition et les très vives critiques qui s'ensuivent persuadent Ravel de se retirer à la campagne, à Valvins, où il compose en très peu de temps la célèbre *Rhapsodie espagnole*. Après la *Habanera*, Ravel est régulièrement revenu à des thèmes espagnols, en 1905 avec l'*Alborada del Gracioso* et en 1907 avec le spectacle lyrique *L'Heure espagnole*. Il le fera une fois encore en 1928 avec le célébrissime *Boléro*, composé pour une chorégraphie d'Ida Rubinstein. Même sa dernière œuvre, *Don Quichotte à Dulcinée* de 1932, sur des poèmes de Paul Morand, sera un nouvel hommage à l'Espagne.

Cet « espagnolisme » est en réalité le fruit d'un échange fécond, d'un processus d'osmose ayant de toute évidence une motivation profonde. L'Espagne regarde vers la France et vice versa. Les compositeurs français plus en avance veulent démontrer que même la musique espagnole, tombée au rang de produit de consommation, peut redevenir matériau artistique pur. De leur côté, les compositeurs espagnols veulent prouver que l'on peut progresser tout en restant espagnol. Chez ces derniers, cette évidence se rencontre graduellement chez Albeniz, encore en proie à la crainte et à la prudence, chez Granados, déjà plus désinvolte, et enfin chez Falla, pour qui elle devient frénétique et en même temps fondamentale.

La *Rhapsodie espagnole* de 1907-1908 est suivie d'autres œuvres. Ravel est attiré par *La Cloche engloutie* de Gerhardt Hauptmann et envisage d'en tirer un opéra, mais il abandonne l'idée en 1914. Entre-temps, il travaille avec acharnement à *Daphnis et Chloé*, créé en 1912 sur une chorégraphie de Fokine par la Compagnie des Ballets russes de Diaghilev. Cette extraordinaire partition prend place à côté du *Pelléas et Mélisande* de Debussy, semblant justifier encore une fois les théories de ceux qui voient dans le musicien de Ciboure un épigone du compositeur de Saint-Germain. Mais ce rapprochement paraît aujourd'hui toujours plus improbable, la musique de Ravel se caractérisant par un élément qui lui est tout à fait personnel : le rythme,

Ravel au piano, photographie d'A. Casella de 1914. À sa droite, V. Nijinski, le grand danseur des Ballets russes de S. de Diaghilev, troupe avec laquelle collabora Ravel.

pour lui si motivé et nécessaire alors qu'il semble superflu à Debussy. Dans le même laps de temps, Ravel compose et fait exécuter d'autres œuvres remarquables : les *Valses nobles et sentimentales* provoquent presque une bataille rangée dans la salle lors de leur création au piano, mais entreront par la suite — orchestrées par le compositeur — au répertoire de ballet de la Trouhanova. Un autre ballet est inspiré par *Ma mère l'Oye*, au départ une œuvre pour piano à quatre mains, orchestrée ultérieurement par Ravel.

En 1913, il fait la connaissance d'Igor Stravinski, alors occupé à réviser *La Khovanchtchina* de Moussorgski ; de cette rencontre naît une solide amitié. Quand il découvre *Trois Poésies de la lyrique japonaise* mises en musique par Stravinski, Ravel en est fortement impressionné et compose *Trois Poèmes de Stéphane Mallarmé* pour voix, piano, quatuor à cordes, deux flûtes et deux clarinettes. Lorsque la Première Guerre mondiale éclate, Ravel tente de s'enrôler dans l'aviation, mais en est écarté pour inaptitude physique. Il parvient cependant à devenir ambulancier, participe à divers combats et finit par devoir entrer à l'hôpital en raison de sa santé fragile. Dès la fin de ses activités militaires, Ravel se remet immédiatement à composer. Il termine *Le Tombeau de Couperin* (six morceaux dédiés chacun à un disparu) qu'il avait commencé en 1914. Les horreurs de la guerre lui inspireront plus tard le *Concerto pour la main gauche*, dédié au pianiste autrichien Paul Wittgenstein, mutilé du bras droit. Cette œuvre sera jouée pour la première fois en 1931.

Son vieil ami et rival Debussy est mort (1918), un nouveau groupe de jeunes compositeurs, « les Six », incarne les nouvelles tendances de la musique française. Ravel s'estime assez jeune pour pouvoir rejoindre l'avant-garde. Il est timide et un peu revêche, n'occupe aucune charge officielle et n'a pas d'élèves. Il aime vivre agréablement et se retirer pour composer quand lui en vient l'inspiration. De cette époque date sa transcription pour orchestre des *Tableaux d'une exposition* de Moussorgski commandée par le chef d'orchestre

Page ci-contre, la petite villa « le Belvédère » à Monfort-l'Amaury près de Paris, où Ravel s'installe en 1921.

À droite, une scène de L'Heure espagnole, *opéra en un acte terminé par Ravel en 1907 et représenté à l'Opéra-Comique en 1911.*

Ci-dessous, portrait de Ravel, par G. Ouvré.

Serge Koussevitski, qui marque chez lui le début d'un nouveau style, libéré de tout lien même extérieur avec l'impressionnisme. Les mélodies se détachent également de la magie des harmonies, se dessinant dans le dépouillement et les aspérités du contrepoint. Ravel semble en revanche revenir à plus de douceur dans *L'Enfant et les sortilèges*, œuvre commencée en 1914 et terminée en 1925. C'est cependant le *Boléro* (1928) à la thématique élémentaire, au rythme obsédant et répétitif, agressif dans son instrumentation et enfermé dans le cadre de ses phrases de seize mesures, qui va le rendre partout célèbre. C'est pourtant dans la *Sonate pour violon* et les deux *Concertos pour piano* qu'il donne le meilleur de lui-même, des œuvres dans lesquelles perce nettement son nouvel et profond intérêt pour la musique de jazz. Dans la *Sonate*, Ravel revient aux riches harmonies dont sa musique précédente regorgeait, adoptant de longues lignes mélodiques continues sur des rythmes extraordinaires. Dans certains passages, le violon et le violoncelle parviennent à donner l'impression de tout un quatuor à cordes.

Entre 1922 et 1928, Ravel a longuement voyagé en Europe et aux États-Unis, dirigeant et interprétant sa musique ; à Paris, il a été fasciné par les interprétations et les improvisations de petits ensembles de jazz noirs jouant dans la fumée des cafés. À Harlem, il est allé dans les night-clubs, a écouté, pris des notes, applaudi ; les lignes brisées et les *jam sessions* des meilleurs musiciens noirs commencent à influencer sa musique. Il écrit les *Chansons madécasses* (malgaches) pour voix, flûte, violoncelle et piano, qui le ramènent à la pureté de construction. Mais sa vraie célébrité reste liée au *Boléro*.

Pour Ravel, l'exotisme n'est qu'une solution de remplacement à la culture européenne, aux sources désormais taries. Il regrettera toujours la simplicité de l'enfance, la liberté créatrice d'un Satie, la douceur mélodique d'un Debussy. Ravel, c'est la voix de la nostalgie, la crise d'un siècle, le rappel d'un passé aimé mais aussi définitivement rejeté. On le prend pour un personnage à scandales, mais c'est en réalité un homme doux et réservé. En 1933, il est atteint d'une tumeur au cerveau : pour se soigner et se reposer, il se rend en Suisse, au Maroc, en Espagne, sans que son état s'améliore. Il meurt des suites d'une intervention chirurgicale en 1937.

Manuel de Falla

Cadix, 1876
Alta Gracia (Córdoba), Argentine, 1946

Ce compositeur, né à Cadix sur la côte atlantique de l'Andalousie en 1876, est généralement considéré comme le plus grand musicien espagnol de l'époque moderne et celui qui a mené à bien la renaissance culturelle entamée dans le domaine musical par Albéniz et Granados. Ce sont tous les élèves de Felipe Pedrell (1841-1912), animateur d'une véritable bataille pour la défense de la musique espagnole, pour donner vie à une œuvre nationale tirant sa sève à la fois de la polyphonie espagnole du XVIe siècle et de la musique populaire. Manuel de Falla apparaît immédiatement comme l'une des personnalités majeures de toute la culture du XXe siècle. Son effort de valorisation d'un courant musical national prend place à côté de ceux du Russe Moussorgski et du Hongrois Bela Bartók, qui visent à redonner vie à l'inspiration artistique par une connaissance scientifique du folklore. Falla aborde avec un élan généreux les débats qui déchirent le nouveau siècle et parvient à en tirer une synthèse géniale : dans les grandes œuvres de sa maturité, il se montrera profondément espagnol mais en même temps tout à fait international, classique sur le plan des structures tout en étant extrêmement moderne par le langage.

Après s'être installé à Madrid pour continuer ses études de piano, il commence à composer. En 1905 son opéra *La Vie brève* remporte le concours de l'Académie des beauxarts, mais ne sera représenté qu'en 1913. En 1907, il s'établit à Paris, devenant l'ami et l'admirateur de Debussy et Ravel ; leur influence ne sera pas négligeable sur son style, empreint de vérisme comme en témoigne *La Vie brève*, dont la musique est riche de nuances indéniablement espagnoles, reprises dans le célèbre extrait symphonique *Interlude et Danse*. Ses amis français l'aident à assimiler l'impressionnisme musical. Ses œuvres, marquées par un raffinement sophistiqué, réussissent à embrasser un horizon particulièrement vaste, intéressant aussi bien Pastora Imperio, célèbre danseuse gitane de l'époque, que Serge de Diaghilev, fondateur des Ballets russes. Pastora Imperio demande à Falla une « danse gitane » : ce sera *L'Amour sorcier*, créé en 1915 ; l'imprésario russe réclame un ballet et ce sera *Le Tricorne*, créé à Londres en 1919. La profonde différence entre les deux œuvres ne nuit pourtant pas au pouvoir de communication de leur auteur, ni à sa cohérence stylistique.

Ses contemporains espagnols voient en Paris la source de musique nouvelle à laquelle s'abreuver. Mais Falla, lui, figure parmi les protagonistes de cette nouvelle musique, avec ses amis Debussy et Ravel, mais aussi avec Bartók, Mahler, Schönberg et Stravinski. À Paris, il loge à l'hôtel Kléber où réside déjà le compositeur espagnol Joaquin Turina. Il vit ici une période d'une rare intensité créatrice, composant *Quatre Pièces espagnoles*, *Nuits dans les jardins d'Espagne* et *Sept Chansons populaires espagnoles*, toutes éditées. Dans la deuxième œuvre en particulier — un concerto pour piano et orchestre composé au début de la Première Guerre mondiale — apparaît l'influence des musiciens travaillant à cette époque à Paris, alors que *Chansons*, écrit un an plus tôt pour chant et piano, révèle une inspiration ibérique plus nette.

Le début des hostilités en Europe provoque le retour du musicien en Espagne où, naturellement, son art s'enrichit plus encore de ferments nationaux tirés en particulier du très riche folklore d'Andalousie, patrie du *cante hondo* et du flamenco. En 1919, il compose la *Fantasía bética*, destinée au pianiste Arthur Rubinstein. Quatre ans plus tard, Falla fait mettre en scène un opéra pour marionnettes, *Le Retable de maître Pierre* inspiré par un épisode de *Don Quichotte*, dans lequel il s'efforce d'abandonner toute exubérance pour revenir à une extrême sobriété, sans recherche de coloris sensualistes. On peut dire la même chose du *Concerto*

Ci-dessus, dessin de N. Benois pour Le Retable de maître Pierre *(1923), un opéra pour le théâtre de marionnettes inspiré par un épisode de Don Quichotte et caractérisé par un style récitatif extraordinairement enflammé.*

À droite, costumes de Picasso pour Le Tricorne. *Ce ballet commandé par S. de Diaghilev est présenté pour la première fois à Londres en 1919.*

pour clavecin et cinq instruments de 1926 et du bref poème *Psyché* pour chant et cinq instruments, écrit l'année suivante. Cette rigueur et cette volonté d'éliminer toute redondance accentuent le profond sentiment religieux du compositeur, mais sans pour autant l'entraîner dans la croisade franquiste apparemment en faveur de la foi quand éclate la terrible guerre civile espagnole. Dès que sa santé le lui permet, Falla part pour l'Argentine où il compose en 1938 *Homenajes*, quatre hommages dédiés à Debussy, Arbos, Dukas et Pedrell, étoiles qui — pour des motifs musicaux ou sentimentaux — brillent à son firmament personnel. Il s'agit d'une suite symphonique en quatre mouvements. Les deuxième et troisième morceaux sont des transcriptions orchestrales d'œuvres précédentes pour guitare et piano. Ses derniers efforts sont consacrés à une cantate scénique, *L'Atlantide*, restée inachevée (Falla meurt à Alta Gracia en 1946) et qui sera plus tard complétée par E. Halffter et représentée à la Scala de Milan en 1962.

Maquette de R. Guttuso pour une représentation à la Scala de Milan de L'Amour sorcier.

L'œuvre de Manuel de Falla repose principalement sur l'apport de la musique populaire espagnole se réduisant à la présence de quelques éléments structurels mélodiques, rythmiques et syntaxiques, qui demeurent cependant à la base de son langage musical. Il estime nécessaire de faire évoluer les sources vives naturelles et d'utiliser la substance même des sonorités et des rythmes. Grâce à lui, la musique espagnole traditionnelle devient un terrain propice à l'expérimentation d'une problématique musicale moderne. Ainsi est comblé le fossé qui a séparé pendant des siècles la musique « cultivée » de la musique populaire. *Le Tricorne*, les *Sept Chansons populaires espagnoles* et *Le Retable de maître Pierre* figurent parmi ses œuvres les plus achevées, précisément parce qu'elles sont à la fois « cultivées » et populaires : riches de raffinements mélodiques, harmoniques et sonores mais aussi dotées d'une capacité d'épanouissement immédiate, étonnamment propres à se fixer dans la mémoire du public le plus simple.

Béla Bartók

Nagyszentmiklós, Transylvanie, 1881
New York, 1945

Béla Bartók est un digne fils de la Hongrie campagnarde et passionnée de musique. Il naît dans le petit bourg de Nagyszentmiklós en mars 1881. Son père dirige l'école d'agriculture (et joue fort bien du violoncelle), sa mère est institutrice (et adore le piano) ; elle lui enseigne les premiers rudiments de cet instrument, quand il a à peine cinq ans. Devenue veuve en 1887, elle doit se remettre à enseigner tout en continuant de suivre les progrès de son fils au piano. À dix ans, le petit Béla est déjà capable de donner son premier concert, en jouant une musique de sa composition. Sa mère se voit attribuer un poste dans une école de Bratislava et l'enfant peut alors avoir un vrai professeur de composition, Ladislas Erkel. La musique devient pour le petit Bartók le véritable but de son existence. Il est également fasciné par les chants populaires de son pays et se rend aux fêtes villageoises avec papier à musique et crayon pour transcrire les vieux airs chantés par des paysans analphabètes. En 1899, à dix-huit ans, il obtient une bourse qui pourrait lui permettre d'entrer au conservatoire de Vienne, mais il préfère s'inscrire à l'Académie de musique de Budapest, fondée par Liszt. Il n'est pas exclu qu'à ce choix contribue l'adhésion passionnée du jeune homme au mouvement nationaliste hongrois, pour qui la Vienne glorieuse de cette fin de siècle n'est qu'une source d'indignation.

À Budapest, il vit en donnant des leçons de musique, également partagé entre son admiration pour Liszt, Wagner et Richard Strauss et son désir profond d'arracher à l'indifférence ce patrimoine d'obscures mélodies maintenu en vie par les paysans de la puszta et les montagnards de Transylvanie. Pendant ces années, il compose un quatuor et un quintette. En 1903, il accepte de donner un concert à Vienne tout en se consacrant à la composition d'un poème symphonique intitulé *Kossuth*, du nom du patriote hongrois le plus populaire. L'année suivante, en 1904, après un bref séjour à Berlin, il compose une *Rhapsodie pour piano et orchestre*.

De retour à Budapest, il se consacre avec son ami Zoltan Kodály à des recherches sur les chants folkloriques hongrois, sans se référer aux expériences antérieures de Liszt, qu'avait fasciné la musique tzigane, mais en s'intéressant plutôt aux mélodies populaires moins connues. Nommé professeur au conservatoire en 1907, il compose la *Première Suite* et la *Seconde Suite pour orchestre* et les *Quatorze Bagatelles* pour piano, qui représentent une véritable nouveauté.

Bartók manifestera toujours un esprit d'ouverture à l'égard d'une confrontation fructueuse avec l'avant-garde européenne, tout en gardant pour objectif un renouvellement sur des bases « nationales ». Il consacre bien des études approfondies au chant populaire et paysan hongrois, mais ne s'en sert pas pour en tirer des citations directes, le considérant plutôt comme une source naturelle à la pureté primitive. Il en analyse les structures pour assimiler des caractéristiques mélodiques, rythmiques et harmoniques étrangères à la tradition savante occidentale. Cela seul suffit à faire comprendre combien est simpliste et réductrice l'étiquette de « compositeur national » dans le cas de Bartók. C'est sa musique de chambre qui ouvre sur lui d'autres perspectives : par exemple, celle d'une confrontation poussée avec la plus exigeante tradition du quatuor, dans une série de six compositions dont chacune constitue une étape décisive dans l'évolution de son style.

Le *Quatuor n° 1 op. 7* de 1908 marque la fin des expériences de jeunesse et se rattache à la leçon des dernières œuvres de Beethoven pour en approfondir les procédés. On y sent encore l'influence de Wagner, du romantisme tardif, celle de la découverte de Debussy et des premières recherches sur le chant populaire. Les mêmes expériences convergent également dans le *Quatuor n° 2 op. 17* de 1915, où la synthèse est opérée avec une pleine maturité. On y trouve quelques traces de romantisme : dans le second mouvement, les quatre instruments à cordes explorent de nouvelles sonorités avec un traitement d'ensemble qui franchit presque les limites de la musique de chambre. Après s'être un moment rapproché de l'expressionnisme dans les années 1920, Bartók médite un retour au contrepoint de Bach avec un goût pour la construction musicale étranger au climat « néoclassique » alors en vogue. Ces expériences le mènent aux chefs-d'œuvre de sa maturité, le *Quatuor n° 3* de 1927, le *n° 4* de 1928 et le *n° 5* de 1934. Le *Quatuor n° 3* est le plus audacieux par son exploration des ressources sonores des quatre instruments à cordes, par la rigoureuse complexité du contrepoint, la liberté des dissonances. La logique selon laquelle Bartók transforme sa matière de base et extrait à partir d'infimes cellules des constructions complexes atteint son point culminant dans les quatuors ; par la suite, le compositeur hongrois semble se livrer à un travail de consolidation et d'approfondissement plutôt qu'à la recherche de nouvelles perspectives.

En 1909, Bartók a épousé dans le secret absolu une de ses élèves âgée de seize ans, mais sa vie reste la même ; il conti-

Ci-dessus, Bartók et son ami Zoltan Kodály, avec lequel il se livre à des recherches sur les chants folkloriques hongrois. Bartók utilise ces études pour en tirer des éléments musicaux et analyse la structure des chants populaires pour en assimiler les caractéristiques mélodiques, rythmiques et harmoniques étrangères à la tradition savante occidentale, comme pour y chercher la confirmation des résultats auxquels aboutissent ses recherches de compositeur en contact constant avec l'avant-garde.

À droite, caricature montrant Bartók au piano.

Page ci-contre, décor du ballet Le Mandarin merveilleux.

nue de composer et s'éloigne peu à peu de toute règle. Il fonde à Budapest une Société de musique de chambre qui fait faillite dès le deuxième concert. En 1911, son opéra *Le Château de Barbe-Bleue* est jugé impossible à exécuter et il faudra en attendre sept ans la création à Budapest (où il aura un extraordinaire succès). Après la réussite des *Sept Danses populaires roumaines* (1917), on lui commande un ballet, *Le Prince de bois*, qui ne sera représenté qu'en 1918, le sort d'un autre ballet, *Le Mandarin merveilleux*, étant pire encore : l'exécution en sera posthume, en septembre 1945. *Le Mandarin merveilleux* constitue la plus grande réussite de Bartók dans le domaine théâtral. Dans cette œuvre, le compositeur se montre plus sensible que jamais aux influences expressionnistes qui s'exercent alors en Europe, notamment chez des compositeurs comme Stravinski et Prokofiev.

Après la fin de la Première Guerre mondiale, Bartók effectue de nombreuses tournées dans le monde entier ; en 1923, il divorce de sa première femme pour épouser une autre de ses élèves qui sera souvent à son côté au piano. Dans les années 1930, outre le *Quatuor n° 5*, il compose le *Concerto n° 2 pour piano*, une *Musique pour cordes, percussion et célesta*, une *Sonate pour deux pianos et percussion* et un *Concerto pour violon*. Ces œuvres figurent parmi celles qui expriment le plus fortement la personnalité créatrice de Bartók. En particulier, la *Musique pour cordes, percussion et célesta*, composée en 1936 et la *Sonate pour deux pianos et percussion*, qui date de l'année suivante, représentent un nouveau jalon dans les recherches musicales de notre siècle en matière de timbres, par leur instrumentation limitée à l'essentiel et par le rôle très important des instruments à percussion. L'achèvement du recueil *Mikrokosmos*, commencé en 1926, appartient lui aussi à cette période précédant de peu l'exil américain. Resté fidèle à l'idéal de l'indépendance hongroise, Bartók supporte mal le régime du régent Horthy et effectue depuis longtemps déjà de longs séjours à l'étranger. En 1939, il compose en Suisse le *Divertimento pour cordes*, suivi du *Quatuor n° 6*. Il joue une dernière fois à Budapest peu après avoir appris la mort de sa mère, dernier fil qui le liait encore à la Hongrie. Il émigre alors aux États-Unis où il vivra quelques années dans des conditions difficiles, en donnant des leçons.

Des fièvres d'origine mystérieuse commencent à miner sa santé ; en Amérique, sociétés et musiciens éminents tentent de lui venir en aide. La Société américaine des droits d'auteur lui apporte un soutien immédiat ; le chef d'orchestre Koussevitski lui commande un *Concerto pour orchestre*, le célèbre violoniste Yehudi Menuhin une *Sonate pour violon seul*. Mais la mystérieuse fièvre est en réalité une leucémie qui sera fatale. Il est nommé député *ad honorem* au Parlement hongrois, mais refuse d'en faire partie. Il meurt en septembre 1945, laissant un *Concerto pour alto* auquel il manque seize mesures, et une veuve pauvre. C'est la Société des droits d'auteur qui règle les frais de l'enterrement.

IGOR STRAVINSKI

Oranienbaum, près de Saint-Pétersbourg, 1882
New York, 1971

À quelques kilomètres de Saint-Pétersbourg, sur la rive méridionale du golfe de Finlande naît le 18 juin 1882 Igor Stravinski. Fils d'un chanteur, son enfance se déroule dans le confort d'une famille aisée. Oranienbaum, lieu de sa naissance (aujourd'hui Lomonosov), est un lieu de villégiature estivale, mais le jeune garçon passe ses heures d'étude dans la riche bibliothèque paternelle. À neuf ans, il commence sérieusement le piano, mais éprouve sa première grande émotion musicale en assistant à Saint-Pétersbourg à une représentation de l'opéra *La Vie pour le tsar* de Mikhaïl Glinka, le « père de l'opéra russe ». Bien qu'il fréquente le lycée local, il comprend que sa vie sera entièrement vouée à la musique et bénéficie en cela de la rencontre de Nicolas Rimski-Korsakov, père de l'un de ses camarades d'école. Pris d'enthousiasme, le jeune Igor compose une symphonie, œuvre purement académique qui ne laisse en rien présager le succès futur de celui qui sera l'un des phares de la musique moderne pendant plus de cinquante ans. En 1906, il devient l'élève de Rimski-Korsakov et deux ans plus tard compose *Feu d'artifice*, où l'on entrevoit les premières étincelles de sa personnalité : le rythme tout d'abord, qui bouleversera la musique de notre siècle ; ensuite l'utilisation particulière de l'orchestre, où les instruments ne sont plus traités de manière à former un magma sonore, mais planent déjà vers cet individualisme qui deviendra plus tard caractéristique.

À la mort de Rimski-Korsakov (1908) auquel il vient d'envoyer son brillant *Feu d'artifice*, Stravinski rencontre Serge de Diaghilev, imprésario de la Compagnie des Ballets russes en quête de nouveaux talents. Après avoir entendu deux œuvres du jeune musicien (*Scherzo fantastique* et *Feu d'artifice*) composées pendant les deux années passées à travailler sous la direction de Rimski-Korsakov, Diaghilev lui demande d'orchestrer deux courts morceaux pour piano de Chopin afin d'en faire un nouveau ballet, *Les Sylphides*. Reconnaissant immédiatement le génie de Stravinski, il lui commande *L'Oiseau de feu* ; créée à Paris en 1910 avec un immense succès, cette œuvre va marquer le début de la plus prestigieuse carrière musicale du nouveau siècle. Son caractère brillant et somptueux aboutit à un résultat exemplaire, pour les costumes comme pour la chorégraphie ; sur le plan du style, la musique prolonge par certains motifs celle des compositeurs russes précédents, Borodine et Rimski-Korsakov. De la scène, l'œuvre gagne les salles de concert sous la forme d'une suite, révélant à tous le génie du compositeur. On y trouve des mélodies s'inspirant de chants populaires, avec des motifs réellement sauvages comme la *Danse infernale* des serviteurs du mauvais génie, des thèmes syncopés, des roulements de tambours, de brusques cascades du piano, du trombone, de la harpe. On entend des rythmes de xylophone, des passages de virtuosité chez les instruments à cordes, des bonds inattendus parmi les cuivres.

Ce n'est pas encore le Stravinski génial et explosif dont la célébrité éclatera très bientôt, mais c'est déjà une œuvre en pleine fermentation harmonique, instrumentale, rythmique. Comme dans un conte, le tsarévitch capture l'oiseau de feu puis le libère, en échange d'une plume magique avec laquelle il peut l'appeler en cas de danger.

Après cette confirmation, Stravinski se livre à une description minutieuse d'un projet de concerto pour piano et orchestre, comme s'il s'agissait d'un ballet. Et ce sera bel et bien un ballet : *Petrouchka*, créé à Paris dans une atmosphère particulièrement propice. Le compositeur utilise des motifs brefs et évite les sonorités douces et imagées. La musique elle-même raconte l'histoire, qui se déroule parfois sur

Ci-dessus, une scène de L'Oiseau de feu *dans la chorégraphie de M. Béjart.*
*À gauche, une scène d'*Œdipus Rex *à la Scala de Milan ; les chanteurs sont L. Kozma et M. Horne.*
Ci-dessous, une scène du Sacre du printemps, *dans une production de la Scala.*

une scène aussi bondée que la place sur laquelle les événements sont censés avoir lieu.

Stravinski jouit alors d'une grande célébrité dans toute l'Europe et s'attaque à un nouveau ballet, *Le Sacre du printemps*. L'œuvre est révolutionnaire ; tout y est « différent » de ce qui a été fait auparavant et cela déconcerte le plus grand nombre, mais un an plus tard, exécutée en concert, elle obtient un incroyable triomphe. Les dissonances, les répétitions primitives de motifs brefs, les sonorités orchestrales complètement nouvelles, les rythmes sauvages changeant constamment de tempo, associés à la chorégraphie certainement peu orthodoxe de Nijinski, tout cela laisse le public pantois mais admiratif. Après avoir terminé l'opéra *Le Rossignol*, commencé des années auparavant, Stravinski émigre en Suisse avec sa famille. Il y compose diverses œuvres, dont *Renard*, *L'Histoire du soldat*, *Apollon Musagète*. La révolution d'Octobre le surprend à Rome ; l'hymne tsariste ne pouvant plus être exécuté, Stravinski orchestre à la demande de Diaghilev la célèbre chanson des *Bateliers de la Volga*. Le compositeur est alors complètement coupé de sa patrie. En 1919, il revient à Paris, commençant une carrière de chef d'orchestre et de pianiste qui va le conduire un peu partout dans le monde. En 1922 est créé le petit opéra *Mavra* (encore composé en Suisse) et en 1927 *Œdipus Rex*. Entre-temps, Stravinski acquiert la nationalité française et met en scène *Les Noces*, écrit pour quatre pianos, un grand nombre d'instruments à percussion, chœur et solistes. Autre mise en scène, celle de *L'Histoire du soldat*, œuvre théâtrale de C.F. Ramuz fondée sur une fable du folklore paysan (un soldat revient chez lui après la guerre, rencontre le diable et lui vend son âme — exprimée par le violon — en échange d'un livre magique qui lui apportera richesse et bonheur). Sur scène, un orchestre restreint comporte violon, double contrebasse, clarinette, basson, trompette, trombone et section rythmique avec percussion. Cette musique a un côté satirique un peu « diabolique » ; organisée avec une grande économie de moyens autour de quelques notes, elle comporte cependant un tango, une marche, une valse, un ragtime et des passages choraux dont l'harmonie est truffée de dissonances.

Le compositeur s'accorde un moment de détente en écrivant deux brefs morceaux pour piano à quatre mains, orchestrés plus tard en deux suites comprenant une danse espagnole, une polka, une marche, un galop et une valse. À cette époque, l'Europe commence à découvrir et à apprécier la musique des Noirs d'Amérique, qui exerce une influence certaine sur Stravinski : dès 1918, il écrit un *Ragtime* pour onze instruments et en 1920 un *Piano Rag Music*. De cette époque date également une *Étude pour pianola*. Toujours en 1920, il compose pour son ami Diaghilev la musique du ballet *Pulcinella*, en travaillant sur des thèmes de Gian Battista Pergolèse librement traités dans un style léger et agréable. Il se consacre ensuite à l'une de ses œuvres les plus marquantes, *Symphonie d'instruments à vent à la mémoire de Debussy* : renonçant aux rythmes nerveux et à l'utilisation brillante des instruments, il élabore des harmonies dissonantes passant progressivement d'une grande tension à un sentiment de calme triomphe. Il décrit lui-même ce morceau comme un « rituel austère » ; de toutes ses œuvres, c'est peut-être la plus émouvante.

En haut, une scène de L'Histoire du soldat, *décors de G. Manzu.*
Ci-dessous, Stravinski, dessin de Picasso.

Page ci-contre, dessins scénographiques de Valentine Hugo pour la « danse sacrale de l'élue » du Sacre du printemps.

IGOR STRAVINSKI

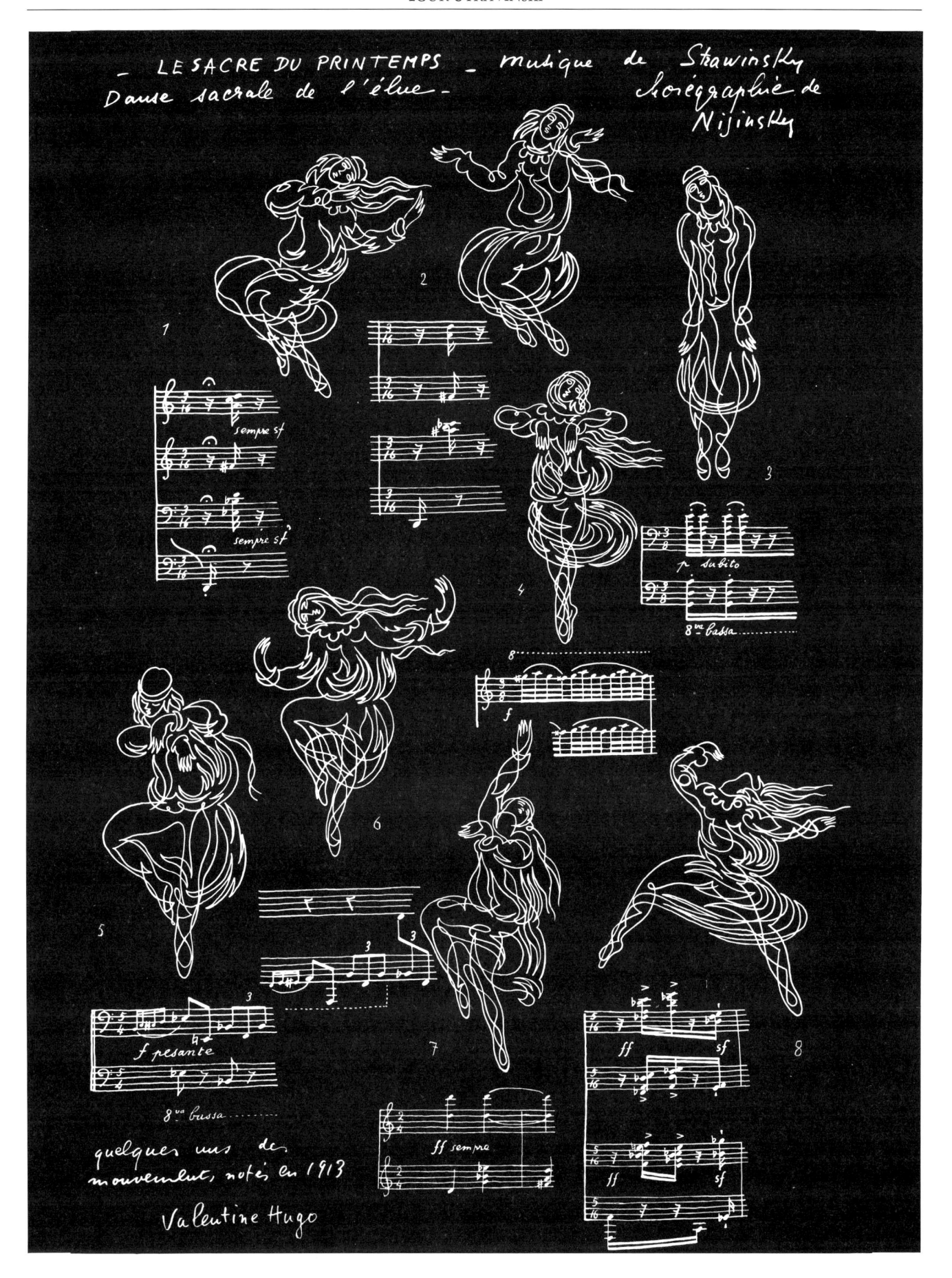

LE SACRE DU PRINTEMPS — musique de Strawinsky
Danse sacrale de l'élue — chorégraphie de Nijinsky

quelques uns des mouvements, notés en 1913

Valentine Hugo

À gauche, caricature de J. Cocteau représentant ses amis Picasso et Stravinski. L'œuvre musicale de Stravinski a souvent été mise en relation avec les développements des arts figuratifs à la même époque ; on cite en particulier la peinture fauve (Le Sacre du printemps) et les différentes époques de l'œuvre de Picasso, des périodes rose et bleue (auxquelles on a comparé la première manière de la musique de Stravinski, également définie comme « russo-impressionniste ») au cubisme (L'Histoire du soldat) et au néoclassicisme (de Pulcinella à The Rake's Progress).

Page ci-contre, en haut, L. Savignano et T. Mietto dans une version à la Scala de la Symphonie de psaumes.

Page ci-contre, en bas, Stravinski, dans une caricature de E. Penzoldt.

Pour en revenir à *Mavra* et à *Œdipus Rex*, il faut ajouter que chaque nouvelle œuvre de Stravinski provoque traumatisme, enthousiasme et scandale, déception et confirmation, tant elle diffère en tout point des précédentes. Le lien principal réside à cette époque dans les sujets, tous de caractère mythologique : Œdipe, Apollon, *Perséphone* et enfin *Orpheus*.

En 1929 meurt Diaghilev et avec lui toute une époque, au moins en ce qui concerne Stravinski. Mais le musicien jouit désormais d'une telle célébrité qu'il doit uniquement chercher à esquiver les multiples propositions dont il est assailli, commandes, engagements comme pianiste ou chef d'orchestre. Une bonne part de ce succès concerne les États-Unis où, lors de son premier séjour en 1925, il a composé une sonate et la *Sérénade en la*. La gravité d'*Œdipus Rex* est compensée par un nouveau ballet, *Le Baiser de la fée*, tiré du conte de Hans Christian Andersen *La Reine des neiges* et utilisant certains thèmes de Tchaïkovski, l'un des musiciens russes préférés de Stravinski. En 1930, nouveau chef-d'œuvre : la *Symphonie de psaumes*, dédiée « à la gloire de Dieu et du Boston Symphony Orchestra pour son 50e anniversaire », écrite pour chœur et un orchestre sans violons, altos ni clarinettes, mais comportant deux pianos. Elle associe la puissance rythmique caractéristique du musicien et son sens de la couleur orchestrale à un nouveau type de mélodie, d'harmonie et de contrepoint. Le deuxième mouvement consiste en deux fugues parallèles, une pour l'orchestre et une pour la voix. Le troisième mouvement part d'une douce invocation *Alleluia, laudate Dominum* pour atteindre à travers un rythme syncopé une grande émotion. L'activité du musicien devient frénétique : en 1929, c'est le *Capriccio* pour piano et orchestre ; en 1931, le *Concerto en ré* pour violon et orchestre écrit en étroite collaboration avec le violoniste Samuel Duskin ; en 1932, le *Duo concertant* pour violon et piano ; en 1933-1934, le mélodrame *Perséphone*, sur un texte d'André Gide ; en 1935, le *Concerto pour deux pianos seuls* ; en 1938, le *Concerto en mi bémol « Dumbarton Oaks »*, faisant suite au ballet *Jeu de cartes* créé en 1937. Entre-temps, Stravinski exprime son profond sentiment religieux avec un *Pater Noster* (1926), un *Credo* (1932) et un *Ave Maria* pour chœur a cappella, de 1934.

La majeure partie des œuvres lui étant commandée aux États-Unis, le musicien décide en 1939 de s'y installer : il achète une maison à Hollywood et deviendra par la suite (en 1945) citoyen américain.

Tandis qu'éclate la Seconde Guerre mondiale, Stravinski compose une *Symphonie en ut* (1940), les *Danses concertantes* de 1941-1942 (œuvre frivole et badine), les *quatre Impressions norvégiennes* de 1942, l'*Ode* à la mémoire de Natalia Koussevitski en 1943, une *Sonate pour deux pianos* en 1944, une *Symphonie en trois mouvements* en 1945, avant de revenir à un thème religieux en 1948 avec une archaïque et humble *Messe*.

Fasciné par la vie américaine, il écrit également *Circus Polka* pour les éléphants du cirque des frères Barnum, *Ebony Concerto* pour l'orchestre de jazz de Woody Herman et de

tivement sa carrière de chef d'orchestre. Il meurt à New York en 1971, mais sera selon son désir enterré dans le silencieux cimetière de Venise.

La musique de Stravinski, si profondément proche de la danse par sa tendance à se résoudre dans le mouvement pur, dans l'aspect physique du geste et du rythme, réfractaire à l'esprit du chant, n'a pas particulièrement besoin de se mesurer aux genres propres à la musique de chambre. Ceux-ci appartiennent du reste à une tradition très éloignée de la formation du compositeur. Stravinski réexplore le passé dans certaines de ses œuvres situées entre la fin de la période « russe » et le début de sa phase « néoclassique », pour en tirer des objets sonores à projeter dans un contexte complètement différent. En 1921, après avoir terminé *Trois Mouvements de Petrouchka*, qu'il est incapable de jouer, il découvre le piano non virtuose et la possibilité de gagner la musique de ballet pour *The Seven Lively Arts*, un show de Broadway. Simultanément, il donne un cours à l'université de Harvard, publié plus tard sous le titre *Poétique musicale*. Dès lors, la vie de ce musicien russe n'est qu'une succession de créations et de succès, plongeant public et critiques dans des stupeurs réitérées. La liste de ses œuvres complètes serait trop longue : rappelons que son opéra *The Rake's Progress* sera créé à Venise en septembre 1951 dans le cadre du festival de musique contemporaine. Toujours à Venise, dans la basilique Saint-Marc et sous les mêmes auspices, est exécuté son *Canticum sacrum ad honorem Sancti Marci nominis* qui semble vouloir représenter son baptême spirituel, le musicien étant entre-temps devenu catholique.

Dans les années 1960, il compose *A Sermon, a Narrative and a Prayer* pour alto, ténor, récitant, chœur et orchestre (1961), une allégorie biblique télévisuelle pour solistes, chœur, récitant, orchestre et danseurs intitulée *The Flood* (1962), la ballade sacrée *Abraham et Isaac* pour solistes, récitant et orchestre de chambre (1963), les *Variations Aldous Huxley in memoriam* pour orchestre (1963-1964), une *Élégie pour John F. Kennedy* pour voix et trois clarinettes (1964), un *Introïtus T.S. Eliot in memoriam* pour chœur et instruments (1965) et d'autres pièces encore. En 1969, il effectue une transcription pour orchestre de deux *Préludes et fugues* du *Clavecin bien tempéré* de J.-S. Bach.

Dans ces dernières années, tout en continuant à voyager (il se rend même en U.R.S.S., au bout de presque soixante ans d'absence), il ralentit ses activités et interrompt défini-

Stravinski à la fin d'un concert dirigé par lui à Leningrad en 1962, année où le compositeur retourne pour la première fois dans sa patrie depuis la révolution ; il y dirige des concerts qui connaissent un grand succès.

sa vie grâce à cet instrument. Il a dit lui-même s'être « assoupli les doigts » sur les *Études* de Czerny et se présente en 1924 comme soliste de son propre *Concerto pour piano et instruments à vent*. Le choix est particulièrement génial : excluant les cordes, il saute à pieds joints par-dessus le problème majeur des rapports de timbres, le son des vents se modelant sur le son percussif du piano « néoclassique ».

Connaissant les extraordinaires dons expressifs des Russes, on peut retrouver dans la musique de Stravinski certaines qualités mimiques, quasi gestuelles. Un chef d'orchestre, même choisi parmi les moins enclins à multiplier les mouvements, doit nécessairement se laisser aller à une expression gestuelle exaspérée quand il dirige certaines œuvres de Stravinski, où le changement continuel du rythme l'oblige à une activité physique qui n'est pas indispensable pour d'autres compositeurs. En ce sens, on peut effectivement comparer Stravinski à un clown. Avec Picasso, il constitue certainement l'une des figures les plus marquantes du XXᵉ siècle, non qu'il ait indiqué une façon définitive de faire de la musique, mais pour sa manière d'« être » en musique. Concrètement, aucun compositeur n'a représenté notre siècle avec autant de fidélité que Stravinski.

Il naît sur les ruines du romantisme qui s'exprime dans le nationalisme russe auquel appartient Rimski-Korsakov — son premier maître, membre du groupe des Cinq. Romantique est en effet l'amour que le musicien porte dans sa jeunesse à la musique traditionnelle de son pays. Mais très vite sa personnalité explose : avec *Le Sacre du printemps*, il « atomise » la musique, la réveillant brusquement de la douce langueur dans laquelle l'avait plongée Debussy : il la tourne, la retourne et la dépèce en mille morceaux. Après quoi, il recueille les fragments et tente une reconstruction, ressemblant peut-être à celle d'un monde antérieur. Ainsi naît le néoclassicisme, reconstitution d'un nouveau langage à partir d'une forme ancienne, qui se manifeste clairement dans *Apollon Musagète* et *Œdipus Rex*. Mais ce néoclassicisme finit par se dessécher et perdre son contenu, comme dans *The Rake's Progress*. C'est alors que Stravinski découvre une vérité qu'il avait auparavant voulu ignorer, celle défendue par Webern, peut-être le moins « populaire » des musiciens de notre siècle. Un exemple en est *The Flood* de 1961-1962, œuvre dans laquelle se mêlent mime, danse, narration et action dramatique. Il y a encore d'autres phases, dont la diversité est telle qu'elle peut jeter le doute sur la grandeur du compositeur. Ce n'est certainement pas une personnalité granitique, univoque, monolithique, bien au contraire. Mais dans ses volte-face, il témoigne des crises du siècle. À travers ses changements de style, il enregistre avec la précision d'un sismographe les tensions et les drames de l'humanité. Stravinski de toute manière reste toujours Stravinski : c'est toujours l'essence profonde et intime de son être qui s'exprime dans ces facettes si différentes.

Sa « barbarie » initiale — manifestation spontanée et primitive — ne peut fournir une inspiration créatrice aux plus jeunes, mais nombreux sont ceux qui le suivent, couverts en quelque sorte par son autorité si rapidement acquise.

Comme Mozart, comme Beethoven, Stravinski a atteint un sommet : s'il fallait détruire Mozart, on tenterait de sauver la symphonie *Jupiter* ; dans le cas de Beethoven, ce serait la *Neuvième*. Pour Stravinski, peut-être dans l'avenir sauvera-t-on ses premières œuvres, celles nées du romantisme russe. Quoi qu'il en soit, il a su atteindre son apogée, une position de prééminence absolue. Mozart, Beethoven et Stravinski — a-t-on pu dire — nous représentent pour l'éternité, tous autant que nous sommes.

ANTON VON WEBERN

Vienne, 1883
Mittersill (Salzbourg), 1945

Né à Vienne le 3 décembre 1883 dans une famille sans goût particulier pour la musique, Anton von Webern commence ses études musicales à dix ans, à Klagenfurt où son père s'est fixé en raison de son travail. Garçon tranquille, précis et ordonné, il va à l'école et au lycée jusqu'à ce que, promu avec de bonnes notes, il soit accompagné en 1902 au festival de Bayreuth, où il entend naturellement des opéras de Wagner. Très impressionné par la puissance dramatique et la sonorité des œuvres, il décide à son retour d'écrire lui aussi de la musique. Sa première composition est une ballade au titre significatif : *Le Jeune Siegfried*, encore inédite. Toujours en 1902, il s'inscrit à la faculté de musicologie de l'université de Vienne, étudiant sous la savante direction de Guido Adler. En 1904, il fait la connaissance d'Arnold Schönberg avec lequel il va travailler un certain temps, en même temps qu'Alban Berg, de deux ans son cadet. Ayant passé son doctorat en 1906, il continue de collaborer avec Schönberg, tout en acceptant la direction du théâtre de Bad Ischl ; il se fixe en 1910 à Dantzig et se marie l'année suivante.

Dans la numérotation de son œuvre, les premières compositions sont la *Passacaille op. 1* de 1908, les six *Pièces op. 6* de 1910 et les cinq *Pièces op. 10* de 1913. Pendant la Première Guerre mondiale, il sert dans l'armée puis s'établit en 1920 à Mödling, un faubourg de Vienne. Il y donne des leçons de musique et ne sort pratiquement que pour les besoins de sa charge de directeur de la chorale locale. Pendant ces années, il se consacre à donner une éducation musicale aux ouvriers et aux étudiants. Il dirige un Orchestre des travailleurs de Vienne et fonde une chorale ouvrière, tout en continuant à donner des leçons.

Avec Schönberg, il organise une association d'exécutions musicales privées, dont les critiques sont complètement exclus. Il ne semble pas que ces activités soient liées à un intérêt de nature politique mais plutôt à un sens social aigu, s'expliquant peut-être par la conviction que la classe intellectuelle est en bonne partie responsable de la situation difficile de l'Autriche et de son peuple. Webern tient particulièrement à avoir un style de vie cohérent et « assimilé » ; il ne recherchera donc jamais les honneurs au détriment de sa propre liberté et de son indépendance musicale, sa seule raison de vivre. Sa situation économique — peu prospère — le laisse pratiquement indifférent.

Après avoir donc été chef d'orchestre dans certains théâtres (dont celui de Prague jusqu'en 1918), Webern se consacre en compagnie de Schönberg et d'Alban Berg (avec lesquels il forme le célèbre *Schönberg Kreis*) à des études sur l'atonalité et le dodécaphonisme, devenant rapidement le plus résolu des trois dans l'application artistique de la méthode de composition sérielle. Sa musique suscite hostilité et dérision, mais il suit sa voie jusqu'aux plus extrêmes conséquences. Pour améliorer un peu sa situation financière, il doit en 1927 accepter un travail à la radio et de nouveaux engagements comme chef d'orchestre jusqu'à la dissolution, entre 1933 et 1934, des organisations de travailleurs par le nazisme triomphant, qui menace d'ostracisme le *Schönberg Kreis* (Schönberg est juif). L'année suivante, les livres, les partitions et les tableaux de Webern et de ses amis sont brûlés sur la place publique et on leur accole le qualificatif d'« artistes dégénérés ».

Dans l'intervalle, Webern a composé le *Trio à cordes op. 20* (1927), la très brève *Symphonie op. 21* pour orchestre de chambre (1928), le *Quatuor op. 22* pour violon, clarinette, saxophone et piano (1930), le *Concerto pour neuf instruments op. 24* (1934), les *Variations pour piano op. 27* (1936) et le *Quatuor à cordes op. 28* (1938).

Avec l'Anschluss s'ouvre une période extrêmement péni-

ANTON WEBERN

5 SÄTZE

FÜR STREICHQUARTETT

op. 5

Partitur

UNIVERSAL EDITION

Ci-dessus, titre d'une édition des Cinq Pièces op. 5 *pour quatuor à cordes (1909).*
À droite, Webern, dessin d'Egon Schiele de 1917.
Page ci-contre, Les Funérailles *du poète Oscar Panizza de G. Grosz, un tableau soulignant âprement la situation de l'Allemagne prénazie. Webern souffrira du nazisme jusqu'en 1945.*

Il a mené une vie simple et discrète, ne recevant en échange que mépris et exclusion de la part de la classe dominante. Ses voisins ne savent même pas qu'il est musicien. À sa mort, sa veuve se trouve dans une extrême pauvreté.

Entre sa première œuvre, la *Passacaille* composée en 1908, et la dernière, la *Cantate n° 2 op. 21* de 1943, l'intégralité de sa maigre production occupe en tout et pour tout quatre disques dans l'édition discographique. Pourtant, il a été un génie au plein sens du terme. Il n'a pas seulement été l'élève de Schönberg, mais son prophète. En authentique contemporain de Wittgenstein, d'Albert Einstein et de Paul Klee, il a remplacé par une multiplicité de perspectives harmoniques, déterminées à chaque fois à partir d'un angle différent, le précédent jeu bipolaire de la tension harmonique classique. Chaque nouveau point de vue projette ainsi tout un réseau de rapports de perspective, s'ajoutant à ceux qui proviennent de l'ensemble des autres points de vue et créant un « champ » au sein duquel chaque force détermine les

ble : le nom du compositeur est mis sur une liste noire, il perd son travail à la radio et toute activité publique lui est interdite. Il doit donc vivre uniquement avec ce que lui rapportent ses leçons privées.

Il sert dans la défense antiaérienne, son fils unique est tué au combat, un chapelet de bombes rase sa maison de Vienne. Pourtant, malgré l'ostracisme et l'isolement dans lesquels il est contraint de vivre, son renom artistique et moral s'est imposé à travers des canaux clandestins et, dès la fin de la guerre, il se voit proposer des rôles importants dans la reconstruction du pays. Mais il n'a pas de chance : il n'y aura pas de lumière pour lui. Le 15 septembre 1945, pendant une rafle contre des trafiquants de marché noir effectuée par la police américaine, il sort dans le jardin de la maison de sa fille et est abattu par une sentinelle américaine trop zélée.

Si, avec le recul du temps, on considère aujourd'hui la place de Webern dans l'évolution de la musique, on s'aperçoit qu'il a peut-être été le plus important par son enseignement, par ses indications sur le développement d'un langage devenu, dès cette époque, objet de vénération et exemple à suivre pour les nouvelles générations. Le destin a été terrible avec l'être le plus doux qu'on puisse imaginer : c'était un homme tranquille, attaché à sa maison et à sa famille.

autres et est déterminée par elles. Webern poursuit les images d'un absolu lyrique, définissant une vision du temps musical où chaque instant doit être d'une densité et d'une intensité maximales. L'effort pour abolir l'extension du temps (au point de réduire la durée d'un morceau à moins de une minute) et respecter l'absolu de l'instant détruit toute symétrie formelle conventionnelle, toute articulation du discours, les réinventant pour les adapter à la « nécessité intérieure » de la nouvelle forme.

De là vient la capacité de Webern à « exprimer un roman par un seul geste », comme l'a écrit Schönberg à propos de la *Bagatelle n° 9*. La fuite du monde de Webern vers un univers de pureté lyrique porte les signes d'un choc tragique avec la réalité, comme on l'a vu. Le refus de l'éloquence allant jusqu'au seuil du mutisme est perçu comme l'unique voix possible par qui a pris conscience de sa propre solitude. L'espace dans lequel se meut sa musique est raréfié, défini par le silence ; il n'est plus possible d'y utiliser les catégories de l'harmonie et du contrepoint pour définir des images musicales.

ALBAN BERG

Vienne, 1885
Vienne, 1935

Pendant l'adolescence d'Alban Berg, personne n'aurait pu dire que ce jeune homme étudiant la comptabilité, issu d'une famille bourgeoise aisée, devenu quelque temps fonctionnaire dans un bureau de Basse-Autriche, marquerait une étape particulière dans l'histoire de la musique. Né à Vienne le 9 février 1885, il vit dans le climat fin de siècle de la capitale autrichienne, où les musiciens se référant au genre classique sont nombreux, non moins que les ferments agitant la culture de la Mitteleuropa. Il se passionne pour la musique depuis l'enfance mais c'est seulement quand il entre en possession d'un héritage important qu'il peut se consacrer entièrement à la seule activité qui l'intéresse. En 1904, Berg est devenu l'élève de Schönberg. Avec son maître et Webern, il fonde le « cercle Schönberg », le *Schönberg Kreis*, d'abord orienté vers l'atonalité puis vers le dodécaphonisme. Il a auparavant composé, presque en secret, des duos et des lieder, mais à partir du moment où Schönberg le prend comme élève, toutes ses œuvres vont se faire sous la « supervision » du maître. La position de Berg au sein de l'école qui est en train de se former sera souvent définie à la lumière de ses tendances à la médiation entre acquisitions nouvelles et dimensions stylistiques encore liées à la tradition. On dira que son rôle est celui de la « conscience du passé », mais cela ne suffit pas pour comprendre sa personnalité.

Les récupérations « régressives », l'acceptation directe et consciente de l'héritage de Mahler, les liens avec le Jugendstil (nom de l'Art nouveau dans les pays de la langue allemande), l'attention portée à Debussy sont des composantes d'une poétique encline à l'hétérogène et au labyrinthe, capable cependant d'associer des éléments intrinsèquement différents, mais aussi d'une puissante tension constructive et d'une force d'invention spontanée, au lyrisme fascinant. La complexité poétique de Berg tient notamment à cette tendance à réunir des matériaux disparates en un processus d'accumulation insatiable, aboutissant parfois au seuil de l'informe et d'une sorte de « chaos organisé ». Berg est infatigable : il compose, écrit des articles, choisit et encourage les exécutions d'œuvres contemporaines. Mais c'est aussi un travailleur particulièrement scrupuleux, attentif, lent même, justement à cause de son désir de sonder, d'aborder, d'accumuler ; son œuvre n'est donc pas abondante. Quand, en 1914, Berg a l'occasion d'assister à une représentation de *Woyzeck*, drame « révolutionnaire » de Georg Büchner, il en est tellement frappé qu'il décide d'en tirer un opéra. Cette entreprise va l'occuper pendant toute la durée du conflit, dans les moments de loisir que lui laisse son travail au ministère de la Guerre où il a été mobilisé. Mais il ne sera pas facile de faire représenter l'œuvre : le nom du musicien rappelle au public les cinq *Lieder avec orchestre* qui ont connu un échec retentissant en 1913. L'opéra finira par être créé à Berlin en 1925.

Le goût de Berg pour une matière dense, pour les superpositions enchevêtrées, atteint ses résultats les plus radicaux dans les trois *Pièces pour orchestre op. 6* achevées juste avant août 1914. Tandis que Schönberg et Webern travaillent dans une direction opposée, sur des structures formelles plus concises, Berg affronte le problème d'une forme beaucoup plus ample. Sa pensée musicale a besoin de s'exprimer dans une structure d'une certaine étendue pour tracer à partir de la rigoureuse élaboration de cellules thématiques minimales un parcours continu, dans lequel la complexité et la densité de son langage puissent créer l'impression de l'informel. Cette superposition de fonctions formelles différentes engendre l'une des pages les plus fascinantes et les plus caractéristiques de ce début de maturité du compositeur : les quatre *Pièces op. 5* pour clarinette et piano, suivies d'un seul autre chef-d'œuvre de musique de chambre, la *Suite lyrique* de 1925-1926, qui marque l'un des sommets de la seconde phase d'activité de Berg. Par ailleurs, c'est la première œuvre où le musicien utilise le dodécaphonisme : mais ni l'adoption de cette technique ni le virage stylistique vers une écriture à la transparence et à la clarté plus contrôlées que dans les chefs-d'œuvre précédents n'interrompent l'impression de continuité sans heurts produite par son évolution. La technique dodécaphonique est d'ailleurs utilisée par Berg comme un instrument supplémentaire pour intensifier la polyvalence et la complexité de signification qui caractérisent de toute manière son art, s'en servant pour dilater un espace harmonique et mélodique qui ne sera jamais d'une nature véritablement sérielle. Dans la *Suite lyrique*, Berg veut en outre enrichir les potentialités thématiques de la série, modifiant d'une fois à l'autre certaines de ses notes dans les quatre passages où il l'emploie, comme pour l'intégrer au parcours expressif et formel dessiné par le morceau, un itinéraire qui se déroule comme une action dramatique intérieure et aborde des rivages marqués par le pessimisme le plus désolé.

Cette œuvre, tout comme le *Kammerkonzert* pour violon, piano et treize instruments à vent terminé en 1925, mais aussi l'opéra inachevé *Lulu* et l'air de concert pour soprano et orchestre *Der Wein (Le Vin)* prouvent que la puissance expressionniste de Berg est supérieure à celle de ses amis. Peut-être est-ce justement pour la discipliner qu'il cherche à récupérer les anciennes formes « closes ». Berg est le père des procédés dodécaphoniques, même si le dodécaphonisme en tant que système a ensuite été explicitement formulé par Schönberg, plus intéressé que Berg par les questions théoriques.

Il résulte de tout cela que Berg est un extraordinaire compositeur de théâtre. *Wozzeck* est reconnu par l'ensemble de la critique comme l'opéra le plus important — avec *Pelléas et Mélisande* de Debussy — du siècle. Berg atteint ici son apogée d'homme et d'artiste ; en tant qu'homme parce qu'il parle de l'injustice sociale et de la cruauté humaine ; en tant qu'artiste parce qu'il réalise un opéra réellement nouveau jusque dans sa structure. Plus de livret élaboré à partir d'une histoire, mais un texte déjà existant ; plus de versification symétrique, plus d'idéalisme amoureux et existentiel. Une histoire simple et crue, énoncée dans une prose dépouillée, une succession ultra-rapide de moments brefs : des morceaux de vie instantanés. Le *Concerto pour violon* est la dernière œuvre achevée par Berg. Il le compose en très peu de temps,

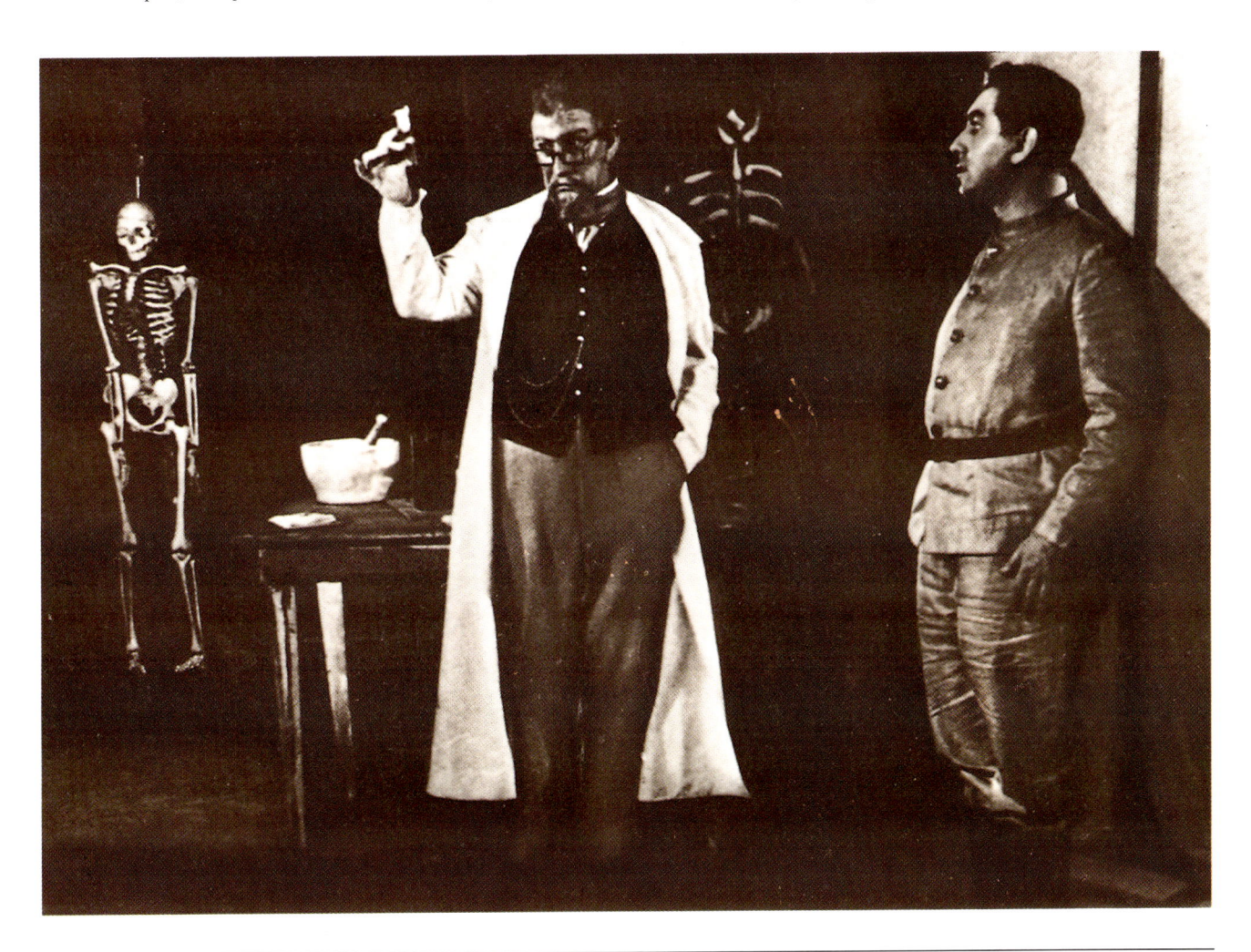

Une scène de Wozzeck *dans une production de Covent Garden. Cet opéra, écrit par Berg pendant la Première Guerre mondiale et achevé en 1921, n'a été créé qu'en 1925.*

Ci-dessus, une scène de Lulu *au festival dei Due Mondi à Spolète en 1974, mise en scène par R. Polanski. Berg a tiré cet opéra, resté inachevé, de deux tragédies de F. Wedekind.*
À gauche, caricature montrant le jeune Berg entre une partition de Parsifal *de Wagner et une de Schönberg.*

entre avril et juillet 1935 ; la partition définitive porte la date du 12 août de la même année. C'est pour ce concerto que Berg interrompt son travail sur *Lulu*. C'est un peu son testament puisqu'il meurt quelques mois plus tard sans avoir écrit autre chose, terminant l'œuvre sur une reprise de la série initiale, qui s'estompe dans le silence.

En conclusion, Berg n'a pas été un musicien révolutionnaire ; progressiste, certainement, mais partant des profondeurs intimes de l'esprit musical plus que de l'extérieur. Les jeunes générations s'attacheront fanatiquement à Webern au début des années 1950 parce qu'elles trouveront dans son œuvre le moyen immédiat de s'exprimer dans un monde nouveau. Berg sera jugé moins intéressant ; mais il a laissé d'inoubliables témoignages sur la condition désespérée de l'homme contemporain, qui a perdu ses valeurs spirituelles et morales, le sens de la tradition et donc de l'immortalité.

Serge Prokofiev

Sontsovka, 1891
Moscou, 1953

Serge Prokofiev est très marqué par sa terre d'origine, l'Ukraine, où il naît à Sontsovka près d'Ekaterinoslav en 1891. Son père gère un grand domaine agricole, sa mère est une assez bonne pianiste, comme le veut l'éducation bourgeoise de l'époque. C'est donc certainement à elle que l'enfant doit ses premières expériences musicales. On ne peut pas non plus, comme dans le cas d'autres compositeurs russes et d'Europe orientale, négliger l'influence qu'exercent sans aucun doute sur lui les chants et les danses populaires par lesquels les paysans célèbrent les jours de fête. Mais tout aussi déterminant est certainement un premier séjour à Moscou, où le petit garçon (il a neuf ans) va éprouver sa première émotion théâtrale. L'année suivante, nouveau voyage à Moscou, cette fois dans le but précis de lui faire passer une audition de piano, instrument pour lequel il manifeste déjà de grands dons. L'examinateur est Serge Taneiev, autrefois l'élève de Rubinstein et de Tchaïkovski, qui suggère de confier le petit Serge à R.M. Glière, lequel passera ainsi quelques mois l'été dans la maison des Prokofiev en Ukraine. Les progrès réalisés conduisent rapidement le garçon au conservatoire de Moscou ; puis, en 1904, à celui de Saint-Pétersbourg où il va étudier une bonne dizaine d'années sous la direction de Liadov et de Rimski-Korsakov.

Quand il en sort muni de son diplôme, c'est déjà un pianiste très admiré pour ses talents de virtuose et un compositeur contesté pour sa grande indépendance. Il obtient son premier grand succès avec le *Concerto pour piano op. 10*, grâce auquel il remporte le prix Rubinstein. Il continue d'étudier le piano et la direction d'orchestre. Ces années précédant la Première Guerre mondiale sont marquées par un bouillonnement non seulement social et politique mais aussi culturel, surtout dans le domaine musical qui voit les rénovateurs — dont Prokofiev — exposés aux insultes de la critique, tandis qu'un tout petit nombre de partisans en exalte l'action progressiste.

De passage à Londres en 1914, il fait la connaissance de Diaghilev qui lui commande la musique d'un ballet après avoir entendu son *Deuxième Concerto pour piano* : le ballet devrait être *Ala et Lolli*, mais l'œuvre ne sera jamais représentée et deviendra la *Suite scythe*, destinée à connaître une immense popularité. En 1917, exhorté par la critique à respecter les formes traditionnelles, Prokofiev compose la *Symphonie classique*. Lorsque éclate la révolution, il reste en marge de l'immense bouleversement et ne s'occupe guère de ce qui se passe autour de lui. Au début de mai 1918, il obtient un passeport et quitte le pays. Il voyage pendant dix-huit jours à travers l'Orient russe jusqu'à Vladivostok et s'embarque pour Tokyo, où il attend son visa d'entrée pour les États-Unis. Son idée est de se produire à l'étranger comme concertiste ; il prend d'abord Paris pour base, tout en se rendant fréquemment en Amérique. En 1920, il termine à Paris pour Diaghilev le ballet *Chout* (le bouffon), inspiré par la musique traditionnelle russe. En 1921 a lieu la création à New York de *L'Amour des trois oranges*, au milieu du chahut habituel entre partisans et détracteurs. Il ne faut cependant pas croire que la Russie soviétique l'ignore complètement. Au contraire, il y est régulièrement invité et finit par s'y rendre à l'occasion d'une tournée de concerts, mais en revient au bout de quelques mois. En 1925, toujours à Paris, il écrit la musique d'un nouveau ballet pour Diaghilev, le *Pas d'acier*, qui exalte le début de l'industrialisation en Russie. À la même époque pourtant, il passe de longs moments d'isolement et de réflexion à Ettal, un village situé près d'Oberammergau, petite ville bavaroise du XVIIIe siècle. Il s'efforce d'y terminer son opéra *L'Ange de*

SERGE PROKOFIEV

Ci-dessus, une scène du Joueur *dans une production du Bolchoï de 1974. L'opéra a été écrit par Prokofiev à l'époque de la Première Guerre mondiale.*

Ci-dessous, esquisse de G. Ratto pour une scène de L'Amour des trois oranges ; *l'œuvre a été présentée pour la première fois à New York en 1921.*

Page ci-contre, une scène du ballet Roméo et Juliette *lors d'une représentation du Bolchoï, dans la chorégraphie de L. Lavrovski.*

♦ 260 ♦

feu (1919-1927). Ce n'est qu'après la création posthume à Venise en 1955 qu'on a découvert dans cet opéra non seulement le chef-d'œuvre théâtral de Prokofiev, mais aussi la clef qui permet de comprendre pleinement son art : ici se concrétise le passage de la frénésie de la modernité au réalisme romantique, qui s'affirmera plus tard comme le climat constant de la musique de Prokofiev. *L'Ange de feu* — qui a pour cadre l'Allemagne du XVIe siècle — est une œuvre complexe, traversée par le thème de l'ésotérisme et de la magie.

Bien que le compositeur ait reçu un accueil chaleureux lors de son premier retour en U.R.S.S. en 1927, les exécutions de ses œuvres aux alentours de 1930 rencontrent une nette opposition de la part du nouveau pouvoir soviétique. Simultanément, les milieux musicaux occidentaux lui sont toujours plus favorables, ce qui trouble profondément Prokofiev, resté intimement lié à sa terre natale. En 1933, il effectue une longue tournée en Amérique, interprétant lui-même son *Troisième Concerto* et son *Cinquième Concerto pour piano* à New York et à Boston, sous la direction de Bruno Walter et de Koussevitski. À l'improviste, la position des autorités soviétiques change et Prokofiev décide de rentrer dans son pays, ce qui se produit en 1933, cette fois pour s'y réinstaller officiellement. Il s'adapte aux exigences du régime, composant et faisant exécuter ballets et opéras, œuvres symphoniques et musique de chambre (dont le merveilleux *Pierre et le Loup*, pour orchestre et récitant, de 1936), musiques de film et cantates patriotiques de propagande, recevant même deux fois le prix Staline, en 1941 et en 1947. L'œuvre la plus représentative du cinéma soviétique peu avant la Deuxième Guerre mondiale, sinon de toute la production cinématographique des années 1930, est *Alexandre Nevski* d'Eisenstein, dont la partie sonore est justement composée par Prokofiev en 1938. Eisenstein est convaincu qu'il est fondamental de repérer le mouvement d'un morceau de musique pour pouvoir baser la composition de l'image sur son rythme extérieur. Certaines scènes de foule d'*Alexandre Nevski* sont effectivement construites en fonction de la dynamique musicale, dont dépendent généralement aussi les coupes ou les ajouts de séquences. Dans cette perspective, il s'agit pour Prokofiev de concevoir une musique donnant un net relief plastique au profil des thèmes et surtout à l'utilisation des timbres orchestraux.

L'expérience du cinéma incite le musicien à employer des moyens nouveaux. Les techniques d'enregistrement lui fournissent en effet des ressources inédites en matière d'émission sonore et d'instrumentation : par exemple, la possibilité de donner un caractère particulièrement dramatique aux fanfares de cuivres, en disposant les micros à une distance plus ou moins grande. Malgré la très grande considération dont il jouit, Prokofiev ne peut échapper aux attaques de l'idéologue Jdanov, qui l'accuse en 1948 — ainsi que Chostakovitch et d'autres compositeurs russes — de « déviationnisme bourgeois ». La *Cinquième Symphonie op. 100* de 1944, d'abord considérée comme le plus grand projet symphonique du siècle, est ainsi l'objet de très dures critiques. Mais ses adversaires se réfèrent aussi à des œuvres antérieures, comme le *Troisième Concerto*, incontestablement « moderne ». En tant que pianiste, Prokofiev possède toutes les qualités du grand interprète traditionnel, à l'état pur. Malgré l'apparence du contraire et ses polémiques contre la tradition récente, non seulement il n'ignore aucune des valeurs sur lesquelles repose le succès du concerto pour piano, mais de surcroît les fait revivre dans un style nouveau, les soustrayant à une tradition académique figée et surannée.

Outre sept symphonies et la *Suite scythe*, Prokofiev compose cinq concertos pour piano, deux pour violon et deux pour violoncelle, une *Ouverture sur des thèmes juifs*, une *Ouverture russe*, l'*Hymne à Staline*, l'*Ode sur la fin de la guerre* (1945), où l'orchestre se compose de quatre pianos et huit harpes, et l'oratorio *La Garde de la paix* en 1950.

En 1947 — avant les attaques de Jdanov —, il reçoit le titre

Ci-dessus, une scène de Guerre et Paix, *dans un spectacle du Bolchoï de 1964. Cet opéra écrit par Prokofiev entre 1941 et 1943 a connu une nouvelle version en 1952. À gauche, une image du film d'Eisenstein* Alexandre Nevski, *dont la musique a été composée par Prokofiev en 1938.*

d'artiste du peuple, ce qui l'obligera après 1948 à une amère autocritique qui laissera ses admirateurs perplexes. Toutefois, en 1952 (un an avant sa mort survenue à Moscou), le syndicat lui attribue une pension. Sa dernière œuvre est terminée en 1951, mais sa santé est désormais minée par les suites d'une mauvaise chute.

En considérant la longue carrière de Prokofiev, on ne peut oublier le profond attachement des Russes pour leur terre : l'idée de Hitler, selon laquelle le peuple russe opprimé par Staline accueillerait volontiers ses « libérateurs », n'a même pas effleuré des hommes comme Prokofiev. En 1918, il a abandonné la Russie pour s'installer en Amérique, mais il a ensuite quitté l'Amérique et Paris pour revenir dans son pays, non parce qu'en Occident il « tombait toujours sur Stravinski » comme on l'a écrit, mais parce qu'il ne comprenait pas l'Occident et que, sentant venir la tourmente sur sa terre natale, il désirait se trouver « à la maison » dans des circonstances aussi critiques.

Prokofiev possède un grand génie inventif, du talent et des qualités mimétiques ; sur la scène, il se révèle explosif, mais ce n'est pas réellement un musicien révolutionnaire. Il a composé 138 œuvres : concertos, symphonies, ballets, opéras, musique de chambre, musique de films.

♦ 262 ♦

Darius Milhaud

Aix-en-Provence, 1892
Genève, 1974

Quelques compositeurs tous nés avant la fin du XIXᵉ siècle animent en France dans les années 1920 le groupe des Six, dont les sympathies déclarées vont à la polytonalité et à l'atonalité. Ce groupe se compose d'Arthur Honegger (1892-1955), d'origine suisse, de Francis Poulenc (1899-1963), Georges Auric (1899-1983), Germaine Tailleferre (1892-1983), Louis Durey (1888-1979) et Darius Milhaud, né en 1892 à Aix-en-Provence. Naturellement, ce groupe trouve ses principaux adversaires parmi les émules de Debussy et de ses grâces harmoniques, tandis qu'un de ses promoteurs n'est autre que le Normand Erik Satie. Le groupe des Six n'aura cependant presque jamais ni esthétique commune ni programme bien défini. Il se veut l'ennemi déclaré de l'intellectualisme, tente de valoriser le jazz et les musiques de café-concert, mais ses membres ne seront pas tous fidèles aux principes de départ.

Milhaud est déroutant. Né dans une famille juive aux ascendances illustres, il est l'élève des meilleurs professeurs au Conservatoire de Paris et à la Schola cantorum. Il suit Paul Claudel, brillant diplomate et homme de théâtre, au Brésil quand ce dernier y est nommé ambassadeur de France ; en 1917 et 1918, il s'occupe à Rio de Janeiro du bureau de presse et de propagande.

C'est à son retour en France qu'il se joint à la petite bande, qui bénéficie non seulement du patronage de Satie, mais aussi de celui du « monstre sacré » Jean Cocteau. Outre ce dernier, Milhaud admire énormément Gide et Cézanne ; quant à Paul Claudel, il lui inspire son *Christophe Colomb*, opéra créé à Berlin en 1930, dans lequel le musicien atteint incontestablement son plus haut niveau d'expression. Le gigantisme qui caractérise *Christophe Colomb* se retrouvera dans d'autres œuvres lyriques consacrées à des personnages historiques, l'empereur du Mexique Maximilien ou Simon Bolivar, opéras respectivement intitulés *Maximilien* (1932) et *Bolivar* (1950). Le retour au grand opéra s'y manifeste avec éclat par des accents dramatiques vaguement fauves, en réaction contre l'impressionnisme tardif et la décadence fin de siècle. L'aspect déroutant mentionné plus haut naît du contraste entre le caractère monumental d'œuvres comme *Christophe Colomb* et d'autres ne durant que huit ou neuf minutes ; entre des compositions expérimentales exploitant film et sons électroniques, et des mélodies comme la populaire *Suite provençale* de 1936 ou *Scaramouche* de 1937 ; entre les formes conventionnelles de la musique de chambre pour quatuors à cordes (il en écrira 18) et des morceaux comme *Cocktail*, pour voix et trois clarinettes, composé vers la fin de 1921. L'apparente capacité de Milhaud à composer sous l'effet de n'importe quelle impulsion est attestée par son charmant recueil pour le piano *Une journée* de 1946, dont tous les morceaux ont été écrits le même jour. Son *Concertino d'hiver* pour trombone et orchestre à cordes de 1953 est composé pendant les cinq jours que dure une traversée de l'Atlantique. Entre 1920 et 1930, le compositeur entame une série de voyages qui l'entraîneront dans toute l'Europe, puis aux États-Unis.

L'abondante production théâtrale de Milhaud comprend bien d'autres œuvres, comme *La Brebis égarée*, opéra créé à Paris en 1923 mais écrit dix ans plus tôt ; *Les Euménides*, à partir du drame d'Eschyle dans la version de Paul Claudel, dont la première exécution intégrale aura lieu à Bruxelles en 1949, mais qui a été composé trente ans auparavant ; *David*, opéra créé à Jérusalem en 1954 à l'occasion du troisième millénaire de la ville et dans lequel Milhaud veut souligner certaines analogies entre des épisodes bibliques et l'avènement pour les Israéliens d'une nouvelle patrie.

Il ne fait cependant aucun doute que le meilleur de Milhaud se trouve dans des œuvres de moindre ampleur,

À droite, Les Mariés de la tour Eiffel, *tableau de M. Chagall de 1921. Le groupe des Six réalise un ballet portant le même titre.*

Ci-dessous, esquisse de F. Léger pour l'opéra de Milhaud Bolivar. *L'intérêt de Milhaud pour le folklore latino-américain date de l'époque où il a suivi au Brésil le poète Paul Claudel, nommé ambassadeur de France, en 1917-1918. Milhaud est sensible à diverses influences et suggestions, utilisées ensuite dans ses compositions : rythmes sud-américains, musique afro-américaine, polytonalité, néoclassicisme, etc.*

dont certaines lui sont inspirées par sa profonde connaissance de la culture mythologique et dramatique occidentale. *Les Malheurs d'Orphée*, créé à Bruxelles en 1926, en est un précieux témoignage, mais tout aussi remarquables sont ceux tirés de ballades populaires, comme *Le Pauvre Matelot* (Paris, 1927), sur un texte de Cocteau. Bien inégales apparaissent au contraire les douze symphonies, tout comme les nombreux concertos (5 pour piano et orchestre, 3 pour violon, 2 pour alto, 2 pour violoncelle) qui font également appel à des instruments inusités dans la culture occidentale, par exemple celui pour marimba (instrument originaire du centre de l'Afrique) et vibraphone, créé en 1947. On connaît par ailleurs les sympathies de Milhaud pour le jazz et la musique américaine d'origine africaine, surtout celle des solistes et des improvisateurs des *bands* populaires.

Jusqu'au déclenchement de la Deuxième Guerre mondiale, Darius Milhaud vit à Paris ; mais en 1940, notamment pour fuir les persécutions raciales, il quitte la France pour les États-Unis, acceptant un poste de professeur de composition au Mills College d'Oakland, en Californie. Bien qu'il souffre d'arthrite, il continue de composer et de diriger sa musique en concert. La guerre terminée, il revient en France et y est chaleureusement fêté. Dès lors, il enseigne en alternance au Conservatoire de Paris et à Mills College, passant généralement ses vacances d'été à Aspen dans le Colorado où, là encore, son activité ne connaît pas de trêve : il fait notamment du conservatoire local l'un des plus importants centres musicaux des États-Unis. La multiplicité de ses intérêts, sa sensibilité aiguë envers le folklore latino-américain et la musique afro-américaine ont une influence sur ses œuvres. Cela se remarque particulièrement dans *Le Bœuf sur le toit*, inspiré par les personnages fréquentant le célèbre bar parisien du même nom, dans les *Saudades do Brazil* pour piano, dans le ballet *La Création du monde* où se fait entendre avec force le langage du jazz américain. La musique de Milhaud,

Le groupe des Six avec Jean Cocteau et la pianiste Marcelle Meyer, par J.-E. Blanche. À partir de la gauche en bas : M. Meyer, Darius Milhaud, Arthur Honegger, Louis Durey, Germaine Tailleferre, Francis Poulenc, Cocteau et Georges Auric. Le terme de « groupe des Six » est utilisé pour la première fois en 1920 par le critique musical H. Collett pour désigner les six jeunes musiciens émules de Satie et de Cocteau. Ce dernier est devenu l'idéologue du groupe dès 1918, année de publication de l'essai Le Coq et l'Arlequin. *Les membres ont en commun leur aversion radicale pour le romantisme et l'impressionnisme ; les musiciens visent à dépouiller le son de toute implication psychologique et mystique pour le rendre à sa pure réalité physique : la musique n'exprime qu'elle-même, et l'« objet » sonore doit être défini dans la netteté de ses contours. Milhaud rejoint le groupe après son séjour au Brésil de 1917-1918.*

bien que dissonante, reste toujours tonale. Dès sa jeunesse, il a indiqué dans un article les options ouvertes selon lui à un compositeur moderne : ou l'atonalité de Schönberg, ou la tonalité de la musique traditionnelle. Il choisit la seconde voie, intensifiant souvent sa préférence pour la tonalité en en superposant deux : c'est ce que l'on appelle la « polytonalité ». Tracer un cadre exhaustif des créations de Milhaud n'a rien d'une entreprise facile. Ce compositeur prolifique a laissé plus de sept cents partitions et même la critique spécialisée ne les a pas encore toutes étudiées dans le détail. Aucun genre, aucune forme musicale ne lui ont été étrangers : il a composé des symphonies et de la musique de chambre, des opéras et de la musique pour piano seul. Ses morceaux de musique sacrée et ses œuvres vocales et chorales sont également importants. Il a exprimé ses idées dans quelques écrits théoriques. Il est mort à Genève en 1974.

Paul Hindemith

Hanau, 1895
Francfort-sur-le-Main, 1963

Paul Hindemith naît en 1895 à Hanau, à la frontière entre Hesse et Bavière à quelques kilomètres de Francfort. Dès l'enfance, Hindemith se passionne pour la musique et apprend à jouer de divers instruments. À onze ans, il choisit de se concentrer sur le violon et la composition. Il s'inscrit donc tout naturellement au conservatoire de Francfort, qu'il quitte avec son diplôme en poche avant d'avoir vingt ans. L'étape suivante est un poste de *Konzertmeister* (premier violon) à l'Opéra de Francfort. Mais l'apprentissage a été long : quinze ans de pratique de l'exécution et, même après sa nomination à Francfort, il accepte de faire partie d'un quatuor comme alto.

En 1926, il rejoint un mouvement allemand de jeunesses musicales pour lequel il compose quelques œuvres. Les textes utilisés par le jeune Hindemith sont puisés dans le théâtre de prose de la première décennie du siècle (*Meurtrier espoir des femmes* de Kokoschka, 1919 ; *Sancta Susanna* de Stramm en 1921). Sa musique est violente par ses timbres et par une utilisation agressive de la dissonance, mais la tension du langage y est incontestablement plus limitée que celle développée dans les années précédentes par Arnold Schönberg. La symétrie, l'ordre rationnel de l'œuvre d'art sont en train de regagner du terrain à cette époque.

En réalité, Hindemith tente un retour aux valeurs sociales du XIXᵉ siècle dans sa *Suite 1922*, où il choisit d'intégrer des danses modernes et provocantes : le *shimmy*, où les danseurs agitent les épaules et le buste comme des marionnettes ; le *boston*, valse lente et sentimentale devenue populaire en Allemagne, également appelée « valse anglaise » ou *hesitation waltz* ; le *ragtime*, rendu célèbre par le jazz. Une marche ouvre cette Suite, selon un modèle typique des musiques du XVIIIᵉ comportant plusieurs mouvements brefs ; au centre, le « Nocturne ». Le caractère ironique et burlesque de tous les morceaux, à l'exception du nocturne, se passe de commentaires, mais l'harmonie romantique n'est pas déformée ni caricaturée comme chez Stravinski. Ce dernier soumet la musique bourgeoise à un démontage féroce et destructeur du sentiment. Hindemith, comme Béla Bartók, repropose au contraire en termes « modernes » la typologie traditionnelle. Le but didactique et l'attention prêtée aux amateurs, qui deviendront toujours plus évidents dans l'œuvre du compositeur vers la fin des années 1920 avec la « musique d'usage » *(Gebrauchsmusik),* sont déjà présents dans la *Suite 1922*. L'écriture pianistique n'est pas virtuose, ni « de concert », sauf dans les dernières mesures du ragtime. Le public auquel s'adresse Hindemith n'est pas celui, anonyme, de la salle de concert, où le compositeur a besoin de la médiation de l'interprète ; c'est le public des amateurs passionnés et pleins de bonne volonté, qui se mettent à déchiffrer de la musique et parviennent à en donner une exécution convenable pour leurs amis. Hindemith propose donc un renouveau du contenu — type de danses et harmonies — dans une conception musicale qui veut conserver les valeurs sociologiques traditionnelles.

Comme Bartók, Hindemith sent qu'une époque se termine et il tente, comme lui, d'en perpétuer les valeurs sociales en misant sur le contenu. Les deux musiciens, le Hongrois et l'Allemand, ressentent l'isolement — et y réagissent — dans lequel le compositeur, fournisseur d'art familial, sorte d'artisan bien inséré dans la société, est en train de tomber pendant cette période d'entre les deux guerres.

Hindemith est de ceux qui s'efforcent d'élaborer leurs œuvres pour orchestre en tenant compte de la tradition, sans toutefois se référer au répertoire symphonique de la fin du romantisme. Entre 1920 et 1940, il compose une série de *Konzertmusiken* parmi lesquelles on peut ranger le *Konzert für Orchester* de 1925 et le *Philharmonisches Konzert* de 1932. Il écrit également des *Kammermusiken* conçues pour divers ensembles instrumentaux, allant de la formation de chambre au petit orchestre et dans lesquelles domine le style concertant, avec opposition de sections instrumentales ou de différents instruments solistes.

Hindemith s'intéresse à la tradition et à Bach en particulier, en quête d'un héritage d'« artisanat musical » à opposer au sentimentalisme petit-bourgeois de tant d'œuvres, même du XXe siècle. Son néoclassicisme est donc moins ironique que celui de Stravinski et consiste en une recherche de structures solidement fondées sur les principes de la forme sonate, de la fugue et des règles du contrepoint.

Dans le cadre du mouvement de jeunesse, il compose quelques œuvres qu'il baptise « musique à chanter et à jouer » ; certaines sont en fait des chansons, d'autres des pièces faciles pour cordes, d'autres encore des arrangements de vieux motifs allemands. Il écrit aussi une œuvre pour les enfants, *Wir bauen eine Stadt* (« Construisons une ville »). Son *Plöner Musiktag* (« Journée de musique à Plön ») présente une « musique du matin » pour cuivres, une « musique de déjeuner » pour cordes et vents, une petite cantate et un « concert du soir » avec de brefs morceaux pour orchestre, clarinette et cordes, et un trio de flûtes. Dans l'*Éloge de la musique*

Ci-dessus, Hindemith en train de diriger un orchestre. Le compositeur a également des activités de direction d'orchestre et de soliste. En 1915, il est nommé Konzertmeister (premier violon) à l'Operhaus de Francfort ; en 1921, il fonde avec L. Amar un quatuor à cordes où il joue de l'alto et pour lequel il écrit ses premiers quatuors. En 1927, il obtient la classe de composition du conservatoire de Berlin, où il restera jusqu'en 1937, continuant à diriger et à jouer en concert. Contraint d'émigrer à l'avènement du nazisme, il se rend en Turquie, en Suisse et aux États-Unis, où il enseigne dans différentes universités. Après la fin de la guerre, il reprend ses activités de concertiste et de direction d'orchestre en Europe également et, en 1953, s'établit à Zurich où il dirige depuis 1951 la classe de composition de l'université.

À gauche, une carte de vœux de Noël dessinée par Hindemith (le compositeur est le premier à droite).

Ci-dessus, couverture de la partition de L'Harmonie du monde, *écrite en 1951.*

Ci-dessous, moulage de la tête de Hindemith, peut-être de 1922.

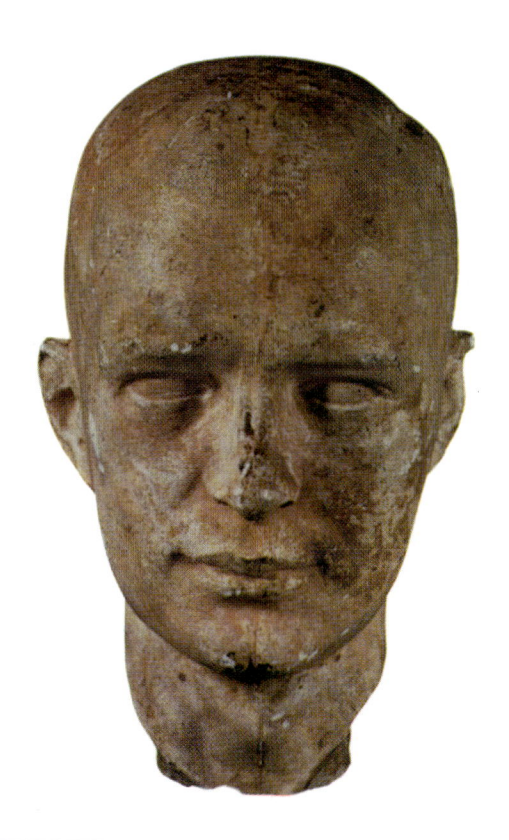

pour voix et orchestre, au finale les auditeurs joignent leur voix à celle des interprètes.

En 1927, Hindemith est nommé professeur de composition au conservatoire de Berlin, mais quand les nazis arrivent au pouvoir, il est violemment attaqué et critiqué parce qu'il refuse de modifier le style de sa musique et de renoncer à ses nombreux amis juifs. Son œuvre est alors interdite. Il décide d'émigrer, d'abord en Turquie, puis en Suisse et enfin aux États-Unis (1939) où il enseigne dans différentes universités (Yale, Harvard, Columbia). Outre ses cours, il se consacre à l'organisation de concerts de musique ancienne et apprend à ses élèves à jouer sur des instruments anciens qu'il emprunte dans les musées.

À la fin de la Deuxième Guerre mondiale, Hindemith revient en Europe et dirige de nombreuses exécutions de ses propres œuvres, suscitant l'enthousiasme d'un large public de musicophiles. Bien que devenu citoyen américain, il apprécie particulièrement la Suisse pour son mode de vie et sa nature, qui lui donne un sentiment de pureté et de paix. Il partage donc son temps entre Harvard et l'université de Zurich. En 1953, il se fixe définitivement à Zurich avec l'intention d'y écrire des livres.

En dépit de ses diverses activités, Hindemith parvient à composer un grand nombre d'œuvres. Il est convaincu qu'un bon musicien doit écrire non seulement pour les professionnels qui connaissent toutes les astuces, mais aussi pour les amateurs et les simples amoureux de musique. Il projette, et réussit à composer, au moins une sonate pour chaque instrument, y compris la trompette, le trombone, la harpe et le basson. Il écrit des œuvres de longue haleine, comme *Cardillac*, *Mathis le Peintre*, *Neues vom Tage* et *The long Christmas Dinner*, mais aussi un morceau durant à peine douze minutes, *Hin und Zurück*. Parmi ses ballets, citons *Hérodiade* et *Nobilissima Visione* ; il compose également pour le théâtre de marionnettes, ainsi qu'une série de variations intitulée *Métamorphoses symphoniques* sur des thèmes de Weber et *Les Quatre Tempéraments*. Parmi les œuvres les plus souvent jouées figurent la *Symphonie Mathis le Peintre* et le cycle de mélodies *Das Marienleben*.

Durant la dernière phase de son activité créatrice, les nombreuses références à la musique de cabaret, au jazz, aux musiques de rue et d'estaminet s'espacent : le compositeur adopte un style plus paisible et plus équilibré. C'est précisément de cette époque que date la majeure partie de ses symphonies, celle déjà mentionnée tirée de *Mathis le Peintre*, la *Symphonie en mi bémol* de 1940, la *Symphonia serena* de 1946, la *Sinfonietta en mi* de 1949, la *Symphonie en si bémol majeur* de 1951 pour orchestre et instruments à vent et celle intitulée *Harmonie du monde* de la même année.

Ses livres figurent parmi les plus beaux jamais écrits sur la musique : *The Craft of Musical Composition* explique ses choix stylistiques ; les deux volumes sur l'harmonie traditionnelle ont été traduits dans tous les pays du monde ; quant aux cours donnés par Hindemith à Harvard, ils sont rassemblés dans l'extraordinaire *A Composer's World* (1949-1950), où le musicien résume ses réflexions.

Paul Hindemith est mort à Francfort en 1963.

DIMITRI CHOSTAKOVITCH

Saint-Pétersbourg, 1906
Moscou, 1975

Dimitri Chostakovitch naît à Saint-Pétersbourg et y accomplit ses premières études, suivant très vite son penchant naturel pour la musique. Il commence le piano à neuf ans et à onze ans s'assied déjà au clavier pour composer. La révolution de 1917 se produit au moment où il commence à se passionner non seulement pour la musique mais aussi pour la vie réelle, si bien que sa formation peut à bon droit être décrite comme marquée par cette atmosphère révolutionnaire. Quand il peut entrer au conservatoire de sa ville natale, où enseignent Sokolov et Steinberg (ancien élève de Rimski-Korsakov), ses dons pour le piano sont immédiatement remarqués par Glazounov, doyen des compositeurs russes. C'est grâce aux recommandations de ce dernier que le jeune Chostakovitch est placé sous la tutelle de Steinberg en classe de composition. Pendant qu'il suit les cours du conservatoire, son père meurt et pour subvenir aux frais de ses études il doit jouer pour le public des films muets.

À dix-neuf ans, il compose sa *Première Symphonie* en guise de travail de diplôme. Elle connaît un succès immédiat, aussi bien en Russie que lorsqu'elle est plus tard exécutée en Europe occidentale et aux États-Unis. Le style brillant mais sec des mouvements rapides démontre un sens exceptionnel de la mélodie et de la couleur instrumentale, tandis que les mouvements plus lents, d'une légère mélancolie, indiquent que le compositeur sait aussi écrire avec son cœur.

Dimitri Chostakovitch est l'auteur de quinze symphonies, toutes composées après la révolution, à partir de 1925. En outre, après la *Quatrième*, elles ont toutes été écrites à l'époque du réalisme socialiste et constituent un témoignage important sur le tourment du musicien, pris entre ses exigences de liberté et d'individualisme créateur, et les impératifs de la politique culturelle officielle. Dans les quatre premières, Chostakovitch développe une conception personnelle de la symphonie perçue comme une rhapsodie, tantôt sur un ton ironique et désacralisant (la *Première*), tantôt dans un but de célébration (*Deuxième* et *Troisième*). Toutefois, après les violentes accusations de « formalisme » provoquées par l'opéra *Lady Macbeth de Mtsensk* (1934, d'abord applaudi puis désapprouvé), le musicien fait publiquement amende honorable avec la *Cinquième Symphonie* (1937), employant un style plus simple, réduisant le nombre des instruments et adoptant le schéma formel de la symphonie classique, dorénavant toujours respecté. La *Cinquième* prend le sens d'une interprétation morale du destin et de la vie de l'homme, après les libertés que le compositeur s'est accordées en exprimant son goût pour l'humour grotesque, par ailleurs l'une des composantes de sa personnalité.

Entre-temps, Chostakovitch a écrit vingt-quatre fascinants *Préludes pour piano* et le *Concerto pour piano, trompette et cordes*, œuvre brillante de virtuose. Les années de la Deuxième Guerre mondiale le voient particulièrement inspiré : la *Septième Symphonie* dite « de Leningrad » (1941) et la *Huitième* (1943) sont des œuvres pleines d'angoisse, fortement marquées par sa participation à des événements tragiques et douloureux. La *Septième* surtout, en grande partie composée à Leningrad pendant les mois du terrible siège infligé à la ville par les troupes allemandes, est une œuvre monumentale qui présente pour la première fois une structure programmatique sans intervention chorale. Dans les premiers et les derniers mouvements, Chostakovitch décrit l'irrésistible invasion nazie, puis la joie de la libération finale. Après la *Neuvième Symphonie* de 1945, sorte de divertissement orchestral de facture néoclassique célébrant avec une grande allégresse la victoire et la paix, le compositeur revient dans les symphonies suivantes au plan monumental, avec citations répétées de chants révolutionnaires et populaires (comme dans la *Onzième* de 1957) ou apparition d'un ton lyrique (la *Treizième* de 1962 et la *Quatorzième* de 1969), sur des textes de poètes russes (Evtouchenko) ou occidentaux (Apollinaire, Rilke et Garcia Lorca). Quand les tâches de célébration font défaut, Chostakovitch redécouvre une gamme expressive allant des atmosphères les plus sombres et les plus inquiétantes à un retour au ton ironique et démystificateur de ses premières œuvres.

Le musicien éprouve également un vif intérêt pour le théâtre, dont témoignent diverses musiques de scène parmi lesquelles celles écrites pour *Hamlet* et *Le Roi Lear* et aussi pour *La Punaise* de Maïakovski. Dans la grande tradition de l'école russe, il compose par ailleurs quelques ballets ; citons en particulier *L'Âge d'or* satirique de 1931 et *Le Ruisseau clair* de 1935. Il tâte également de l'opéra : outre *Lady Macbeth* déjà mentionné et objet de dures attaques dans la *Pravda*, il écrit *Le Nez* (tirant lui-même le livret du célèbre texte de Gogol), œuvre très vivante et sarcastique.

On peut se demander comment Chostakovitch réussit à préserver sa veine ironique et sa violente soif de liberté pendant les longues années d'un régime dur et sévère... Comme tant d'autres intellectuels russes, il éprouve un profond amour pour sa terre. Cet amour de la patrie remplit une bonne partie de ses œuvres, bien que certains aient fait remarquer qu'en un petit nombre d'occasions il exploite la tradition si vivante des chants et des danses populaires de son pays. Parmi ses œuvres « patriotiques », il faut citer *Le Chant des forêts*, *Le Soleil luit sur notre Patrie* et la musique des films *La Jeune Garde*, *Rencontre sur l'Elbe* et *La Chute de Berlin*.

Son œuvre aborde donc la musique à programme, le théâtre et la musique de concert. Outre ses quinze symphonies, Chostakovitch a composé dix quatuors à cordes, deux concertos pour piano, le cycle des vingt-quatre préludes et

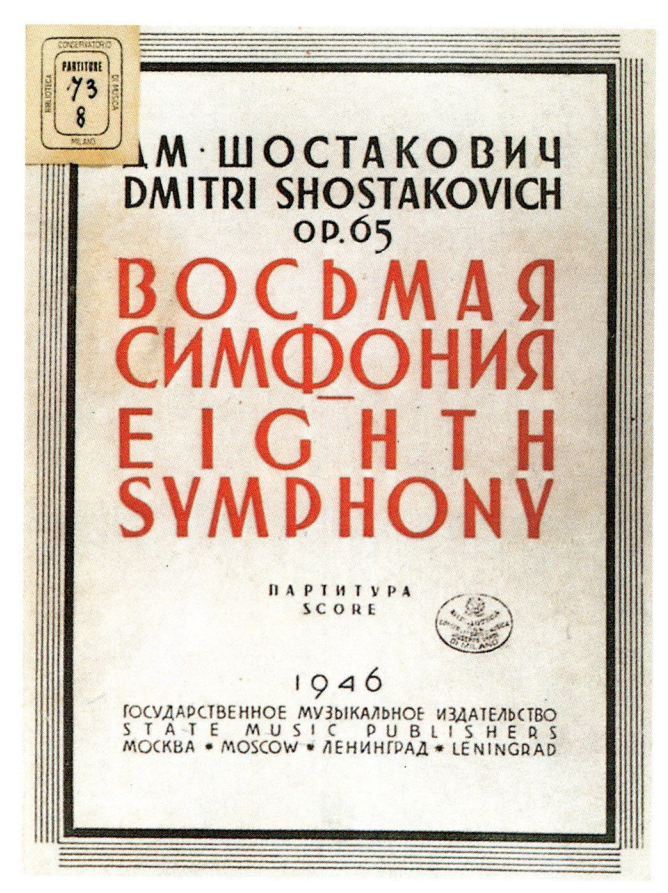

En haut, une vue de Saint-Pétersbourg, ville natale de Chostakovitch.

Ci-dessus, couverture de la Huitième Symphonie, composée en 1943.

DIMITRI CHOSTAKOVITCH

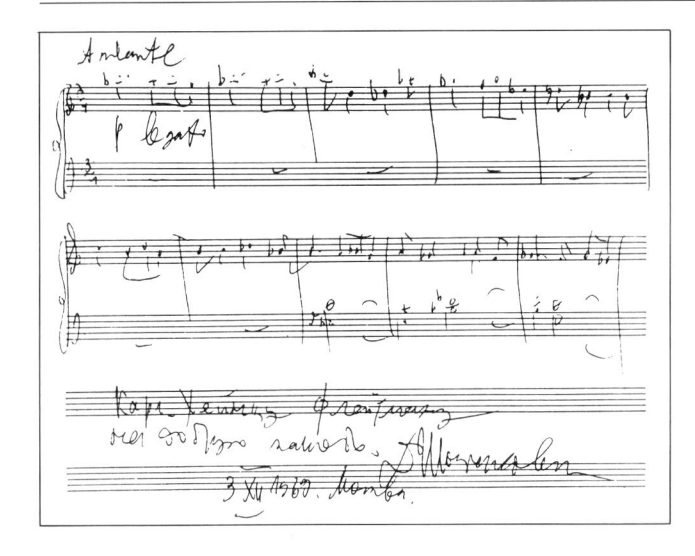

En haut, une page autographe de Chostakovitch.
En bas, le compositeur au piano pendant l'enregistrement de l'un de ses concertos.

fugues pour piano, deux concertos pour violoncelle et un pour violon, jouissant d'une grande notoriété non seulement dans son pays, mais aussi en Suède, en Angleterre, en Allemagne de l'Est et en Italie. En 1940, son *Quintette pour piano et cordes* lui vaut le prix Staline. Il participe activement au mouvement pacifiste en Union soviétique et à l'étranger, se rendant deux fois aux États-Unis en 1949 et 1959, suivi par un public très nombreux. En 1954, il reçoit le prix international de la Paix et deux ans plus tard, l'ordre de Lénine.

Dans l'itinéraire de sa maturité et des dernières années, la musique de chambre de Chostakovitch doit être analysée parallèlement à sa production symphonique, dont elle constitue souvent une sorte de pendant secret, intimiste, signe que le sens inné du sarcasme et le « désir de liberté » des années de jeunesse ne se sont jamais effacés. Le sombre pessimisme marquant la poétique du musicien aboutit à une sorte de repli introspectif dans les dernières années, caractérisées par un intérêt croissant pour la musique de chambre (entre 1968 et 1974, il compose six quatuors). Les derniers quatuors sont d'amers soliloques, des méditations désolées sur la mort. Dimitri Chostakovitch est mort en 1975.

GEORGE GERSHWIN

Brooklyn, New York, 1898
Beverly Hills, Hollywood, 1937

George Gershwin voit le jour dans l'un des quartiers les plus célèbres de New York, Brooklyn, où sont nés, ont grandi puis disparu tant de Juifs, d'Italiens, de Polonais et de Noirs, venus aux États-Unis en quête d'un monde meilleur et se retrouvant dans ces ruelles étroites et ces petites places servant de marché (comme en Europe), exclus sans espérance. De temps en temps, l'un d'eux sort du lot et quitte le « ghetto » ; c'est le cas de Gershwin, issu d'une famille juive, sorti de son ghetto personnel grâce à la musique.

Dès son enfance, le petit George a la passion de la musique et surtout du piano, recevant les leçons de Charles Hambitzer, un brillant pianiste originaire du Milwaukee. À la naissance de Gershwin — en 1898 — Noirs et créoles de la Nouvelle-Orléans se sont déjà fait connaître par leurs improvisations de jazz, utilisant les instruments les plus simples, trompette, trombone, basse, tambour. Seuls quelques improvisateurs isolés tapotent ici et là sur les touches d'un piano dans les bars du quartier malfamé de Storyville. Une figure légendaire de cette première période du jazz est le cornettiste Buddy Bolden, qui réunit un petit orchestre considéré comme le premier vrai jazz band. Le mot lui-même a cependant été adopté pour la première fois en 1914 par un autre ensemble, blanc cette fois, l'Original Dixieland Jazz Band dirigé par Nick La Rocca (un Italo-Américain).

À la création de cette formation, George Gershwin a à peine seize ans, mais il a déjà donné de grandes satisfactions à son professeur Hambitzer, qui est naturellement bien loin de penser que les morceaux exécutés par les jazz bands auront une influence décisive sur la musique de Gershwin. Il propose surtout à son élève de s'exercer sur des œuvres venant d'Europe, essentiellement Debussy et Ravel. Mais à seize ans, Gershwin doit chercher du travail : un éditeur de musique lui propose de jouer les chansons de modestes compositeurs qui peuvent intéresser les propriétaires de cafés et de night-clubs de New York et d'Atlantic City.

Dans ces atmosphères enfumées et fréquentées par tout un monde, Gershwin comprend peut-être à quel point la musique l'a aidé à échapper aux ombres menaçantes de Brooklyn. À vingt et un ans, c'est là qu'il compose sa première comédie musicale, *La, la, Lucille*, qui connaît un succès fulgurant, tout comme la chanson *Swanee* et d'autres de la même époque, *The Man I love, Embraceable You, Somebody Loves Me,* etc. La comédie musicale n'a pas moins de cent quatre représentations tandis que *Swanee* est souvent chanté, même au Capitol Theatre de New York. Le public apprécie particulièrement la veine profondément américaine de la musique de Gershwin et il ne faut pas oublier non plus que l'un de ses professeurs a été, ne serait-ce que brièvement, Rubin Goldmark, lui-même élève autrefois de Dvořák à New York, quand le compositeur tchèque écrivait sa symphonie *Du Nouveau Monde*.

Lors d'une réception, un soir, Gershwin joue *Swanee* devant le très célèbre chanteur Al Jolson, qui va la porter au pinacle. Gershwin décide alors d'incorporer la chanson dans son *musical Sinbad* et, en un an, on va vendre deux millions de disques et un million de partitions de *Swanee*.

En 1923 se produit la rencontre de Gershwin avec celui qui est alors baptisé le « roi du jazz », le chef d'orchestre Paul Whiteman, qui le persuade de chercher à créer un « jazz symphonique ». En 1924, l'année où il compose le *musical Lady Be Good*, le musicien de Brooklyn se lance dans cette *Rhapsody in blue* qui, malgré de nombreuses naïvetés structurelles, présente une thématique très personnelle, puisant également dans l'authenticité du chant populaire américain. C'est une remarquable tentative pour introduire dans la tradition symphonique européenne des éléments de jazz et de

GEORGE GERSHWIN

Ci-dessus, Gershwin (quatrième à gauche) au café Sacher à Vienne.
Ci-dessous, couverture de la première chanson publiée par Gershwin en 1916.
Ci-dessous à droite, une caricature du compositeur.

George Gershwin

mélodies tirées des *spirituals* composés sans l'aide de l'écriture musicale. Les chants des Noirs et les *popular songs* font leur entrée dans le mélodrame, même si cela suscite l'opposition des musiciens de jazz : pour ces derniers, l'improvisation et l'expression d'une tradition clairement « indigène » constituent l'unique manière de faire vivre leur musique.

Pour mieux comprendre le jazz — si l'on peut dire —, Gershwin se rend à la Nouvelle-Orléans, entreprise qui n'aurait sans doute pas réussi à quelqu'un né ailleurs qu'à Brooklyn. Mais le grand mérite de Gershwin est aussi de comprendre que son œuvre de compositeur restera sans lendemain s'il n'étudie pas les classiques, ce qu'il fait avec acharnement, presque insoucieux des succès qu'il récolte avec ses musicals et ses chansons. En 1925, il est déjà en mesure d'orchestrer son *Concerto en fa pour piano*, qu'il interprète lui-même au Carnegie Hall de New York. Entre-temps naissent de sa plume d'autres musicals : en 1925 *Tip Toes*, en 1926 *Oh, Kay*, en 1927 *Funny Face*, en 1928 *Rosalie*, en 1930 *Strike up the Band* et *Girl Crazy*. En 1928, il a accompli un « voyage d'études » en Europe, où il a rencontré Ravel, Stravinski et Milhaud, de qui il reçoit des témoignages de sympathie. Lors de ce séjour européen, Gershwin a été très attiré par la tradition musicale occidentale. D'où son désir de connaître les musiciens européens, d'étudier avec les maîtres — souhait qui s'exprime par des demandes de leçons à Ravel, Stravinski et Schönberg, lesquels s'y refusent sous divers prétextes. Peut-être parce qu'ils sentent que les grandes qualités naturelles de Gershwin pâtiraient de la rigueur des formes musicales occidentales. Mais le principal résultat de son séjour, à Paris en particulier, est la composition d'*Un Américain à Paris* (1928), écrit sous l'effet de la fascination exercée sur lui par la vigueur culturelle du Vieux Continent, qui lui fait sentir plus encore sa dépendance à l'égard des « modestes » traditions de la musique américaine. Incontestablement, la vieille Europe a elle aussi flairé quelque

Ci-dessus, Gershwin (au piano) sur le plateau de Shall We Dance *avec F. Astaire et G. Rogers (à sa droite, assis).*

Ci-dessus à gauche, la première page du manuscrit de Rhapsody in blue, *l'une de ses plus célèbres œuvres de Gershwin.*

Ci-dessous, le compositeur avec son frère Ira dans une caricature de A. Hirschfeld.

À droite, une scène de la première de Porgy and Bess *à Boston en 1935.*

Ci-dessous, couverture du programme de l'opéra. Peu après les représentations de Boston, l'opéra est donné à New York sans obtenir un grand succès. Les spectateurs restent perplexes : s'agit-il d'un opéra ou d'une comédie musicale ? Mais très vite des chansons comme Summertime *et* I got plenty o'nutting *connaissent une énorme diffusion. Des troupes d'acteurs et de chanteurs noirs font faire à l'œuvre le tour du monde et, en 1959, on en tirera un film.*

Page suivante, un enterrement noir. Un élément typique des cérémonies religieuses des Noirs américains est le gospel song, chant inspiré de l'Évangile.

Page 277, en haut, des jazzmen à Manhattan en 1968 ; en dessous à gauche, Louis Armstrong jeune et, à droite, Duke Ellington.

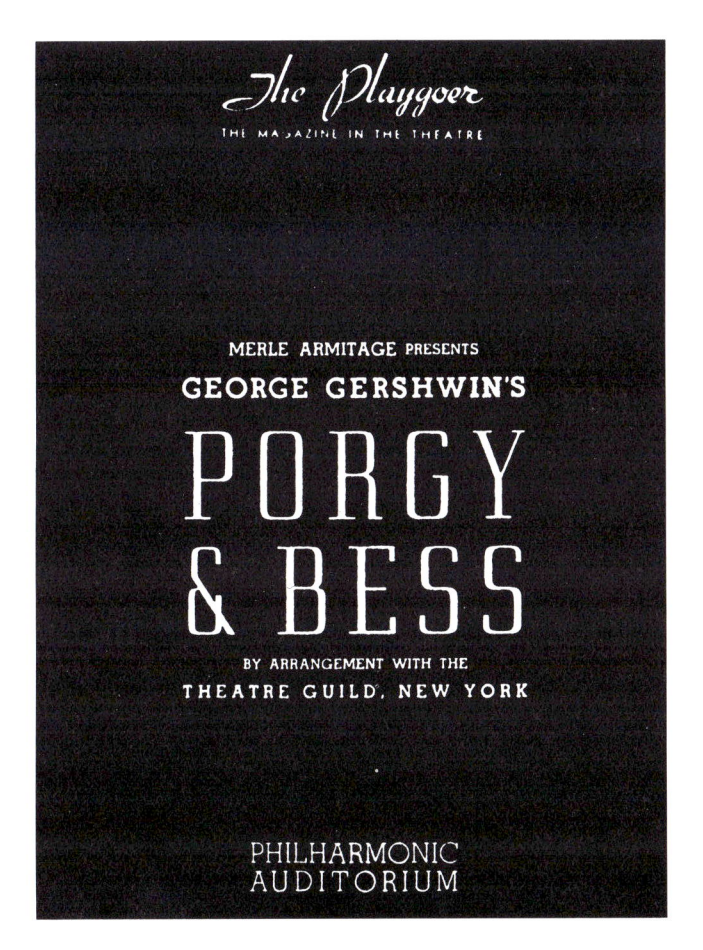

chose d'insolite chez le compositeur de Brooklyn, Toscanini lui-même tenant à diriger plusieurs fois *Un Américain à Paris*.

Cela devrait contredire l'opinion de ceux qui jugent médiocre l'imagination instrumentale de Gershwin, même dans un morceau comme *Rhapsody in blue*, dont vaudraient uniquement l'agrément des thèmes et l'emploi des jazz bands. D'autres musiciens ayant repris des éléments de jazz, comme John Carpenter, John Powell, Arthur Honegger, ont eux aussi fait très attention à aligner le jazz sur la musique classique. Mais on a également écrit que *Rhapsody in blue* était une combinaison de jazz et de tons mélodiques développés dans le style de Liszt et Tchaïkovski.

Gershwin restera habité par une double vocation : celle de mélodiste talentueux, auteur de chansons vouées à un immense succès, et celle de compositeur d'œuvres de longue haleine, composant pour grand orchestre.

En 1934, Gershwin commence à travailler à un véritable opéra et se rend même dans le sud des États-Unis pour se documenter sur le folklore noir et les chansons populaires. Le résultat en est *Porgy and Bess*, fondé sur un livre de son vieil ami Dubose Heyward. Le roman de ce dernier se situe à Catfish Row, un quartier de Charleston en Caroline du Sud. Pour mieux rendre le langage des Noirs de la région, le compositeur y passe plusieurs mois, séjournant souvent dans les îles Folly et James. Le livret est établi par Heyward lui-même et par Ira, le frère aîné de Gershwin.

Porgy and Bess est créé à Boston le 30 septembre 1935 et à New York deux semaines plus tard. Sur le moment, ce

LE JAZZ
(JAZZ-BLUES-GOSPEL)

La musique de jazz a pris des formes si variées qu'il est difficile d'en donner une définition qui l'englobe entièrement. Appartiennent au jazz le *Dixieland*, le *ragtime*, le *blues*, le *gospel*, le *barrel-house*, le *boogie-woogie*, le *swing*, le *bop*, le *progressive jazz*. Aujourd'hui, on parle également de « jazz symphonique », de musique « hill-billy », de « rock ». Le jazz en outre peut être *cool* ou *hot* : presque n'importe quel style de danse ou de chant populaire sur un tempo de 2/4 ou de 4/4, joué avec accompagnement rythmique, peut être défini comme « jazz ». C'est à partir de 1910 que ce style de musique aux origines tout à fait populaires conquiert le monde. Pour beaucoup, le jazz représente la plus importante contribution artistique de l'Amérique : dès sa première apparition, le jazz supplante la valse, de la même manière que celle-ci avait supplanté le menuet.

Le jazz naît essentiellement de l'improvisation et la manière dont joue un musicien peut donc être plus importante que ce qu'il joue. C'est pourquoi les grands compositeurs de jazz abandonnent souvent leur interprétation en cours de route pour se tourner directement vers le public en improvisant. Le cœur du jazz est dans son rythme mais les motifs syncopés ne sont pas nés avec le jazz. Ils ont été utilisés par les compositeurs européens pendant des années et sont présents depuis des temps immémoriaux dans les musiques populaires d'Asie et d'Afrique.

Dans le jazz toutefois, le « syncopé » est devenu le rythme dominant. Sur les mesures fixes du tempo, les instruments mélodiques accentuent les temps « faibles » de la mesure à 2/4 ou 4/4.

Cette accentuation nous ramène à l'étymologie même du mot « jazz » qui, selon toute probabilité, dérive d'un terme d'argot des Noirs de la Nouvelle-Orléans (Louisiane) pour désigner un « rythme accéléré ». Le jazz trouve son origine dans les formes d'expression musicale développées par les Noirs de cette région lors de manifestations populaires, religieuses et folkloriques. Sans aucun doute, on retrouve dans les caractéristiques de cette musique l'influence de leur monde d'origine, le centre de l'Afrique, où la musique rythmique se caractérise depuis toujours par des cadences et des motifs qui se retrouvent dans les expressions les plus raffinées du folklore musical des États américains du Sud et dans les îles des Caraïbes. Les conditions dans lesquelles vivaient les Noirs de Louisiane — descendants directs des esclaves — influencent fortement la naissance de la musique de jazz : à l'origine, celle-ci présente un net accent de lamentation, de revendications et de prise de conscience de la situation misérable de tout un peuple. Le sens musical inné de ces gens (et les *educated feet*, les « pieds éduqués » comme ils disent eux-mêmes, du moins en matière de danse) favorise la diffusion des *hollers* (mélodies entonnées pour rythmer le travail en commun), des *shouts* (forme de danses et de chants primitive d'inspiration religieuse), ainsi que des *work songs* et des *plantation songs* qui accompagnent le travail pour le rendre moins pénible. À ces anciennes manifestations spontanées s'ajoutent dans un deuxième temps le *blues*, chant de nostalgie et de mélancolie, les *spirituals*, chants dans lesquels on s'épanche, on proteste et on supplie Dieu et les *gospel songs* inspirés par l'Évangile comme le prouve l'étymologie du mot, entonnés pendant et après les cérémonies religieuses, mais également lors des fêtes organisées par les diverses Églises pour sélectionner les meilleurs chanteurs et choristes.

Même si le jazz plonge aussi profondément ses racines dans l'âme noire et dans ses lointaines origines africaines, il s'est transformé avec le temps, subissant l'influence de la musique européenne et de ses règles, à travers une longue et complexe osmose dont la chronologie est extrêmement difficile à établir. Vers la fin du XIXe siècle néanmoins se développe dans le monde occidental le *ragtime*, style pianistique fondé sur des rythmes vifs et constamment syncopés. Mais

n'est pas un triomphe ; le public reste perplexe et se demande s'il s'agit d'un opéra ou d'une comédie musicale. Mais les chansons *Summertime*, *I got plenty o'nutting*, *It ain't necessarily so* connaissent une énorme diffusion. Des troupes d'acteurs et de chanteurs noirs font faire à l'œuvre le tour du monde et, en 1959, on en tirera même un film.

Porgy and Bess représente un indéniable progrès par rapport aux œuvres antérieures : la fraîcheur de l'invention mélodique est encore accentuée par un traitement harmonique plus recherché qu'auparavant. Même si certaines scènes interprétées par les habitants noirs d'une misérable arrière-cour tombent parfois dans le spectacle gratuit, l'émotion du blues s'exprime dans des airs très efficaces.

Dès lors, Gershwin se fixe à Hollywood et compose de la musique de films. Mais il ne lui reste plus longtemps à

l'impulsion principale vient de la création de multiples orchestres d'instruments à vent *(brass band)* surtout dans le sud des États-Unis, particulièrement actifs à la fin du siècle dernier ; c'est une vraie prolifération de petits orchestres de musiciens improvisés qui, sans connaître la musique, accompagnent souvent les enterrements et les mariages, les naissances et les événements liés aux travaux des champs. Beaucoup d'entre eux se rencontrent après le travail (l'esclavage est alors aboli depuis longtemps) dans certains établissements de la Nouvelle-Orléans (comme ceux du célèbre quartier « réservé » de Storyville) ; c'est parmi eux que l'on trouve la figure légendaire de Buddy Bolden, un joueur de cornet dont le petit orchestre est considéré comme la première véritable formation de jazz.

À noter que le terme de « jazz band » est utilisé pour la première fois lors de la création d'une formation orchestrale composée de Blancs : l'Original Dixieland Jazz Band, fondé par Nick La Rocca en 1914. Au début des années 20, alors que continue d'augmenter le nombre des éléments constituant les *bands*, les arrangeurs commencent à composer des morceaux avec introduction et finale ; entre les deux thèmes, les musiciens jouent en solo ou commentent en fond sonore le solo des autres instrumentistes. Fletcher Henderson, Don Redman et Duke Ellington sont parmi les premiers arrangeurs à tenter de fixer l'esprit de l'improvisation dans leurs compositions écrites. Mais, même dans ces morceaux, l'improvisation a toujours sa place, une grande liberté étant laissée à la sensibilité des interprètes, sans nier pour autant les particularités musicales de chaque band. Dans un orchestre de jazz, les trois groupes principaux sont ces instruments à vent appelés *reeds* (c'est-à-dire « languettes » ou anches) par les Noirs américains, les cuivres et la section rythmique. Parmi les premiers, la clarinette et les saxophones, en général, les exécutants jouent des deux instruments, ainsi que la flûte, le hautbois et le basson. Les cuivres comprennent la trompette, le cornet et le trombone. La section rythmique englobe les tambours (batterie), le piano, la guitare, le banjo et la basse (violoncelle). L'apport du batteur est toujours fondamental dans un jazz band : sa souplesse d'adaptation et sa dextérité sont des éléments essentiels du bon jazz. Depuis l'introduction des amplificateurs électroniques, le rôle de la guitare au sein de la section rythmique s'est développé (le premier guitariste est Charlie Christian en 1939), de même qu'on entend toujours plus de passages mélodiques exécutés par la basse, dans le style de Jimmy Blandon. Le violon n'est guère utilisé, convenant peu à des rythmes secs et soutenus, tandis que le vibraphone (instrument dérivant de la *marimba* ou xylophone d'origine africaine) a pris une place considérable, pouvant à la fois être employé avec une grande adresse rythmique et souligner des inventions mélodiques raffinées. Red Norvo et Lionel Hampton ont été des virtuoses inégalés de cet instrument qu'ils ont rendu populaire dans le monde entier, tout comme Louis Armstrong a atteint le summum de l'expression à la trompette et Fats Waller au piano.

Toujours en quête de nouvelles sonorités, après 1940, les jazzmen commencent à utiliser les flûtes, le cor et le hautbois dans leur band. Dans quelques formations, l'orgue électronique remplace le piano. Certains orchestres n'ont pas de section rythmique alors que d'autres en sont exclusivement composés. Le jazz est en perpétuelle évolution. L'époque du swing — une période ayant profondément marqué toute la culture occidentale —, celle de Benny Goodman et de Count Basie, est révolue. Mais on peut en dire autant de celle de Charlie Parker, Dizzy Gillespie, Miles Davies, en somme le *cool jazz*, né en réaction contre le côté parfois trop « classique » du swing.

vivre ; en février 1937, alors qu'il joue son *Concerto en fa* avec l'orchestre philharmonique de Los Angeles, il perd soudain conscience, mais parvient à se ressaisir et à terminer le concert. En juillet de la même année, il meurt d'une tumeur au cerveau. George Gershwin a porté ses mélodies de revue à un niveau où harmonie, chansons et rythme sont bien loin de leurs origines. À la demande de son frère Ira, il a introduit dans des œuvres symphoniques ces rythmes « syncopés » nés dans l'âme ardente et résignée des Noirs et des déshérités d'Amérique. Mais ces mélodies ne sont pas seulement sentimentales : associant des éléments tirés du blues, des spirituals, de la revendication noire et de celle des couches les plus humbles parmi les immigrants de ce grand pays, elles rejoignent les résultats des harmonies de Ravel.

BENJAMIN BRITTEN

Lowestoft (Suffolk), 1913
Aldeburgh, 1976

Benjamin Britten naît en 1913 à Lowestoft dans le Suffolk, une région qui aujourd'hui encore semble appartenir à une Angleterre presque entièrement disparue ailleurs. La passion du petit garçon pour la musique est très précoce. Les études régulières qui vont développer toujours davantage ses dispositions débutent en 1925, quand il devient l'élève de Frank Bridge ; c'est un élève attentif et discipliné, entièrement absorbé par son désir d'apprendre. Quatre ans plus tard, il obtient une bourse d'études au Royal College of Music de Londres. Il commence sa vie active, composant des œuvres de concert, de la musique pour des documentaires et des musiques de scène pour les pièces de son ami W.H. Auden.

À cette première période créatrice de Britten correspondent quelques œuvres remarquables : *Sinfonietta* de 1932 et *A Simple Symphony op. 4*, de 1934. Signalons aussi, dans le domaine de la musique de chambre, la *Fantaisie op. 2 pour hautbois et cordes*, souvent jouée aujourd'hui encore.

Une bonne partie de cette première phase de sa carrière se déroule aux États-Unis, où il vit de 1939 à 1942. De retour en Angleterre, il donne de nombreux concerts au profit des victimes de la guerre et son talent s'affirme définitivement par la création en 1945 de l'opéra *Peter Grimes*, qu'il a composé en Amérique sur une idée du chef d'orchestre Koussevitski. Sa production antérieure est extrêmement féconde au point qu'il est presque impossible de parler de toutes ses œuvres. Les principales compositions pour chant et orchestres sont *Our Hunting Fathers op. 8* pour soprano et orchestre, de 1936 ; *Ballad of Heroes op. 14* pour ténor, chœur et orchestre, écrit en 1939 à la mémoire des morts de l'armée républicaine espagnole ; *Les Illuminations op. 18* pour ténor et orchestre à cordes, composé en 1939 sur des poèmes de Rimbaud ; *A Ceremony of Carols op. 28* pour chœur d'enfants et harpe, datant de 1942, à interpréter à Noël ; *Serenade op. 31* pour ténor, cor et orchestre à cordes, écrit en 1943 sur les vers de vieux poètes anglais.

Beaucoup de ces œuvres vocales sont nées de la collaboration avec le ténor Peter Pears. L'amitié des deux musiciens a duré de longues années : Pears a créé bon nombre des opéras du compositeur et tous deux ont donné ensemble des récitals de mélodies. Britten compose également des œuvres purement orchestrales : *Simple Symphony* pour orchestre à cordes en 1934 ; *Soirées musicales op. 9* sur des thèmes de Rossini en 1936 ; *Variations op. 10* sur un thème de Frank Bridge, pour orchestre à cordes en 1937 ; le *Concerto op. 13* pour piano et orchestre en 1938 ; le *Concerto op. 15* pour violon en 1939 ; *Sinfonia da Requiem op. 20* en 1940 ; *Matinées musicales op. 24* sur des thèmes de Rossini ; *Scottish Ballades op. 26* pour deux pianos et orchestre en 1941. En 1940, il a en outre composé *Seven Sonnets of Michelangelo op. 22, op. 25* pour chant et piano. Les *Variations sur un thème de Purcell op. 34* sont également très célèbres.

En Angleterre, le succès de *Peter Grimes* est immense. Dans cet opéra, le compositeur manifeste son sens profond de la voix, explorant toutes les possibilités qui peuvent naître de l'union de la mélodie avec le son et le sens des paroles. Britten est particulièrement attentif à la diction anglaise et à celle des autres langues, choisissant de conserver les textes dans leur langue d'origine, comme en témoignent non seulement ses nombreux opéras mais aussi, nous l'avons vu, son importante et constante production d'œuvres pour chant et piano, ou pour chant et petit orchestre.

Peter Grimes est suivi d'autres opéras, *Le Viol de Lucrèce, Albert Herring, Billy Budd* et *Le Tour d'écrou*, ainsi que de pièces pour enfants. L'intérêt de Britten pour ces derniers se manifeste particulièrement dans un opéra écrit pour eux,

Ci-dessus, Britten avec les membres de la Glyndebourne English Opera Company en 1946.

À gauche, le compositeur avec le chorégraphe F. Ashton pendant les répétitions d'Albert Herring ; cette œuvre composée en 1947 est un opéra-comique de chambre tiré d'une nouvelle de G. de Maupassant. La même année, Britten participe à la fondation de l'English Opera Group pour le théâtre musical de chambre.

Ci-dessous, Britten accompagne au piano le ténor P. Pears, son interprète favori.

The Little Sweep. Aucune de ces œuvres ne connaîtra cependant le succès de *Peter Grimes*. *Le Viol de Lucrèce*, composé en 1946, est en réalité un opéra de chambre pour huit chanteurs, un petit chœur, dix instruments et une section rythmique. *Albert Herring*, écrit l'année suivante, est un opéra comique de chambre sur un sujet tiré d'une nouvelle de Maupassant, conçu pour la même formation que l'œuvre précédente *Billy Budd*, inspiré en 1951 par le célèbre roman de Herman Melville, marque un retour au grand spectacle lyrique et au thème de la mer, cher au public anglais. *Le Tour d'écrou* composé en 1954 et tiré d'une nouvelle très connue de Henry James, est écrit pour le festival de musique contemporaine de Venise. En 1960, Britten compose également le très brillant *Songe d'une nuit d'été*.

On lui doit encore de nombreuses mélodies, des pièces chorales et de la bonne musique de chambre, y compris deux quatuors à cordes. Sa musique, souvent austère et dépouillée, n'appartient à aucune des « écoles » contemporaines : elle est parfois harmonieuse, parfois dissonante. Ses mélodies peuvent avoir la simplicité trompeuse des airs populaires, ou être extraordinairement dramatiques, tandis que ses œuvres les plus désinvoltes sont marquées par un contrepoint nerveux et syncopé. L'œuvre majeure de la dernière période de Britten est sans aucun doute le *War Requiem*, créé en 1962 dans la cathédrale de Coventry pour célébrer la reconstruction de l'édifice, totalement détruit pendant la Deuxième Guerre mondiale. Il s'agit d'une composition au large souffle dramatique, dans laquelle le musicien anglais a déversé toute sa haine de la guerre, faisant alterner le texte traditionnel de la messe des morts avec des poèmes sur les horreurs de la guerre dus au poète anglais Wilfred Owen, tombé pendant la Première Guerre mondiale. En mars 1965, Britten reçoit de la reine Elisabeth II l'Order of Merit, la plus haute distinction civile anglaise. Il meurt en 1976.

Le grand éclectisme de son langage musical — auquel les leçons de Verdi et de Moussorgski ont contribué tout autant que les expériences dramatiques d'Alban Berg et l'enseignement de Stravinski — fait de Benjamin Britten le porte-drapeau d'une tendance musicale à l'esprit moderne, non réfractaire cependant à la tradition tonale.

Ci-dessus, une scène de Billy Budd *lors d'une représentation à Londres en 1964.*

À gauche, une scène du Tour d'écrou, *dans une production de la Scala. Cet opéra, composé tout exprès pour le festival de musique contemporaine de Venise en 1954, est tiré de la nouvelle de H. James portant le même titre. Il s'agit d'un opéra de chambre au style éclectique, dans lequel la magie subtile des timbres vocaux et instrumentaux crée un climat d'ambiguïté psychologique suggestive et inquiétante.*

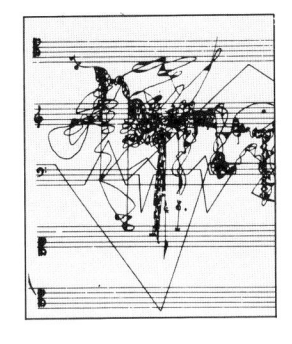

Les Compositeurs Contemporains

Depuis quelques dizaines d'années, de nouveaux termes ont fait leur apparition pour définir les compositeurs contemporains : en particulier, on parle beaucoup de « musique électronique », mais aussi de « musique concrète » et de « nouvelle musique ». Le monde musical est secoué chaque année par les théories d'avant-gardes toujours renouvelées, désireuses de remplacer au plus vite et définitivement des canons jugés trop traditionnels, vieillots, voire même complètement dépassés, par de plus modernes.

Si l'on peut faire remonter la « nouvelle musique » à Schönberg, la musique concrète est un type de composition inventé en 1950 à Paris par l'ingénieur Pierre Schaeffer et le musicien Pierre Henry. Elle utilise des matériaux sonores de n'importe quelle origine, y compris les bruits. La musique électronique, en revanche, ne fait pas référence comme on pourrait le croire à un système d'enregistrement lié aux plus récentes découvertes techniques, mais à des sons créés de toutes pièces par les vibrations, oscillations, etc., produits par les instruments électroniques eux-mêmes.

À partir de là, certains ont commencé à mélanger sons électroniques et sons d'instruments traditionnels enregistrés sur bande magnétique, allant jusqu'à interpréter des fragments d'œuvres et même des œuvres entières sur la base d'un fond d'éléments sonores « purs », c'est-à-dire obtenus à partir de rien. Selon les termes de Giulio Confalonieri, on s'est même servi des instruments pour « gifler le bois des cordes ou des pianos, en fouillant dedans pour en pincer les cordes ou les racler directement, en faisant cliqueter à vide les clefs des instruments à vent ou en soufflant sans jouer, en émettant des glapissements ou des cris, ou encore en n'émettant aucun son, remplacé par toutes sortes de gestes ».

Face à une production aussi inattendue, certains préfèrent revenir à la « vieille » musique : l'un des exemples les plus retentissants est celui de Hans-Werner Henze qui, après des expériences sérielles, est passé à la tonalité. D'autres se réfèrent aux mouvements nouveaux comme à la tradition, comme le Polonais Krzysztof Penderecki, qui a abordé la musique électronique comme la musique traditionnelle. Son éclectisme va du dodécaphonisme aux effets électroniques.

Un texte célèbre de Pierre Boulez, intitulé *Schönberg est mort*, a également eu son importance dans la définition des bases de la « nouvelle musique » : le compositeur français a radicalisé les principes de la technique sérielle dodécaphonique et sur cette voie se sont également engagés l'Allemand Karlheinz Stockhausen et l'Italien Luigi Nono. Ces principes ont été appliqués à tous les éléments et à tous les aspects de la composition. En fait, on considère que Schönberg, comme son élève Berg, ont contribué à la survie d'éléments de la poétique et de la technique de compositions romantiques, tandis que Webern, autre élève de Schönberg, aurait déjà conçu le son dans toute sa signification autonome.

À Luigi Nono on a demandé un jour si sa musique s'écoutait plus avec l'intellect qu'avec l'oreille. Il a répondu préférer une écoute « physique », tout en ajoutant que si l'auditeur voulait également se servir de son intelligence, il n'y voyait naturellement aucune objection. Pour Luigi Nono (né en 1924 et décédé en 1990), le son n'appartient pas à l'instrument : le compositeur moderne recherche donc un son et non le *do* du violon ou du piano. Tout au plus ce son est-il cherché, traqué dans l'instrument. Il se forme dans l'espace, parce que c'est l'espace qui le produit. De la même manière, le silence est un espace dans lequel peuvent s'entendre de multiples voix. Pour Luigi Nono, la musique moderne tend vers l'essentiel : pour certaines compositions, une seule note suffit.

Pour Luciano Berio, la musique a toute une hiérarchie

d'écoutes, parce qu'il n'existe pas une forme unique de compréhension. Il affirme travailler selon le principe de Michel-Ange (qui cherchait à découvrir ce qu'il y avait dans le bloc de marbre), extrayant de l'espace les sons qu'il retravaille ensuite. Pour lui, l'intuition et sa rapidité, l'intelligence des choses, la sensibilité sont des éléments indispensables à la musique. La musique n'est pas reliée à la réalité concrète, elle est plus ouverte que les autres arts.

Selon Sylvano Bussotti (né en 1931), élève au conservatoire de Florence de Roberto Lupi et Luigi Dallapiccola, qui a composé en 1965 *La Passion selon Sade, The Rara Requiem* en 1969-1970 et *Fedra* en 1988, on pourrait écouter aujourd'hui tout naturellement un morceau du XVIe siècle en même temps qu'un air de rock. Quand on l'interroge sur le meilleur niveau culturel pour comprendre sa musique, il répond en privilégiant l'innocence.

Celle-ci est également primordiale pour Salvatore Sciarrino, un Sicilien d'à peine plus de quarante ans : il faut aussi apprendre à écouter les bruits de la rue et à s'en émouvoir, à prêter attention à tout l'environnement sonore. « Quelqu'un qui raisonne et a une vie intérieure intense dans le monde d'aujourd'hui peut découvrir et comprendre la musique de l'extérieur, bien mieux qu'un musicien professionnel. »

En réalité, ces dernières années, la musique est allée en se simplifiant et l'on obtient donc le maximum d'efficacité avec un minimum de moyens grâce aux techniques toujours plus sophistiquées dont on dispose. Ces nouvelles possibilités insoupçonnées aiguisent la passion des véritables passionnés de musique. Selon Camillo Togni (né en 1922), on peut transcrire un choral de Bach en y opérant certains déplacements et certaines modifications, afin d'y entrevoir un sens nouveau, pouvant être suggéré par une sensibilité qui appartient à notre époque, à notre culture.

Ainsi, en dépit des tendances de la musique moderne, la musique fouille dans nos âmes à la recherche de la *vraie* musique, qui est toujours luminosité sonore, plaisir de l'écoute, que l'on considère les « bruits » comme un produit de l'espace ou comme des vibrations émises par un marteau de piano sur des cordes tendues : la véritable musique est musique, telle que l'ont aimée les bergers d'Asie centrale soufflant dans leur pipeau et les plus grands organistes de ce XVIIIe siècle baroque et somptueux. La musique fait partie de l'univers et de la nature humaine.

Quoi qu'il en soit, il est incontestable qu'au cours des cent dernières années, dans ces mêmes nations européennes qui ont donné naissance aux plus hautes créations du système tonal, de profonds changements se sont produits dans la sensibilité par rapport au rythme, à la mélodie, à l'harmonie et au timbre. Les derniers événements de l'histoire musicale sont l'illustration d'expériences disparates et hétérogènes. Il est impossible de leur trouver des dénominateurs communs au contenu positif. Elles semblent plus ou moins unies par un refus du système tonal qui peut prendre des formes très diverses ; mais quant au reste, elles représentent des positions et des tendances nettement différenciées. Pourtant, toutes se situent dans le cadre de ces dernières années, caractérisent notre présent et influeront certainement sur l'avenir immédiat, jusqu'à ce que se précisent les conditions nécessaires à la définition d'un nouveau système (ou de plusieurs) pour faire de la musique. Selon certains critiques, une solution de caractère pluraliste n'est pas à exclure, par opposition à l'« absolutisme » du système tonal.

Celui-ci a déjà perdu sa suprématie dans la civilisation et les habitudes sociales. À ce stade, les questions à poser sont les suivantes : qui se rapproche le plus de l'avenir, Stravinski ou Nono, Penderecki ou la musique New Age, Stockhausen ou Mick Jagger ? La musique de demain trouvera-t-elle son lieu d'élection dans l'*auditorium*, le stade ou la cabine d'écoute à isolement acoustique, et sera-t-elle entièrement confiée aux moyens électroniques de transmission ? Mais dans le même temps, les nouvelles générations redécouvrent avec une ferveur renouvelée le plaisir d'écouter la musique de la Renaissance jouée sur des instruments reproduisant très fidèlement les anciens. Autre question : s'agit-il d'un retour aux origines, d'une quête d'identité ou simplement d'un adieu, ultime salut au monde d'autrefois ? Il est impossible de donner des réponses tranchées. Sans aucun doute, on peut dire que se prépare, à travers d'épuisantes prolongations du passé et de confuses prémonitions de l'avenir, un monde musical bien différent de celui d'hier, où l'univers des sons sera ordonné selon un système radicalement nouveau, même s'il n'ignore pas complètement la tradition.

La culture des siècles passés s'est voulue œcuménique, y compris dans le domaine musical. Aujourd'hui, le seul universalisme possible est celui des techniques, qui paraissent de toute manière vouées à renforcer la tendance au pluralisme culturel et artistique. La musique ne se refuse pas à suivre cette voie. Et il est intéressant de noter le rôle non négligeable, même s'il est indirect, qu'ont justement joué dans la déstabilisation du système tonal la redécouverte des patrimoines musicaux nationaux et la rencontre avec les musiques extra-européennes. Pour l'instant du moins, un système permettant de retrouver le chemin d'une musique universelle n'est pas pensable. Il est beaucoup plus vraisemblable, en revanche, que diverses cultures musicales se mettent à reconquérir plus ou moins intégralement leur propre identité, perdue en raison de la suprématie du système tonal.

Une chose est sûre toutefois : la musique électronique est la voix légitime de notre présent. Cette musique n'est pas l'une de ces manifestations discutables de la mode artistique, mais bien le résultat, digne d'attention, de la recherche créative de nouveaux modes d'expression.

La quête de nouveauté du compositeur, qui revêt presque un caractère éthique, tient en haleine le public depuis le début du siècle et déchaîne de continuelles controverses sur le sens de l'art aujourd'hui et sur la responsabilité du créateur par rapport au « consommateur » musical. Le terme irrespectueux de consommateur est employé à dessein, parce que le public contemporain a sa part de responsabilité dans l'actuelle situation musicale qui, d'un certain point de vue, apparaît très vivante mais est également très confuse et déconcertante. Une grande partie du public, malheureusement, exige une continuelle répétition du répertoire classico-romantique, qui s'adresse essentiellement au cœur et au sentiment plus qu'il ne sollicite l'esprit à un niveau créatif. Et les moyens de communication techniques, radios et télévisions, y contribuent, conduisant à la perte de la conscience auditive, à un certain état de paresse mentale, à l'incapacité d'accepter la nouveauté. La composition étant un processus spirituel, un mouvement créatif, le compositeur doit être poussé à une « révolution » permanente.

L'avènement de la musique électronique a été une conséquence logique de cet état d'inertie, de cette répétition lasse des formes du passé. Il est vrai que la musique électronique est étroitement liée à l'évolution des techniques de télécommunication et que ces dernières n'ont rien à voir avec l'activité créatrice du compositeur ; mais il s'agit avant tout de la conséquence d'une idée créatrice née vers la fin du siècle romantique. C'est alors qu'ont lieu les nouvelles expériences artistiques : le facteur décisif en est l'état de satiété atteint par la culture historique du monde occidental.

Page ci-contre, en haut, le compositeur John Cage travaille avec le musicien David Tudor.

Page ci-contre, en bas, Pierre Boulez.
Ci-dessus : Karlheinz Stockhausen.

Cette « révolution » n'est pas, elle non plus, sans danger. Toujours plus fréquemment, radio, télévision, théâtre et cinéma utilisent les moyens électroniques comme un arrière-plan sonore. Ce déluge de musique électronique programmée, servant de fond à l'action ou aux dialogues, a des aspects nocifs. En réalité, la tâche fixée au compositeur et à son ingénieur par l'histoire de la musique est plus élevée et plus noble. La musique « de consommation » électronique devrait plutôt être un sous-produit des efforts visant à parvenir à une authentique nouvelle musique, à un art sonore qui ne se traîne pas à la remorque de l'esprit technologique, sans espérance, mais vive et se nourrisse de ces découvertes et de ces inventions, de tout le travail intellectuel des physiciens, techniciens, mécaniciens, experts en acoustique et constructeurs qui nous parlent de l'état de notre présent. On ne peut admettre que le compositeur contemporain soit condamné à répéter les formes du passé. Il dépend des jeunes compositeurs qui étudient aujourd'hui que la fin annoncée de la musique soit seulement une vision noire de pessimistes. Avec les techniciens, ils ont le pouvoir de faire régresser la musique à l'état de brouillon de la réalité et de la porter à un splendide épanouissement à travers la compréhension, la pensée, la collaboration désintéressée, dans ce nouveau et fascinant domaine de la composition électronique qui est digne de notre tradition créatrice. Les choses n'arrivent pas toutes seules. Cette fièvre d'innovation semble annoncer partout un changement en profondeur de la fonction sociale de la musique. Cela peut faire naître, pour la musique électronique ou d'autres formes d'expression véritablement nouvelles, une situation de grande créativité.

DISPOSITION DES INSTRUMENTS DANS UN ORCHESTRE SYMPHONIQUE

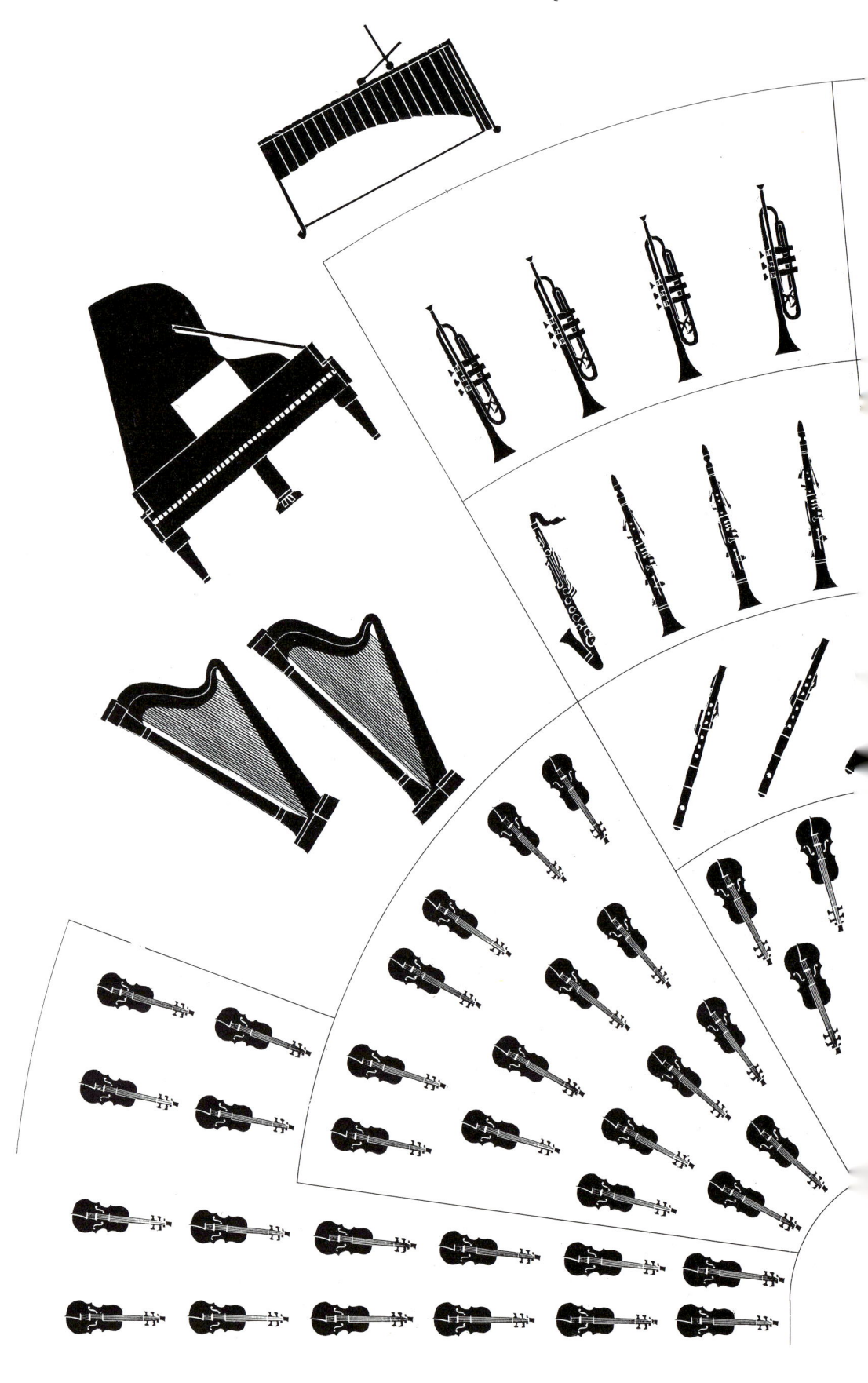

• 284 •

285

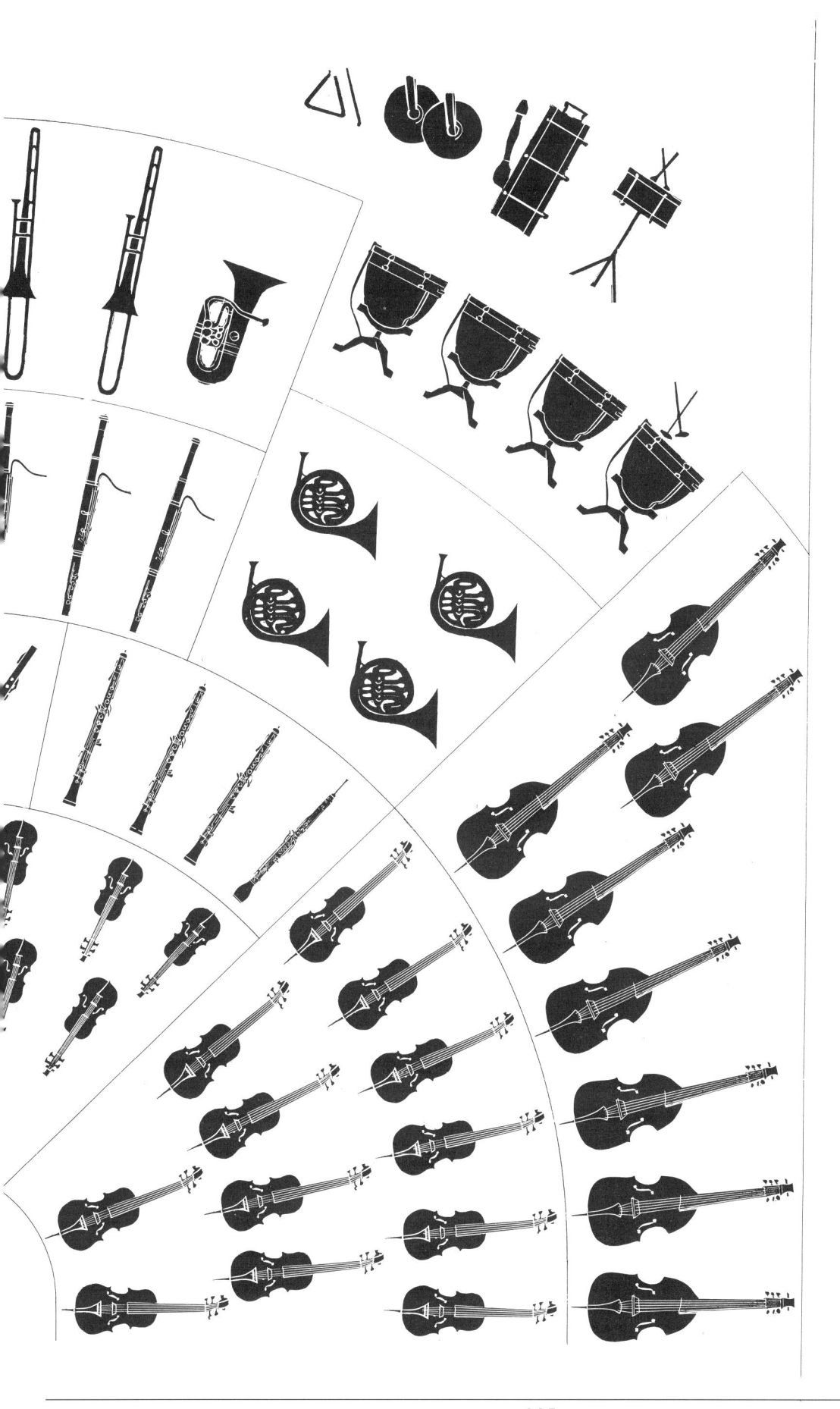

Index

a cappella 9, 226, 235, 250
accompagnement 9, 11, 21, 26, 30, 42, 66, 103, 148, 204, 276
accords 14, 36, 37, 69, 232
Agoult, Marie d' 132, 133, 141
air (*aria*) 21, 22, 23, 42, 45, 46, 48, 52, 56, 57, 60, 62, 66, 69, 74, 75, 147, 148, 149, 161, 243, 280
Albeniz, Isaac 237, 240
alto 44, 53, 66, 68, 74, 76, 117, 119, 251, 267
Amati 44
anches 30, 76
Arcadia, Accademia dell' 18, 20
archet 44, 91, 92
Armstrong, Louis 275, 277
arrangement 117, 175
Ars nova, 36
Auber 148, 160
Auric, Georges 231, 263, 265

Bach, Carl Philipp Emanuel 133
  Jean-Sébastien 14, 30, 32, 36, 37, 44, 50, 56, 59, 66, 76, 82, 87, 126, 127, 133, 137, 140, 160, 165, 244, 251, 267, 282
  Johann Christian 40
  Wilhelm Friedemann 40
Bach Gesellschaft 137
Baillot 126
Balakirev, Mily 185, 190, 191, 194
ballades 109, 127, 134, 146, 176, 193, 198, 199, 236, 251, 253, 264
ballet 13, 37, 39, 86, 89, 112, 160, 193, 194, 204, 230, 231, 238, 240, 241, 245, 246, 248, 250, 259, 261, 262, 264, 268, 270
Ballets russes 231, 237, 240, 246
  comédie-ballet 38
  opéra-ballet 38
banjo 277
barcarolles 134, 164, 204
baroque 14, 18, 21, 32, 42, 48, 50, 56, 64, 68, 69, 71
Bartók, Béla 118, 240, 266
Basie, Count 277
basse 18, 22, 28, 30, 32, 34, 64, 66, 68, 69, 70, 74, 76, 272, 277

basse continue 20, 28, 46, 68, 69, 70
basson 24, 34, 46, 74, 76, 205, 206, 248, 268, 277
Bayreuth 118, 142, 143, 154, 155, 157, 165, 193, 199, 213, 222, 253
Bechstein 133
Beethoven, Ludwig van 33, 44, 56, 70, 72, 76, 78, 100, 104, 105, 109, 110, 118, 127, 129, 133, 138, 140, 152, 165, 190, 213, 214, 216, 243, 252
bel canto 22, 100, 101
Bellini, Vincenzo 101, 118, 148, 158
Berg, Alban 118, 148, 233, 234, 253, 280, 281
Berio, Luciano 281
Berlioz, Hector 93, 112, 118, 119, 122, 131, 138, 140, 141, 142, 148, 169, 172, 196
Bizet, Georges 148, 167
Blandon, Jimmy 277
Blüthner 133
bois 44, 76, 281
Boito, Arrigo 148, 208
boléro 237, 239
Borodine, Alexandre 87, 185, 190, 191, 226, 246
Boulez, Pierre 281, 283
Brahms 31, 44, 85, 87, 125, 129, 133, 138, 139, 166, 167, 190, 195, 196, 213, 232, 234
Broadwood 133
Bruckner, Anton 167, 196, 213, 216
Bülow, Hans von 141, 142, 153, 154, 175, 214, 222, 230
burlesque 266
Bussotti, Sylvano 282
Byron, George Gordon 117, 136, 137, 142, 194, 234

cancan, French 161, 164
cantate 21, 22, 36, 40, 41, 45, 46, 82, 117, 119, 126, 129, 177, 194, 195, 198, 209, 234, 242, 254, 261
  de chambre 12, 24, 26, 50
  sacrée 45
cantor 161
cantus firmus 14, 36
capriccio 194, 250
Carabella 163
Carissimi, Giacomo, 24, 40
Catalani 148, 208
Chabrier, Emmanuel 163, 236
chambre, musique de 12, 21, 41, 44, 48, 49, 56, 72, 80, 84, 104, 129, 134, 137, 165, 179, 180, 202, 206, 224, 226, 237, 243, 244, 245, 257, 261, 262, 263, 265, 271, 278, 280
  orchestre de chambre 251
  voir aussi cordes

chanson 112, 161, 184, 223, 239, 240, 267, 272, 273, 275, 276, 277
Chausson, Ernest 165
Cherubini, Luigi 117, 126, 129, 148, 160, 182
Chickering 133
chœur 9, 11, 13, 21, 22, 23, 45, 47, 48, 99, 101, 106, 127, 149, 158, 160, 176, 226, 233, 234, 235, 248, 250, 251, 278
Chopin, Frédéric 85, 91, 112, 116, 118, 127, 133, 140, 202, 230, 246
chorals 22, 42, 43, 45, 46, 47, 49, 127, 142, 172, 201, 265, 282
Chostakovitch, Dimitri 192, 262
Christian, Charlie 277
chromatisme 155, 234
Cimarosa 99, 148
Cinq, groupe des 185, 186, 190, 191, 192, 252
classicisme 18, 78, 85, 110, 158, 160, 168, 191
clarinette 63, 76, 179, 238, 248, 251, 263, 267, 277
clavecin 18, 20, 24, 26, 27, 28, 29, 30, 31, 34, 37, 38, 40, 41, 42, 49, 52, 55, 56, 57, 63, 65, 68, 70, 72, 75, 82, 87, 99, 133
clavicorde 133
clavier 29, 30, 35, 43, 66, 68, 69, 73, 133, 134, 140, 229, 269
clefs 281
Clementi, Muzio 132, 133
Colbran, Isabella 100, 101, 102
commedia dell'arte 99, 102
comédie musicale 57, 272, 276
concertato 32
concerto 18, 26, 28, 32, 33, 34, 36, 41, 49, 54, 55, 68, 69, 70, 72, 73, 74, 86, 89, 127, 129, 133, 135, 138, 140, 142, 176, 178, 179, 194, 195, 199, 200, 222, 225, 238, 240, 245, 250, 262, 264, 270, 271
concertino 18, 20, 76, 111
concerto grosso 18, 20, 25, 32, 49, 55
concile de Trente 9
conservatoire 114, 116, 117, 129, 130, 134, 138, 140, 144, 158, 161, 165, 168, 174, 182, 198, 199, 202, 204, 213, 226, 229, 236, 243, 263, 264, 267, 268
continuo 24, 28, 65, 66, 69
contralto 22
contrebasse 68, 69, 76, 248
contrepoint (*voir aussi* fugue)

11, 14, 24, 25, 36, 37, 49, 50, 83, 99, 109, 111, 150, 165, 174, 176, 192, 198, 230, 232, 239, 244, 250, 255, 267, 280
cor 24, 46, 57, 63, 66, 70, 73, 74, 76, 111, 216, 277, 278
cordes 13, 14, 21, 22, 27, 30, 34, 44, 46, 55, 57, 66, 68, 69, 70, 73, 92, 133, 169, 223, 239, 246, 252, 263, 267, 278, 281
cornemuse 129
cornet 272, 277
Costa 163
Covent Garden 257
crescendo 99, 102, 161, 173, 174
Cristofori, Bartolomeo 133
Cui, César 185, 186, 190, 192
cuivres 76, 147, 198, 246, 262, 267, 277
Czerny, Karl 140, 141, 252

danse 28, 56, 77, 106, 149, 160, 163, 172, 188, 193, 195, 198, 201, 227, 229, 245, 246, 250, 266, 270
  boston 266
  galop 122, 123, 248
  menuet 77, 276
  polka 122, 125, 169, 222, 248
  quadrille 122, 123
  shimmy 266
  valse 107, 122, 123, 124, 125, 130, 134, 163, 175, 176, 177, 180, 190, 204, 216, 223, 225, 236, 238, 248, 276
Dargomyjski, Alexandre 185
David, Félicien 129, 141
Davies, Miles 277
Debussy, Claude 127, 133, 148, 202, 230, 232, 236, 237, 238, 239, 240, 242, 243, 252, 256, 263, 272
Diabelli, Anton 107
Diaghilev, Serge de 231, 237, 240, 241, 246, 248, 250, 259
dissonance 36, 81, 225, 232, 244, 248, 266, 280
divertimento 31, 73, 245
divo 15
dodécaphonisme 155, 234, 235, 253, 256, 257, 281
Donizetti, Gaetano 101, 118, 148
Dowland, John 30
duo 18, 21, 60, 66, 75, 129, 145, 148, 153, 154, 158, 160, 163, 193, 250, 256
Durey, Louis 263, 265
Dvořák, Antonín 118, 196

École de Vienne *voir* Schönberg

INDEX

Ellington, Duke 275, 277
Erard, Sébastien 133
Esterházy, princes et comtes 65, 66, 68, 69, 70, 71, 105, 109, 140
études 134

Falla, Manuel de 237
fanfares 175, 176, 205, 262
Fauré, Gabriel 204, 236
Fenice 116
flamenco 240
flûte 21, 22, 41, 45, 46, 76, 80, 117, 238, 239, 277
  à bec 34, 46, 76
  droite 76
  traversière 34, 76
folklore 192, 198, 227, 240, 248, 264, 275, 276
formalisme, formel 92, 127, 129, 269
Frim, Rudolf 163
fugue 25, 36, 41, 42, 47, 49, 90, 109, 111, 137, 165, 176, 192, 250, 267

gamme 36, 37, 234, 270
Gewandhaus de Leipzig 127, 138
Giacosa, G. 208, 211
gigue 25, 26
Gilbert et Sullivan 163
Gillespie, Dizzy 277
Giordano, Umberto 216
Glazounov, Alexandre 269
Glière, Reinhold 259
Glinka, Mikhaïl 148, 185, 246
Gluck, Christoph Willibald 66, 110, 148, 152, 161
Goethe, Johann Wolfgang von 43, 90, 104, 106, 117, 126, 127, 129, 150, 153, 158, 177, 178
Goodman, Benny 277
Gounod, Charles 103, 148, 167, 193, 202
Granados, Enrique 237, 240
grégorien, chant 9, 11, 14
Grisi, Giuditta 116
Guarneri, Giuseppe (Guarnerius) 45
guitare 34, 44, 91, 117, 242, 277

Haendel, Georg Friedrich 127, 130, 148, 176
Halévy, Jacques 182
Hampton, Lionel 277
harmonie 14, 34, 36, 37, 38, 69, 142, 150, 155, 166, 167, 174, 192, 193, 198, 214, 224, 225, 230, 233, 239, 248, 250, 255, 266, 277, 282
hautbois 21, 22, 24, 34, 46, 66, 70, 74, 76, 277
  d'amour 45, 46, 76

de chasse 45, 46, 76
Hawkins, I. 133
Haydn, Franz Joseph 56, 76, 77, 80, 81, 82, 84, 87, 109, 133, 140, 161
Henderson, Fletcher 277
Henry, Pierre 281
Henze, Hans-Werner 281
Herbert, Victor 163
Hervé et Lecocq 163
Honegger, Arthur 163, 231, 263, 265, 275
Hummel, Johann Nepomuk 140
hymnes 10, 11, 21, 90, 168, 170, 194, 214, 262

Illica, Luigi 208, 211
impromptus 134, 204
improvisation 140, 239, 272, 274, 276, 277
Indy, Vincent d' 165, 167, 230
Ingegneri, Marc'Antonio 12
intermède, intermezzo 55, 57, 65, 135
intervalle 14, 30, 36, 39, 44, 69

Jagger, Mick 282
jazz 30, 198, 239, 248, 250, 263, 264, 266, 268, 272, 274, 275, 276, 277, 280
jazz-band 44, 272, 275, 277
  brass band 277
jeu, jeux 26, 30, 41, 236
Joachim, Joseph 129, 175, 176, 177, 179
Jugendstil 256

Kalkbrenner, Friedrich 130
Knabe 133
Kodaly, Zoltan 243, 244
Koussevitski, Serge 239, 245, 261, 278
Kreutzer, Rodolphe 91

La Rocca, Nick 272, 277
Lehar, Franz 163
leitmotiv 119, 154, 223, 225
Leoncavallo, Ruggero 163, 208, 216
Liadov, Anatoli 259
Lichnowsky, prince 83
lied, lieder 104, 105, 106, 107, 108, 109, 110, 118, 129, 136, 142, 153, 172, 175, 178, 200, 213, 233, 256
Liszt, Franz 102, 112, 116, 118, 131, 132, 133, 141, 157, 161, 166, 167, 168, 172, 173, 175, 180, 194, 196, 202, 227, 243, 275
luth, luthiers 30, 44, 45

madrigal, madrigaux 9, 10, 12, 14, 18, 26, 87

Magnificat 10, 48
maître de chapelle 9, 12, 13, 17, 24, 27, 32, 41, 52, 54, 57, 58, 60, 64, 66, 71, 72, 75, 140, 152
Malher, Gustav 87, 118, 173, 174, 240, 256
Malibran, Maria 116
marche 123, 134, 149, 154, 160, 172, 175, 194, 205, 226, 248, 266
marimba *voir* xylophone
Mascagni, Pietro 163, 213, 216
Mason & Hamlin 133
Mayr, Simon 99, 111
mazurka 134
Meck, Nadejda von 193
Mendelssohn-Bartholdy, Félix 101, 110, 117, 118, 131, 136, 138, 141, 158, 168, 177, 185, 199
messe 9, 10, 11, 24, 26, 27, 28, 42, 48, 77, 89, 102, 103, 104, 149, 158, 160, 165, 173, 176, 194, 202, 231, 280
mesure 239, 245, 276
Métastase 14, 36, 60, 65, 66, 72, 73, 74, 77
Meyerbeer 103, 126, 131, 148, 160
Milhaud, Darius 231, 265, 274
Miserere 72
Missa 109
Mitteleuropa 256
Monteverdi, Claudio 148, 161
Moscheles, Ignaz 126, 129, 199
motet 10, 14, 24, 26, 36, 45, 48, 73, 160, 165
Moussorgski, Modest Petrovitch 148, 185, 190, 238, 240, 280
mouvement 18, 25, 28, 34, 56, 69, 70, 73, 74, 75, 76, 80, 81, 86, 87, 93, 129, 135, 136, 173, 198, 227, 232, 242, 244, 250, 268
  adagio 34, 70, 85, 86, 87, 198
  allegro 24, 25, 28, 34, 84, 85, 86, 87
  andante 74, 81, 84, 110
  finale 73
  lento 24
  menuet 66, 70, 73, 80, 84, 87, 105
  rondo 74, 80, 85, 87
Mozart 44, 56, 59, 66, 70, 71, 84, 87, 103, 104, 105, 109, 110, 118, 133, 148, 193, 213, 214, 216, 252
musique 122, 175, 270
  de circonstance 55
  contemporaine 280, 281, 283
  d'église 107

de film 261, 262, 276
de scène 21, 22, 89, 128, 169, 199, 204, 226, 227, 270
légère 44, 122
populaire 64, 65, 169, 172, 240, 242
sacrée 12, 21, 24, 36, 41, 45, 50, 52, 54, 55, 56, 68, 72, 73, 104, 111, 114, 165, 194, 204, 265

New Age 282
nocturnes 134, 204, 231, 266
Nono, Luigi 281, 282
Norvo, Red 277

ode 21, 22, 52, 182, 205, 234, 262
Offenbach, Jacques 124
offertoire 10
oratorio 24, 26, 33, 34, 41, 42, 46, 51, 52, 53, 54, 55, 56, 71, 87, 100, 105, 127, 129, 136, 137, 160, 165, 205, 206, 262
orchestration 120, 144, 147, 209
orchestre 12, 13, 14, 18, 20, 21, 24, 25, 34, 40, 44, 45, 46, 48, 50, 57, 66, 69, 70, 72, 73, 74, 75, 76, 84, 102, 111, 112, 116, 118, 120, 122, 127, 135, 142, 148, 149, 152, 153, 154, 155, 166, 172, 176, 184, 195, 222, 224, 232, 233, 235, 240, 246, 250, 251, 262, 263, 266, 267, 268, 278
orgue 18, 20, 28, 30, 32, 34, 40, 41, 42, 45, 46, 48, 49, 54, 68, 70, 72, 126, 165, 167, 174, 202, 229, 277
ornementation 20, 29, 100, 116
Ottoboni, cardinal Pietro 20, 24, 27
ouverture 21, 49, 55, 75, 87, 102, 104, 126, 128, 150, 177, 179, 192, 194, 198, 205, 226, 262

Paganini, Niccolo 119, 120, 122, 130, 135, 140, 141, 169
Paisiello 59, 83, 99, 148
Palestrina, Giovanni Pierluigi da 158
Parker, Charlie 277
parodie 162
partitas 48, 49
passacaille 253, 254
Passion 42, 46, 47, 48, 126
Pasta, Giuditta 114, 115, 116
paysage 119, 201, 226
pédalier 30, 133
Pedrell, Felipe 240, 242
Penderecki, Krzysztof 281, 282

Index

performances 54
Pergolèse, Giovanni Battista 248
piano 18, 70, 72, 82, 84, 89, 90, 92, 99, 104, 105, 127, 133, 134, 135, 138, 140, 142, 165, 168, 169, 179, 188, 200, 202, 204, 222, 226, 236, 238, 239, 240, 242, 246, 248, 250, 252, 259, 262, 263, 269, 270, 271, 272, 277, 279, 281
pianoforte 68, 124
pianola 248
Piccinni, Niccolo 148
piccolo 76
Pierné, Gabriel 165
Pietri 163
pizzicato, pizzicati, 44
Pleyel 133
poème symphonique 87, 142, 165, 166, 168, 170, 171, 180, 192, 194, 198, 206, 222, 224, 226, 228, 232, 243
polka *voir* danse
polonaise 130, 134, 150
polyphonie 177, 240
Ponchielli 148, 208
Poulenc, Francis 231, 263, 265
préludes 28, 36, 42, 49, 133, 142, 165, 188, 204, 229, 270
Prix de Rome 119, 158, 182, 236
Prokofiev, Serge 87, 245, 259
psaumes 11, 36, 235
Puccini, Giacomo 148

quatuor (*voir aussi* cordes et musique de chambre) 44, 56, 66, 69, 70, 73, 76, 80, 81, 89, 90, 111, 126, 129, 148, 150, 169, 200, 201, 204, 234, 238, 243, 253, 263, 267, 270, 271, 280
quintette (*voir aussi* cordes) 137, 179, 200, 201, 204, 243, 271

Ranzato 163
Ravel, Maurice 31, 133, 188, 202, 240, 272, 274, 277
récitatif 12, 15, 22, 23, 28, 42, 45, 46, 48, 57, 60, 62, 65, 74, 75, 89, 90, 145, 160, 225, 241
Redman, Don 277
registre 189, 232
Renaissance 283
répons 36
Requiem 149, 172, 176, 177, 202
rhapsodie 142, 143, 176, 177, 236, 237, 243, 269
Ricordi, Giulio (éditions) 208
Rimski-Korsakov, Nicolas 185, 187, 189, 190, 192, 226, 246, 252, 259, 269

rock 276
romances 127, 153
Romani, Felice 116
Romberg, Sigmund 163
Rossini, Gioacchino 110, 111, 112, 116, 126, 148, 160
Rubinstein, Anton 190, 193

Saint-Saëns, Camille 102, 163, 165, 167, 202
Salieri, Antonio 104, 140
Sand, George 116, 132, 133, 141
Satie, Erik 236, 239, 263, 265
saxophone 76, 253, 277
Scala, Teatro alla 62, 101, 114, 115, 141, 144, 159, 164, 186, 193, 194, 208, 210, 211, 212, 225, 242, 247, 280
Scarlatti, Alessandro 20, 87, 148
Scarlatti, Domenico 54
Schaeffer, Pierre 281
Shakespeare, William 22, 30, 117, 126, 128, 150, 158, 169, 227
scherzo 129, 134, 139, 182, 237
Schober, Franz von 104, 105
Schola Cantorum 11, 167, 230, 263
Schönberg, Arnold 118, 180, 233, 240, 253, 254, 255, 256, 258, 266, 274, 281
Schubert, Franz 44, 76, 85, 87, 90, 118, 130, 138, 141, 172, 213
Schumann, Clara 175, 176, 177
Schumann, Robert 44, 56, 87, 110, 117, 118, 120, 127, 129, 133, 142, 167, 172, 175, 177, 185, 196, 200, 227
sérénades 176, 222, 226, 233, 236, 250, 278
Sibelius, Jean 118
Singspiel 89, 104, 124
Six, groupe des 238, 263, 264, 265
Smetana, Bedřich 195, 196
Smithson, Harriet 118, 119
solo 139, 163, 225, 227
son 11, 13, 30, 76, 92, 216, 229, 233, 234, 252, 263, 278, 281, 283
sonate 18, 26, 28, 32, 41, 42, 44, 48, 49, 50, 69, 72, 73, 80, 87, 89, 90, 105, 118, 126, 129, 133, 134, 135, 150, 178, 200, 204, 206, 237, 245, 250, 268
a quattro 68
à trois 18, 20, 21, 32, 66, 68, 72
de chambre 18, 20, 28
d'église 18, 20, 28, 72
forme sonate 69, 84, 89, 104, 118, 139, 267

soprano 149, 278
Spontini, Gaspare 120, 126, 148, 160
Sprechgesang *voir* Schönberg
Stabat Mater 101, 105, 195
Steinway 133
Stockhausen, Karlheinz 281, 282, 283
Stolz, Teresa
Stradivari, Antonio (Stradivarius) 44
Straus, Oscar 163
Strauss, Johann fils 122-125
Strauss, Johann père 163, 176, 178
Strauss, Richard 148, 228, 243
Stravinski, Igor 192, 194, 204, 235, 238, 240, 245, 266, 267, 274, 280, 282
Streponi, Giuseppina 145, 146
suite 194, 226, 242, 266
Suppé, Franz von 163
symphonie 22, 25, 36, 41, 56, 62, 69, 70, 71, 72, 73, 75, 84, 86, 87, 89, 104, 110, 111, 117, 127, 129, 137, 138, 150, 167, 170, 173, 178, 191, 192, 195, 196, 198, 205, 216, 222, 224, 226, 228, 232, 246, 250, 252, 253, 262, 264, 265, 268, 269, 270
syrinx 30

Tailleferre, Germaine 263, 265
Taneiev, Serge 259
Tchaïkovski, Piotr Illitch 44, 76, 87, 133, 185, 196, 204, 227, 250, 259, 275
technique 30, 41, 49, 91, 103, 281
main gauche 38
pianistique 38, 205
pouce 29, 36
violonistique 20, 32, 44, 92
tempo, tempi 248, 276
ténor 251, 278
Thalberg 133
Thomasschule 150
timbre 27, 48, 76, 92, 118, 133, 189, 232, 245, 252, 266, 282
Togni, Camillo 282
Tommasini, Luigi
tonal, langage 30
tonalité 15, 43
majeure 36
mineure 36
Toscanini, Arturo 208, 209, 210, 212, 272
trémolo 13, 14
trio (*voir aussi* cordes) 137, 144, 145, 148, 176, 194, 200, 201, 204, 253
trombone 46, 63, 75, 76, 227, 246, 248, 263, 268, 277

trompette 188, 248, 268, 272, 277
troubadours, trouvères 108, 156
Turina, Giuditta 114, 116
Turina, Joaquin 240

valse *voir* danse
variations 43, 49, 71, 73, 74, 82, 86, 90, 107, 142, 165, 176, 205, 223, 253, 268
vent (instruments à) 32, 44, 55, 59, 69, 71, 73, 76, 252, 267, 268, 277, 281
Verdi, Guiseppe 101, 102, 113, 118, 148, 186, 209, 280
vibraphone 264, 277
Vierne, Louis 165
viole 12, 21, 28, 34, 44, 46
d'amour 34, 48
de gambe 15, 26, 35, 41, 46
violon 12, 18, 20, 28, 30, 34, 44, 45, 46, 48, 49, 66, 68, 69, 72, 73, 74, 89, 91, 104, 129, 138, 161, 195, 200, 205, 226, 239, 248, 262, 271, 277, 281
violoncelle 20, 30, 34, 44, 60, 68, 69, 82, 99, 138, 161, 200, 239, 262, 271, 277
Vivaldi, Antonio 20, 26, 43, 44, 76
vocalises 100
vocalité 116, 209
Vogl, Johann Michael 104, 105, 106, 107, 109

Wagner, Cosima 157
Wagner, Richard 63, 76, 77, 81, 101, 102, 112, 118, 119, 120, 125, 127, 137, 141, 142, 143, 148, 165, 168, 172, 174, 176, 180, 193, 196, 202, 213, 214, 216, 222, 234, 243, 253, 258
Waldstein, Comte 82, 83
Waller, Fats 277
Weber, Carl Maria von 118, 130, 148, 150, 213
Webern, Anton von 63, 87, 89, 234, 252, 256, 258, 281
Weill, Kurt 163
Wesendonck Mathilde 152, 153, 155
Widor, Charles-Marie 165
Wieck, Friedrich 135, 136

xylophone 246, 264, 277

Yamaha 133

Zeitschrift (revue) 118, 135, 136, 138, 175
Zemlinsky, Alexander von 232